마태복음의 이해

긍휼의 목자 예수

마 . 태 . 복 . 음 . 의 . 이 . 해

긍휼의 목자 예수

채영삼 지음

이레서원

마태복음의 이해

긍휼의 목자 예수

채영삼 지음

초판 1쇄 발행 2011년 4월 29일
초판 6쇄 발행 2025년 8월 1일

발행처 도서출판 이레서원
발행인 문영이
출판신고 2005년 9월 13일 제2015-000099호

편집 송혜숙
총무 곽현자

경기도 고양시 일산동구 백석로71번길 46, 1층 1호
Tel. 02)402-3238, 406-3273 / Fax. 02)401-3387
E-mail: Jireh@changjisa.com
SNS: facebook.com/jirehpub

책값은 표지에 있습니다.

ISBN 978-89-7435-441-1 03230

들. 어. 가. 는. 말

어떤 주제에 대해 책을 써서 세상에 내보낸다는 것은 확실히 부담스런 일이다. 언제까지 붙들고 있을 수도 없고, 그렇다고 완성도의 정점에 이르지 않은 책을 보내 주기도 힘들기 때문이다. 하지만 어느 적절한 시점, 그 때 그 책을 놓아 주어야 한다. 마태복음에 관한 이 책이 꼭 그런 느낌을 준다. 학문적인 성과들을 다 담으려면 아직 더 많은 내용을 포함시켜야 할 것이다. 하지만 마태복음이 그려 내는 '긍휼의 목자' 로서 예수의 모습을 중심으로 마태복음을 읽어내려간 시도로서는 이만하면 된 것 같다. 자꾸 읽으면 또 여기 저기 손 보고 싶은 마음이 든다. 아마 나중에, 하나 있는 아들 아이가 커서 집을 떠난다고 하면 이런 느낌이 들까. 이제 나름대로 세상에 돌아다니며 만나는 모든 이들을 유익하게 하고 복을 끼치기를 바라는 마음으로 이 책을 놓아 주려 한다.

사실, 마태복음과 만난 지는 꽤 오래 되었다. 필자가 미국 미시간 주에 있는 칼빈 신학교(Calvin Theological Seminary)에서 신약 석사 논문을 쓸 때였으니까, 벌써 15년이 다 되어 간다. 그 후에 시카고에 있는 트리니티

신학교(Trinity Divinity School)에서 박사 논문으로 마태복음을 연구했으니, 마태복음과 꽤 오래 사귄 편이다. 그래도 아직 마태복음을 펴들면, 내가 알고 있는 부분이 극히 일부라는 사실에 저절로 고개가 숙여진다. 하나님 말씀의 깊이와 높이와 넓이와 길이는 실로 방대하고 광활하고 찬연하다. 평생을, 아니 영원을 쏟아 부어 밝혀내어도 거기서 쏟아지는 은혜와 긍휼, 진리와 영광을 다 담을 길이 없을 것이다.

하지만 우리 현실을 돌아보면, 참으로 읽을 책이 적다. 영어권에서 마태복음에 관한 책을 찾으면 감당할 수 없을 만큼 다양하고 방대한 자료들을 얻을 수 있다. 그러나 우리 한글로 되어 있는 자료들은 매우 제한적이다. 특별히 목회자들이나 신학생들, 그리고 성경을 조금 더 깊이 알고 싶은 성도들을 위한 성경 해석에 관한 책들은 선택의 폭이 더욱 좁다. 전문적인 주석이거나 아니면 읽기 쉬운 경건서적류로 양분되어 있다. 조금 더 깊이 있고 학문적인 뒷받침이 된, 그리고도 영적으로 영향력 있는 그런 글을 쓸 수는 없을까. 그것이 필자의 고민이었다.

이 책은 필자의 박사 논문이면서, 독일에서 분트(WUNT) 시리즈로 출판된 책 〈Jesus as the eschatological Davidic Shepherd: Studies in the Old Testament, Second Temple Judaism, and in the Gospel of Matthew〉를 뼈대로 해서 마태복음을 처음부터 끝까지 연속적으로 읽은 시도이다. 복음서는 무엇보다 예수 그리스도가 누구시며 그의 사역이 구속사적으로 어떤 의미가 있는지를 밝히는 책이라고 믿기 때문에, 본서는 예수께서 종말에 오신 이스라엘의 목자, 그리고 '그 다윗 같은 목자' 라는 관찰을 중심으로 내러티브 전체를 조명하려 했다.

집필하면서 고민도 많았다. 이런 주제가 '오늘날 여기' 를 살아가는 교회에게 과연 어떤 의미가 있을까. 이 책을 펴들고 읽기 시작하는 성도, 신학생, 목회자들에게 어떤 영향을 미칠 수 있을까. 학문적인 분석과 해석이 보다 직접적으로는 어떤 메시지가 될 수 있을까. 이 책의 매 단원 끝에 포함되어 있는 '삶으로 내리는 뿌리' 섹션은 이런 질문들에 대한 필자의 응답이다. 물론, 그런 메시지가 본문 해석에서 찾아낼 수 있는 전부가 아니며, 또한 독자들이 그 이상의 더 풍성한 메시지들을 찾아낼 수 있기를 기대한다. 다만, 마태복음에서 구원론이나 교회론, 종말론 등을 말하기 전에, 마태복음이 전하려고 하는 기독론, 곧 예수 그리스도 그분에게 초점을 맞추고, 그 기독론에 기초하여 다른 메시지들을 구성해야 한다는 점은 필자가 여러 번 강조해도 지나침이 없다고 믿는 부분이다.

학위도 그렇거니와 하나의 책도 마찬가지로 많은 부분 공동체적인 작업이요 그의 산물이다. 피부색과 언어, 문화와 배경이 다름에도 예수 그리스도의 양 무리에 들어왔다는 이유 하나만으로 귀한 지식과 학문을 아낌없이 가르쳐 준 귀한 분들을 기억한다. 그 중에 지금은 고인(故人)이 되신 Donald J. Verseput(1952-2004) 박사님을 추모한다. 마태복음을 강의하시던 그분에게는 탁월한 통찰력과 따뜻한 긍휼이 있었다. 필자는 그것이 곧 그가 마태복음 연구에서 갖게 된 보화라고 믿었다. 그리고 지금도 하나님 나라를 위하여 부지런함과 탁월함으로 읽고 쓰고 또 가르치고 계실 Eckhard J. Schnabel 교수와, 복음주의권의 장수(將帥)답게 영적이고 또 학문적 전투의 격전지에서 진두지휘하고 계실 Donald A. Carson 교수의 도움도 기억한다.

미시간에 있는 칼빈 신학교에서 공부하면서 한때 도서관에서 일한 적이 있었다. 그때 그 도서관을 깨끗하게 정리하시던 분들을 보면서, 그 도서관에서 공부를 하든 그 도서관을 청소를 하든, 하나님 나라를 위하여 일하는 자에게는 오직 자신에게 맡겨진 사명에 대한 충성스러움만 이 판단의 기준이 될 것이라는 생각을 했었다. 이 책이 누군가에게 도움이 된다면, 그것은 이 책을 쓴 필자뿐 아니라, 이 책을 쓸 수 있도록 삶을 붙들어 준 가족들과 부모님, 함께 일하는 믿음의 동료들, 선배님들과 은사님들, 그리고 출판하는 일로 헌신하는 믿음의 가족들 모두의 기쁨이 될 것이다. 그들 모두에게 깊은 감사를 드린다. 비록 작고 보잘것없는 성과이지만, 작은 것도 귀히 보시는 우리 하나님과 진실한 목자 되신 우리 주 예수 그리스도 앞에 이 책을 내려놓는다.

2010년 가을

채영삼

추. 천. 사

그동안 첫 복음서인 마태복음을 우리 시대의 독자들에게 생생하게 전달하려는 다양한 시도들이 있었다. 채영삼 교수는 『긍휼의 목자 예수』에서 마태복음을 여는 핵심적인 열쇠를 '긍휼의 목자 예수'로 보고, 이 열쇠를 통해 마태복음의 보고(寶庫)를 우리 앞에 펼쳐 놓고 있다. 뿐만 아니라 각 장의 끝에 첨부한 "삶으로 내리는 뿌리"를 통해 우리 시대 독자들의 구미에 맞는 요리까지 제공한다. 이 한 권의 책을 통해 독자들은 마태복음에서 울려 퍼지는 목자 예수의 생생한 음성을 들을 수 있을 뿐만 아니라, 오늘의 나와 교회가 충성된 양의 길을 걸어갈 수 있는 충분한 영양분을 공급받게 될 것이다.

최갑종 교수 | 백석대학교 신약학, 한국복음주의신학회 회장(2010-2012).

* * *

화들짝 놀랐다, 이 책을 읽고는. 이렇게 잘 쓴 책이 또 있을까. 현대신학의 꼬드김에 곁눈질하지 않도록 해석의 전제가 분명하고, 구속사적인 큰 그림 속에서 긍휼의 목자이신 예수 그리스도께 초점을 두는 신학적인 안정성이 두드러진다. 이 책은 깊고 넓은 학문의 논의가 녹아져 있음에도 불구하고, 시냇물이 부드럽게 흐르듯이 술술 이야기를 풀어낸다. 적절하게 단락을 나눔으로써 독자들이 숨을 고를 여유를 갖게 해 주며, 단원마다의 끝에 오늘 우리에게 주는 의미를 달아 놓아 현실 적용을 위한 사색의 길을 열어 주고 있다. 많은 사람들이 이 책의 놀라움을 함께 경험하길 기대한다.

조병수 교수 | 합동신학대학원대학교 신약학

* * *

채영삼 교수는 이 책에서, 마태복음이 다윗의 아들이신 종말의 목자 예수를 얼마나 인상적으로 그려 주는지를 신선하게 기술해 나간다. 그는 복잡한 논증보다 선명한 해설을 선호하며, 그래서 읽는 이의 부담을 덜어 준다. 그는 본문의 세계를 독자의 세계로 연결하기 위해 부단히 힘쓴다. 그는 오늘 한국 교회에 깊이 뿌리내린 현세주의의 위험을 강력히 지적한다. 하지만 각박한 현 세상을 살아가는 불쌍한 인생들을 목자 예수의 긍휼하심으로 간곡히 초청한다. 그는 제자가 맺어야 할 삶의 열매의 중요성을 선명하게 부각하면서, 성령의 능력으로 그 열매를 맺도록 촉구한다.

양용의 교수 | 에스라성경대학원대학교 신약학, 한국복음주의신약학회 편집위원장

* * *

저자는 '목자' 로서의 예수라는 신선한 해석을 제시하지만, 그 주장 자체를 증명하려 시간을 끌지 않는다. 오히려 그 신선한 관점을 활용하여 저자는 마태복음의 기독론적 초점 및 거기서 퍼져 나오는 구원론적, 윤리적 의미들을 성경 전체의 풍성한 구원사적 흐름 속에서 능숙하게 펼쳐 보인다. 또 '긍휼의 목자' 에 관한 연구답게, 신학적 주제들에 민감하면서도 또 묵상용으로 사용해도 될 만큼 실제적이기도 하다. 본문을 순서대로 따라가는 논증 방식도 말씀을 공부하려는 이들에겐 반가운 부분일 것이다. 마태복음을 더 잘 이해하고 싶은 모든 이들에게 매우 유익한 책이 되리라 확신한다.

권연경 교수 | 숭실대학교 기독교학과

목. 차

Chapter 02 너희도 온전하라

더 나은 의(5-7장)

Chapter 05 하나도 업신여기지 말라

긍휼의 공동체(16:21-20:34)

Chapter 06 그런즉 깨어 있으라

종말의 신적 역전(21-25장)

Chapter 07 가르쳐 지키게 하라

함께 계신 목자, 의의 교사 예수(26-28장)

1. 마태복음서 해석

복음서란 무엇인가를 묻기 전에 먼저, 성경을 해석한다는 것은 무엇인가를 물을 필요가 있다. 성경 해석을 위해서는 본문이 갖는 다음의 세 가지 차원, 곧 종교개혁적인 해석학의 원리인 역사적(historical) 배경, 문학적(literary) 구조, 그리고 신학적(theological) 의미의 차원을 염두에 두어야 한다. 이 세 가지 요소들은 다양한 해석학적인 방법론들이 개발된 현재에도 여전히 유효하고 적절한 요소들로 남아 있다. 따라서 복음서를 포함한 성경 해석에는 늘 이 세 가지 차원들을 면밀히 검토하는 것이 중요하다.

예를 들면, 독일을 중심으로 발전된 역사비평학(historical criticism)은 그 많은 성과들에도 불구하고 본문의 문학적, 신학적 차원을 도외시하기 쉬운 방법론이었고, 최근 영미에서 발전을 거듭해 온 문학비평(literary/narrative criticism)은 역사적 배경이나 신학적 차원을 배제하는 경향이 있으며, 이데올로기/사회학적/독자 비평과 같은 방법론들은 본문의 신학적 차원을 누락하기 쉽다.

따라서, 성경이 기록된 그 문맥의 역사적 배경에 대한 이해를 도외시하고 곧바로 독자의 상황에 적용하는 것이나, 본문의 전후 문맥(context)이나 보다 넓은 본문들 간(textual interaction)의 관계들을—예컨대, 한 책 안에서 본문들의 상호관계, 본문의 구약 본문들이나 그 외 본문들 간의 상호관계를—도외시하는 해석, 그리고 신학적인 차원에 대한 관점을 잃어버릴 때 본문 해석은 자의적 해석이 된다. 이렇게 보면, '성경을 성경으로 해석해야 한다' 는 종교개혁적 성경 해석의 원리 역시 매우 중요하고 소중한 방법론적 원리가 된다는 사실을 알 수 있다.

그러므로 근대 이후 발전해 온 성경 해석학의 방법론상의 취약점들을 피하려면, 단순하지만 전통적인 종교개혁적 성경 해석의 원리, 곧 본문의 역사적, 문학적, 그리고 신학적 차원에 균형 있는 관심을 기울이는 것이 유익하다. 특별히 구체적으로 성경 본문을 대할 때 그 신학적 차원에 대한 관심, 즉 복음서의 본문에서 항상 윤리, 도덕, 교훈적인 묵상을 끌어내기 전에('어떻게 살아야 할 것인가,' didache) 신학적 관점, 곧 성부 하나님, 성자 하나님, 성령 하나님께서 세상의 구원과 회복을 위하여 무엇을 하셨으며, 하고 계시고, 하실 것인가 하는 '사실들' 과 그 선포의 내용들(kerygma)에 대하여 관심을 가져야 한다.

예컨대, 마태복음의 산상수훈(5-7장)에서 주어지는 '더 나은 의' 에 대한 명령들만큼이나 중요한 것은 산상수훈의 서문인 '복이 있다' 라고 선포하는 팔복의 내용(5:1-12) 그리고 산상수훈의 중심부에 위치한 주기도문(6:5-15)의 역할이다. 마찬가지로, 이 산상수훈(5-6장)의 요구들은 산상수훈 전후에 나오는, 예수가 오신 사건의 구속사적인 의미를 밝히는 전반부(1-4장)와 예수의 치유와 권세가 드러나는 후반부(8-9장)의 큰 문맥에서 이해해야 한다.

이런 점에서 복음서의 장르를 어떻게 이해해야 할 것인지가 중요하다. 복음서는 원래 '처음부터 끝까지 읽게 되어 있는' 상호 유기적인 책이다. 즉, 복음서는 편집비평에 따라 분류된 단편적인 문단들을 상호 연관 없이 묶어 놓은 책(books of pericopes)이나, '교리문답적 관점으로 기록된 교회력' (lectionaries), 혹은 예수에 관한 전승들(traditions)을 단지 한데 묶어 놓은 책이 아니다.

또한, 복음서는 초대교회가 예수 사건을 빌미로 자신들을 유지, 발전시키기 위하여 '만들어 낸' 교회의 '산물' 이 아니다. 복음서의 관심은 이를테면, 마태복음 그 뒤에 있다고 말해지는 소위 '마태 공동체' 에 있지 않다. 복음서는 초대교회의 역사적 그리고 사회학적 정보들을 주기 위해 기록된 책이 아니기 때문이다. 복음서에 기록된 역사적 사실들을 이런 '마태 공동체' 의 가설 하에, 공동체의 필요에 의해 '만들어지고 삽입된' 것으로 보는 태도는 복음서를 초대교회에 관한 사회학적 정보로 읽는 것이다. 복음서는 그렇게 의도되지 않았다. 복음서의 관심은 자신의 존립을 위해 '예수의 이야기' 를 '만들어 냈던' 초대교회가 아니라, 초대교회를 만들어 냈던 예수 자신에 관한 이야기이다.

그렇다고 복음서는 단지 그리스-로마 시대에 유행하던 한 인물에 관한 단순한 전기(biography)도 아니다. 특히 마태복음은 구약과 긴밀한 연관성 속에 있다. 즉, 한 분 하나님에 의하여 계속되어져 온 계시의 역사, 구속의 역사의 연장선상에 있다. 그래서 복음서는 예수 자신에 대한 것이면서 동시에 하나님의 백성에 대한 역사, 그리고 그것을 배경으로 펼쳐지는 전 인류의 역사이다.

말하자면 복음서는 구약의 책들처럼, 복음서의 책 전체를 통해서 하나의 이야기, 곧 예수 그리스도를 통한 하나님의 행동 계시(啓示)와 그 행동 계시를 설명하는 말씀 계시를 교회와 세상을 향한 일정한 목적을 갖고 기술한, 예수 사건을 통한 구속사적 이야기(salvation-historical narrative)라고 할 수 있다.

2. 마태의 기독론적 특징들

마태, 마가, 누가, 요한, 이 사복음서들 간에 어떤 책이 먼저 쓰였으며, 어떤 책이 어떤 책을 사용했는지에 대한 문제, 곧 공관복음의 문제(synoptic problem)는 아직 해결되지 않은 문제이다. 교회 전통은 마태복음이 가장 먼저 쓰인 책이라고 보는 데 반해, 20세기 비평학에 근거한 학설은 마가복음 우선설을 선호한다. 이후, 특히 편집비평 등 역사비평학적인 방법들을 통해 각 복음서의 특징들이 드러나게 되어 각 복음서 기록의 목적이나 관점들을 이해하는 데에 큰 도움이 되었지만, 사복음서 각자의 독자성이 지나치게 강조된 점도 있다.

하지만 사복음서는 무엇보다 그 공통된 목적과 대부분 일치하는 증거에 주목해야 한다. 즉, 사복음서는 어느 것이든지 예수 그리스도의 오심과 가르침, 그의 고난, 죽으심과 부활에 대한 증거에 있어 한 목소리를 낸다. 다만, 그 의미가 무엇인가에 대하여 각 복음서는 각기 다른 상황의 다른 독자들, 다른 관심과 문제들을 염두에 두고 기록했기 때문에 서로 다소 다른 강조점을 나타내게 된 것이고, 이를 통해 우리는 예수 그리스도의 사건에 대한 보다 풍성한 의미들을 알게 된다.

특별히, 예수 그리스도에 대한 소개와 이해에 있어서 사복음서는 각기 그 특징들을 잘 보여준다. 고대문서들은 대부분 문서 초두에 그 문서 전체에서 전달하려고 하는 내용을 요약하곤 했다. 복음서의 경우도 마찬가지이다. 각 복음서의 서문은 각 복음서의 강조하는 바를 잘 드러낸다. 마태복음 1:1-17은 예수께서 '다윗의 아들' 이심을 강조한다.

"아브라함과 다윗의 자손 예수 그리스도의 세계라"(마 1:1)

마가복음 1:1은 예수께서 하나님의 아들이심을 강조한다.

"하나님의 아들 예수 그리스도 복음의 시작이라"(막 1:1; 참고. 막 15:39)

누가복음 1:1은 '우리 중에 이루어진 사실' 에 대해 기록한다고 하고, 예수의 족보에서 그 조상이 '아담' 까지 거슬러 올라간다(3:23-38). 요한복음은 처음부터 역사 밖에서 역사 안으로 오신 분임을 강조하면서 예수의 초시간적, 초공간적인 초월성을 강하게 소개한다(1:1-18).

마태복음은 유독, 예수께서 '다윗의 아들' 이심을 강조한다(1:1, 17). 물론 '하나님의 아들' 도 중요한 칭호이다. 그러나 이 칭호가 마태복음서에 드러난 예수의 모습을 특징짓는 가장 중요한 이름이라고 말하기는 어렵다. 복음서에서 기독론은 칭호를 따라 연구되다가 점점 더 내러티브 자체가 드러내는 예수의 모습에 집중하게 되었다. 그런 점에서 마태복음에서 '다윗의 아들' 로서 예수의 모습은 복음서 전면에 드러난다.

사실, 사복음서 가운데 마태복음처럼 '다윗의 아들' 을 강조하는 복음서는 없다. 이 '다윗의 아들' 은 이스라엘이 기다렸던 종말의 여호와의 지정하신 통치자, 왕, 곧 목자였다. '목자' 의 이미지를 찾자면 요한복음

10장이 대표적이지만, 사복음서에서 목자/양의 이미지가 가장 편만하게 나타나는 책도 역시 마태복음이다. 마태복음에서 예수는 이스라엘이 기다렸던 그 다윗과 같은 종말의 '목자' 이다(마 1:1; 2:6). 그는 곧 종말에 오시겠다고 약속했던 이스라엘의 참 목자 여호와 자신이다(겔 34-37장). 그 목자의 가장 큰 관심은 하나님의 공동체의 회복이다. 그 회복의 시작은 잃은 자를 찾는 데에서 가장 특징적으로 나타난다(마 9:9-13). 참 목자의 가장 큰 징표는 그 공동체의 잃어버려진 자를 찾는 일이다. 목자로서 예수의 사역의 특징은 그래서 '치유' 로 나타난다. 그것은 이스라엘의 목자 여호와 하나님 자신의 사역이다. 그는 양을 치유하시는 목자이다(마 8-9장). 그는 우선적으로 이스라엘을 회복하시는 목자이고(마 10장), 동시에 거짓 목자들을 심판하신다(마 23장).

그러나 양을 치유하러 오신 이 종말의 목자 자신이 곧 고난당하는 이스라엘의 목자이다(슥 9-13장; 마 26:31-32). 이스라엘 가운데에서 치유하시는 목자, 이스라엘과 그에 속한 양 무리를 위해 고난당하는 목자, 그 목자가 또한 장차 양과 염소들을 모아 놓고 심판하실 목자이다(25:31-46). 그러나 그 목자는 자신의 죽음 후에도 양들을 인도하기를 멈추지 않는다. 그는 여전히 종말의 양 무리 가운데에 함께하며, 그들을 가르치시는 의의 교사이다(마 28:16-20).

마태복음은 이스라엘의 목자가 되신 하나님 자신이 이제 이스라엘 가운데 돌아오셨음을 선포한다(1:23). 이제 포로기는 끝났다. 그들의 하나님이 그들 가운데 돌아오셨다. 그리고 그 하나님은 전형적으로 다윗과 같은 종말의 '목자' 이다. 마태복음은 이제 그의 백성이 참다운 목자를 갖게 되었고, 그 목자가 그들 가운데 있고, 그들이 그 목자의 현존과 치유와 가르침과 권세와 인도하심 가운데 있음을 선포한다. 이 목자를 통해 하나님의 종말의 통치, 곧 하나님의 나라가 임했고, 임한다. 그의 양 무리 가운데 들어간다는 것, 곧 교회에 속한다는 것은 그에 의해 치유 받고, 의의 가르침으로 회복되며, 어디든지 그를 따라간다는 것, 그의 긍휼의 사역, 더 나은 의의 길을 따라감을 뜻한다.

3. 마태복음의 청중, 배경, 그리고 구조

3.1 청중

마태복음은 어떤 청중, 어떤 교회를 대상으로 기록되었는가? 이 질문에 대한 객관적인 대답을 찾을 수 있는 방법은 없다. 마태복음 자체에 그 대상이 기록되어 있지도 않고, 혹은 마태복음 자체가 이런 질문에 관심이 있는지도 의문이다. 사실, 최근 복음서 연구는 사복음서가 모두 어떤 특정한 공동체를 위해 기록된 책이 아니라, 초대교회에 흩어져 있던 모든 지역 교회들을 위해 기록되었다는 주장이 설득력을 얻고 있다 (*Gospels for all Christians*, Richard Buckham). 주후 1세기에 코덱스(codex)라고 하는 인쇄술이 급격하게 보급된 것도 이런 가능성을 크게 뒷받침한다. 마치 종교개혁 직전에 인쇄술의 발전이 있었던 것과 흡사한 문화현상이었다.

사실 복음서 자체는 바울의 대부분의 서신서와는 다르게 수신자들을 정해놓고 있지 않다. 그것은 내용이나 대상의 보편성을 시사하는 것이다. 그럼에도 불구하고 각 복음서의 배후에 공동체를 설정하고, 그 복음서가 그 공동체의 사회학적-종교적 존립을 위해 만들어진 사회학적 산물인 것처럼 취급하는 것은 원리적으로 정당하지 않다. 그동안 역사비평학을 기초로 발전된 자료비평이나 편집비평의 결과들은 마태복음 자체보다는 그 배후에 있는 공동체의 사회-종교적 정황에 집착해 왔다. 이렇게 전개되어 나온 마태복음의 편집비평적인 역사적 정황에 대한 이론들은 주로 '마태 공동체' 의 성격에 집중했고, 특히 '마태 공동체' 의 유대교에 대한 태도, 그리고 이방인들에 대한 태도를 근거로 다양한 가설들을 제시했다.

이런 가설들은 마태복음 내에서 그 추정의 어떤 근거들을 찾게 된다. 유대교에 대해 극도로 비판적인 태도가 발견되는 구절들, 예컨대 회당이나 서기관들을 향해 '너희의' 그리고 '그들의' 라고 칭하는 것(4:23, 7:29, 10:17, 13:54, 23:34) 등을 보면 소위 '마태 공동체' 는 더 이상 유대교의 회당 안에 속하지 않은 것으로 보인다. 그들은 유대의 지도자들에 대한 예수의 신랄한 비판에 동조하는 그룹이고(23장), "그 피를 우리[유대인들]와 우리 자손에게 돌릴지어다" (27:25)라는 말을 기록할 만큼 반유대적 성향을 보인다. 결국 이런 '반유대적' 마태 공동체는 예수의 이방선교 명령을 받아들이고 지지하는 자들로 비쳐진다(28:16-20).

그러나 문제는 이와 반대되는 방향을 제시하는 구절들이 병존한다는 데에 있다. 이런 구절들을 근거로 보면, 소위 '마태 공동체' 는 아직 유대교 안에 머물고 있는 것처럼 보인다. 예수는 "율법을 폐하러 오신 것" 이 아니며, 율법은 일점일획까지 신실하게 성취되어야 한다(5:17-20). 예수께서는 제자들에게 이스라엘 외에서는 하나님 나라를 선포하지 말라고 한다(10장). 이런 점들은 소위 '마태 공동체' 가 단지 반유대적인 공동체가 아님을 시사할 수 있다. 이렇게 상반되어 보이는 요소들을 어떻게 일관되게 설명할 수 있을까.

소위 '마태 공동체' 를 마태의 본문으로부터 재구성하려는 많은 학자들은 이런 식으로 마태 공동체가 유대교와 가졌던 관계, 그리고 당시에 이미 이스라엘과 독립해 존재했던 이방 기독교적 교회들과 가졌던 관계를 설정해 보려고 한다.이런 판단은 당연히 마태복음의 기록 시기의 결정에도 영향을 미치는데, 유대교와의 분리를 어느 정도로 보느냐에 따라 그 기록 시기에 대한 판단도 달라질 것이기 때문이다.

마태복음에 비쳐지는 초대교회와 '회당' 곧 유대인들과의 관계는 역사비평학의 발전을 따라 매우 첨예한 관심이 되어 왔고, 일부 학자들은 마태복음이 소위 '나사렛 사람들(기독교인들)' 을 이단들과 함께 저주하는 기도문을 결의한 주후 90년경에 있었던 얌니아 회의를 배경으로 한다고 생각한다. 하지만 최근의 학계는 대체로 마태복음이 드러내고 있는 당시의 초기 기독교 혹은 '예수를 따르던 자들' 이 다양한 유대교의 스펙트럼 속에서 아직 완전히 분리되지 않은 채 입장을 달리하며 여전히 그 모체의 틀 안에 남아 있는 '내부의 소수들' (intra-muros)이라고 생각한다.

또한 앞에서도 언급했지만, 공관복음서의 문제, 즉 세 복음서가 기록된 순서에 따른 상호 의존도 문제에 대한 학자의 확신에 따라 마태복음의 기록 시기도 달라질 수 있다. 대체로 학자들 간에는 주후 70년 예루살렘 성전파괴 전후로 갈려 있지만 어떤 학설도 확실성을 갖고 주장되기는 어렵다.

하지만 기록 시기에 대한 불확실성에 비해 마태복음 본문 안에 내재해 있는 갈등은 명백하다. 그 갈등과 시기를 연관 짓는 것은 별개의 문제라고 해도, 마태복음이 드러내는 보다 중요한 문제, 하나님의 백성의 미래에 대한 변화와 선택에 관한 문제는 명확히 드러나 있다. 특별히 마태복음이 이스라엘과 이방인들을 향해 가졌던 모순되어 보이는 선교의 태도는 마태복음 기록 시기에 그것이 중대한 문제였음을 시사한다고 볼 수 있다. 10장에 기록된 예수의 이스라엘 선교는 이스라엘의 거부로 말미암아 이방인 선교(28장)로 대치되었는가? 아니면, 28장의 이방인 선교는 원래 예수 자신의 명령이 아니라, 소위 '마태 공동체' 의 생존 전략에 의한 선택으로서 예수의 입에 '넣어진' 그들의 산물인가?

사실 마태의 본문을 근거로 소위 '마태 공동체' 의 성격을 재구성하는 것은 방법론상 많은 약점들을 가진다. 자료들을 분석할 때 전제하는 가설이 해석자 자신의 것들일 수 있기 때문이다. 또한 처음부터 '마태 공동체' 를 상정할 필요가 있는지도 의문이다. 복음서의 주제는 그 배후에 있는 교회의 역사적 상황에 대한 사회학적 지식이 아니라, 예수 그리스도 자신이다. 마태복음은 초대교회라는 역사비평적 출발점이 아니라, 구약에서 시작하는, 그리고 하나님 자신에게서 시작하는 성경 계시로부터 출발해야 한다는 시각에서 볼 때 바로 파악될 수 있다. 예컨대, 마태복음에서 해결되지 않은 이스라엘(10장)－이방인(28장) 선교의 문제는, 단순히 '마태 공동체' 의 유대적/반유대적 성격에 의해 해결될 문제가 아닌 것이다.

사실, 마태복음에서 이렇게 상치되는 듯한 선교 패턴은 마태의 '목자－기독론,' 즉 에스겔 34-37장, 미가 2-5장, 그리고 스가랴 9-14장 등 구약의 종말의 목자 전승(Davidic Shepherd Tradition)에 의해 보다 일관되게 설명될 수 있다. 종말에 오실 이스라엘의 목자 여호와 하나님 자신은 이스라엘을 회복하시지만, 그 후에 세우실 다윗과 같은 목자는 그 통치를 열방으로 확대하신다(겔 34:23-24; 37:24-27). 마태는 이 패러다임을 이해했고, 이것은 표면적으로 서로 상반되어 보이는 예수와 그의 종말의 공동체의 선교 패턴을 형성하고 있다.

3.2 배경

마태복음이 초대교회 전체에 회람될 것을 염두에 두고 기록되었다 하더라도, 마태복음에 두드러지는 배경을 전혀 추정할 수 없는 것은 아니다. 이런 점에서 마태복음의 배경으로 시리아가 거론되는 점은 흥미롭다고 할 수 있다.

우선 초대교회에서 마태복음을 알았던 증거로 시리아 안디옥의 이그나티우스와 디다케의 존재는 마태와 시리아의 연관성에 대한 강한 증거가 될 수 있다. 마태복음 안에서도 4:24의 시리아에 대한 언급은 인상적이다. 만일 시리아의 그리스도인들을 '나사렛 사람들' 이라고 불렀던 것이 확실하다면, 2:23의 '나사렛 사람' 이라는 독특한 명칭은 흥미롭게 들린다. 또 시리아의 페니키아 정착민들이 스스로를 '가나안 사람들' 이라 불렀던 것이 사실이라면, 15:22의 시리아 페니키아 여인을 '가나안 사람' 이라 한 것은 마태가 이 지역에 매우 익숙했음을 시사할 수도 있다.

시리아는 이방 땅이다. 만일 마태복음이 시리아를 배경으로 한다면, 아무래도 마태의 배경은 유대지역에서 밀려나 예수를 따르던 자들일 수 있다. 그렇다면 마태복음은 현격하게 유대적인 영향력을 반영하면서도, 예수께서 택하신 열두 제자를 중심으로 '새 이스라엘' 이라는 정체성을 가지고 유대교와 이방인들에 대한 스스로의 자세와 방향을 정립해야 할 상황에 처해 있었다고 추정할 수 있다. 그리고 그런 상황이라면 마태복음이 드러내는 대로 이방인에 대한 선교와 율법 준수의 문제가 중대한 관건이었을 것으로 짐작해 볼 수 있다. 마태복음이 예수의 목격자들의 증언과 그에 관한 전승들을 통해 복음서를 기록했을 때, 만일 그 배경이 시리아였다면, 이런 두 가지 문제가 큰 계기 혹은 이슈가 되었을 것으로 보인다.

필자의 견해에 따르면, 마태는 이 문제들을 해결함에 있어, 예수 사건을 구약의 종말의 다윗 목자 전승을 통해 대답한다. 마태복음은 예수가 구약에서 예언되었던 그 '다윗의 아들', 곧 회복될 이스라엘의 목자로 오셨으며, 이스라엘의 목자이신 하나님 자신의 권세와 역할로 오셨고, 바로 그 예수를 통해서 율법의 의를 만족시키는 일과 열방 앞에서의 사명이 성취된 종말의 심판과 구원, 그 새로운 시대를 만났다고 선포하는 것이다.

3.3 구조

복음서는 원래 초대교회의 성도들 앞에서 처음부터 끝까지 하나의 이야기로 읽히도록 쓰인 책이다. 마태복음을 처음부터 끝까지 하나의 이야기로 읽을 때, 마태는 전체 이야기가 팽팽한 긴장 가운데에서 점진적으로 그 의미들을 펼쳐가도록, 군데군데 중요한 문학적 단서들을 사용하는 것을 볼 수 있다. 가장 잘 알려진 예로는 1:23과 28:20에 나오는 '임마누엘' 모티브이다. 그 외에도 3:13-4:11과 27:38-54에 나타나는 '하나님의 아들의 순종' 이라는 모티브, 그리고 산상수훈의 시작 부분인 5:17과 마무리 부분인 7:12에서 나타나는 율법과 예언의 성취 모티브, 또한 13:12에서 예수께서 말씀하신 '빼앗긴다' 는 말씀과 21:43에 다시 기록된 '빼앗긴다' 는 말씀, 26:32에서 '갈릴리로 먼저 간다' 는 목자의 부활에 관한 고지 등도 마태복음을 이해하는 중요한 문학적 단서들이 된다.

또한 예수의 수난 고지를 알리는 예언적 언급들이나(16:21; 17:12; 22; 20:18), 1-7장에는 전혀 나오지 않다가 8-10장에는 3번, 11-13장에는 6번, 16-20장에는 8번, 그리고 24-26장에는 11번 나오는 '인자' 라는 칭호도 예수의 자기 이해나 사역과 신학의 특징들을 드러낸다.

이렇게 마태복음 안에 쓰이는 다양한 문학적인 기법들이 있는 반면, 보다 큰 구조에서 마태복음 전체 내러티브를 문학적 구조로 분석한 결과들이 있는데, 이런 문학적 구조분석은 종종 마태의 신학적 의도(theological intention)와 연관되어 설명되기 때문에 마태복음을 이해하는 데 매우 중요하다.

(a) 전통적 '새 율법' 구조(B. W. Bacon)

전통적으로 마태복음은 구약의 모세오경과 대비되는 예수의 '새 율법'으로 여겨졌다. 이런 주장은 마태복음이 다섯 개의 강화('the five-fold discourses: 5-7장, 10장, 13장, 18장, 그리고 24-25장)로 되어 있다고 제안한 Bacon에 의해 오랫동안 받아들여져 온 분석이다.[1] 베이컨(Bacon)은 '개종한 랍비'인 마태가 그리스도인들을 위해 예수의 가르침을 '새로운 율법(오경)'으로 기록한 것이며, 여기서 예수를 '새 모세(new Moses)'로 제시하고 있다고 주장했다. 하지만 이러한 베이컨의 주장은 마태복음이 5개의 강화뿐 아니라 11장과 23장과 같은 강화들도 포함하고 있다는 점과, 또한 1-4장(서론)과 26-28장의 예수의 수난 기사의 중요성을 도외시하고 있다는 데서 큰 약점을 드러낸다.

(b) 강화와 내러티브의 교차 구조(D. L. Barr)

베이컨의 구조 분석의 약점을 지적하며, 바(Barr)는 베이컨이 주목한 다섯 개의 강화들이 사실은 그 각각의 강화 전후에 위치한 내러티브(이

1) B. W. Bacon, "The 'Five Books' of Matthew Against the Jews," *The Expositor* 15(1918): 56-66, 그리고, "Jesus and the Law: A Study of the First 'Book' of Matthew," *Journal of Biblical Literature* 47(1928): 203-231.

야기)들과 교차되고 있다는 점에 주목했다.[2] 예컨대, 5-7장은 1-4장과 8-9장의 내러티브로 둘러싸여 있으며, 이처럼 산상수훈(5-7장)을 이해하기 위해서는 전후에 놓인 내러티브를 이해하는 것이 필요함을 밝혔다. 즉, 예수의 가르침들(speech, 강화들)은 예수의 사역(deed, 행동들)의 문맥에서 이해해야 한다는 것이다. 이 분석은 베이컨의 5개의 강화 분석이 갖는 약점을 잘 보완한다.

(c) 교차대구적(chiastic) 구조(H. B. Green; H. J. Combrink)

위의 분석들과는 다소 다른 각도에서 교차대구적인 구조를 주장하는 이들도 있다. 그린(Green)은 마태복음을 크게 두 부분으로 나누는데, 1-10장까지의 전반부는 예수께서 유대인들에게 하나님 나라를 전파하신 사역을 기록한 부분이고, 12-28장은 유대인들이 그들의 메시아인 예수를 거절한 것을 주제로 기록되었다고 본다.[3] 이렇게 보면, 그 지렛대와 같은 위치에 놓인 부분이 11장이 되는데, 유사한 교차대구적 구조를 주장한 콤브링크(Combrink)는 11장이 아니라 13장이 그 전환점이 된다고 보았다.[4] 그러나 11장이든 13장이든, 마태복음의 구조를 교차대구적으로 보는 분석은 예수께서 유대인들을 위해 오신 메시아라고 보는 점, 그리고 그들이 메시아를 거부한 사실을 복음서의 가장 중요한 쟁점으로 보는 시각을 제시한다.

---

2) D. L. Barr, "The Drama of Matthew' s Gospel: A Reconsideration of Its Structure and Purpose," *Theology Digest* 24(1976): 349-359.

3) H. B. Green, " The Structure of St. Matthew' s Gospel" (vol. 4 of *Studia Evangelica*, ed. Elizabeth A. Livingstone. Berlin: Academie-Verlag, 1968), 48.

4) H. J. Bernard Combrink, "The Structure of the Gospel of Matthew as Narrative," *Tyndale Bulletin* 34 (1983): 71; 또한 " The Macrostructure of the Gospel of Matthew." Neotestamentica 26 (1982): 1-20.

(d) '하나님의 아들' 기독론 구조(Jack D. Kingsbury)

마태복음이, 누가-행전에서 선명하게 드러나는 바와 같이(H. Conzelmann) 예언시대 → 예수시대 → 교회시대의 구속사적 흐름을 따라 기록되었다고 보는 학자들도 있었는데(G. Strecker; J. P. Meir), 이런 맥락에서 킹스베리(Kingsbury)는 마태복음에서는 '교회시대'가 '예수시대'에 중첩되어 나타나며, 따라서 마태복음에는 예언시대와 예수시대, 이 두 시대만 중점적으로 나타난다고 보았다.[5] 킹스베리는 이에 따라 마태복음을 크게 세 부분으로 나누었는데, 특별히 4:17과 16:21에 동일하게 표현된 "이 때로부터"라는 표시가 중요한 역할을 한다고 보고, 1:1-4:16까지는 '하나님의 아들'로서 예수라는 인물의 기원과 중요성을, 4:17-16:20은 그의 선포의 내용과 그 파장을, 그리고 마지막 부분인 16:21-28:20은 예수의 고난과 죽음, 부활의 원인과 그 결국을 기술한다고 주장한다.

(e) '종말의 두 목자'의 예언에 따른 구조

하지만, 킹스베리가 말하는 4:17과 16:21의 "이 때로부터"라는 문학적 전환 기법이, 베이컨이 주목하는 대로 다섯 번이나 반복되는 "예수께서 이 말씀을 마치시매"(7:28; 11:1; 13:53; 19:1; 26:1)보다 더 결정적이라는 근거는 없다. 그보다 더 중요한 것은, 킹스베리의 구조분석이 너무 자명해서 마태가 강조하는 예수의 모습에 대해 드러내는 바가 적다는 점이다.

필자는 마태복음이 '다윗의 아들'(1:1, 17 등)로서의 예수의 모습을

5) Jack D. Kingsbury, *Matthew: Structure, Christology, Kingdom* (Minneapolis: Fortress Press, 1975).

'목자' 의 이미지와 연관시키는 것에 주목하고, 마태가 이 칭호의 구약 적 배경인 '종말의 다윗 목자' 전승(겔 34-37장, 슥 9-14장, 미 2-5장)에 따라 예수를 이해하고 전달했다고 본다.[6] 이런 점에서 마태는 이 구약 전승에서 드러난 '두 목자의 구조' (Two Shepherds Schema)에 따라, 이스라엘에게 돌아오신 목자로서의 여호와 하나님 자신의 치유 사역, 그리고 이스라엘의 회복 후에 하나님이 종말의 공동체 위에 세우시기로 약속하신 '새로운 다윗 목자' 의 확대된 통치 사역(특히, 의의 교사로서)의 틀로 예수를 이해했다고 본다.

이렇게 보면, 1:23의 '임마누엘' 은 여호와 하나님 자신으로서 종말의 목자 되신 예수의 임재를, 그리고 28:20의 '항상 함께하리라' 는 종말의 공동체 위에 세워진 새로운 다윗 목자의 통치를 의미함으로써, 마태의 서론과 결론은 모두 의미심장한 기독론적 의미를 가지며, 다섯 개의 강화에 나타난 의의 교사로서의 예수의 모습은 28:20에서 함축된 '의의 가르침' 의 사역을 특징으로 하는 종말의 다윗 목자의 모습이 중첩된 것이라 볼 수 있다. 예수는 종말에 오시기로 한 그 이스라엘의 목자, 곧 그들의 하나님 자신이며, 회복된 새로운 백성 위에 세우시기로 한 새 다윗 왕/목자이기도 하다. 이런 '두 목자' 의 기독론은, 마태복음에서 풀리지 않는 '치유하는 다윗의 아들' 의 문제나, 이스라엘-이방 선교에 관한 모순되어 보이는 태도를 쉽게 설명해 준다.

6) Young S. Chae, *Jesus as the Eschatological Shepherd: Studies in the Old Testament, Second Temple Judaism, and in the Gospel of Matthew* (WUNT II/216, Mohr Siebeck: Tübingen, 2006).

Chapter 01

이루려 하심이라 약속의 성취(1-4장)

마태복음처럼 구약의 예언(prophecy)의 성취에 깊고 체계적인 관심을 보이는 복음서도 없다. 마태복음 1:1은 그대로 구약 이스라엘 역사의 요약이다. 아브라함은 이스라엘의 시작이고 다윗은 그 왕국 시대의 절정이다. 마태복음이 구약 다음에 신약의 첫 책으로 나오는 정경의 순서는 이처럼 매우 자연스럽다. 언약과 성취에 대해 말하기 때문이다. 구약, 곧 하나님께서 이스라엘을 통해 인류에게 주신 옛 약속들이 뿌리이고 나무요 가지라면, 이제 마태복음에서 우리는 그 나무에 만발한 꽃과 그 첫 열매까지 목격하게 된다. 마태복음은 신약의 첫 책으로서, 구약의 오래된 약속들이 그 성취의 절정이신 예수에게서 성취되었음을 선포한다. 이 예수는 누구신가?

1. 다윗의 아들, 이스라엘의 회복과 열방의 희망

1:1-17

마태복음은 그 첫 구절에서 예수를 특징적으로 '다윗의 아들' (1:1)로 소개한다. '다윗의 아들' 이라는 표현은 가장 먼저 사무엘하 7:12-16에 약속된 다윗의 자손, 그로 말미암아 나라를 세우고 그 위를 견고하게 하겠다는 약속을 생각나게 한다.

> "네 몸에서 날 자식을 네 뒤에 세워 그 나라를 견고하게 하리라 저는 내 이름을 위하여 집을 건축할 것이요 나는 그 나라 위를 영원히 견고케 하리라 나는 그의 아비가 되고 그는 내 아들이 되리니 … 네 집과 네 나라가 내 앞에서 영원히 보전되고 네 위가 영원히 견고하리라"(삼하 7:12–16)

하나님께서 다윗에게 주신 이 약속, 곧 다윗의 후손을 통해 하나님께서 나라를 세우시되 그 나라가 영원할 것을 약속하시는 이 약속은 이후로 이스라엘이 소망을 갖는 중대한 근거가 되었다(시 2편, 89:3; 132:11; 사 11:1-5; 10; 렘 23:5-6; 30:9; 33:14-18; 겔 34:23-24; 37:24-28). 이렇게 이스라엘은 특히 나라가 멸망하고 그들이 포로로 잡혀가게 된 후, 이 약속을 더욱 굳게 붙들고 그 성취를 기다려왔다. 경건한 유대인들은 하루에 세 번 드리는 그들의 기도에서 이 약속을 매일 기억했다.

> "다윗의 줄기를 속히 일으키소서. 그의 구원의 뿔을 속히 드소서. 우리가 종일 구원을 기다리나이다"

하나님의 약속의 말씀은 살아 있고 반드시 그 보내신 사명을 성취한다. 그래서 마태가 전하는 하나님은 언약의 하나님이시다. 생각해 보라. 유다가 멸망하고 선지자가 끊긴 지 무려 400여 년이 지났다. 그러나 이스라엘의 경건한 자들, 남은 그루터기들이 그러했던 것처럼, 하나님께서도 물론 그 약속을 잊지 않으셨다. 이스라엘의 실패와 절망, 죽은 것 같은 좌절 그리고 모든 것이 끝난 것 같은 그 오랜 침묵 후에도, 하나님은 친히 하신 약속을 기억하시고 그것을 성취하러 오신다. 이것이 마태복음을 열면 첫 번째 밀려오는 강력한 메시지이다.

이제, 마태는 예수가 바로 그 기다렸던 '다윗의 아들' 이라고 선포하며 그의 복음서를 시작한다. 그런데 이 '다윗의 아들' 은 또한 '아브라함의 아들' 이다. '아브라함의 아들' 이라는 표현은, 모든 유대인들이 아브라함의 아들들(cf. 마 3:9)이므로 듣기에 당연하고 평범하게 들릴 수 있지만, 이 칭호에는 그 이상의 의미가 있다. 아브라함이 누구인가? 창세기 10-11장을 펼치면, 모든 민족들이 바벨탑을 쌓고 하나님을 대적하여 그들을 지으신 창조주 하나님을 떠났을 뿐 아니라, 힘을 합쳐 그분을 대적하는 광경이 나타난다. 창세기 1-3장에서는 그렇게 '보시기에 좋았던' 창조 세계가 사람들과 함께 아주 끝난 것처럼 보인다.

이제 창조주 하나님은 어떻게 하시는가? 그분은 구속주가 되기로 하신다. 곧 창세기 12장에서 하나님은 한 사람 아브람을 부르신다. 그리고 그와 더불어, 그를 통해 새로운 하나님의 백성을 창조하시기로 하신다. 그것은 특별히 아브라함의 한 '자손'을 통해 이루어질 약속이었다.

> "내가 너로 큰 민족을 이루고 네게 복을 주어 네 이름을 창대케 하리니 너는 복의 근원이 될지라"(창 12:2)
>
> "네 몸에서 날 자가 네 후사가 되리라"(창 15:4; cf. 갈 3:16)

창세기에서 아브라함의 '그 후손'은 우선적으로 '이삭'이었다. 그러나 창세기의 이삭 이야기는 이삭 자신이 혈과 육으로 주어진 아들이 아니라, 오직 약속을 따라 난 아들이었음을 강조한다. 후에 사도 바울은 이삭이 아브라함의 자손이요 또한 성령으로 잉태하신 예수 그리스도의 모형이었다고 설명한다(갈 3:15-18, 4:21-31). 이삭은 사라의 몸을 통해서 나왔지만, 이미 경수가 끊어진 사라, 아브라함마저 그 믿음을 잃어버린 후에 주어진 아들이었다. 이삭은 또한 모리아 산에서 번제물로 드려져 죽은 것이나 다름없었고, 오직 하나님께서 다시 살려 주셨기 때문에 그는 여러 면에서 오직 하나님으로부터 주어진 아들이었다. 그래서 이삭의 이야기는, 그가 오직 하나님의 약속을 따라 받은 아들이었고, 이처럼 장차 아브라함의 자손으로 올 '그 후손'(the Seed) 역시 하나님의 약속을 따라 주어진 아들일 것이며, 그런 약속의 후손을 통해 또한 많은 약속의 자녀들이 아브라함에게 약속된 복을 얻게 될 찬란하고 풍성한 미래를 보여준다.

하지만, 마태복음에서 예수께서 어떻게 '아브라함의 아들' 인지에 대해서는 그리 투명하게 설명되지 않는다. 오히려 1:1이 명확히 선포하는 것처럼, 예수는 우선적으로 '다윗의 아들' 이 됨으로써 '아브라함의 아들' 에게 주어진 열방을 향한 약속을 성취하신다. 이스라엘의 회복이 먼저이다. 이를 위해 '다윗의 아들' 이 오신다. 그리고 그가 이스라엘을 회복하여 새 이스라엘을 창조하신 후에, 이 새 이스라엘을 통해 열방이 들어온다(누가-사도행전을 보라).

그리고 꽃과 열매는 그 나무의 가지나 뿌리와 하나인 것처럼, 이러한 미래는 이미 구약에서 자주 그려졌던 비전이다. 사무엘하 7장에서 주어졌던 다윗의 약속은 이스라엘의 멸망, 곧 포로기를 거치면서 '종말의 다윗 목자' 에 대한 기대로 발전한다(겔 34-37장; 미 2-5장; 슥 9-14장). 특히 미가 5:1-4는 바로 이 '다윗의 아들' 이 곧 '종말의 목자 다윗' 이며 그의 통치가 땅 끝까지 미칠 것을 내다본다. 이런 점에서, 마태복음은 우선적으로 다윗을 향해 주셨던 그 약속과 기대를 상기시킨다. 그리고 예수가 바로 그 약속대로 오신 다윗의 자손임을 설명한다. 마태복음 1:1-25는 바로 이렇게 '약속대로' 예수께서 다윗의 아들로 오셨다는 점을 설명한다. 이것이 2-16절까지 족보가 나오는 이유이며, 이 족보가 17절에서 다윗을 기점으로 그리스도에게까지 이르며 끝나는 이유이다.

특히 17절은 아브라함부터 그리스도까지의 역사를 일부러 14대로 끊어 세 토막을 만드는데(2절에서 6절까지 14대, 7절에서 11절까지 14대, 그리고 12절에서 16절까지 14대), 이는 히브리어로 '다윗(דוד, 4+6+4)' 에 해당하는 숫자가 14라는 점에서도 효과적으로 드러난다.

"그런즉 모든 대 수가 아브라함부터 다윗까지 열네 대요 다윗부터 바벨론으로 이거할 때까지 열네 대요 바벨론으로 이거한 후부터 그리스도까지 열네 대러라" (마 1:17)

그러므로 마태는 이스라엘의 역사를 아브라함에서 다윗까지, 다윗 곧 그 왕국의 시작과 멸망인 포로기까지, 그리고 절망의 포로기에서 희망의 시작인 그리스도까지, 이렇게 세 시대로 구분한다. 그것은 다시 말해서, 이스라엘이 아브라함으로부터 다윗에게 주신 그 약속을 받기까지, 그리고 그 약속이 그들의 뜻대로 실현되지 않았던 기간, 그리고 이제 그 약속 곧 다윗의 아들을 통한 영원한 나라의 성립이 그리스도로 말미암아 시작된다는, 언약에 기초한 매우 독특한 역사관에 의한 것이다.

아브라함에게 주신 약속은, 곧 창세기 10-11장에 기록된 바벨탑 사건과 온 민족들이 하나님을 떠난 그 사건에 대한 하나님의 응답이었다. 아브라함의 자손을 통해 열방을 회복하시겠다는 비전이었다. 그렇게 아브라함 한 사람으로부터 시작한 하나님은 다윗 시대에 와서 다윗과 같은 왕, 곧 그의 후손을 통해 이 약속을 성취하실 것이었다. 또한 아브라함에게 주신 열방의 약속은 이스라엘의 역사 속에서도 다윗에게 주신 약속을 통해 성취될 것이었다. 이스라엘은 열방의 희망이다. 아브라함을 부르신 이유가 열방을 회복하시기 위함이었던 것처럼, 이스라엘의 존재 이유도, 교회의 존재 이유도 열방의 회복이다. 하나님의 심장에는 그의 교회가 있다. 그러나 그 교회보다 더 중심에 놓인 것은, 그분을 잃어버린 세상, 그분을 떠난 열방이다. 하나님이 그의 백성, 그의 교회를 부르신 이유는, 교회 자체의 행복에 있지 않다. 그분의 마음과 눈길은 항상 자신의 교회를 통해 회복해야 할 열방에 놓여 있다.

그러므로 열방을 회복하기 위해서 먼저 아브라함의 자손들, 곧 이스라엘이 회복되어야 했다. 이제 이스라엘을 회복하기로 기대되었던 그 다윗의 아들을 통해 이 언약 공동체가 회복될 때가 이른 것이다. 그러나 그들의 회복은 결코 그들 자신만을 위한 것이 아니다. 그들은 '세상의 빛과 소금' (마 5:13-16)이며, 회복된 그들을 통해 이제 하나님의 은혜와 생명, 거룩하신 임재가 이 죽음 아래 있는 열방들 가운데로 흘러가게 할 복의 통로가 될 것이다(마 1:23, 28:20).

마태복음 1:2-16까지 나오는 예수의 족보는 이런 식으로 예수가 아브라함의 자손으로 그 계보를 따라 다윗의 아들로 오셨음을 증명하고자 기록되었다. 이 족보가 정확히 14대로 나뉘었느냐는 논란의 여지가 있으나, 마태는 여고냐를 바벨론 포로기의 실질적인 시작으로 본 듯하다(11-12절). 이 계보의 기본적인 형식은 '아브라함이 이삭을 낳고' (2절)라는 표현에서 보듯이, 아비의 이름이 먼저 나오고 뒤에 나오는 이름이 그 아들임을 표시한다('아버지, 그리고 그 후손' 의 형식). 먼저 주목할 것은 아브라함을 거명하며 시작되는 이 긴 족보가 실제로는 1절의 '예수 그리스도' 로 시작해서 끝절(16절)의 '그리스도라 칭하는 예수' 로 끝난다는 점이다.

이스라엘은 아브라함으로부터 시작하고, 다윗은 이스라엘 역사의 절정이었다. 그리고 이제 메시아 예수는 그 때 다윗 왕도 이루지 못했던 이스라엘의 사명과 소망의 완성으로 나타나신다. 아브라함을 통해 창조하실 '큰 민족' 과 다윗에게 주신 '영원한 왕권' 의 약속이 이제 예수에게서 성취되는 것이다. 먼저 이 예수를 통해 다윗에게 주신 '영원한 왕권' 이 설 것이고, 그 왕권의 통치에 열방이 참여하며 드디어 열방들이 약속된 복을 얻을 것이다.

이렇게 마태복음의 족보에는 하나님의 백성의 회복을 알리는 신호들이 숨어 있다. 예컨대, '아버지, 그리고 그 후손' 이라는 형식에 맞지 않는 대목들이 소개된다. 특별히 2절의 "야곱은 유다와 그 형제들을(복수, 개역한글 '형제를') 낳고"의 경우와 11절의 "요시야는 여고냐와 그의 형제들을(복수, 개역한글 '형제를') 낳으니라"의 경우를 들 수 있다. 왜 이 두 구절에만 '아버지-후손' 형식이 아니라, "그 형제들을"이라는 문구가 포함되었을까?

이것은 새로운 하나님의 백성의 출현을 알리는 효과가 있다. 흥미롭게도 2절의 '유다와 그 형제들' 은 아브라함부터 다윗에 이르는 처음 14대의 시작에 놓여 있고, 11절의 '여고냐와 그의 형제들' 은 바벨론 포로기 이전 14대의 마지막에 놓여 있다. 즉, 아브라함으로부터 시작해서 이스라엘의 멸망에 이르기까지 그 시작과 끝에 나오는 '형제들' 은 아브라함의 자손들, 곧 이스라엘의 12지파의 시작과 흩어짐을 기록한다. 이와는 대조적으로 바벨론으로 이거한 후 예수 그리스도에 이르기까지 마지막 14대에는 이 '형제들' 이란 표현이 없다. 왜 그럴까? 그것은 이제 마태복음이 기록할 바, 예수의 제자들이 새 이스라엘의 12지파 역할을 할 것이기 때문으로 볼 수 있다(12:49-50; 28:10). 흩어진 백성들이 회복되고, 그리스도이신 예수를 따르는 제자들이 새로운 하나님의 백성들로 나타날 것이다.

하나님의 백성의 탄생에 있어서, 마태의 족보에서 '아버지, 그리고 그 후손' 의 형식이 깨어지는 또 다른 경우들이 있다. '아버지' 에 해당하는 부분이 어머니의 이름으로 시작하는 경우이다. 3절의 '다말' , 5절의 '라합' 과 '룻' 그리고 6절의 '우리아의 아내', 마지막으로 16절의 '마리아' 이다. 보통 여자는 족보에 기록되지 않는다. 누가의 족보(3:23-28)

에는 마리아의 이름조차 거론되지 않는다. 마태는 왜 이 여인들의 이름을 기록했을까?

흥미롭게도 이 여인들이 살았던 시기는 각기 이스라엘 역사에서 중대한 시기였다. 다말은 족장시대에, 라합은 가나안 정복시대, 룻은 사사시대, 그리고 우리아의 아내(밧세바)는 왕국시대의 여인이다. 그렇다고 이들이 그 시대를 대표할 만한 뛰어난 여인들은 아니다. 룻을 제외한 나머지 세 여인, 곧 다말, 라합 그리고 우리아의 아내 밧세바는 모두 도덕적으로 흠이 명백한 기록을 갖고 있다. 하지만 이보다 더 분명한 공통점이 있다면, 이 네 여인이 모두 이방인 출신이라는 사실이다. 다말은 아람인이었고, 라합은 가나안 사람, 룻은 모압 출신이다. 밧세바의 이름을 직접 기록하지 않고 '우리아의 아내' 라고 한 점도 밧세바가 남편의 출신 지역인 헷(Hittite)족속에 속했음을 의도적으로 표시한 것이다.

이렇게 보면, 이 네 여인의 공통점은 그녀들이 대체로 죄인으로 여겨질 수 있기 때문이기도 하지만, 모두 이방인 출신이었다는 점에 보다 분명한 강조가 있음을 알 수 있다. 사실 이 여인들이 '죄인들' 이었고, 예수 그리스도의 오심은 죄인들을 위함이라는 의도는 사실 완전히 들어맞지는 않는다. 왜냐하면 족보에 기록된 남자들도 그 못지않은 죄인들이었기 때문이다. 예컨대, '므낫세' (10절)는 이스라엘 역사상 가장 악한 죄인으로 기록된다(왕하 21:1-18). 실로 마태복음의 족보에 이 네 여인의 이름이 포함된 것은, 다윗의 아들로 오신 메시아의 나라가 이미 이스라엘 민족이라는 경계를 넘어서고 있음을 보여준다. 이미 이방인들이 다윗의 아들의 족보에 참여하고 있는 것이다.

한 가지 덧붙인다면, 이 여인들, 그리고 '우리아' 는 이방인들 가운데에서도 그 신앙과 의로움이 뛰어난 자들이었다. 다말은 유다의 입으로부터 그보다 '더 의로웠다' 는 고백을 듣는다(창 38:26). 라합은 믿음으로 정탐꾼들을 구했다(히 11:31; 약 2:25). 룻은 시어머니를 따라 그녀의 하나님을 섬겼다(룻 3:10-11). 우리아는 헷 족속이었지만, 그의 행위는 다윗 왕보다 선하고 의로웠다(삼하 11:11). 이처럼 마태는 이후에도, 비록 이방인이었지만 이 '다윗의 아들' 예수에게 나아온 뜻밖의 믿음을 보인 사람들에 대해 긍정적으로 기록한다. 로마의 백부장(8:5-13)이나 가나안 여인(15:21-28)의 믿음은 이스라엘 중에서도 그 예를 찾아볼 수 없었다는 과분한 평을 듣는다. 이렇게 족보를 읽다보면, '과연 누가 어떤 근거로 그 족보에 포함되었는가' 를 묻게 된다. 과연 누가 진짜 이스라엘이며, 하나님의 백성인가?

또 한 가지, 마태의 족보에서 '아버지, 그리고 그 후손' 이라는 형식이 깨어지는 마지막 경우는 16절에 나오는 '요셉' 의 경우이다.

"요셉, 마리아의 남편, 그녀에게서 그리스도라 하는 예수가 태어나다"
(문자적 번역)

이 표현을 가만히 들여다보면, '아버지 요셉과 아들 예수' 라는 족보의 전형적인 형식 사이에 '마리아' 가 끼여 있음을 알 수 있다. 요셉은 법적으로는 예수의 아버지이지만, 이 표현은 예수가 실제적으로는 마리아를 통해서 온 것이고, 이런 요소를 빼고는 예수의 탄생을 전형적인 방식으로 설명할 수 없다고 말하는 셈이다.

마리아는 족보에 예외적으로 기록된 다른 네 여인들과 한 가지 공통점을 갖는데, 그것은 이 네 여인들은 모두 정상적인 결혼 관계에 있지 않았다는 점이다. 다말은 근친상간, 라합은 창기, 룻은 족외혼(族外婚,

exogamy), 그리고 밧세바는 간음의 경우였다. 모두 예외적이고 명예롭지 못한 경우들이다. 이렇게 예외적이라는 점에서는 마리아의 경우도 마찬가지이다. 그리고 그것은 마리아의 경우를 포함해서 모두 명예롭지 못하게 비쳐졌다. 이제 그 내막이 설명되어야 한다. 마태복음의 족보를 읽어 내려가던 독자라면, 당연히 '요셉, 예수의 아버지' 라는 문구를 기대했을 것이다. 그런데 왜 요셉은 마리아의 남편으로 나오는가? 어떻게 예수는 마리아에게서 나왔는가? 누가 예수의 진짜 아버지인가? 예수는 어떻게 해서 다윗의 족보에 들어갔는가? 이것이 마태가 뒤이어 나오는 1:18-25에서 설명하고자 하는 내용이다.

"믿을 만한 하나님, 믿을 만한 성도"

마태복음의 선포는 약속을 주신 하나님께서 그 약속을 반드시 이루신다는 그 분의 신실하심에 기초하고 있다. 성경에 기초한 신앙은 '말'(言)의 신앙이다. 성경처럼 말, 혹은 약속(約束)을 강조하는 신앙도 없다. 하나님은 그 하신 말씀을 반드시 이루신다는 것이 구약 백성과 마태 자신이 확신했던 신앙의 내용이다. 믿음이 충만하다는 것은, 그러므로 말에 있어 진실하며, 약속을 지켜내는 견고한 성품을 가리킨다. 하나님처럼 그의 백성도 말에 있어, 약속한 일에 있어 진실한 것, 그것이 믿음이 충만한 것이다.

믿음이 있다고 하면서 약속을 밥 먹듯 어길 수 없다. 하나님이 그렇지 않으시므로 그의 백성도 그럴 수 없다. 그것은 성경적 신앙이 아니다. 마태복음을 읽는 독자는 이런 점에서 충격을 받는다. 이스라엘의 하나님은 그 약속하신 바를 성취하심에 있어서 아무것에도, 자기 백성인 이스라엘의 배반이나 실패에도 방해를 받지 않으신다. 약속을 반드시 지켜내는 것, 그것이 신실(信實)이며, 미쁘신 하나님과 그러한 하나님을 믿는 신자(信者)의 특징이다. 하나님을 믿는 사람은 믿을 만한 사람이 되어야 한다.

"작은 일에 충실하려면 큰 믿음이 필요하다"

하나님께서는 역사 속에서 그 약속을 성취하시기 위해 단계적으로 일하신다. 그리스도 예수는 '아브라함의 아들'로서 열방을 자신에게 이끌기 위해 우선 '다윗의 아들'의 책무를 다한다. 자기 백성을 치유하고 회복하시며 새로운 사명을 주신다. 크신 하나님께서 실제로 역사 안에서 일하실 때는, 매우 구체적이고 제한된 사역에 집중하신다. 오늘 나에게 맡겨진 일을 하나님 앞에서 충실하게 감당하는 것이, 하나님의 크신 나라를 가져오는 중대한 사역임을 잊지 말아야 한다. 하나님의 사람은 큰 비전을 품지만, 극히 작은 일에 충실한 사람이다. 적은 믿음으로도 큰 일을 할 수 있지만, 작은 일에 충실하려면 큰 믿음이 필요하다.

마태복음 1:1은 이스라엘의 전 역사, 아니 인류의 전 역사가 한 사람 예수 그리스도에게 집중된다는 사실을 보여준다. 하나님에게는 한 사람이 중요하다. 아담 한 사람이 중요했고, 아브라함 한 사람이 중요했다. 한 사람이 하나님의 뜻을 받들어 순종할 때 큰 역사가 일어난다. '나 하나쯤이야' 라는 생각은 하나님 앞에서 사는 사람의 태도가 아니다. 그것이 하나님의 뜻이기 때문에, 내가 아무것도 안 해도 이루어질 거라고 말하는 대신, '내가 짊어지고 그 뜻을 이루어 드려야겠다' 고 생각하라. 하나님의 원대한 뜻은 그 뜻을 순종하겠다고 자신을 드리는 한 사람을 통해 이루어지기 때문이다. 예수님 한 사람 때문에, 우리가 의롭다 하심을 입었다. 나 한 사람 때문에 복을 얻는 사람들은 누구인가.

"자랑이 바뀐 사람"

마태가 서두에 제시한 족보를 보면 참 놀랍다. 족보는 대개 자기 자랑을 위해 꺼내는 증거집이다. 하지만 예수의 족보를 소개하는 마태의 의도는 전혀 그렇지 않다. 사람은 과거를 들출 때 자랑거리만을 말하기 쉽다. 하나님의 은혜의 역사를 드러내기보다 자기 자랑에 몰두한다. 자신과 조상들의 수치를 기록한다는 것은, 그것보다 원대한 가치를 알고 있을 때에만 가능하다. 한 민족이 자기 민족의 수치스런 역사를 보존한다고 그 민족이 낮게 평가되지는 않는다.

오히려 반대이다. 보존하는 것은 그들 자신의 수치스런 역사이지만, 실제로 영구히 보존되는 것은 양심을 지키고 의를 따라 살아야 한다는 그들의 수준 높은 역사의식이며 이를 소중히 여기는 고결한 정신이다. 수치를 기억하는 사람은 아주 망하지 않는다.

오직 그 원대한 가치가 없는 사람만 학연과 지연과 혈연, 그리고 자신의 성취에 대한 자랑에 매달린다. 육적인 무엇을 자랑하는 것은 결국 자신을 자랑하는 것이다. 거기에는 하늘나라의 공기가 숨 쉬지 못한다. 혈과 육의 자랑만 있을 뿐이다. 마태의 족보는 자랑스럽지 않기 때문에 우리에게 희망이 된다. 성도란 자랑이 바뀐 사람이다.

2. 다윗의 아들, 하나님의 아들

1:18-25

그러므로 1장 18-25절까지의 내용은 그 아버지 요셉이 '낳은' 것이 아닌 예수가 어떻게 해서 다윗의 족보에 들어가게 되었는가에 대한 설명이다. 우선 예수 자신의 탄생이 족보에서 예외적으로 기록된 네 여인들의 경우처럼 매우 예외적이고 겉으로 보기에 매우 비정상적인(심지어, '기이한' 혹은 '문제가 되는', scandalous) 방식이었다는 인상을 지울 수 없다. 예수 자신도 마치 다윗의 족보에 특별한 방식으로 편입된, 혹은 입양(adoption)되었다는 인상을 준다.

네 여인들의 비정상적인 결혼은 마리아의 경우 역시 비정상적이라는 점에서 매우 가깝게 느껴진다. 이렇게 마태의 족보와 예수의 탄생 이야기를 서로 연결해서 읽으면, 네 여인들의 경우가 모두 비정상적이고 불명예스러웠다는 점과, 마리아의 경우 하나님께서 직접 성령으로 간섭하셨다는 두 가지 사실이, 마치 죄와 은혜처럼 서로 극단적으로 다르면서도 동시에 서로 가장 가까이 연관되도록 기록되었다는 것을 알게 된다. 즉, 이 다섯 여인의 경우는 모두 예외적이라는 점에서, 그 네 여인들의 이방인됨과 하나님과 동떨어진 죄된 삶이, 마리아에게 베푸신 하나님의 은혜와 그 내러티브의 문맥 깊은 곳에서 서로 만나고 있다.

그래서 18-25절의 내용은 단순한 크리스마스 이야기가 아니다. 여기에는 베들레헴 구유도 없고, 목동들의 방문 소식도 없으며, 천사들의 합창도 들리지 않는다. 마태가 기록하는 예수의 탄생 이야기는 이렇게 비정상적으로 태어난 예수가 어떻게 다윗의 계보에 들어갔으며, 또한 그 의미가 무엇인가를 밝히는 데 초점이 있다. 예수는 '의로운' 요셉의 아내 마리아를 통해 다윗의 족보에 입양된다. 천사가 요셉에게 예수를 받으라고 말했고(20절), 요셉은 그렇게 순종했다(24절).

여기서 마태는 요셉을 '의로운 사람' 이라고 표현하는데, 마태복음에서 '의' 는 매우 중요한 개념이다. 이 경우에도 잘 드러나 있지만, 요셉의 '의' 의 특징은 긍휼이요 사랑이다. 이후에도 마태는 '의' 에 대한 이러한 해석을 그의 율법 이해를 통해 계속해서 드러낸다. 천사의 명령과 의로운 요셉의 순종으로 결국 성령으로 잉태된 그 아이(20절)는 합법적인 다윗의 후손이 된다. 즉, 예수는 합법적인 '다윗의 후손' (the Son of David)이지만, 동시에 예외적으로 성령으로 잉태된 '하나님의 아들' (the Son of God)이라는 이중적(二重的) 정체성을 갖게 된다(cf. 롬 1:3-4).

이 두 가지 사실을 함께 생각하면 매우 흥미롭다. 앞서 말한 것처럼 예수의 출생이 '예외적' 이라는 점을 고려할 때, 우리는 마리아와 함께 기록된 족보의 다른 네 여인들의 경우를 떠올릴 수밖에 없다. 예수가 요셉을 통해 다윗의 계보에 입양된 합법적인 다윗의 후손이라는 사실과, 동시에 마리아를 통한 출생의 그 예외성을 통해 드러난 암시들을 생각해 보면, 결국 마태가 23절과 25절에 말한 내용을 이해할 수 있게 된다.

즉, 예수는 그 기다렸던 '다윗의 아들' 곧 영원한 왕권을 받을 메시아이다. 이제 그 다윗의 아들이 왔고, 이는 곧 '임마누엘' 하나님이 이스라엘에게 돌아오사 그의 백성들과 함께 거하신다(25절). 하지만 구약의 다른 왕들과는 달리 예외적으로 '성령을 통해' 나신 예수가 "자기 백성을 저희 죄에서 구원하실 자"(21절)임이 선포되었다. 다시 말하면, 족보에서 예외적으로 접붙여지고 비정상적인 결혼관계로 언급된 이방 여인들의 경우가 강하게 시사하듯이, 마찬가지의 예외적인 방식으로 다윗의 가문에 접붙여지고 비정상적인(?) 결혼관계로 태어나신 예수의 탄생은, 바로 이 이중적인 정체성을 갖고 있는 예수 안에서, 하나님의 성령 곧 그의 은혜가 이스라엘 백성에게 임함과 동시에 이스라엘과 이스라엘에 접붙여진 이방인들의 죄와 만나는 사건을 기대하게 한다.

실로, 예수는 과연 '자기 백성을 저희 죄에서 구원하실 자' 이다. 그분 안에서 은혜와 죄의 만남(encounter)과 교차(exchange)가 일어날 것이다. 하나님의 성령의 은혜가 이스라엘과 거기에 접붙여진 이방인들을 함께 만나게 된다. 이 예외성을 통해 또한 하나님의 은혜와 인간의 죄가 서로 만난다. 밧세바처럼 므낫세도 죄인이다. 이방인도 이스라엘도 죄인이며, 모두 예수께서 그 죄에서 구원하실 '자기 백성' 이다.

따라서 마태의 족보는 이미 21절의 '자기 백성' 을 단지 이스라엘에 국한하는 것으로 보지 못하게 한다. 마태가 기록한 족보와 예수의 탄생 이야기는 결국 성령으로 잉태되신 예수, 그 하나님의 아들이 어떻게 다윗의 족보에 접붙여지며, 이스라엘이 기다려왔던 그 다윗의 아들이 곧 하나님의 아들이며, 예수는 이렇게 하나님의 아들로서 다윗의 아들이라는 사실을 선포한다(삼하 7:12-16; 시 2편). '다윗의 아들' 인 예수는 그 신분상 이미 하나님의 아들임이 밝혀진다.

마태복음에서 '다윗의 아들' 과 '하나님의 아들' 이라는 예수의 정체성은 이렇게 서로 분리되지 않는다(cf. 22:41-45, '다윗의 자손이요 다윗의 주'). '성령으로 잉태되신 하나님의 아들' 로서 예수가 동시에 '다윗의 아들' 로 인정되었다는 것은, 이제 이스라엘이 기다려왔던 '그 다윗의 왕국' , 그 영원한 나라가 성령으로 잉태되신 하나님의 아들의 사역을 통해 이루어질 것임을 말한다. 마치 하늘이 땅으로 내려오는 것처럼, 이제 하늘의 역사가 이 땅의 역사 속으로 들어와 하늘과 땅이 얽히는 새로운 드라마가 시작된다. 이 종말에 세워지는 다윗의 왕국, 새 이스라엘은 그러므로 단지 이스라엘이라는 민족에 국한된 역사가 아니다. 종말의 다윗의 아들인 예수께서 이미 하나님의 아들이시다. 이제 하늘의 하나님의 통치가 이 땅에 이루어지기 시작한다. 마태의 족보는 이러한 하늘의 계획이 이미 오래 전부터 이스라엘 역사 속에 스며들어 왔음을 보여준다. 이방인들과 죄인들이 이 역사에 참여했고, 이미 오래 전부터 접붙여져 왔다.

이제 이스라엘은 그 기다리던 다윗의 아들을 맞게 되었다. 그리고 그의 사역은 이스라엘에게 집중될 것이지만, 결국 그의 통치는 이스라엘이라는 민족적 제한에 머물지 않을 것이다. 그는 이미 '하나님의 아들로서 다윗의 아들' 이기 때문이다. 그리고 그의 통치의 특징은 '성령' 일 것이다. 또한 그의 통치의 특징은 '죄 사함' 을 통한 구원일 것이다. 그가 세우는 나라, 그의 종말의 통치는 죄 사함의 은혜와 성령의 역사가 새 이스라엘을 통해 열방에까지 미치는 영원한 통치가 될 것이다. 하나님께서 자기 백성에게 오신 것이다. 이제 이 '하나님의 아들' 이요, '다윗의 아들' 인 예수를 통해 하늘의 뜻이 이 땅에 이루어지기 시작한 것이다. 예수께서는 이렇게 기도하라고 가르치셨다.

> "나라가 임하옵시며 뜻이 하늘에서 이루어진 것 같이 땅에서도 이루어지이다" (마 6:10)

"기쁜 소식인가"

하나님께서 인간의 역사 안으로 들어오는 문(門)은 때로 수상해 보이기도 한다. 밧세바의 이야기나 마리아의 이야기나 겉으로 보면 비슷하다. 인간의 가장 어두운 자리, 그 틈에도 하늘의 통치가 스며든다. 빛이 그 틈으로 들어가 거기를 비춘다. 복음은 기쁜 소식이다. 죽은 자에게도 살아날 소망이 있다는 소식이다. 절망은 없다. 가장 절망스러운 순간과 가장 황홀한 희망의 순간이 종이 한 장의 앞뒷면처럼 만난다. 그것이 복음이다.

하나님의 나라는 그래서 자주 스캔들을 일으킨다. 어둡고 추운 곳에서 밝고 따뜻한 빛을 가장 먼저 느낀다. 죄인들이 먼저 복음에 환호한다. 그들이 먼저 하나님 나라에 들어간다. 스캔들은 받아들이기 어렵다. 하나님의 질서는 바르고 의로움에 있다. 그러나 틀리고 불의한 그 현장도, 오히려 하나님 나라와 멀지 않다. 하나님의 나라가 어느 문으로 어떻게 들어오는지에 대해 미리 단정하지 말아야 한다. 자신을 포함해서 모든 사람들의 모든 처지에 하나님의 나라가 열려 있음을 믿어야 한다. 하나님의 나라는 오직 믿음만큼의 거리에 있다. 누구에게나 희망이 있다.

예수는 다윗의 아들이요, 또한 동시에 하나님의 아들이다. 그분 안에서 이스라엘이 이방인들을 만나고, 하늘이 땅을 만난다. 그분 안에서 하나님의 백성 아니었던 자가 그의 백성이 되고, 땅밖에 몰랐던 자가 하늘의 통치를 맛본다. 그러므로 예수는 희망이다. 성도 한 사람도, 그 사람 안에서 세상의 죄인들이 하나님을 만나고, 이 땅에 속한 사람들이 하늘의 통치를 맛보는 통로여야 한다. 하늘의 통치에 열려 있는가?

3. 종말의 다윗 같은 왕, 목자 예수

2:1-12

이렇게 성령으로 잉태된 하나님의 아들이요 동시에 요셉을 따라 다윗의 후손으로 인정된 예수, 곧 '다윗의 자손, 예수 메시아' (1:1)는 어떤 분인가? 마태는 예수의 정체와 사역을 설명하기 위한 서론들을 계속해서 써 내려간다. 이번에는 헤롯 왕과 예루살렘이 그 배경이 된다(2:1). 헤롯 왕과 예루살렘이, '유대인의 왕' 으로 나신 아기와 베들레헴과 서로 극명한 대조를 이룬다. 왕권에 관한 문제가 첨예하게 드러남을 쉽게 알 수 있다. 애굽이 아니라 예루살렘이 '유대인의 왕' 으로 오신 이와 어색하고 매우 불편한 거리를 두고 있음을 알 수 있다.

"헤롯 왕과 온 예루살렘이 소동한지라"(마 2:3)

이 이야기 속에서 '다윗의 아들' 로 오신 유대인의 왕을 경배하는 자들은 헤롯도 예루살렘에 있는 유대인의 지도자들도 아니다. 오히려 이방인들인 동방박사들이다.

'유대인의 왕' 으로 오신 이를, 정작 예루살렘은 극히 불편해하고, 도리어 멀리에서 이방인들인 동방박사들이 찾아와 경배한다. 이런 현상을 어떻게 설명할까? 왜 예루살렘은 불안에 떨고, 이방인들은 환호하며 달려오는가? 마태는 그 답을 2:6에 숨겨 놓았다. 1장에서 마태가 이미 증거한 것처럼, 예수는 '하나님의 아들' 로서 '다윗의 아들' 이다. 그는 이스라엘이 기다렸던 그 '다윗의 아들' 이다. 그러나 2:6은 그가 단순한 '다윗의 아들' 이 아니라, 보다 구체적으로 '종말에 오시기로 했던 그 다윗 목자' , 곧 그의 통치를 '땅 끝까지' 펼치실 '목자-지명자' (the Shepherd -Appointee, cf. 겔 34:23-24)라고 밝힌다. 더 설명해 보자. 이 '목자-지명자인 종말의 다윗' 은 누구인가?

마태복음에서 '다윗의 아들' (1:1)인 메시아, 곧 그리스도 예수는 이미 사무엘하 7장에서 약속되었던 그 다윗의 아들이지만, 이 '다윗의 아들' 에 대한 기대는 이스라엘의 포로기 이후 '그 종말의 새 다윗 목자' 에 대한 기대로 발전되어 갔다. 이스라엘이 포로 된 후에, 그 왕국이 회복되려면 과연 어떤 '왕' 이 와야 하는가에 대한 깊은 성찰이 있었다. 그리고 계시가 주어졌다. 그 총체적인 반성과 계시의 결과가 '종말의 다윗 목자' , 장차 이스라엘과 함께 열방을 다스릴 '목자' 이다(2:6; cf. 미 5:1-4). 왜 목자인가? 에스겔은 종말에 이스라엘에 임할 목자는 여호와 하나님 자신이라고 내다본다(겔 34:1-16)

"나 주 여호와가 말하노라, 나 곧 내가 내 양을 찾고 찾되"(겔 34:11)

"나 주 여호와가 말하노라 내가 친히 내 양의 목자가 되어 그것들로 누워 있게

할지라"(겔 34:16)

마태가 선언하는 바는, 이제 기다렸던 이 종말의 다윗 같은 새 목자/왕이 그들에게 임했다는 소식이다. 마침내 이스라엘의 목자 여호와 하나님이 그 자신의 양 무리에게 돌아오신 것이다.

"그 이름은 임마누엘이라 하리라"(마 1:23)

종말에 하나님께서 이스라엘, 자기 백성을 찾아오시는데, 특별히 미가 5장이나 에스겔 34장의 예언을 따라 '목자' 로 오시지만, '하나님이 우리와 함께하신다' 고 할 때 이 '임마누엘' 이라는 칭호는 이사야 7장에서 가져온다. 이사야 7:14를 배경으로 하는 마태의 '임마누엘' 이라는 칭호 사용의 목적은, 이사야 7:1-12:6에 나타나는 이사야의 두 번째 예언의 비전을 이해할 때 비로소 명확해진다. 즉, 아람과 이스라엘의 위협 앞에 선 유다 왕 아하스에게 주신 징조인 '임마누엘' 은 '마헬살랄하스바스' ('노략, 멸망이 속히 임함' , 9:3)라는 다른 칭호와 함께, 유다를 향한 하나님의 임박한 '구원' 과 '심판' 을 뜻했다. 당시의 역사 배경으로는, 앗수르의 침공으로 하나님께서 아람과 이스라엘을 징치하실 것과, 또한 유다 자체를 정결케 하실 하나님의 임박한 구원의 간섭을 뜻했다.

임박한 구원과 심판에 대한 기대 속에서, 유다의 남은 자들과 열방은 이제 곧 임할 '다윗의 뿌리' 곧 '다윗의 위(位)에 앉아, 그 나라를 굳게 세울' 그 '한 아기' (사 9:6-7), 즉 '이새의 줄기에서 난 싹' (Branch of David, 11:1-4)을 통해 하나님의 종말의 구원과 통치를 경험하게 될 것이었다.

> "보라 하나님은 나의 구원이시라 내가 의뢰하고 두려움이 없으리니 주 여호와는 나의 힘이시며 나의 노래시며 나의 구원이심이라"(사 12:2)

마태는 이제 동정녀 마리아에게서 나신 이 예수를 통해 그 '임마누엘' 의 말씀이 온전히 성취되었다고 선언한다(1:23). 그것은 역으로, '마헬살랄하스바스' ('노략, 멸망이 속히 임함')의 심판, 곧 하나님을 대적하는 무리에 대한 심판도 동시에 성취됨을 뜻한다. 마태의 상황이라면, 당시 로마와 유대 안의 거짓된 지도자들에게 쏟아져 내릴 그 종말의 심판이 임박한 것이다. 이제 과거에 약속하신 대로 다윗의 후손을 통한 하나님의 통치가 곧 서게 될 것이다. 그리고 이스라엘의 남은 그루터기만이, 그리고 이방 땅에 거하는 자들이 이 '다윗의 뿌리에서 난 한 싹' 곧 '다윗의 아들' 의 통치에 응답하여 구원을 얻을 것이다. 마태는 이런 비전이 이제 예수를 통해 성취될 것임을 4:15-16에서 이사야 9:1-2를 인용하면서 다시 한 번 확인시켜 준다.

> "흑암에 앉은 백성이 큰 빛을 보았고 사망의 땅과 그늘에 앉은 자들에게 빛이 비취었도다 하였느니라"(마 4:16)

종말의 심판과 구원, 마태는 드디어 기다렸던 그 구원과 심판이 '새 다윗 왕' (삼하 7:14 이하)을 통해 왔다는 것, 이 놀라운 소식을 알리고 있다. 사실, 이스라엘 포로기 이후 선지자들은 과연 왜 그들의 군주제가 실패로 돌아갔는지에 대해 깊이 고민했다. 이에 대한 하나님의 계시의 응답들이 있었다. 그것은 우선적으로 지도자들의 문제였고(겔 34장), 결국 백성들의 문제였고, 결국 하나님을 싫어 버린 결과였다(슥 11장).

그들은 열방 가운데서 거룩히 여김을 받아야 하는 하나님의 이름을 더럽혔다. 그러나 하나님은 종말에 그가 직접 오셔서 이스라엘을 회복하고 그 위에 다윗 같은 목자를 세우셔서 그 왕국을 열방으로 확장하시겠다는 비전을 주셨다(겔 34-37; 미 2-5; 슥 9-14). 마태는 이 비전이 예수 안에서, 예수를 통해 성취되었다고 선포한다. 드디어 하나님이 그들과 함께하시게 되었다(1:23). 그 목자 자신 속에서 불붙은 긍휼, 자기 백성을 향한 긍휼이 그들의 회복을 가져온 것이다(9:36).

이스라엘의 참 목자이신 여호와 하나님께서 그의 양 무리에게로 돌아오신다는 것은 무슨 의미인가? 그것은 이스라엘 포로기 이후, 양 무리의 회복과 동시에 그들의 거짓 목자들에 대한 심판을 의미한다(겔 34:1-16, 17-24). 마태는 이스라엘 가운데서 예수의 치유와 회복의 사역이 진행될수록 이스라엘의 지도자들과의 갈등이 점점 심화됨을 묘사한다. 이스라엘의 지도자들, 곧 거짓 목자들로 판명된 그들 위에 종말의 목자의 심판이 임한다. 그리고 이제 이스라엘의 참 목자가 오셔서 그의 종말의 양 무리를 모으신다.

예수의 사역은 결국 열방 앞에서 하나님의 의를 성취하고 드러내어 그의 거룩한 이름을 증거하는 종말의 새로운 공동체를 창출하려는 오래된 하나님 자신의 꿈, 곧 이스라엘의 비전을 성취하는 것이다("너희가 열국에서 더럽힌 내 거룩한 이름을 위하여," 겔 20, 36, 39, 44장; 마 6:9; 28:16-20).

놀랍게도, 마태복음 2장에서 이 '유대인의 왕', '다윗의 아들' 의 탄생을 알리며 잠자던 예루살렘을 깨운 자들은 헤롯 왕이나 '모든 대제사장과 백성의 서기관들' (4절)이 아니다. 오히려 그들은 '동방으로부터 온 박사들' (1절)이다. 그들은 아마도 당시에는 과학처럼 여겨졌던 점성술이나 마술을 하는 자들이었을 것이다. 예수의 족보에서 예수의 탄생이 네 명의 이방 여인들과 가까웠던 것처럼, 예수의 탄생 고지(告知) 사건에서도 뜻밖의 일이 벌어지는 이 의외(意外)성이 작동한다. 헤롯과 예루살렘의 지도자들은 이 이교도 과학자들이 '유대인의 왕' 으로 나신 이를 알았고, 알았을 뿐 아니라 그 먼 길을 그를 뵙고 경배하기 위해 찾아왔을 그 때까지 이 하나님의 큰 일을 까맣게 모르고 있었다. 구약 계시를 가지고 있었다고 자고(自高)할 일이 아니었다. 이교도(異教徒)들의 과학이라고 멸시할 일이 아니었다. 예수의 탄생을 예루살렘보다 이교도들이 먼저 알고 하나님 백성들의 지도자들에게 되물었다.

"유대인의 왕으로 나신 이가 어디 계시뇨"(마 2:2)

더구나 아기 예수와 요셉, 그리고 마리아는 이들 이방인 과학자들에게는 존귀함과 경배의 대상이었지만, 헤롯과 예루살렘으로부터는 극한 적대감을 받는다. 유대인의 왕으로 오신 이, '그 다윗의 아들' 은 이미 이렇게 초기부터 예루살렘과 적대관계에 놓인다. 유대인의 왕으로 오신 이가 자기 백성에게 영접받지 못한다(cf. 요 1:11)는 사실은 심한 역설이다. 그리고 예수가 아직 아기일 때부터 심판의 전운이 감돈다. 무엇인가 결정적이고 무엇인가 엄청난 일이 일어날 조짐이 보인다.

그 조짐은 곧 다가올 심판과 구원의 새 역사 창조의 서곡(序曲)이다. 하나님의 아들, 곧 다윗의 아들 예수께서 나셨을 때에, 이를테면 시편 2편에서 예언했던 대로, 열방과 이스라엘은 힘을 합쳐 이에 저항하는 모습을 보인다(cf. 시 2편). 아직 예수께서 어렸을 때에, '헤롯과 예루살렘' 은 힘을 합쳐 그를 죽이려 한다(cf. '배은망덕한 포도원 품꾼의 비유', 마 21:33-46).

하지만 놀라운 것은, 예수가 헤롯에 쫓겨 도망 다니는 그 과정 속에서도 마태는 하나님의 보호하심과 섭리, 곧 이스라엘의 회복에 대한 완전한 희망을 발견하고 확신한다는 사실이다. 마태는 이 모든 일들이 구약의 약속에 기록된 대로 진행되고 있다는 확신을 전한다. 이제 이스라엘과 온 열방에 엄청난 변화가 오겠지만, 이 모든 일은 하나님께서 미리 말씀하신 대로 그의 뜻을 이루어가는 과정이다. 겉보기에 얼마나 위험하고 얼마나 절망적인가에 상관없이, 마태는 하나님께서 미리 말씀하신 그 일이 그의 계획과 보호하심에 따라 성실하게 진행되고 있음을 확신한다.

"바른 지도자의 문제"

누가 하나님께서 정치(政治)에 관심이 없다고 하는가? 하나님의 나라야말로 정치에 관한 비전이다. 정치가 타락한 것이지, 하나님 나라는 원래 '바른 통치'(正治)에 관한 비전이다. 사실 정치처럼 영적인 영역도 없다. 마태복음이 선포하는 구원은 하나님의 통치에 관한 기쁜 소식이다. 모든 정치인들이 결국 그 앞에 무릎을 꿇고 따라야 할 참된 목자(牧者)가 이 땅에 왔다는 소식이다. 이스라엘은 하나님의 통치를 그들의 군주정치(君主政治) 체제를 통해 실험했고, 확실히 실패했다. 지도자들이 문제였고, 그런 지도자들을 따른 백성들이 문제였다.

예수님과 같은 지도자를 바라고 그런 지도자를 높여야 한다. 돈이나 개인적 이익, 그리고 학연, 혈연, 지연, 심지어 종교적 입장에도 끌리지 않고, 긍휼과 의로움과 지혜로움을 갖춘 지도자를 바라고 따라야 한다. 이 땅에서는 완전하지 않겠지만, 그것이 하늘나라의 시민으로서 이 땅의 나라의 시민 역할을 하는 기본적인 태도이다. 예수님 같은 참된 지도자를 사랑한다고 하면서 스스로 악한 지도자가 될 수 없다. 그런 악한 지도자를 따르며 스스로 악한 일을 도모할 수도 없다. 신앙은 바른 지도자를 사모하는 것이다. 예수님과 같은 바른 지도자를 열망하고, 그런 지도자가 되고 또 그런 지도자를 따르는 것이다.

"세상 앞에 겸손한 그리스도인"

타락한 사람들 가운데 가장 희망이 없는 종류는 종교인이라고 말한다. 종교인이 타락하면, 가장 돌이키기 어려운 고집과 어둠 속에 갇히기 때문이다. 예수님이 태어날 당시 유대교의 핵심이었던 예루살렘이 바로 그랬다. 구약 계시를 가지고 있었던 자들이 메시아가 탄생하실 곳도 몰랐고, 가서 경배하지도 못했다. 일반 은총의 세계, 과학과 예술, 경제와 정치, 다양한 학문들을 통해 비쳐지는 진리의 세계를 무시할 일이 아니다. 예수의 탄생을 예루살렘보다 이교도들이 먼저 알았고, 더 정확하게 알았다.

교회의 하나님은 이미 오래 전부터 창조 세계의 하나님이시다. 교회도 성도들도 세상 앞에서 겸손해야 한다. 그들을 존중함과 공경함으로 대해야 한다. 계시를 가졌다고, 하나님의 특별 은총을 받는다고 세상에 대하여 콧대를 높이고 무례해지는 것은, 스스로 소경이 되는 지름길이다. 하나님과 교통한다고 자고(自高)하지 말아야 한다. 그럴수록 세상 앞에 겸손해져야 한다. 하나님은 들의 꽃으로도, 공중의 나는 새를 통해서도 말씀하신다. 귀를 열어야 한다. 모든 사람들을 공경하며, 그들 한 사람 한 사람을 하나님의 형상으로 존귀하게 대하는 신앙인, 결코 무례하지 않은 그리스도인이어야 한다.

4. 예수, 이스라엘의 회복

2:13-23

마태는 자신이 목도하는 위험한 현실에도 불구하고, 하나님의 약속은 신실하고 놀라운 방식으로 성취되고 있다고 확신한다. 그 첫 번째 예는 2:15에서 인용한 호세아 11:1의 경우에서 찾을 수 있다.

"애굽에서 내 아들을 불렀다"

마태가 이 말씀을 인용하는 방식은 참으로 흥미롭다. 마태는 호세아 11:1을 인용하면서, 예수께서 애굽에 들어가신 것이 바로 이 말씀을 '이루려 하심이라' 고 해석한다. 사실 호세아의 문맥에서 이 말씀은 출애굽에 관한 선언이다. '내 아들' 이란 출애굽기 문맥에서는 이스라엘을 지칭한다(출 4:22). 이스라엘이 '하나님의 장자(長子), 맏아들' 이기 때문이다. 그런데 마태는 지금 아기 예수께서 이제 애굽에 들어가 있는 상황에서, 이스라엘을 지칭하며 말했던 호세아의 말씀, '애굽에서 내 아들을 불렀다' 는 그 말씀이 성취되었다고 선언한다.

무슨 일이 일어난 것인가? 사실 호세아 11장의 문맥은 다가올 이스라엘의 회복에 대한 비전이다. 호세아는 이스라엘을 애굽에서 불러내어 약속의 땅으로 이끌었던 하나님께서, 그들의 배신과 실패에도 불구하고 오직 그들을 긍휼히 여기심으로 다시 회복하실 것이라는 비전을 제시한다.

> "에브라임이여 내가 어찌 너를 놓겠느냐 이스라엘이여 내가 어찌 너를 버리겠느냐. 내가 어찌 너를 아드마 같이 놓겠느냐 어찌 너를 스보임 같이 두겠느냐 내 마음이 내 속에서 돌아서 나의 긍휼이 온전히 불붙듯하도다"(호 11:8)

이처럼 호세아 11:1의 말씀은 그 이후 문맥에서처럼, 결국 이스라엘을 애굽에서 불러내신 그 하나님께서 그들을 다시 회복하실 것이라고 하는 회복의 메시지의 첫 신호탄인 셈이다. 이제 마태는 그 호세아 11장의 문맥을 배경으로 1절, 곧 "애굽에서 내 아들을 불렀다"를 인용함으로써, '새로운 출애굽' (new Exodus)과 같은 이스라엘의 회복 사건이 이제 예수께서 애굽에 들어가심으로써 이루어졌다고 선언하는 셈이다. 하지만 예수께서 애굽에서 나오신 것이 아니라, 이제 애굽에 들어가신 것이 아닌가? 아직 예수께서 애굽에서 나오시지도 않았을 때에, 마태는 이스라엘의 회복, 즉 새로운 출애굽의 비전이 이제 성취되었다고 보는 것이다. 마태가 성급한 것일까? 아니면 예수께서는 애굽에 들어가시고, 새 이스라엘은 출애굽하는 교환(exchange) 같은 그런 발상이 숨어 있는 것일까?(cf. 1:1-25).

마태의 이러한 '성급한 듯한' 성취에 관한 문구들은 많은 추측을 불러일으킨다. 마태는 이제 확실히 다가오는 이스라엘의 회복, 하나님의 구원에 너무 흥분한 것일까? 아니면 예수께서 이스라엘의 회복에 필요한 모든 희생과 요구조건을 이제 다 충족하실 것이기 때문에 그렇게 성급하게, 미리 선언하는 것일까? 아무튼 마태는, 예수께서 애굽에 들어가신 것을 기점으로 하나님의 아들(출 4:22), 곧 이스라엘을 회복하실 것임이 확실하다는 것을 선포한다.

흥미롭게도 이런 성취에 관한 선언은 2:18에서 다시 한 번 반복된다. 이번에는 예수께서 애굽에 피난가신 사건보다 더 암울하고 어두운 사건을 배경으로 한다. 그래서 더욱 역설적이다. 불안과 초조에 눈이 먼 헤롯이 베들레헴과 그 모든 지경 안에 있는 두 살 아래의 사내아이들을 학살한다(2:16). 결코 무슨 희망을 찾아볼 수 없는 극히 어두운 비명과 슬픔, 비참과 절망의 순간이다. 그런데 마태는 전혀 엉뚱해 보이는 예언의 성취를 선포한다.

> "이에 선지자 예레미야로 말씀하신 바 '라마에서 슬퍼하며 크게 통곡하는 소리가 들리니 라헬이 그 자식을 위하여 애곡하는 것이라 그가 자식이 없으므로 위로받기를 거절하였도다' 함이 이루어졌느니라"(마 2:18; 렘 31:15)

도대체 무엇이 이루어졌다는 것인가? 설교자란 이런 것인가? 극한 절망의 순간에 가장 밝은 희망을 선포하는 자인가? 그 자식을 위하여 애곡하는 라헬은 야곱의 사랑하는 아내였다. 하지만 후에 그녀는 이스라엘 모두의 어머니로 여겨졌다. 그리고 그녀가 슬퍼 애곡하는 이유는 그녀의 모든 자식들 곧 이스라엘이 포로로 끌려갔기 때문이다. 이스라엘이 망함으로 이스라엘의 국모(國母)가 위로받기를 거절할 만큼 슬픔에 잠기게 된 것이다. 이스라엘의 모든 어머니의 통곡과 눈물을 국모격인 라헬의 눈물에서 찾는 것이다. 하지만 그것은 이스라엘이 포로 되었던 당시에 있었던 일이다. 지금 베들레헴에서 아이들이 죽임을 당한 일이 이것과 무슨 상관이 있다는 말인가?

마태는 아마도 베들레헴 학살 사건, 곧 이스라엘의 미래인 아이들이 죽임을 당한 사건을 이스라엘이 포로로 끌려가 나라의 국모가 애곡하는 그 사건의, 이를테면 그 절정(climax) 혹은 마지막 단계로 보고 있는 것이 분명하다. 베들레헴의 슬픔은, 나라의 미래를 잃은 국모 라헬, 온 이스라엘의 슬픔이나 마찬가지이다. 이스라엘이 자신들의 옛 땅으로 돌아왔어도 포로기의 비극은 아직 끝나지 않은 셈이다. 이스라엘은 아직 회복되지 않았다. 비록 그들의 땅에 돌아왔지만, 포로기의 비참함은 여전히 계속되는 것이다.

그러나 마태가 예레미야 31:15의 말씀이 이 사건에서 '이루어졌느니라(!)' 고 했을 때, 그것은 단지 포로 됨과 학살이라는 그 비참한 현상이 유사하기 때문만은 아니다. 예레미야 31:15의 문맥은 그런 것이 아니다. 거기서 31:15의 말씀은 뒤따라 나오는(16-17절) 극적 반전, 곧 하나님의 구원과 회복의 희망찬 메시지를 위해 기록된 서곡에 불과하다.

> "나 여호와가 이같이 말하노라 네 소리를 금하여 울지 말며 네 눈을 금하여 눈물을 흘리지 말라 네 일에 갚음을 받을 것인즉 그들이 그 대적의 땅에서 돌아오리라 여호와의 말이니라 나 여호와가 말하노라 너의 최후에 소망이 있을 것이라 너의 자녀가 자기들의 경내로 돌아오리라"(렘 31:16-17)

마태가 성급할 만큼 들떠서(?) 외친 '이루어졌다!'는 선포는 그가 인용한 15절 말씀의 문맥, 즉 15절에 뒤이은 희망의 소식 때문이다. 그리고 그러한 극적 반전은 자기 백성을 향한 하나님의 긍휼 때문이다. 그가 때리신 매를 거두실 때가 왔다. 하나님의 긍휼이 그 안에서 스스로 돌이켜 그가 치셨던 자기 백성을 향해 쏟아진다.

> "에브라임은 나의 사랑하는 아들 기뻐하는 자식이 아니냐 그를 책망하여 말할 때마다 깊이 생각하노라 그러므로 그를 위하여 내 마음이 측은한즉 내가 반드시 그를 긍휼히 여기리라 여호와의 말이니라"(렘 31:20)

이제 그 긍휼의 때가 왔다. 이것이 마태가 흥분한 이유이다. 더 구체적으로, 마태는 이 포로기의 비참함과 방불한 베들레헴 학살 사건에서 과연 무슨 희망의 단서를 찾았는가? 어떤 하나님의 긍휼의 표시를 발견했는가? 그 희망, 그 긍휼의 단서는 바로 아기 예수이다. 그가 죽지 않았고, 그가 살았기 때문에, 이제 새 이스라엘의 희망이 살아 있는 셈이다. 이제 포로기는 끝이 난 것이나 다름없으므로, 이 희망에 찬 선포자 마태는 이스라엘의 회복에 관한 예레미야의 희망의 메시지의 첫 대목을 인용한다. 이제 곧 이스라엘이 돌아오고 그 자녀들이 자기들의 땅을 유업으로 받을 것이다.

마태는 곧이어 애굽에서 돌아오는 예수의 가족 이야기를 기록한다(2:19-23). 베들레헴의 유아 학살의 그 비참한 역사적 현실 앞에서, 마태는 헤롯의 잔인하고 무지함을 비난하며 절망하지 않는다. 이스라엘의 계속되는 비참 속에서 좌절하지 않는다. 오히려 마태는 옛 언약의 말씀을 되새기며, 이제 그 신실한 하나님께서 한 아이 예수를 통해 성취하실 이스라엘의 회복과 열방에 미칠 큰 구원의 복음의 시작을 확신하며 선포한다. 비참한 시대를 살아가는 설교자란 과연 이런 것이다.

이처럼 마태는 흥미롭게도 호세아와 예레미야의 말씀을 인용하면서 서서히 예수와 이스라엘을 중첩시킨다. 1장에서 예수는 성령으로 잉태된 '하나님의 아들로서 다윗의 아들' 이지만, 2장에 오면 서서히 부각되는 그의 역할과 함께 그와 그의 백성들 사이의 관계가 설정된다. 그는 장차 하나님의 백성 '이스라엘의 목자' (2:6)이다. 그렇다면 그의 백성과 어떤 관계에 놓여 있는가? 그는 그의 백성과 관련해서 과연 어떤 식의 목자, 왕이요 지도자가 될 것인가?

마태는 2장 13절에서부터 예수와 이스라엘의 관계를 더욱 가까이 조명하기 시작한다. 여기서 예수의 운명은 옛 이스라엘과 중첩하고 교차된다. 예수가 애굽에 들어가는 것은, 이스라엘의 새로운 출애굽을 의미한다. 예수가 베들레헴 학살을 피한 것은, 이제 포로기가 끝났고 이스라엘의 자녀들이 돌아올 것을 의미한다.

이런 식으로 마태복음의 예수는 자기 자신이 옛 이스라엘이고 또 새 이스라엘이다('Jesus as Israel'). 그는 특별히, 이스라엘의 실패의 전 역사를 다시 자신 안에서 반복함으로써 이스라엘의 회복을 이루신다. 이스라엘이 종노릇 하던 곳(애굽)에서 그는 해방의 보증이 되신다. 이스라엘이 포로로 잡혀가 죽임을 당하는 그 현실(베들레헴)에서 그는 생명과 회복이 되신다. 예수 안에서 이스라엘은 구원받고 회복된다.

삶으로 내리는 뿌리

"절망이 불가능한 은혜"

신자는 항상 희망을 주는 사람이다. 그는 예수 안에서, 예수를 통해서 모든 것을 보기 때문이다. 신약의 첫 복음서를 기록한 마태가 그러했다. 그는 애굽으로 내려가신 예수 안에서, 그를 보호하사 다시 데려오실 하나님의 신실한 약속을 보았다. 그는 애굽에 내려가신 예수 안에서, 곧바로 이스라엘의 회복을 보았고 확신했다. 신자는 사실 절망이 불가능한 사람이다. 예수 안에서 보고 느끼고 말하고 살기 때문이다.

마태는 실패가 이미 오래되어 죽은 것 같은 자기 민족의 현실을 바라보면서도, 예수 안에서 뜨거운 희망을 발견했다. 한 지역의 어린아이들이 잔인하게 학살되는 비참과 통곡의 현실 속에서도, 그는 한 맺힌 비난으로 끝나지 않았다. 한숨으로 끝나지도 않았고, 그 현실을 피하지도 않았다. 그는 예수 안에서 다가오는 살아 있는 희망을 발견했다.

그것은 하나님의 신실하심에 대한 발견 때문이다. 자기 백성을 버리지 않으시며, 반드시 회복하시는 하나님의 긍휼에 대한 신뢰 때문이다. 그리고 그는 예수의 사건에서 하나님의 신실하심과 그의 긍휼의 확증을 보았다. 우리 역시 예수 안에서 절망이 불가능한 삶을 산다. 우리는 절망스러운 사람들, 현실, 공동체 속에서도 그렇게 뜨거운 희망을 보고, 확신하고, 설득하는 사람들인가?

5. 새 이스라엘의 탄생과 하늘 통치의 임재

3:1-17

그렇다면 예수께서는 어떤 식으로 이스라엘의 회복을 가져오는가? 마태복음 3:15에서 세례 요한에게 세례를 받으시는 장면은 바로 이런 맥락에 놓여 있다. 그는 어떻게 이스라엘을 회복할 것인가? 마태는 예수 자신이 곧 이스라엘의 회복의 시작임을 선포했다(2:15, 18). 원래 포로기 이후 중간기를 거치면서 이스라엘의 역사관을 지배했던 것은 신명기 사관(史觀)이었다. 그것은 그들의 포로 됨이 율법에 대한 불순종 때문이라는 뼈아픈 역사의식에 뿌리내리고 있다. 자신들이 율법에 대한 불순종 때문에 포로기를 겪고 있다는 생각은, 신명기에서 밝힌 대로 모세가 명한 율법들을 순종하면 생명이 있고, 그렇지 않으면 징벌이 있을 것이라는 말씀에 근거한다.

"보라 내가 오늘날 생명과 복과 사망과 화를 네 앞에 두었나니"(신 30:15)

포로기 이후 이스라엘은 줄곧 그런 질문을 해왔을 터이다. 이 모든 지나친 듯한 재앙들과 끝나지 않는 고난의 이유는 무엇인가? 신명기 사관은 이 모든 고난이 하나님의 징계이며, 그것은 그들이 율법을 지키는 일에 실패했기 때문이라고 답한다. 그들이 열방 가운데서 선택되어, 열방에 대하여 '제사장 나라' 가 되고 '하나님의 소유요, 거룩한 나라' 가 된 그 사명, 구약의 '국민교육헌장' 인 출애굽기 19:6에 기록된 그 정체성과 사명을 스스로 짓밟았기 때문이다. 그들은 결국 세상 나라들과 '같이' 되게 해달라고 몸부림을 치지 않았던가? 그들은 하나님의 거룩한 나라로서 열방 가운데서 그들이 마땅히 산출했어야 할 의(義)의 열매들을 내지 못했다. 더 나아가 그들은 열방 한가운데에서 그들이 짊어진 하나님의 거룩한 이름이 짓밟히게 하고 그 거룩한 이름을 더럽혔던 것이다.

그렇다면 회복은 어떻게 오는가? 바리새인들이나 쿰란 공동체 역시 이런 역사적인 질문에 대해 응답하려 했다. 그들의 공동체와 관습, 그들이 남긴 문헌들은 그런 노력의 흔적들이다. 이들은 부지런히 율법을 해석하고 가르치며, 스스로 그 해석한 율법들을 지키려고 애쓰는 가운데, 종말에 임할 심판과 구원, 곧 이스라엘의 회복을 기대했다. 세례 요한도 이런 큰 흐름에서 예외가 아니었다. 그 역시 당대의 시대적 의식(意識)이었던 이런 신명기 사관에 철저히 입각한 것으로 보인다. 그는 이스라엘의 실패를 호되게 내리쳤다. 이스라엘이 스스로 혈통적, 제의적, 의례적인 측면에서 아브라함의 자손이라고 주장하는 것을 통렬히 비판했다. 그리고 무엇보다 의의 열매를 요구했다(3:8-9). 진정한 삶의 회개를 호소했다. 하나님의 백성들이 열방 가운데서 의의 열매를 맺지 못한다면, 그들이 선택받았다는 것이 다 무엇인가? 좌절과 분노, 통곡과 열정, 시대를 꿰뚫는 혜안과 비전, 빈들에서 외친 세례 요한의 설교는 이스라엘의 시대적 반성의 절정이었다.

그러나 세례 요한은 바리새인들 같은 율법주의자들의 주장과는 차별화된다. 둘 다 그 시대를 지배했던 신명기적 사관을 공유했지만, 세례 요한에게는 그 이상이 있었다. 그것은 종말에 관한 그의 비전이었다. 세례 요한은 자신이 '주의 길을 예비' 하고 있음을 충분히 자각한 것으로 보인다(3:3). 또 종말의 심판과 구원, 그리고 성령의 세례도 이미 알고 있었다(3:11). 그리고 자기의 '뒤에 오시는 이' 가 있음도, 그러한 하나님의 구속적 계획도 알고 있었다(3:11).

그리고 그는 광야로 나갔고, 이스라엘을 향해 회개를 부르짖었다. 그뿐 아니라, 헤롯을 향해 그의 죄를 과감하게 지적하며, 결국 자기에게 맡겨진 '빈들의 소리' 라는 몫을 충실히 감당하고 순교한다. 세례 요한은 당시 하나님의 백성들의 문제를 정확히 지적한 선지자였다. 그뿐 아니라, 그는 시대의 문제를 뛰어넘는 하나님의 원대한 은혜와 구원의 계획을 알았으며, 그 계획의 한 부분을 겸허히 감당할 줄 알았던 크고도 겸손한 하나님의 종이었다. 그는 역사를 꿰뚫으며 또한 역사를 넘어서는 하나님의 원대한 비전을 나누어 가졌지만, 그 큰 역사의 무대에서 자기 자신에게 맡겨진 작은 몫에 충성할 줄 알았던, 그 한계와 무게를 알았고 그에 순종했던 위대한 마지막 선지자였다.

그의 설교는 당시 이스라엘의 신명기적 역사의식, 곧 그 시대의 아픔을 날카롭게 드러내면서도 동시에 실천 가능한 대안을 제시하는 명설교였다. 옛 시대의 끝자락에 서서 그는 하나님의 언약의 백성들, 옛 이스라엘, 곧 '아브라함의 자손' 들의 열매 없음을 통렬히 질책했을 뿐 아니라(3:9-10), 그들에게 마지막 때, 곧 하나님 나라가 임할 것임을 선포하고 회개의 물세례를 촉구했다.

이제 때가 무르익었다. 포도원의 주인이 품꾼들에게 열매를 요구하며 더 이상 기다릴 수 없는 때가 왔다. 예루살렘, 부패해서 더 이상 그 안에서는 죄 사함이나 회개나 생명 회복의 새로운 역사를 기대할 수 없었던 이스라엘의 중심부, 헤롯과 유대의 지도자들이 짝하여 도적의 소굴이 된 성전을 중심으로 한 예루살렘을 등지고, '예루살렘과 온 유대와 요단강 사방에서' 그에게 나아와 죄를 자복하고 세례를 받았다(5-6절). 그리고 그들 가운데 '다윗의 아들', '하나님의 아들' 예수가 서 있었다.

예수에게 무슨 죄가 있었는가? 그가 회개의 물세례를 받을 이유가 없다. 마태가 밝힌 바, 그는 하나님의 성령으로 잉태된 하나님의 아들이다(1:20). 요한은 이를 알아보았다. 오히려 자신이 예수에게 세례를 받아야 마땅하다고 말한다(3:14, '성령으로 세례를 주는 이'; 요 1:33). 그러나 예수께서는 굳이 백성들처럼 세례를 받으시겠다며, "이와 같이 하여 모든 의를 이루는 것이 합당하니라"(3:15)라고 말씀하신다.

이 '모든 의(義)'란 무엇일까? 아마도 율법의 모든 요구, 곧 이스라엘에게 부과되고 그들이 열방 한가운데에서 하나님의 선택받은 백성으로, 또한 제사장 나라요 거룩한 백성(출 19:5-6)으로 이루지 못했던 그 '의'일 것이다. 또한 그 '의'를 회복하기 위해 필요한 '의', 그리고 이제 그들의 '의'가 되신 하나님의 '의'까지도 포함할 것이다. 이 모든 '의'를 이루기 위해 예수께서는 자기 백성의 자리, 곧 세례의 자리에 참여하신다.

마태는 1-2장에서 예수를 소개하면서, 종종 그의 자리가 이방 여인들, 죄인들, 애굽에서 종노릇하던 이스라엘, 포로로 끌려가던 그의 백성의 자리임을 암시하며, 그가 그들의 자리에 섰을 때 거기서 역설적인 구원,

역설적인 희망을 선포한다. 무엇과 무엇이 교차(exchange)되기에 이러한 역설이 일어나는가? 예수께서 '모든 의'를 이루시기 위해 백성들이 받는 세례에 임하셨을 때에도 이러한 역설적인 구원의 선포가 이루어진다. 세례를 받고 물 위로 올라오셨을 때, 하늘이 열리고 하늘에서 소리가 있었다.

> "이는 내 사랑하는 아들이요 내 기뻐하는 자라"(마 3:17)

이 말씀은 시편 2:7(cf. 삼하 7:14)의 '다윗의 위를 이을 하나님의 아들'에 대한 예언과, 이사야 42:1에서 여호와 하나님께서 "내가 붙드는 종, 내 마음에 기뻐하는 나의 택한 사람을 보라 내가 나의 신을 그에게 주었은즉 그가 이방에 공의를 베풀리라" 한 여호와의 종에 대한 예언을 함께 묶은 것이다. 이 구약의 기대는 이제 예수에게서 그 온전한 성취를 보았다.

우선 이 사건은 그대로 하나님의 대리 통치자, 곧 메시아-왕을 인치는 천상천하의 위대한 대관식이다. 하늘이 열리고 거기서 들렸던 소리, 곧 "이는 내 사랑하는 아들이요"(3:17; 시 2:7)는 그 대관식의 절정에 이른 선포이다. 이제 세상의 군왕들과 관원들은 떨며 부복하여야 마땅하다.

> "그 아들에게 입맞추라 그렇지 아니하면 진노하심으로 너희가 길에서 망하리니 그 진노가 급하심이라 여호와를 의지하는 자는 다 복이 있도다"(시 2:11-12)

또한 그는 약속된 대로 오실 '그 다윗의 아들'(1:1)로서 '하나님의 아들'(시 2:7; cf. 마 1:20; 11:27)이고, 이제 종말에 이스라엘을 치유하고 회복하시고 모으실 '그의 종 다윗' 이다. 이제 그가 여호와의 뜻을 좇아 그의 뜻을 모두 이루실 것이다. 하늘에서 난 소리가 밝혀 주는 바는, 예수께서 하나님의 아들로서 다윗의 아들이실 뿐 아니라, 그가 이사야가 바라본 '여호와의 종' 의 고난을 받을 것이며 이를 통해 열방을 하나님께로 이끌 자이심을 암시한다.

특별히 그의 위에 성령이 임하신 것은, 창세 후 여호와의 신이 사람들을 떠나신 사건(창 6장), 그리고 이스라엘의 첫 번째 성전에서 하나님의 임재가 떠나신 사건(겔 10장) 이후, 하나님의 영이 이 땅 위에 돌아오셔서 직접 임하신 역사적인 순간을 기록하고 있다. 물론 하나님의 성령이 택함 받은 개인들에게 역사하셨지만, 그분 자신이 이 땅에 임재하지는 않으셨다. 그러나 이제 하늘이 열리고 거기 임재하셨던 하나님의 성령 자신이 예수 위에 내려오셨다. 마태는 놀랍도록 역사적이고 또한 초역사적인 사건을 기록하고 있다.

이제 성령이 그 위에('안에' , 막 1:10) 머무시는 예수 자신과 그의 사역은 역사 안에 들어온 초역사의 사건들이 될 것이다. 곧 땅으로 내려오신 하늘의 사건들, '이 땅에서 하늘의 하나님의 뜻이 이루어지는' 그래서 그의 '나라가 임하는' (6:10) 사건들이 될 것이다. 이렇게 예수의 사역은 그 배후에 역사하는 성령의 임재 없이는 이해하기 어렵다.

또한 예수는 백성들을 대신해서, 곧 자신이 이스라엘로서 세례를 받으셨다. 그리고 그의 위에 성령이 '비둘기처럼' 임하셨다. 유대의 전통에 따르면, 하늘에서 내려오는 비둘기는 새로운 공동체, 새 이스라엘을 뜻하기도 했다. 혹은 노아의 방주 때처럼 비둘기의 이미지는 새 하늘과 새 땅이 곧 드러난다는 암시를 주기에도 충분한 사건이었다. 예수에게서 이제 새로운 안식처, 곧 새 하늘과 새 땅이 시작하는 셈이다. 이제는 예수, 곧 이스라엘이신 예수 위에 성령이 친히 거하신다. 이제 그를 믿고 그 안에 거하는 새 백성은, 성령이 친히 거하시는 종말의 하나님의 새 백성이 될 것이다. 하나님께서 거기 임재하시는 처소, 곧 새 성전이 될 것이다. 더 나아가, 예루살렘이 했던 모든 기능들, 죄 사함과 생명을 회복하는 일, 하나님과 이웃과의 화목을 이루는 일, 하나님의 뜻을 드러내고 가르치며 열방을 하나님께로 인도하는 그 의(義)의 사역을 예수와 그의 성령 공동체가 감당할 것이었다.

삶으로 내리는 뿌리

"의의 열매와 성령"

하나님의 응답은 인간의 간구를 뛰어넘는다. 이스라엘은 그들의 과거의 실패 원인을 율법에 대한 불순종으로 결론지었다. 그래서 그들 속의 다양한 분파들은 다양한 방식으로 다시 율법을 지키려는 노력에 집중했다. 바리새파도 그 일부였다. 하지만 결국 외식(外飾)과 죄책(罪責)만 더 증가했다. 인간은 항상 여기까지이다. 그러나 죄 없으신 하나님의 아들 예수는 이스라엘의 회개의 세례에 참여하셨고, 아버지 하나님은 하늘을 여셨다. 그리고 성령 하나님께서 이 땅에 친히 내려 오셨다.

이 삼위 하나님 없이는 율법을 순종할 수 없다. 이 삼위 하나님의 역사와 도우심 없이, 인간은 죄책에서 그리고 죄의 실패에서 일어날 수 없다. 믿음만 있으면 구원받는다고 자만(自慢)할 일이 아니다. 행위로 열매 맺지 못하는 믿음은 의심스러운 씨앗이다. 싹이 나지 않는다면, 열매가 맺히지 않는다면, 그 씨앗은 심히 의심스러운 것이다. 이스라엘은 이미 '믿음으로 오해된 자기도취'의 끝이 처절한 패배임을 보여주었다.

그렇다고 행위가 있어야 구원받는다고 열을 올리며 그 옛날 바리새인들처럼 외식과 죄책을 가중시켜서도 안 된다. 마태복음이 말하는 하나님의 답은, 하늘에서 오신 성령, 예수 안에 계셨던 성령이다. 성령은 종말에 신자들이 받은 최고의 선물이다. 믿음으로 구원받는다 하면서 성령을 근심케 하는 삶을 계속 살 수 없다. 행위로 구원받는다 하면서 성령을 의지하지 않는다면 외식과 죄책의 벽을 쌓을 뿐이다. 성령을 근심케 하는가, 기쁘게 하는가?

6. 새 이스라엘, 새 사람 예수의 승리

4:1-11

옛 이스라엘의 역사를 자신 안에서 다시 사시는 예수의 모습, 그의 역할은 광야에서 시험 받으시는 그의 모습에서 뚜렷하게 재현된다(4:1-11). 많은 학자들이 4:1-11에서 '예수-모세 모형론'(Jesus/Moses typology)을 말하지만, 이 부분은 실로 '예수-이스라엘 기독론'(Jesus/Israel Christology)에 더 적합하다. 여기서 인용된 신명기의 말씀들은 모두 여호와 하나님께서 광야 생활을 하던 이스라엘에게 주셨던 말씀이기 때문이다.

또한 마태복음 안에서 더 주목할 만한 흐름은, 이미 2:18에서 인용한 예레미야 31:15의 문맥이 시사하는 바에서 드러난다. 예레미야 31장은 새 언약의 본문이 들어 있는 중요한 장이다. 예레미야는 이스라엘의 회복을 바라보면서 종말에 '날이 이를' 것이고, 여호와 하나님께서 이스라엘 집과 유대의 집에 새 언약을 세울 것임을 예언한다. 그 새 언약의 핵심은 하나님이 그의 법을 그의 백성들의 속에 두며 그 마음에 기록하시는 일이다(33절).

> "나 여호와가 말하노라 그러나 그 날 후에 내가 이스라엘 집에 세울 언약은 이러하니 곧 내가 나의 법을 그들의 속에 두며 그 마음에 기록하여 나는 그들의 하나님이 되고 그들은 내 백성이 될 것이라"

에스겔 선지자도 이 새 언약의 핵심적인 내용이 종말에 하나님께서 그의 백성들에게 성령을 주셔서 그의 율례를 행하게 하실 것임을 확인한다.

> "또 내 신을 너희 속에 두어 너희로 내 율례를 행하게 하리니 너희가 내 규례를 지켜 행할지라"(겔 36:27)

흥미로운 점은, 마태가 이 예레미야 31장에 기록된 이스라엘의 회복과 새 언약의 패턴을 따라가고 있다는 사실이다. 즉, 마태는 2:18에서 '이스라엘의 회복' 을 가리키는 예레미야 31:15를 인용한 후에, 3:15-17에서 예수께서 백성들의 죄를 대신하여 세례를 받으신 장면, 그리고 하늘이 열리고 드디어 약속된 성령이 내려오심을 기록한다. 더욱 흥미로운 것은, 이렇게 '성령의 오심' 이 새 언약의 경우처럼 율법과 연관된다는 것인데, 마태는 예수께서 성령이 그의 위에 임하신 후에, 곧바로 그 성령에 이끌리시어 광야에서 이스라엘 백성들이 율법의 말씀으로 시험을 받았던 그대로 시험을 받으심을 기록하고 있다. 그리고 이 시험에 승리하신 예수께서 산 위에 오르사 이제 율법을 다시 새롭게 가르치심을 기록한다(마 5-7장).

다시 말해서, 마태가 기록하는 이스라엘의 회복(2:15, 18)과 성령의 오심(3:15-17), 그리고 율법을 성취하는 순종(4:1-11; 5-7)이라는 내러티브의 순서가 예레미야와 에스겔이 내다본 이스라엘의 회복과 새 언약의 비전의 순서와 일치하는 것인데, 이것은 결코 우연이 아닐 것이다. 이제 하늘이 열리고 성령이 그 위에 임하신 예수께서 광야에서 마귀에게 시험 받으며, 그 옛날 이스라엘이 실패했던 그 율법의 요구 앞에 서신다. 예수 자신이 옛 이스라엘처럼, 아니 이스라엘로서 광야에서 시험을 받으시는 것이다. 이스라엘은 마태가 2:15에서 언급했던 것처럼(호 11:1), '하나님의 아들' 이다(출 4:22). 예수 역시 마귀에게 '하나님의 아들' 이라 칭함을 받는다. 하지만 여기서 마귀는 예수가 하나님의 아들인지 아닌지 몰랐기 때문이 아니라, 그가 하나님의 아들이었기 때문에 시험한다.

"네가 만일 하나님의 아들이어든"(마 4:3)

여기서 예수께서 '하나님의 아들' 이라는 의미는 이중적(二重的)이다. 즉, 먼저 그가 '하나님의 아들' 이라는 것은 예수의 초자연적 정체성, 곧 그가 성령으로 잉태되신 하나님의 아들이고(1:20), 하늘이 열리고 성령이 그 위에 임하신 하나님의 아들임을 말한다(3:16). 동시에 광야에서 시험 받으시는 예수는 역사 속에서 하나님의 택하심을 받고 그에게 사명을 부여받은 이스라엘로서의 '하나님의 아들' (출 4:22; 호 11:1)을 의미하기도 한다. 예수는 이스라엘이 광야에서 그러했던 것처럼 하나님께 택하심 받고 사명을 받은 자로서 시험을 받는다. 그 시험은 이스라엘에게 주어진 것이지만, 본질적으로는 첫 사람 아담에게 주어진 시험과도 같다. 그러나 이제 예수는 이스라엘로서 하나님의 아들이지만, 동시에 성령으로 잉태되시고, 성령이 그 위에 임하신 하나님의 아들이다. 그는 실패하지 않을 것이다(cf. 렘 31:33).

'돌들을 떡덩이가 되게 하라' 는 시험은 이스라엘에게 뿐 아니라, 하나님의 피조물이며 하나님의 형상으로 지음 받은, 그러나 생명의 근원이신 하나님을 떠난 모든 인간들에게 주어지는 근본적인 질문이다. 이 세상을 얻는 것이 다인가? 우리에게 주어진 모든 힘들은 이 세상을 얻기 위한 것인가? 단지 생존(生存)하기 위한 것인가? 생존은 정말 최고의 가치인가? 이스라엘은 광야에서 이 질문에 답하기 위해 40여 년을 연단 받았다. 그리고 그들은 실패했다. 예수께서는 신명기 8:13을 들어 이에 대답하시고 시험을 이기신다.

> "사람이 떡으로만 살 것이 아니요 하나님의 입으로 나오는 모든 말씀으로 살 것이라"(마 4:4)

생명의 하나님, 창조주 하나님을 떠난 인간에게 가장 절박한 것은 아이러니하게도 생명이다. 그래서 하나님 없는 사람에게 생존은 지고(至高)의 가치이다. 하지만 그가 찾는 것은 사실 생명이 아니라 생명의 하나님이다. 하나님이 생명의 근원이시기 때문이다. 생존이 최고의 가치가 아니다. 생명은 창조주 하나님에게서 오고, 그분이 주신다. 삶은 여기에 있다. 창조주 하나님이요 이스라엘의 하나님께서 이스라엘에게 그리고 궁극적으로 아담의 자손들에게 의도하신 삶은 여기에 있다. 그것은 생명이신 하나님의 말씀에 의해 살고, 그 살아 있고 영원한 말씀을 따라 살고, 그 말씀이 이루려는 바를 이루며 사는 참 생명의 삶이다. 그것이 삶이다. 아담도 실패했고 이스라엘도 실패했지만, 바로 그 자리에서 예수는 승리하신다.

마귀는 예수를 데리고 성전 꼭대기에 가 거기 세우고 만일 하나님의 아들이거든 뛰어내리라고 유혹한다. 이스라엘은 하나님을 믿을 수 있는가? 아담은 하나님을 신뢰했던가? 그의 선하신 의도와 더불어 그분 자신을 신뢰했던가? 마귀가 파괴하려고 하는 것은 하나님의 말씀의 신실성이다. 그 말씀에 대한 우리의 신뢰이다. 하나님은 사람과 인격적 관계를 맺으셨다. 그것은 다른 피조물과는 다른 독특한 관계이다. 신뢰는 순종의 전제조건이다. 신뢰할 수 없다면, 믿을 수 없다면 순종할 수 없다. 하나님의 선하심, 그의 긍휼, 그의 은혜, 그의 진리를 신뢰할 수 있는가? 신뢰하고 있는가? 이 질문에 대한 대답에 따라서 전 삶이 달라진다. 온 세상이 달라진다. 신뢰의 문제는 하나님과의 관계에서 가장 결정적인 문제이다. 아담은 과연 하나님을 신뢰할 것인가? 이스라엘은 과연 하나님을 신뢰할 것인가? 욥은 과연 하나님을 신뢰할 것인가? 예수는 과연 하나님을 신뢰할 것인가? 아담도, 이스라엘도, 욥도 실패했다. 예수는 실패한 그들에게 주어진 신명기의 말씀을 인용하시며 이를 물리치신다.

"주 너의 하나님을 시험치 말라 하였느니라"(마 4:7, 신 6:16)

말씀에 근거한 삶은 하나님을 신뢰함으로 살아지고 열매 맺는다.

마지막으로 마귀는 천하만국과 그 영광이 마치 자기 것인 양, 자기 임의대로 그것을 줄 수 있는 것처럼 속이며 예수를 유혹한다. '경배하라.' 엎드려 경배한다는 것은 삶의 주권에 관한 문제이다. 선택에 관한 문제이고 순종에 관한 문제이다. 아담도 이런 시험 앞에 섰었고 또한 실패했다. 그는 마귀의 말에 순복함으로 그에게 주권을 넘겼다. 이스라엘도 마찬가지였다. 그들은 가나안 땅에 들어가 거기서 그들이 하나님께 바쳤던 주권을 그 땅의 우상들에게 넘겨주었다. 우상숭배는 탐욕과 결부되는 것으로, 탐욕이란 하나님의 주권을 부인하고 자신이 그 주권을 움켜쥐는 것이다.

하나님께서 주시지 않으면, 하나님께서 정하신 방식으로 그가 주시지 않으면 아무것도 받을 수 없다. 하나님이 주권자이시다. 그의 말씀의 법대로, 그를 신뢰함으로, 그의 주권을 인정하여 그의 말씀에 순종하며 사는 것, 그것이 하나님 형상으로 지음 받은 사람의 삶이다. 그것이 이스라엘이 하나님을 떠난 열방의 한가운데에서 살아냈어야 하는 삶이다. 아담도, 이스라엘도, 욥도 실패했고, 보지 못했다. 하나님은 주권자이시다. 예수께서는 이에 승리하시며 유혹을 이겨 내신다.

> "사단아 물러가라 기록되었으되 주 너의 하나님께 경배하고 다만 그를 섬기라 하였느니라"(마 4:10; 신 6:13).

광야에서 벌어진 마귀와의 한판 승부는 단지 이스라엘의 역사를 재현할 뿐 아니라, 마치 인류 전 역사의 축소판처럼 읽힌다. 아담, 이스라엘, 욥, 그리고 오고 오는 모든 인간들이 이 세상에서 그리고 하나님 앞에서 하늘의 모든 악한 영들과 마귀와 더불어 싸우는 싸움의 치열한 현장이다. 거기서 인류의 조상 아담도 실패했고, 하나님의 택하신 거룩한 백성, 다른 민족들이 입지 못한 특별한 은혜를 입은 이스라엘, 율법을 받고 그 가르침을 친히 받은 그들도 실패했다. 누구라고 예외가 아니었다. 마귀가 흔들었던 가장 의로운 사람 욥도 실패했다. 그도 세상을 빼앗긴 것에, 하나님을 믿는 일에, 그의 주권을 깨닫는 일에 실패했다. 예수는 어떠한가? 이제 다윗의 아들, 유대인의 왕으로 오신 그는 어떠한가?

마태의 복음이 기쁜 소식인 이유가 여기에 있다. 아담이, 또한 이스라엘이 실패한 그곳에서 이스라엘로 오신 예수는 성공한다. 승리한다. 아담 이후로 이 땅에서 그리고 이스라엘의 역사 속에서 이런 일, 이런 온전한 지혜, 이런 온전한 신뢰, 이런 온전한 순종, 그리고 이런 온전한 승리가 없었다. 처음으로 하늘이 열리고 성령이 그 위에 임하신 하나님의 아들, 다윗의 아들이 승리하신다. 이새의 뿌리에서 난 그가 드디어 마귀의 머리를 짓밟으신다.이스라엘이 불순종한 대목에서 예수는 순종하신다(4:4/신 8:3; 4:4/신 6:16; 4:10/신 6:13). 그가 이스라엘을, 인류를 회복하신다. 그래서 예수는 이렇게 '모든 의' 를 이루신다.

그가 승리하여 밟으신 권세는 단지 세상의 주권자 헤롯의 권세가 아니다. 단지 예루살렘의 권세가 아니다. 마귀의 권세이다. 이스라엘과 인류를 대적하던 마귀의 권세이다. 이제 그의 통치는 이스라엘에만 머물지 않을 것이다. 이 '새 다윗 목자' 의 통치는 온 땅에 퍼질 것이다. 예수는 인류를, 무엇보다 이스라엘을 대표한 다윗 메시아로서 원래 인간이 가야 할 길, 원래 이스라엘이 가야 할 길, 메시아로서 가야 할 그 길을 택하셨다. 곁길이 아니고 지름길이 아니고 쉬운 길이 아닌 좁은 길, 생명의 길을 택하셨다(cf. 마 7:13-14).

이제 예수께서 '하나님의 아들' 로서, '새 이스라엘' 로서, 그리고 '다윗의 아들' 로서 참으로 광야에서 승리했다면, 그것은 이제부터 아담에게서부터 틀어졌던 그 저주가 끝났음을 의미할 것이다. 이제 창조 세계의 그 풍성한 아름다움이 돌아올 것이다. 이제 아브라함에게 그리고 이스라엘에게 약속되었던 그 복들은 이 승리자 예수에게, 그리고 이 예수를 통해 온 열방들에게 주어져야 마땅하다. 이것이 복음, 곧 기쁜 소식이다.

"그분 안에 거하는 자만"

누가 성령 충만한 사람인가? 예수는 성령 충만한 결과로 결국 하나님의 법, 하나님의 말씀에 순종하는 일에 '성공' 했다. 성령 충만의 결과는 말씀에 대한 순종이다. 새 언약의 핵심이 그것이다. 종말에 성령이 오시고, 성령은 우리로 하여금 하나님의 뜻에 순종하게 하신다. 당신은 성령 충만한가? 어떻게 그것을 아는가? 다른 사람들은 내가 성령과 함께 거함을 어떻게 알게 되는가?

흔히 말하는 성공이란 세상적 기준에서 하는 말이다. 사실 모든 인간은 실패했다. 하나님이 지으신 세상에서, 하나님이 맡기신 세상을 하나님의 뜻대로 다스려야 하는 인간 본연의 특권과 사명에서 성공한 사람은 아무도 없다. 아담도, 이스라엘도, 욥도, 교회도 실패한다. 오직 하나님의 아들만 승리한다. 그분 안에 거하는 자만 승리한다. 신앙은 그분 안에서 행하는 선택들로 이루어진다.

결정적인 순간에 과연 돈을 택할 것인가, 하나님의 말씀을 따를 것인가? 결정적인 순간에 과연 하나님을 의지할 것인가, 다른 무엇을 의지할 것인가? 과연 그의 사랑을 의심할 것인가? 결정적인 순간에 과연 안일(安逸)을 얻고자 불의와 악에 내 마음을 넘겨줄 것인가, 아니면 하나님께만 항복할 것인가? 나 혼자서는 절대로 승리할 수 없는 싸움이다. 예수께서 승리하셨다. 그가 이기셨다. 그러므로 오직 예수 안에서 예수의 능력으로 선택해야, 비로소 예수의 길을 따라갈 수 있다. 좁은 길이지만 그 끝은 영광이다. 승리한 그분 안에 거하는 자만 승리한다.

7. 새 이스라엘의 새 목자, 이방의 빛

4:12-25

광야에서, 온 열방들을 위한 그리고 이스라엘을 대신한 시험에서 승리하신 후, 예수께서는 갈릴리와 스불론, 납달리 지방으로 가셨다. 마태는 그가 이 이방 지역으로 가심으로 이사야의 예언이 성취되었다고 선포한다.

> "스불론 땅과 납달리 땅과 요단강 저편 해변 길과 이방의 갈릴리여 흑암에 앉은 백성이 큰 빛을 보았고 사망의 땅과 그늘에 앉은 자들에게 빛이 비취었도다"(마 4:14-16; 사 9:1-2)

마태는 이미 동정녀 마리아에게서 나신 예수를 통해 '임마누엘'의 말씀이 온전히 성취되었다고 선언했다(1:23; 사 7:14). 그것은 '임마누엘'이라 칭함을 받았던 그 아이에게 주어진 '마헬살랄하스바스'(사

8:3)라는 심판의 상징도 동시에 성취됨을 뜻한다. 곧 이사야 당시 아람과 북이스라엘이 심판을 받고, 앗수르와 바벨론이 심판을 받으며, 유다 자신도 정화(淨化)되었던 것처럼, 이제 로마와 유대의 거짓된 지도자들의 심판도 임박한 심판에 직면해 있다. 그들은 실로 의지할 바가 되지 못한다(사 12:2-4).

오직 유다의 남은 그루터기만이, 그리고 이방 땅에 거하는 자들이 이 '다윗의 뿌리에서 난 한 싹' (사 9:6-7; 11:1-4), 곧 '다윗의 아들' 의 통치에 응답하여 구원을 얻을 것이다. 이제 하나님의 나라, 곧 그의 통치가 임박한 것이다. 로마도 유대의 지도자들도 이 앞에서 떨며 부복해야 한다. 심판이 임박했고, 구원이 임하였다.

"이때부터 예수께서 비로소 전파하여 가라사대 회개하라 천국이 가까이 왔느니라 하시더라"(마 4:17)

과연 예수께서는 예루살렘 근방 요단강에서 '아브라함의 자손들' 을 향해 회개의 세례를 선포한 세례 요한과는 달리, 이 머언 이방 땅에서 먼저, 하나님 나라가 가까이 왔으니 회개하라고 선포하신다(17절). 그의 통치는 마태가 기록한 족보나 동방박사들의 방문이 보여주듯이, 처음부터 단지 이스라엘에만 머물 것이 아니었다. 그것은 이미 구약의 예언을 통해, 특히 마태복음 2:6에서 인용된 미가 5:1-4에서 이미 명확히 표현되었다. 이미 미가 5:4에서 종말에 나타날 목자는 그의 통치를 '땅 끝까지' 펼칠 것으로 여겨졌다. 마태는 예수가 바로 이 목자, 곧 이스라엘을 회복하고 그의 통치를 땅 끝까지 펼칠 목자라고 선언한 것이다.

이 '다윗의 아들' (1:1)은 종말의 다윗 목자로서 '그의 백성' 을 이끌 것인데, '그의 백성' 안에는 단지 이스라엘만이 아니라 지금 그가 선 이방 땅, 흑암에 앉은 백성들 가운데 그의 양 무리에 참여하는 자들도 포함된다. 어떻게 그렇게 할 수 있을까? 마태는 이 종말의 목자가 이스라엘 가운데 행하시는 내용들(특히 8-9장)과 이방인들이 믿음으로 그에게 나아오는 것(예컨대, 8:5-13; 15:21-28), 그리고 그가 양 무리를 위하여 죽으시는 것(26:31), 부활하여 다시 그들을 이끌고(27:51-53) 그들 가운데서 가르치는 의의 교사가 되는 것, 또한 그들 가운데 영원한 하나님 임재의 처소가 되는 것(28:16-20)을 통해 설명할 것이다. 그리고 이런 비전은 이미 구약에서 스가랴 9-14장과 에스겔 34-37장에서 주어졌다. 마태는 2:6에서 미가 5:1-4를 인용하고, 후반부 26:31-32에서 스가랴 13:7을 인용함으로써, 복음서의 앞뒤에서 명백하게 구약의 종말의 다윗 목자 전승과 교류하고 있음을 나타낸다. 그렇다면 이 구약의 다윗 목자 전승의 중요한 부분인 에스겔 34-37장은 어떻게 성취되는가?

마태는 복음서에서 에스겔 34-37장을 한 번도 직접 인용하지 않는다. 그러나 에스겔 34-37장에 편만한 목자/양의 이미지(9:36; 10:6; 16, 15:24; 25:31-45; cf. 9:10-13)들과 특별히 '치유하시는 목자'의 이미지는, 주로 일부에서 정치적인 메시아로 이해되었던 '다윗의 아들'이 유독 '치유하는' 메시아(the healing Son of David)로 나타나는 마태복음의 특징적 묘사를 잘 설명한다(9:27; 12:23; 15:22; 20:30-32; 21:14).

마태는 이제 종말의 그 목자가 왔고(1:23), 그가 이스라엘을 회복하며 거짓 지도자들을 심판하며, 종말의 새로운 양 무리를 창조하여 그들을 새로운 곳으로 인도한다고 전한다(27:53). 그는 열방 가운데로 나아가는 그 양 무리와 함께하며, 그들을 의로 가르치는 교사로서 그들 가운데 임재하신다(28:16-20).

이제 예수는 이스라엘의 잃어버린 양, 곧 잃어버려진 바 된 이스라엘 양 무리 전체를 위한 이스라엘의 목자 여호와 하나님의 사역을 행하신다(8-9장, 특히 10장). 그는 이스라엘을 회복하려 하신다. 그 첫걸음은 무엇인가? 새 이스라엘로 상징되는 열두 제자들을 부르시는 일이다. 예수의 사역을 세심히 살펴보면, 그가 베푸시는 기적이나 가르침들보다 가장 밀접하고 가장 우선순위에 있는 것이 열두 제자들을 세우는 사역이다(4:18-22). 그것은 단지 제자 훈련이 아니다. 새 이스라엘을 형성하시는 것이다. 그들이 후에 열두 사도들이 되며, 예수께서 그의 죽으심과 부활 후에 세우시는 그의 교회의 기둥들이 될 것이다.

이제 본격적으로 이스라엘 가운데서 사역을 시작하시는 이 종말의 다윗 목자(2:6)의 사역은 4:23-24에 핵심적으로 요약되어 있다. 그의 사역은 천국 복음을 전하는 것과 가르치는 것, 그리고 치유하시는 일이다. 예수의 사역에 대한 이 간결한 요약은 9:35에 다시 동일하게 요약되어 기록된다. 흥미로운 점은 이 사역에 대한 요약, 즉 9:25 바로 뒤인 36절에서 마태는 이런 사역들을 하시는 분은 '무리를 보시고 민망히(불쌍히) 여기시는', 그들을 '목자 없는 양과 같이 고생하며 유리하는 자들' 로 보는 종말의 다윗 목자임을 밝힌다는 사실이다(cf. 2:6; 겔 34:1-16, 23-24). 이제 그는 이스라엘의 잃어버려진 자들, 곧 예루살렘과 유대와 요단강 주변의 허다한 양 무리들만이 아니라 이방 땅, 갈릴리와 데가볼리에서도 그에게 나아오는 양 무리들을 모으신다(4:25).

삶으로 내리는 뿌리

"사람을 세우고 있는가"

예수는 하나님께서 교회와 세상 위에 세우신 최고의 목자이다. 모든 지도자들은 예수께 배워야 한다. 그분이 기준이다. 정치 지도자이든, 회사의 회장이든, 교회의 목사이든, 모든 지도자들은 예수의 지도력의 기준에 의해 판단 받을 것이다. 긍휼과 공의, 그것은 참된 지도력의 뚜렷한 표징이다. 약한 자들에게 잔인하고, 불의한 자들을 호위하는 지도력은 하나님의 통치, 예수의 지도력과는 거리가 멀다.

목자 되신 예수의 사역의 중점은 제자들을 세우는 데 있었다. 헤롯은 건물을 세워서 자신의 위대함을 보여주려 애썼지만, 예수님은 기적을 베푸신 후 사람들이 몰려드는 상황에서 물러나며, 자주 물러나시고 제자들을 세우시는 데 힘쓰셨다. 독재자들은 자주 거대한 업적을 이루어 자기 영광을 드러내려 하지만, 참 목자이신 그분은 사람들을 세워 그의 영광으로 삼으신다. 사도 바울도 그 시대의 황제들처럼 엄청난 건축물들에 삶을 쏟지 않았다. 대신, 그가 목숨을 다해 섬기는 성도들을 자신의 기쁨이요 면류관으로 삼았다.

기독교는 눈에 보이지 않는다. 원래 신앙은 손에 잡히지 않는다. 하나님의 나라는 이렇게 소리 없이 사람들을 세우는 사역자들에 의해 전진한다. 어떤 사람들을 어떻게 세우고 있는 중이며, 그들을 위해 무엇을 어떻게 하고 있는가?

Chapter 02

너희도 온전하라

더 나은 의(5-7장)

마태복음의 문학적 구조분석에서 언급했듯이, 산상수훈에 해당하는 마태복음 5-7장은 그 전후 내러티브, 즉 1-4장과 8-9장의 조명 아래에서 이해되어야 마땅하다. 그렇게 해야 하는 이유는 산상수훈을 전후 문맥과 분리해서 따로 읽을 때 종종 빠지는 행위-구원론, 곧 여기서 사람이 행위로 구원받는다는 교리를 찾을 수 없기 때문이다. 마태가 비록 '더 나은 의'(5:20)를 강조하지만, 그것이 행위로 말미암아 구원받는다는 교리를 지지하지는 않는다. 산상수훈에서 제시된 그런 행동 규범들을 사람이 행할 수 있는가? 이 명령들은 그것을 행함으로 구원받는다는 교리를 제시하는가?

1. 팔복(八福), 새 언약을 따라 주신 '부드러운 마음'

5:1-12

유감스럽게도 마태는 이런 질문들을 하지 않는다. 마태는 사람이 죄의 권세에 속박되어 있고 그래서 육(flesh)으로는 하나님의 뜻을 행할 수 없다(롬 7장)는 바울의 고민을 다루지 않는다. 다만, 폭넓게 보아 '성령으로 잉태된' (1:20) 이 하나님의 아들, '그 위에 성령이 임하신' (3:16) 다윗의 아들인 예수께서 이제 종말의 다윗 목자로서 그의 새로운 양 무리에게 따라오라고 명하시는 이 길들(5-7장)은, 그가 '하나님 나라가 가까이 왔다' 고 선포하신 대로 이미 종말에 이루어질 많은 은혜와 복들을 전제하고 있을 뿐이다.

종말에 다윗 목자가 오실 것을 예언한(cf. 마 2:6, 9:35-36) 에스겔 34-37장의 이스라엘의 회복에 대한 비전 그 한복판인 36장에서는, 종말에 바로 이러한 새 은혜가 임해서, 과거 이스라엘이 실현하지 못했던 율법에의 순종, 곧 하나님의 뜻에 대한 순종이 새롭게 이루어질 것을 예언하고 있다(cf. 렘 31:15, 33/ 마 3:17).

> "내가 너희를 열국 중에서 취하여 내고 열국 중에서 모아 데리고 고토에 들어가서 맑은 물로 너희에게 뿌려서 너희로 정결케 하되 곧 너희 모든 더러운 것에서와 모든 우상을 섬김에서 너희를 정결케 할 것이며 또 새 영을 너희 속에 두고 새 마음을 너희에게 주되 너희 육신에서 굳은 마음을 제하고 부드러운 마음을 줄 것이며 또 내 신을 너희 속에 두어 너희로 내 율례를 행하게 하리니 너희가 내 규례를 지켜 행할지라"(겔 36:24-27)

우상을 섬김에서 정결케 된 이의 마음은 어떠한 마음인가? 굳은 마음이 제해지고 부드러운 마음, 가난한 마음을 가진 이는 어떤 종말의 복을 받은 이인가? 실로, 마태복음 5-7장에서 그 의(義)의 길로 따라올 것을 권고받는 양 무리들은 이미 가까이 임한 천국의 은혜(4:17)에 접해 있는 자들이다. 그들이 천국의 팔복의 은혜(5:1-12)를 받고 있는 자들이다. 그들은 이미 가까이 다가와 맛볼 수 있는 하나님 나라의 임재 안에 있는 자들이다. 성령으로 역사하시는 하나님의 아들, 곧 다윗의 아들이 그들 가운데 계시기 때문이다. 심령이 가난한 자가 복이 있고 천국이 그의 것이라는 말씀은 단순히 종말론적인 미래에 대한 표현이 아니다. 이미 천국은 가까이 와서 만질 수 있고 맛볼 수 있고 참여할 수 있게 되어 있다.

그 하늘나라, 그 종말의 하나님의 통치의 요체는 예수 그리스도이다. 마태복음 5:1-2에서 예수는 모세와 비할 바가 아니다(cf. 신 18:15). 모세는 산에서 하나님께 가르침을 받았지만, 예수는 자신의 권세로 가르치신다.

"옛 사람에게 말한 바 … 너희가 들었으나 나는 너희에게 이르노니"(5:21-22, 28, 32, 34, 39, 44)

여기서 예수는 모세에 비할 바가 아니다. 모세는 율법을 전달했을 뿐이었다. 하지만 예수께서 '나는 너희에게 이르노니' 하실 때, 그는 자신이 하나님께서 율법을 명하신 그 권세로 말씀하신다는 사실을 시사한다. 실로 예수의 권세 있는 가르침은, 성령으로 잉태되고, 하늘에서 내려오신 성령이 그 위에 머무신 예수를 통해 역사하시는 종말의 성령의 통치의 시현(示現)이다.

"내가 하나님의 성령을 힘입어 귀신을 쫓아내는 것이면 하나님의 나라가 이미 너희에게 임하였느니라"(마 12:28)

마태복음에 기록된 예수의 팔복의 말씀은 종말론적이다. 구약에서 복있는 자는 주로 하나님을 주로 모신 자(시 144:15)이며 하나님을 경외하는 자(시 112:1-3; 128:1-4; 잠 84:12)이고, 하나님을 신뢰하는 자(시 84:12), 하나님께 피하는 자(시 2:12; 84:4), 하나님께 지혜롭게 순종하는 자(시 119:1-2; 잠 8:32-34; 사 56:2)이다. 구약의 계시가 끝나고 중간기에 오면, 어떻게 이 땅 위에서 행복할 것인가라는 관심에서 장차 오는 세상(the life/age to come)에서 행복할 것에 대한 관심으로 옮겨 간다. 중간기의 묵시론적인 경향은 여기서도 완연하다. 세상은 이미 악할 대로 악해졌으므로, 사람이 이 세상의 어떤 환경을 인해 행복해질 수 없다고 생각한다.

예수께서 선포하시는 팔복은 이제 이러한 복된 삶이 다가왔고, 이미 임하는 하나님 나라 안에서 성취되고 있으며, 더욱 온전히 성취될 것에 대한 선언이다. 이렇게 '복 있는 사람'의 특징은 대체로 먼저 하나님을 향하여 가난한 심령으로, 애통하는 자로, 온유한 자로, 그리고 의에 주리고 목마른 자의 모습으로 나타난다(5:3-6). 그는 또한 사람들을 대하여 긍휼히 여기는 자이며, 마음이 청결한 자이며, 화평케 하는 자이고, 의를 위하여 기꺼이 핍박을 받는 자이다(5:7-10). 그리고 가장 긴 마지막 아홉 번째 복(11-12절)은 10절의 '핍박'이라는 단어를 반복하면서 3인칭에서 2인칭으로 바뀌어('너희를 욕하고') 다음 구절들로 이어지는 전환점의 역할을 한다.

심령이 가난함, 5:3

심령이 가난한 자는, 필시 마음이 부드러운 자(cf. 겔 36:26)이다. 그에게는 이미 성령이 역사하고 계시다. 심령이 가난한 자란 하나님 외에 다른 소유가 없는 자이다. 모든 것을 잃었다 해도, 그의 삶이 산산이 깨어졌다 해도, 그의 중심 한가운데 하나님이 남는 그런 사람이다. 세상이 그를 버려도 하나님과 함께 있는 자신을 발견하는 그런 사람이다. 마치 마귀가 자신에게 절하면 모든 세상을 준다고 했을 때 그 모든 세상을 내놓고 오직 하나님만 경배하고 그분 섬기기를 선택하신 예수 자신의 심령과도 같다(마 4:8-10). 그것이 가난한 심령이다. 구약에서 '가난한 자'는 세상 식대로 살지 않고 하나님을 바라보며 그분을 경외하고 사는 소박한 사람이다(사 61:1-2; cf. 약 2:5).

하나님만이 그가 가진 참 유업, 참 재산이다. 그는 가난하지만 결코 가난하지 않다. 그는 하나님의 나라를 소유하고 있고 또 장차 온전히 소유할 것이다(5:3). 이 둘이 서로 분리되지 않는다. 하나님 나라, 곧 예수를 통한 종말의 성령의 통치에 참여한 자는 반드시 부드러운 마음, 가난한 마음으로 산다. 심령이 가난하기 때문에 하늘나라가 그의 것이기도 하지만, 또한 하늘나라가 그의 것이기 때문에 심령이 가난해진다. 이것이 하늘나라 백성의 표시이다. 그는 항상 넉넉하다. 아무것도 없는 것 같으나 모든 것을 가진 자이다. 하나님과 그 아들, 그리고 그 아들에게 주신 온 세상이라는 유업, 하나님의 나라를 가진 자이기 때문이다. 신자는 항상 이런 식으로 산다. 그는 모든 것을 가진 자이다. 가장 귀한 것을 가졌기 때문이다(마 13:44-46).

그리고 이렇게 하늘나라를 가진 자만이 이 땅에서 이 땅에 속한 모든 것을 하나님의 영광을 위하여, 이웃을 사랑하는 일을 위하여 사용할 자유를 얻는다. 오직 모든 것을 가진 자만이 모든 것을 내어 놓을 수 있기 때문이다. 그는 세상을 얻기 위해 마귀에게 마음과 영혼을 팔지 않는다. 이미 예수께서 광야에서 시험을 받을 때에 확증하시고 승리하신 그 승리 안에 있기 때문이다. 심령이 가난하다는 것은 항상 너른 바다로 흘러가는 물 같아서, 세상의 그 어떤 욕심이나 정욕, 이 세상의 그 어떤 것으로도 그의 마음을 피조물의 하나처럼 단단하게 만들지 못한다. 정욕이나 돈이나 권력이나 명예, 혹은 원한이나 미움이라도 그 마음을 돌처럼 단단하게 만들지 못한다. 그 마음은 항상 하늘의 바람이 자유로이 드나들고, 항상 하늘과 소통하여 막히지 않는다.

하나님의 사랑, 이웃 사랑에 막히지 않는다. 죄를 인정하고 하나님의 용서와 긍휼, 그 은혜 앞에서 엎드러지는 일에 막히지 않는다. 그래서 항상 가난하다. 세상이 그를 세상처럼 만들지 못한다. 그는 하늘나라를 가진 자이기 때문이다. 그래서 그는 세상에 대하여 가난하고, 하늘의 하나님 앞에 가난하고, 그 안에 항상 하늘의 바람이 통하는 부드러운 심령이다. 그를 통해서 오직 하늘의 통치, 하나님의 뜻이 이루어져가는 심령이다.

애통함, 5:4

애통하는 자는 이제 복이 있는데 그들이 위로를 받을 것이다(5:4). 애통은 불의한 고난, 이유를 알 수 없는 고난, 스스로의 허물과 약점, 그리고 선을 위해 생기는 고난들을 인내하고 견딜 때 생긴다. 그것을 참으며 애통해하는 이유는 주권자이신 하나님을 인정하고 그 하나님을 기다리기 때문이다. 하나님을 바라보고 참지 않으면 애통해할 일도 없다. 하나님 나라에 참여하는 것이 고난 없이 사는 것을 의미하지 않는다.

사실 예수께서 사셨던 팔레스타인도 고통의 땅이었다. 많은 유대인들이 로마에 저항했고, 십자가 형틀에서 고통스런 죽음을 당했다. 백성들은 이중 삼중의 부당한 세금 징수와 강제노역에 허덕였고, 분봉왕 헤롯의 잔인함은 예수의 어린 시절 베들레헴과 그 모든 지경 안에 있는 두 살 아래 사내아이들을 살해한 사건에서도 생생하게 드러나고 있다. 자식을 잃은 어미의 마음이 얼마나 애통했을까? 세상 그 누구도 풀어 줄 수 없는 그 애통함은 하늘을 찔렀을 것이다.

마태복음은 이 애통에 대한 위로를 어디에서 찾으라 하는가? 어디에 위로가 있고 소망이 있고, 인내할 수 있는 근거가 있다고 선포하는가? 마태복음이 전하는 기쁜 소식은 이미 그 애통에 대한 위로가 한 사람, 예수 안에 있다고 선언한다. 라헬이 곧 울음을 그칠 것이다(2:18). 예수 자신이 이스라엘의 애통에 참여하시기 때문이다. 그가 인간의 깊은 애통에 참여하신다. 그리고 거기서 이 모든 문제의 근원인 악의 문제, 하나님과의 문제가 해결된다. 하늘의 문이 열리고 하늘의 통치가 임한다. 여기에 진정한 문제의 해결이 있다는 것이다.

그래서 예수께서는 성령이 하늘에서 그의 위에 내려오신 후에 도리어 그 '성령에게 이끌리어' 광야로 나가셨고, 거기서 마귀에게 시험 받으셨다(4:1). 그가 시험 받으시고 시험을 이기시는 모든 과정 동안 하나님은 침묵하셨고, 천사들은 그를 시중들지 않았다. 그 시험과 고난 속에서 예수는 이스라엘과 인류의 가장 깊은 문제에 참여하신다. 하나님과의 문제, 세상과의 문제 그리고 악에 대하여 싸워 승리하신다. 그의 이러한 참여와 승리는 후에 십자가상에서 절정에 이른다.

십자가는 애통의 극치이다. 억울함의 극치이고 부당함의 극치이다. 누가 예수께서 지신 그 십자가보다 더 애통한 일을 겪을 수 있다는 말인가? 누가 자기 품에 있던 독생자 하나님의 아들을 불의한 자들, 그를 받을 가치가 없는 자들을 위해 내주신 하나님의 애통함을 알 것인가? 그 애통함의 극치인 십자가 위에 그들의 목자가 있다. 그분이 애통을 이기고 승리하는 길을 내신다. 결국 애통해하는 것은, 하나님을 선택하고 하나님을 기다리기 때문이다. 그들이 얻는 결과 역시 그 애통에 대한 답은 아니다. 답이 주어졌다면 애통할 일이 더 이상 없을 것이다. 위로이다. 아직 문제는 풀리지 않았지만, 위로는 약속된다. 하나님의 아들, 그들의 목자 되신 하나님이 그들과 함께 걸으시고, 그들의 애통 속으로 들어가시기 때문이다. 그들이 그 애통 속에 결코 혼자가 아니기 때문이다. 하나님 나라로부터 오는 큰 위로가 있다. 예수로 말미암아 주어지는 하늘의 위로가 있다.

온유함, 5:5

온유한 사람은 이 세상을 세상 식대로 살기를 거부하는 사람이다. 도리어 세상을 하나님의 법대로 사는 강한 사람이다(5:5). 그의 강인함은 세상을 세상 식대로 사는 포악함이나 궤휼을 거부하는 강함이다. 거짓을 거짓으로가 아니라 진리로 이기려는 태도에서 오는 강함이다. 악을 악으로 갚지 않으려는 강함, 악을 선으로 극복하려는 데에서 오는 그 강함이다. 하나님과 하나님의 뜻, 그분의 법도를 저버릴 수 없기 때문에 세상의 포악함(power) 앞에서 무력해지는(powerless) 사람이다. 하나님이 아무리 침묵하시는 것 같아도, 그는 이 세상을 하나님께서 그분의 법대로 바로잡으실 것을 믿고, 믿을 수밖에 없기 때문에 이 세상 속을 하나님의 법대로 지나가려는 사람이다.

구약의 말씀은 이미 하나님의 창조 세계를 얻을 자들이 세상을 악한 법대로 차지하려는 강포한 자들이 아니라, 도리어 이렇게 온유한 자들임을 선언한다.

> "행악자를 인하여 불평하여 하지 말며 불의를 행하는 자를 투기하지 말지어다 … 여호와 앞에 잠잠하고 참아 기다리라 … 분을 그치고 노를 버리라 … 대저 행악하는 자는 끊어질 것이나 여호와를 기대하는 자는 땅을 차지하리로다 잠시 후에 악인이 없어지리니 네가 그곳을 자세히 살필지라도 없으리로다 오직 온유한 자는 땅을 차지하며 풍부한 화평으로 즐기리로다"(시 37:1-11)

하나님을 의뢰하여 그의 공의로운 심판에 모든 것을 맡김으로 하나님을 기대하고 성실과 화평으로 사는 사람, 그가 온유한 자이다.

이 온유함이란 원래 '부드러움, 겸손함' 을 가리키는 말이다. 권세나 힘이 주어져도 그것으로 오만해지거나 자기중심적이 되거나 그것으로 남을 누르지 않는, 자유하고 절제된 마음이다. 왕이지만 그 권력을 종이 되어 섬김으로 사용하는 이의 강함이다. 강하지만 약한 자들을 위해 그 짐을 대신 지는 사람의 강함이다. 예수께서는 "나는 마음이 온유하고 겸손하니 나의 멍에를 메고 내게 배우라 그러면 너희 마음이 쉼을 얻으리라"(11:29)고 하셨다. 이 말씀 바로 전에, 곧 마태복음 11:27에서 예수는 "내 아버지께서 모든 것을 내게 주셨다" 고 말씀하신다. 그가 하나님의 아들로서 하나님의 나라를 유업으로 받으신 것이다.

그럼에도 그는 십자가를 지신다. 모든 것을 가졌기 때문에 모든 것을 내줄 수 있는 것이다. 그는 악을 악으로 갚지 않는 길을 택하셨다. 도리어 선으로 악을 이기셨다. 십자가의 길을 가셨다. 온유한 자는 이 선한 목자를 따라 십자가의 길을 가는 양들이다. 그들이 하늘에 이를 것이다(계 7:13-17). 그들이 새 하늘과 새 땅에 들어갈 것이다. 온유한 사람은 모든 것을 가졌지만 아무것도 갖지 않은 가난한 심령으로 사는 사람이다. 그는 이 세상 속에서 애통해하지만, 그의 속에 있는 살아 있는 소망이 그를 견디게 만들어 온유함에 이르는 사람이다.

의에 주리고 목마름, 5:6

의에 주리고 목마르다는 표현은 역설적이다(5:6). '주리고 목마르다' 는 표현은 그 사람이 창조 세계의 모든 풍성한 것을 얻지 못한다는 뜻이다. '저희가 배부를 것임이요' 라는 표현도 마찬가지이다. '의' (righteousness, cf. 마 3:15, '모든 의')를 추구하는 것과 목마르거나 주리는 것, 그리고 배부른 것이 서로 무슨 상관이 있는가? 이 악한 세상에서 의를 추구하면 풍족히 먹고 마시고 배부른가? 항상 그렇지는 않다. 아니, 대부분은 그렇지 않다.

이 세상의 전적인 부패에 더욱 민감하게 되었던 중간기에는 묵시론적(apocalyptic) 사상이 크게 발흥했다. 이 세상은 악해서, 그리고 이 세상에서 잘 먹고 잘 입고 잘 되는 악인들을 도저히 바로잡을 방법이 없기 때문에, 이제는 하나님의 최후의 심판이 임해서 이 모든 것들을 쓸어버리고 새로운 세상이 와야 한다고 믿었다. 오직 의인들만이 그 새로운 세상(new age to come)에서 복락을 누릴 것이라고 믿는 믿음이 퍼져 나갔다.

의에 주리고 목마른 자들이 '복이 있다' 는 표현은 이제 그 새로운 세상, 의인들이 복을 얻고 악인들이 심판을 받는 세상이 가까이 왔다는 의미이다. 그 나라가 도래했다는 뜻이다. 이제 의인들은 그들이 마땅히 받고 누려야 할 복을 얻을 것이다. 그런데 과연 그러한가? "천국이 가까이 왔다"(4:17)는 예수의 선포는 의에 주리고 목말라했던 자들에게 기쁜 소식이다. 하지만 그 나라는 이제 시작이다. 의인들은 예수의 십자가와 부활의 사건을 통해, 그를 믿음으로 그 나라에 참여할 것이다. 그러나 아직 충분한 완성은 아니다.

또한 그들이 주리고 목말라 하는 '의' 역시 예수 그리스도로 말미암아 새롭게 정의되고 이해되어져야 한다. '의' 란 우선적으로 하나님께서 창조 세계에 정해 놓으신 법, 율법과 규례와 법도에 표현된 하나님의 뜻이다. 그러나 예수께서 '모든 의' 를 이루시겠다고 하신 것처럼(3:15), 이 '의' 에는 예수를 믿음으로 주어지는 하나님의 의, 그의 신실한 은혜, 그 은혜를 덧입어 사는 삶까지 포함한다. 그 '의' 는 하나님의 선물이며,

동시에 이 세상과 인간을 향한 하나님의 뜻, 곧 예수께서 걸어가신 그 길이다.

그래서 의에 주리고 목마르다는 것은 하나님께 대하여 주리고 목마르다는 것이다. 하나님이 '의' 이시다. 이 세상을 창조하시되 '의' 에 기초해서 창조하셨다. 하나님과의 관계 없이 의를 말할 수 없다. 하지만, 또한 하나님의 의는 인간의 양심을 통해서 이 세상의 선한 질서로 드러난다. 그러나 양심은 더러워지고 이 세상의 선한 질서는 항상 깨어진 상태로 있다.

흔히, 사회 정의에 목말라하는 사람은 하나님 앞에서 자신의 의를 목말라하는 일에 부족해지기 쉽다. 사람들과의 관계에서 의를 구하는 것이 하나님 앞에서 의가 되어버리는 경우이다. 반대로 하나님 앞에서 의를 구하다가 '바리새인과 서기관들' 처럼 사람들 사이에서 구해야 하는 의를 도외시할 수 있다. 의에 주리고 목마르다는 것은, 하나님과 그분이 창조하신 세상 앞에서 '온전함' 을 향해 나아가는 목마름이다(5:48).

하늘나라의 백성의 특징은 '의의 외침' 에 눈 감고 사는 것과는 정반대이다. 하나님 나라가 임하여서 그 안에서 경험하는 것이, 만사가 잘되고 세상적 의미에서 성공하여 복 받는 것이 그 주된 특징이 아니니다. 그 '복' 과 '의' 가 충돌할 때, 하늘나라 백성은 당연히 '의에 주리고 목마른' 길을 가도록 부르심을 받는다. 그들은 이 세상이 하나님에 관하여, 그리고 이 세상에 두신 그분의 의의 길에 대하여 파괴적이고 또한 무지하다는 사실에 항상 깨어 있다.

그래서 세상에 없는 의에 주리고 목마른 것은 하나님 자신에 대한 목마름으로 이어지고, 하나님께 대한 목마름은 자신 속에 없는 의에 대한 주림으로 이어진다. 그리고 그것은 다시 하나님의 의를 구하는 데로 나아간다. 그래서 하늘나라의 통치를 받고 사는 백성은 항상 의에 주리고 목마른 것이 그 특징이 될 수밖에 없다. 그 의에 '주리고 목마른 상태' 그것이 복이고, 신자가 받은 복의 특징이다.

긍휼히 여김, 5:7

'긍휼히 여기는 자' 에게 복을 선포하는 말씀(5:7)이, '의' 에 관한 말씀 바로 뒤에 나오는 것은 우연이 아니다. 마태복음에서 '긍휼' 은 핵심적인 주제이다. 이스라엘의 목자 되신 하나님께서 양 무리를 다시 찾아오신 이유는 오직 그분의 '긍휼' 때문이다. 마태는 '목자 없는 양과 같이 고생하며 유리하는' 이스라엘 백성들을 바라보시는 예수의 심정을 '긍휼' 로 요약했다(9:36). 예수에 의하면 온 율법을 두르고 있는 강령은 하나님 사랑과 이웃 사랑, 곧 긍휼이다(22:34-40).

'의' 에 주리고 목마른 자(5:6)란 결국 하나님의 긍휼로 이웃을 긍휼히 여기는 삶을 이어 가는 사람이다. 그는 긍휼이 바탕이 되지 않는 정의, 긍휼이 바탕이 되지 않는 율법, 긍휼이 바탕이 되지 않는 종교를 거부한다. 그는 하나님이 자신을 다만 불쌍히 여기시므로, 자신도 이웃을 불쌍히 여기는 심정을 바탕으로 사는 사람이다.

말과 행동, 재산과 지위, 달란트와 기회, 이 모든 것을 사용해서 긍휼을 드러내고 표현하는 삶을 사는 사람이다. 이렇게 하나님의 긍휼을 흘려보낼수록, 그는 더욱더 풍성한 하나님의 긍휼을 맛보게 된다. 지극히 작은 소자 한 사람에게 베푼 긍휼이 곧 주를 섬기는 섬김이 된다. 종말에 양과 염소를 심판하실 목자가 긍휼을 베푼 자에게는 긍휼로, 긍휼 없는 종교를 따라 살았던 자에게는 영벌로 갚으실 것이다(25:31-45). 긍휼은 하나님 심정의 밑바탕에서부터 솟아난다. 예수는 긍휼의 목자이다. 그의 양 무리들은 이런 긍휼의 사역을 계속해 나가도록 가르침을 받는다(28:16-20).

긍휼은 하늘나라의 통치 아래서 사는 백성의 심령의 가장 중심적인 특징이다. 그가 긍휼을 입음으로 하나님 나라의 백성이 되기 때문이다. 그것을 기억할 때 가난한 심령을 유지할 수 있다. 가난한 심령이 시작이라면 긍휼은 완성이다. 이 세상에서 애통해하면서도, 의에 주리고 목마른 삶을 살아 온유한 사람이 되는 것도 긍휼 때문이다. 하나님의 긍휼, 그 긍휼을 입고 살기 때문이다. 이 세상을 향하신 하나님의 긍휼을 느끼고 알기 때문이다. 자신에게 쏟아지는 하나님의 긍휼을 막지 않는 사람, 그 긍휼이 자신을 통해 이웃과 세상을 향해 흘러가는 것을 결코 막지 않는 사람, 그래서 긍휼에 통(通)한 사람, 그 사람이 긍휼의 심판을 통해 더 큰 긍휼을 얻는다. 긍휼은 팔복 중에서도 뛰어난 복이다.

마음이 청결함, 5:8

'마음이 청결' (5:8)하다는 표현은, 그 심령이 가난하고 불의에 애통하며, 온유함으로 하나님과 동행하고, 그분을 바라기 때문에 의에 주리고 목말라하며, 또한 긍휼을 행하는 삶을 사는 사람의 밑바탕에 있는 마음을 드러낸다. 청결한 마음은 긍휼한 마음과 보완적이다. 팔복에서 긍휼함을 말할 때 그것은 청결한 마음과 떨어지지 않는 긍휼이다. 반대로 청결한 마음을 말할 때도 긍휼과 분리되지 않는 마음이다. 사실 팔복에서 말하는 모든 복은 하나의 복이기 때문에 서로 분리되지 않는다. 단지 하늘나라의 복을 받는 사람의 심령을 다면적(多面的)으로 밝힐 뿐이다.

청결한 마음은 우선 하나님을 향하여 나뉘지 않은 마음이다. 하나님의 마음을 드러내기에 전혀 복잡하지 않다. '청결' 하다는 표현은 마음이 갈리지 않았다는 의미이다. 두 마음이 아니다(cf. 약 1:8). 하나님의 마음이 비치는 거울같이, 세상의 탐욕이나 불의한 뜻이나 악한 의도를 품지 않아서 깨끗하고 단순한 마음이다. 그러나 이 청결한 마음은 단순히 죄를 짓지 않은 마음, 율법적으로 흠이 없는 완전성을 의미하지 않는다. 상하고 애통한 마음, 가난한 마음, 의에 주리고 목마른 마음이며, 또한 긍휼로 가득 찬 마음이면서, 무엇보다 그런 마음으로 일관된 마음, 나뉘지 않은 마음, 차라리 진정성 있는 마음, 곧 전심(全心)이다.

마음이 청결한 자는 복이 있나니 "저희가 하나님을 볼 것임이요." 누가 하나님을 보는가? 누가 하나님을 대면하는가? 우리는 언제 하나님의 얼굴을 뵈올 수 없는가? 시편 기자가 말한 것처럼, "여호와의 장막에 유할 자 누구이며, 주의 성산에 거할 자가 누구인가?" (시 15:1) 완벽한 자가 아니라 하나님 앞에 온전한 사람이다. 하나님의 거룩하고 순결한 말씀(시 12:6)의 지적에 언제나 '예, 하나님이 맞고 제가 틀렸습니다' 라고 인정하며 그 악한 길에서 돌이키는 마음이다. '상하고 애통한 심령' (시 51:17)이다. 하나님의 뜻을 품고, 그 뜻을 따라 걷기에 일관된 마음이다. 심령이 가난하고 애통하고 온유하며, 의를 위해 주리고 목마르며 긍휼한 삶을 살면서 하나님의 긍휼을 기대하는 사람이다. 무엇보다, 하나님을 향해 정직한 심령, 진실한 마음을 갖고 사는 사람이다.

청결한 마음에 주어지는 복은 사실 놀라운 복이다. 그는 하나님의 얼굴을 본다. 하나님과 거리낌이 없는 교제 가운데 거한다는 뜻이다. 빛되신 하나님 안에서 거리낌이 없는 교제를 한다는 것은 생명의 풍성함을 의미한다. 청결한 마음에게 약속된 것은 그가 원하던 것이 아닐지 모른다. 나뉜 마음, 두 마음으로 열망하던 것이 아니다. 하지만 그는 하나님의 얼굴을 본다.

청결한 마음으로는 그가 원하던 것을 가질 수 없을지는 모른다. 그러나 그는 계속해서 하나님의 얼굴을 뵈올 수 있다. 그와의 막힘 없는 교제 가운데 머물 수 있다. 둘 중 하나를 택해야 한다면 어느 것이 더 귀한가? 하나님의 얼굴을 볼 수 없더라도 원하는 것을 갖는 것이 좋은가, 아니면 원하는 것을 가질 수 없더라도 하나님의 얼굴을 뵈면서 사는 것이 좋은가? 청결한 마음, 거기에 하늘로부터 와서 그를 채우는 풍성하고 참된 생명이 넘친다. 그것이 가난한 심령이다. 그 안에 없는 것이 많지만, 사실 모든 것이 넘친다. 소망 가운데서 애통하지만, 주리고 목마르지만, 그는 하나님과의 교제에서 넘쳐나는 생명을 누린다.

화평케 함, 5:9

'화평케 하는 자는 복이 있는데' (5:9), 그는 특별히 '하나님의 아들' 이라 일컬음을 받을 것이다. 하나님의 아들이라 불리는 이유는 '화평케 하는' 일이 아버지의 일이기 때문이다. 그분은 자기를 떠난 세상과 화목하기 위해 먼저 행동하시는 하나님이시다. 아들은 아버지의 하는 것을 보고 따라 한다. 아들을 보면 아버지를 안다. 화평케 하는 자는 하나님 아버지를 그대로 드러내는 자이다. 화평은 로마의 압제 밑에 살았던 이스라엘에게 뿐 아니라, 이스라엘 역사 내내, 그리고 인류의 역사를 통틀어 가장 간절히 바라던 바이다. 폭력과 강탈, 전쟁과 살인, 미움과 반목이 끝난 '샬롬' (shalom)은 공의와 자비가 넘치는 생명의 공동체를 바라는 모두의 소원이다.

어떻게 이러한 화평이 이루어질까? 개인과 개인 사이, 공동체와 공동체, 민족과 민족, 국가와 국가 사이에 어떻게 이러한 화평이 이루어질까? 당시의 세상을 손에 쥐었던 로마는 평화를 추구했지만, 그것은 폭력과 전쟁, 압제와 수탈에 의한 제압이었다. 누가 이러한 화평을 이룰 수 있을까? 화평은 쉽게 오지 않는다. 폭력으로 이루어지지도 않지만, 결코 쉽게 얻어지지도 않는다.

예수는 화평을 열매 맺는 길을 제시하신다. 그리고 그 길을 친히 가신다. 결국 악을 악으로 갚지 않은 길, 불의한 자를 대신하여 고난을 당하는 길, 그 길이 화평을 가져오는 길이다. 결국 심령이 가난한 자, 의에 주리고 목마른 자, 애통하며 온유함으로 일관하는 자, 하나님의 뜻을 좇으며 깨끗한 마음으로 견디는 자, 이들을 통해서 참된 화평이 온다.

마태는 화평을 강조한다. 예수께서 가르치신 대로, 제사보다 화목이 우선이다(5:23-24). 예수는 자신의 양 무리를 위하여, 하나님과 그들 사이의 화평을 위하여, 이스라엘과 이방인들 사이의 화평을 위하여, 새로운 하나님의 공동체의 화평을 위하여 화평케 하는 자의 길을 가신, 하나님의 아들이다.

의를 위하여 핍박을 받음, 5:10-12

예수께서는 자신이 화평을 가져오는 하나님의 아들이심을 간접적으로 선언하신다. '나를 인하여' (5:11) 욕을 듣고 핍박받으며, 거짓으로 모함을 받으며 악하게 지어낸 말을 듣는 핍박을 받는 것이 곧 '의를 위하여' 핍박을 받는 것이다. 예수 자신이 '의' 의 길이다. 예수 자신이 가는 길을 따라가는 것이 의를 이루며 화평을 가져오는 길이다. "기뻐하고 즐거워하라." 그것이 기쁜 일이고 즐거워할 일인가?

그러나 예수의 말씀은 확신에 가득 차 있다. '복이 있나니.' 이미 복을 받고 있다. 이미 기쁜 일이고, 이미 즐거워할 일이다. 왜인가? "하늘에서 상이 큼이라"(5:12). 저들은 혼자 있지 않다. 예수를 따라가는 길, 예수의 길에 섰기 때문에 핍박당하는 자들은 외롭지 않다. 하늘이 함께한다. 하늘에 계신 '아버지' 께서 그들을 상으로 대접할 것이다. 종말의 목자 자신이 와서 저들을 그들을 위하여 예비된 나라로 인도하여 들이실 것이다(25:34). 저들은 또한 이러한 핍박에 놀라지 말아야 한다. '너희 전에 있던 선지자들' 도 이같이 핍박을 당했기 때문이다(5:12).

앞서도 언급했듯이, 예수께서 말씀하신 팔복은 본질상 서로 다른 복들이 아니다. 어느 하나가 다른 하나와 따로 떨어져서 독립적으로 있을 수 없다. 실은 하나의 복이지만 서로 다른 면들을 점진적으로 묘사한 것뿐이다.

심령이 가난한 자는 그래서 애통한 자이다. 심령이 가난하지 않으면 애통할 수 없다. 그렇게 애통해하는 자는 하나님의 뜻에 자신을 맡기고 따르는 온유함에 이른다. 그것과 별개가 아니다. 온유한 자는 더 적극적으로 의에 주리고 목마른 데에 눈을 뜨고 또 그리로 나아간다. 그리고 그는 마침내 긍휼에 이른다. 긍휼은 이스라엘을 향한, 이 세상을 향한 하늘 아버지의 마음이다. 그들의 목자요 열방의 소망으로 오신 다윗의 아들의 마음이다. 그는 그 긍휼과 만난다.

그는 불쌍히 여김을 받은, 그래서 불쌍히 여기는 자가 된다. 그는 세상 밖으로 나가 다시 세상 안으로 들어온 사람이 되는 것이다. 그는 하늘나라의 그 은혜와 긍휼의 통치 아래 머물며 동시에 애통하고 불의한 세상을 사는 사람이다. 그의 특징은 긍휼이다. 그러나 그의 긍휼은 방향을 잃지 않는다. 그의 긍휼은 일편단심 하나님을 향한 청결한 마음으로 이웃과 세상을 향해 끝까지 의의 길을 간다. 그것은 결국 화평을 만들어 내고, 그는 화평케 하는 자로 하나님의 아들이라 일컬음을 받는다.

실은 이 모든 팔복의 길이 예수의 길이다. 그래서 이 팔복의 길을 가는 것은 예수를 따라 십자가와 부활의 길로 가는 것이며, 그를 따라 영광과 고난, 승리와 핍박도 함께 당하는 것이다. '의를 위하여' 핍박을 받는 것이나 '나를 인하여', 곧 예수를 인하여 욕과 핍박과 악한 말을 듣는 것은 서로 다르지 않다. 예수께서 의가 되시고, 길이 되시기 때문이다. 창조주 하나님께서 세상 가운데 두신 그 의의 길은 곧 그 아들이시다. 그분이 길이시다. 하늘나라의 팔복 가운데 사는 사람은 그래서 그분의 길을 가는 복 가운데 사는 것이다.

이렇듯이, 예수께서 선포하신 복은 이미 그분의 말씀을 듣고 믿는 자들에게 임해 있는 하늘의 통치이지만 여전히 소망 가운데 남아 있는 종말의 복이다. 이미 시작된 종말의 복이고, 장차 온전히 이루어질 때 충분히 채워질 확실한 복이다.

삶으로 내리는 뿌리

"주께서 예비하신 행복"

팔복(八福)은 '돈이 근본이 되는' 사회에서 인기가 있는 복들이 아니다. 세상적 성공 기준들이 정해져 있고, 오늘날 그 기준들과 함께 춤추는 교회 안에서도 그리 인기가 있는 복들이 아니다. 오늘날처럼 예수께서 말씀하신 '복' 과 그의 이름을 젊어진 교회가 바겐세일로 선전하는 '복들' 이 이렇게 큰 차이를 보이는 시대도 없었던 것 같다. 오늘날 교회는 분명, 예수께서 내신 팔복의 작은 길의 옆으로 난 큰 길로 성큼 들어선 것처럼 보인다.

실로 팔복은, 오늘날 교회들이 세상을 따라 함께 홍보하는 '복' 의 기준으로 보면 전혀 '복' 같아 보이지 않는다. 그러나 문제는 팔복을 복이라고 선언하시는 분이 교회의 주님이시라는 사실이다. 우리가 옳은가, 주님이 옳은가? 세상이 옳은가, 주님이 옳은가? 탐욕(greed)으로 무장하고 경쟁에 이겨야 복이고, 애통하기보다는 시원하게 되갚아야 복이고, 불법이라도 투기로 끌어 모아야 영원토록 땅을 차지하는 것 같아도, 악인은 단지 바람에 나는 겨와 같을 뿐이라는 것이 성경의 결론이다. 땅은 결국, 온유한 자가 차지한다. 무엇이 복인가? 불의해도 내 배만 부르면 되고, 벼랑에 몰린 사람들의 등을 떠밀어서라도 내 이익을 손해 볼 수 없고, 더러운 것들로 내 마음을 채우는 것은 결코 복이라 할 수 없다. 어떤 복을 바라며, 어떤 복을 간구하는가? 어떤 복에 참여하며 사는가?

예수님이 옳다면, 팔복을 간구하며 살아야 한다. 사실 그 팔복 속에 예수를 통해 하늘에서 쏟아지는, 하늘의 별과 같이 빛나는 보배로운 복을 받은 우리의 참 모습이 있다. 거기에, 그렇게 차지하고 경쟁에서 이기고 더 크고 더 유명하고 더 쌓아 놓고 더 많이 먹고 더 편하게 살고 더 많이 가져도 찾기 어려운, 주께서 예비하신 따뜻한 행복이 숨어 있다.

2. 새 이스라엘, 세상 앞에서 하늘 아버지께 영광

5:13-16

예수께서 가져오신 하나님의 나라의 복, 종말의 하나님의 통치, 곧 그의 나타날 긍휼과 은혜, 새로운 의의 길에 서게 될 하나님의 새로운 양 무리, 이것이 마태가 전하는 기쁜 소식이다. 이제 열방 앞에 하나님의 백성이 새롭게 나타난다. 그들은 세상의 소금과 빛이다(5:13-16).

> "그가 가라사대 네가 나의 종이 되어 야곱의 지파들을 일으키며 이스라엘 중에 보전된 자를 돌아오게 할 것은 오히려 경한 일이라 내가 또 너로 이방의 빛을 삼아 나의 구원을 베풀어서 땅 끝까지 이르게 하리라"(사 49:6)

하나님의 꿈, 그것은 그의 아들이요 종 된 백성이다. 그분의 사랑을 받고 열방 가운데 그분의 뜻을 이루어 드림으로 그분을 기쁘시게 하는 종이다(마 3:17).

바리새인들과 서기관들처럼, 유대의 경직된 율법주의자들의 의(義)로는 세상을 썩지 않게 할 수 없다. 옛 이스라엘이 가까스로 유지하는 종교적이고 형식적인 의로는 어두운 세상을 밝힐 수 없다. 소금이고 빛인 새 백성이 필요하다. 단지 소금과 빛 된 행실을 하라는 요구가 아니다. 그들 자신이 예수 안에서 소금과 빛이어야, 비로소 '더 나은 의' 를 드러낼 수 있다(5:20). 예수는 '야곱의 지파들을 일으키며 이스라엘 중에 보전된 자를 돌아오게 하시는' 그 종말의 목자(마 2:6)로서, 그를 믿고 따르는 자를 소금과 빛 되게 하신다(5:1-12).

예수는 다윗의 아들로서 자신 안에서 새 이스라엘을 창조하신다(3:15-17; 4:1-11). 이제 그들은 마귀의 유혹과 시험, 핍박을 대적하여 율법을 순종할 새로운 백성이다. 그들이 이 세상에 있음으로 이 세상이 하늘의 기이한 빛을 접하고, 그들이 이 세상에 있음으로 이 세상에 없는 거룩과 깨끗함이 드러나 부패가 막아진다. '소금과 빛' 에 대한 말씀이 팔복(八福, 5:1-12) 바로 뒤이어 나오는 이유도 이런 맥락이다. 그들 자신이 하나님 나라의 통치를 받고 또 담아내는 빛과 소금의 그릇이다. 그들이 팔복에서 예시하는 그러한 사람들이 되어 빛을 내고 짠 맛을 내는 것이다.

이렇게 하나님 나라는 지금 단계에서 사람, 곧 그 나라의 백성을 창조하고 그 나라의 백성을 만들어 내는 데 집중한다. 그들의 '선한 행실' 이 세상 앞에서 하나님께 영광을 돌리게 한다. 마태복음에서 '선한 분' 은 한 분 하나님뿐이시다(19:17). 그러므로 '선한 행실' (5:16)이란 우선적으로 하늘의 하나님 아버지를 닮은 사람의 행실이다. 무엇보다 긍휼히 여기며, 은혜와 거룩을 드러내는 사람의 행실이다.

이렇게 마태복음의 산상수훈(5-7장)을 이해하는 데에는 이 강론의 전후 문맥, 곧 1장에서 4장까지 마태가 선포한 예수의 정체성에 대한 이해가 필요하다. 또한 산상수훈 뒤에 나오는 내러티브, 곧 그 예수가 어떤 일을 행하시는 분인가에 대한 이해가 필수적이다. 산상수훈에서 요구되는 종말론적 윤리는 1-4장과 8-9장에 나오는 마태의 기독론의 테두리 안에서 이해되어야 한다.

따라서 산상수훈을 받는 '너희'(5:13, 14, 16)는 문맥상 이미 광야에서 사단의 시험을 이기고 승리하신 예수(4:1-11)와 함께 있는 자들이다. 그들은 예수 안에서 승리하게 될 새로운 이스라엘이다. 옛 이스라엘은 실패했지만, 이제 그들은 예수 안에서 승리하는 새로운 이스라엘이다. 그들과 함께하는 이 새 이스라엘이신 예수(Jesus as new Israel)는 어떤 분이신가?

그는 문둥병자나 중풍병자도 치유하시는 권세 있는 (8:1-13) 분이다. 그는 우리의 연약함을 친히 담당하시고 병을 짊어지시는 분(8:17)이다. 그는 이 땅에서 죄 사할 권세가 있는 예수(9:5; cf. 1:21)이시다. 그는 세리와 죄인들과 함께 잡수시며 "의인을 부르러 온 것이 아니라 죄인을 부르러 왔다"고 하신 예수(9:13)이다. 그는 심지어 죽은 자를 살리시는 분(9:18-25)이다. 그리고 그들은 무엇보다, '모든 병과 약한 것을 고치시며' '무리를 보시고 불쌍히 여기시는' 목자이신 예수와 함께하는 자들이다(9:35-36).

마태/예수는 이런 예수를 믿는 믿음 안에서, 새로운 이스라엘은 드디어 율법이 요구하는 '의', 단지 형식적인 바리새인들의 의가 아닌, 그들의 의보다 더 나은, 참된 의의 열매를 열방 앞에서 솟아나게 할 수 있다는 희망을 전한다(사 49:6; 사 61장).

“이같이 너희 빛을 사람 앞에 비취게 하여 저희로 너희 착한 행실을 보고 하늘에 계신 너희 아버지께 영광을 돌리게 하라”(마 5:16)

마태는 이제 예수 안에서 승리할 수 있는 종말의 복을 받은 새 백성, 곧 열방들 앞에서 하나님을 영화롭게 할 수 있는 새 백성에 대한 청사진을 그리고 있다(마 5:13-16).

"선(善)을 행해야 하는 이유"

왜 신자는 선행(善行)을 해야 하는가? '이신칭의(以信稱義)' 곧 '믿음으로 구원 받는다' 는 고백에 기초한 신앙은 이 질문에 쉽게 답을 찾지 못한다. 만일 선행을 행하지 않으면 구원받지 못하는가? 믿음으로만 구원받는 것이 아닌가? 행위가 따르는 믿음이라야 하는가?

마태복음은 전혀 다르게 접근한다. 다른 답을 내어 놓는다. 하늘에 계신 우리 아버지의 이름, 온 세상이 인정하고 찬양해야 할 그의 거룩한 이름이 신자가 세상 속에서 선을 행해야 하는 이유이다. 세상 속에 살다 보면 하고 싶은 것도 많고, 하고 싶지 않은 일도 많다. 하지만 신자가 하고 싶은 것을 하지 않고, 하기 싫은 일도 해야 하는 이유가 무엇인가? 마태의 답은, 하나님의 이름 때문이다. 흔히, '하나님의 영광을 가리는 일이 두렵다' 고 말하는 그 이유이다.

신자들이 어떻게 세상 사람들 가운데서 그들로 하여금 하나님께 영광을 돌리게 할 수 있는가? 그것은 하나님께 대한 종교적 차원의 믿음 때문이라기보다, 세상 사람들도 이해할 수 있는 성도들의 선행, 아름다운 일, 덕스러운 일, 그들조차 감동할 만한 선하고 은혜로운 행위들 때문이다. 그러나 그것은 엄청난 봉사라든지 대단한 구제이기보다 우선적으로, 권세를 주신 하늘의 하나님을 두려워함으로, 정당한 법과 제도들부터 정직하게 순복하는 것이다. 신자든 교회든, 우리는 하나님의 뜻을 직통으로 받아 행한다는 생각 때문에 인간 제도에 대해 예외라는 특권적 생각과 태도를 보이는 것은 옳지 않다. 특권의식을 버려야 한다.

교회가 요구하는 일련의 '종교적' 행위들을 다 한다고 해서 세상 속에서 빛과 소금이 될 수는 없다. 세상 속에서 빛과 소금이 되는 일은 이런 상식적인 수준에서부터 시작한다. 그리고 여기서 더 나아가 불의한 일로 억울하게 당하는 의로운 고난도 참아 낼 때, 교회는 비로소 세상 속에서 그 나라의 은혜와 진리를 더욱 찬연하게 드러내기 시작하는 것이다.

3. 예수와 율법, '너희로 내 율례를 행하게 하리니'

5:17-48

옛 이스라엘에게도 율법이 주어졌었다. 그리고 그들은 이 율법을 모든 열방이 보는 앞에서 우스갯거리로 만들었고, 하나님의 거룩한 이름을 그들 가운데서 짓밟았다. 이제 예수 안에서, 예수를 믿는 믿음의 공동체가 이 율법을 성취하신 예수와 함께 이 율법의 진정한 요구를 이루어낼 때가 되었다. 산상수훈에서 요구하는 '의' 의 내용이 '더 나은' 의가 되는 이유는, 정확히 예수께서 이 율법을 성취하시고, 이제는 그 예수 자신이 이 율법을 새롭게 명하시기 때문이다(5:17-20).

5장 17절에서 예수께서 "내가 율법이나 선지자를 폐하러 온 줄로 생각지 말라" 하신 말씀을 두고, 마태가 바울의 복음을 알았고 그것을 잘못 이해한 사람들을 바로잡으려 하는 것이라고 말할 필요는 없다. 예수 자신의 시대에 이미 예수께서 서기관과 바리새인들의 유전, 즉 모세의 율법을 해석한 여러 규례들을 깨뜨리셨기 때문에, 유대교의 지도자들은 예수가 모세의 율법과 어떤 관계인지 의아해했다.

예수께서는 5:21-48까지 여섯 개의 반제들(antitheses, "옛 사람에게 말한 바… 나는 너희에게 이르노니")을 통해, (i) 그가 율법을 주신 하나님의 권위로 말하고 있다는 사실과 또한, (ii) 그가 율법의 본래의 진정한 의미를 드러내고 있다는 점, 그리고 (iii) 바로 예수 자신의 사역으로 말미암아 그를 통해 새 백성이 되는 자들에게 자신이 행한 것과 같은 기준이 요구된다는 사실(cf. 새 계명, "이와 같이," 요 13:34), (iv) 마지막으로 그를 믿는 백성들은 그의 안에 거하시는 성령을 따라 그와 같이 행하여 의를 산출할 수 있다는 것을 말씀하신다(겔 36:22-38).

어떤 학자들은 5:17-48까지를 중심으로 한 내용에 대해 '율법과 예수'가 아니라, '예수와 율법'의 관계라고 해야 옳다고까지 말한다. 이처럼 예수의 오심은 구약의 율법에도 중대한 변화를 일으켰다. 율법은 예수의 오심으로 말미암아 전체적으로 중대한 변화를 겪는다. 새 포도주를 헌 부대에 담을 수 없는 것처럼, 헌 부대가 새롭게 되지 않으면 안 된다. 그렇다고 율법에 드러난 요체, 곧 하나님의 뜻에 변함이 있는 것이 아니다. 예수는 그 뜻의 진의(眞意)를 드러내실 뿐 아니라, 그 자신의 나타나심을 통해 그 율법이 마치 희미한 그림처럼 그려 낸 '의'(義)의 실체를 실제로 드러내셨다. 그림은 아무리 훌륭해도 실물 같지는 않은 법이다.

'살인'에 대하여, 5:21-26

예수께서 모세의 율법에 '살인하지 말라'(출 20:13; 마 5:21) 하신 명령을 형제를 모독하거나 반목하여 풀지 않는 것으로 심화해서 해석하고, 하나님 앞에 나오기 전에 그와 화해할 것을 요구하신 것도 이런 맥락이다(마 5:21-26). 형제를 대하여 모욕적인 언사를 하여 화를 돋우는 것은, 그 광경을 지켜보는 이들 앞에서 그의 피를 흘리는 것이나 마찬가지이다. 형제에게 노한다든지, 형제를 대하여 '라가'('골빈 놈')라 하든지 미련한 놈이라고 부르는 것이 왜 그리도 엄한 심판을 받게 되는 일인가? 사실을 확인하지도 않고 속단하여 형제를 모함하는 일, 교만한 마음으로 형제를 우습게 여기고 그것이 그 사람에게 어떤 상처를 남기는지 생각해 보지 않은 채 무책임한 말들을 내뱉는 일 등은 하나님 앞에서 엄중한 심판을 받을 일이다.

왜 그런가? 본문을 읽으면, 정말 사소한 말 한마디에 지옥불에 떨어진다는 사실이 믿겨지지 않을 정도이다. 왜 이렇게 엄격한가? 사람은 누구나 하나님의 형상으로 지음을 받았다. 사람들이 어떤 특정한 사회에서 어떤 특정한 기준으로 사람들을 나누고 차별하든지, 사람이 하나님의 고유한 형상을 따라 지음 받았다는 사실을 지우지는 못한다. 형제에 대한 모독조차 심판의 대상이 되는 이유는, 그를 존귀하게 지으신 창조주 하나님 때문이다.

또한 누구든 예물을 제단에 드리다가 거기서 형제에게 원망들을 만한 일이 생각났을 때, 그 예물을 두고 가서 형제를 찾아 화목을 추구하는 일이란 극도로 불편한 과정임을 잘 안다. 예컨대, 갈릴리에서 예루살렘까지 와서 예물을 드리다가 원망들을 만한 형제를 찾아 다시 갈릴리로 갔다가 다시 예루살렘으로 와서 예물을 드리는 경우를 생각해 보라. 많은 수고와 노력이 들어도 역시 관계의 회복, 곧 화평의 문제는 하나님 앞에서 그만큼 중요하다는 뜻이다. 산상수훈에서 예수께서 가르치시는 예배는 삶 속에서 원수 맺는 것과 병행할 수 없는 무엇이다. 하나님의 아들은 화목을 위하여 하늘에서 이곳까지 죄인들을 찾아오셨다. 그의 말씀을 듣는 사람들은 화목을 기피하기 위한 아무런 변명도 달 수 없다.

옛 율법에 '살인하지 말라' 는 것은 최소한의 요구이다. 언약 공동체 안에서 지켜야 할 경계선에 관한 말씀이다. 그러나 이제 그렇게 요구된 '의' 의 실체가 드러났다. 예수께서 오셔서, 화평케 하는 하나님의 아들 된다는 것(5:9)이 어떤 것인지 친히 보여주실 것이다. 그는 이 화평을 위해 이스라엘로 보내심을 받았다. 하나님의 아들로서의 예수는 자신의 권세로 뿐 아니라['나는 너희에게 이르노니' , 5:22], 그의 인격과 삶으로 이 옛 사람이 말한 바의 율법을 해석한다.

간음에 대하여, 5:27-30

예수께서는 '간음하지 말라' 는 모세를 통한 명령도 그분의 권세와 자신이 가져오신 하나님 나라의 실재(reality)를 기준으로 해석하신다(5:27-30). 간음은 음욕의 결국이고, 음욕은 간음의 시작이다. 모세는 행동의 결국, 곧 지켜져야 할 테두리를 긋지만, 예수께서는 그 시작과 뿌리에 관심을 두신다. 이미 예수께서는 '마음이 청결한 자가 복이 있다' 고 말씀하셨다(5:8). 천국의 복을 누리는 하나님의 백성은 모세의 율법보다 깊고 높고 풍성한 실재 안에 거하며 산다. 예수께서는 하나님의 백성이 넘어가지 말아야 할 경계선에 대해서가 아니라, 아예 그 경계선으로 가지 않고 도리어 율법의 요구를 차고 넘치게 채우는 생명의 삶에 대해 가르친다.

마음으로 음욕을 품는 것은 상대방을 비인격(非人格), 곧 성적 욕구의 대상으로만 여기는 태도이다. 하나님은 남자이든 여자이든 사람을 인격으로 지으셨다. 인간은 단순한 성적 욕구의 대상으로 환원될 수 없다. 미디어가 극도로 발달된 오늘날, 성은 너무도 쉽게 상품화되었다. 성이 상품화되었다는 것은, 성과 인격이 분리되는 것을 너무도 당연하게 여기기 시작했다는 것이다. 그렇다고 남자의 정욕을 절제시키기 위해 여성의 얼굴을 가리거나, 그들의 권한을 제한하는 것도 답이 아니다. 성을 제거한 인격도 인격이 아니기 때문이다. 사람의 인격은 성과 더불어 창조되었다. 남자와 여자로 창조된 것이다. 성이 하나님의 창조 질서 안에 놓일 때, 성에 대한 바른 이해와 접근이 가능해진다.

성(性)은 무엇보다 사랑을 위하여 창조된 것이다. 창조주 하나님께서 만드신 것이므로 그 자체로서는 선하다. 그것에 대한 이해와 목적이 죄악된 세상 속에서 왜곡되었을 뿐이다. 성경은 성을 언약적 결혼 안에 둔다. 그것은 성의 목적이 사랑을 이루고 배우고 누리기 위함이기 때문이다. 그러므로 성과 인격은 분리되지 않는다. 성과 언약도 분리되지 않는다. 성을 인격과 분리시키는 것, 성을 언약과 분리시키는 것, 그것이 죄이다. 간음이란 인격과 분리된 성을 성만으로 누리려는 욕구에서 나온다. 인격을 상대하지 않기 때문에 수고나 인내 참음과 배려, 용서와 헌신이 필요하지 않다.

성은 이런 점에서 매우 특별한 형태의 이웃 사랑이다. 비록 제한적이고 상징적이지만, 성을 통해 사람은 이웃을 내 몸과 같이 사랑하게 되는 것이 무엇인지 알게 된다. 사랑은 나눔이다. 자기를 벗어나 이웃을 행복하게 하는 수단이다. 그러므로 성은 인격을 상대한다. 인격과 분리된 성은 사랑에 이르게 하지 못한다. 인격과 분리시킨 성, 언약과 분리시킨 성은 상대방 모두를 비인격화시킨다. 하나님의 형상에서 멀어지는 것이다.

예수께서는 마음이 청결한 자가 하나님을 볼 것이라고 말씀하신다(5:8). 예수께서는 마음에 대해서 말씀하고 계신다. 마음은 인격이 거하고 발현되는 처소이다. 흔히, 다른 사람에게 피해를 주지 않는다면 음욕이란 얼마든지 누릴 수 있는 것이라고 선전한다. 그렇지 않다. 죄는 마음이 빗나가는 데에서 시작한다. 마음이 영적 전쟁터이고, 여기서 패배하면 삶은 그저 그 패배의 열매를 맺는 것이다. 무엇보다 사람의 마음이 나뉘고 더러우면 하나님의 얼굴을 볼 수 없다. 음욕의 가장 비극적인 대가는 그가 더 이상 하나님의 얼굴을 마주 대할 수 없는 심령이 된다는 사실이다. 천국 백성은 언약 백성의 마땅한 삶의 경계선에서 방황하는 것이 아니라, 항상 하나님의 얼굴을 뵙는 기쁨 속에서 살도록 되어 있다.

이혼에 대하여, 5:31-32

이혼에 대한 모세의 허용에 관해서도 예수께서는 창조의 근본 원리를 들어 해석하신다(5:31-32). 예수께서는 우선적으로 이혼을 어렵게 하신다. 당대의 율법 해석자들이 이혼을 용이하게 해 놓았기 때문이다. 말라기 선지자는 이렇게 말했다.

> "이스라엘의 하나님 여호와가 이르노니 나는 이혼하는 것 … 을 미워하노라"(말 2:16)

하지만 예수 시대의 구약 번역 가운데 하나인 탈굼 조나단(Targum Jonathan)은 이 부분을 이렇게 옮겨 놓았다.

> "만일 그대가 아내를 미워하면, 그녀를 내보내라."

예수 당대의 율법 해석은 '하나님이 이혼을 미워하신다' 고 가르치지 않았다. 다만 신명기 24:1-4의 절차에 따라 '적법하게 행해지기를 원하신다' 고 가르쳤다.

하지만 예수에 의하면, 남편이 사소한 이유로 아내를 버리기로 하고, 이혼 증서만 주면 이혼이 되도록 하는 것은 옳지 않다. 이혼은 결코 남편의 편의에 따라 쉽게 할 수 없다. 당시에 고아나 과부는 사회적으로 보호받을 수 없는 대상이다. 지극히 작은 자, 어린아이, 여자, 과부에 대한 예수의 관심을 마태는 매우 진지하게 다룬다(cf. 19:1-12). 더구나 동등한 인격으로 지음 받은 남자와 여자가 한쪽의 취향에 따라 임의로 버림을 받을 수 없다. 하나님께서 하나 되게 하신 것을 사람이 나눌 수 없다는 것은, 하나님께서 동등한 인격을 지으시고 그들이 그 인격을 따라 하나님 앞에서 결정한 일을 상대방의 의견을 무시하고 임의로 내어버릴 수 없다는 것이다.

마태에 의하면, 예수께서 이혼을 허용하시는 경우는 아내가 '음행한 경우' 뿐이다(32절). 만일 이 '음행' ('포르네이아', porneia)이 간음을 지칭한다면, 남편은 간음을 이유로 아내를 내보낼 수 있다. 하나님께서 혼인을 통하여 한몸 되게 하신 원리가 깨어졌기 때문이다(창 2:24). 당시 이혼한 여자에게 주는 증서에는 "그대는 이제 모든 남자에게 허락된다" 라고 기록되어 있었다. 그러나 예수에 의하면, 이 '한몸 된 원리' 는 남편의 편리에 따라 이혼증서를 받고 헤어지는 경우에는 깨어지지 않는다. 따라서 음행한 연고 외에(cf. 19:9) 여자를 버리는 것이나, 버린 여자와 결혼하는 것은 간음이라고 하는 것이다. 아직 '한몸 된 원리' 가 그대로 있기 때문이다. 그 원리가 깨지는 경우가 아니라면, 이혼의 사유로 적절치 않다.

고대 사회에서는 음행한 아내를 버리는 것이 관행으로 되어 있었다. 초대교회에 읽혔던 '헤르마스의 목자' (The Shepherd of Hermas)는 이 문제를 다루면서, 남편이 모르면 죄가 되지 않으나, 아는 경우, 그리고 아내가 회개치 않는 경우에는 이혼을 종용한다. 그러나 아내가 돌이켜 결혼에 머물 의사가 있으면, 남편은 홀로 남아 있다가 준비가 되면 아내를 받아들일 수 있도록 했다.

또한 19:9-12에서 "음행한 경우를 제외하고"(9절)의 다음 구절, 즉 제자들이 "만일 사람이 아내에게 이같이 할진대 장가들지 않는 것이 좋삽나이다"(10절)라는 반응은, 원래 이 예외조항이 큰 역할을 못했음을 시사한다. 이런 점에서, 여기서 말하는 예외조항인 '음행' (πορνεία)이 단순히 음란한 행위나 간음의 경우가 아니라, 이스라엘 백성으로서 금지된 조항인 '근친상간' (incest, 레 18:6-18; 신 22:30, 27:20, 22-23)의 경우일 가능성이 높다.

사도 바울은 자신의 아비의 아내를 취한 경우를 두고 같은 용어인 '음행' ('포르네이아', πορνεία)라는 단어를 사용한다(고전 5:1). 사도행전 15장에 기록된 예루살렘 공의회는 이방인들이 예수를 믿고 교회로 들어올 때, 그들에게 하나님 백성된 표지로 네 가지를 요구했다. '우상의 더러운 것' 과 '음행' ('포르네이아', πορνεία)과 '목매어 죽인 것' 과 '피' 를 멀리하는 것 등 네 가지이다(행 15:19-20). 중요한 것은 이 네 가지 금기사항이 레위기 17-18장에 기록된, 구약의 하나님의 백성에게 거룩을 유지하기 위해 요구된 조항들과 일치한다는 점이다: '우상의 더러운 것' (레 17:8-9), '피' (레 17:10-12), '목매어 죽인 것' (레 17:15), 그리고 '음행' ('근친상간' , incest)(레 18:6-18).

이처럼 레위기에 기록된 이스라엘의 거룩의 조건으로서 금지된 조항

중 하나인 '음행', 곧 '근친상간'은 교회에 들어오려는 이방인들을 위한 예루살렘 공의회의 결정 내용, 즉 최소한의 네 가지 금기사항과 일치한다. 이런 근거들로 해서, 마태의 예외조항인 '음행'도 '근친상간'을 가리키는 것으로 볼 수 있다.

즉, 마태복음에서 이런 '근친상간'의 예외조항이 발견되는 것은, 그것이 단지 결혼 관계에 영향을 미친다는 점보다는, 새로운 하나님의 백성으로서의 그리스도인의 공동체, 곧 그리스도의 교회 구성원으로서의 자격에 관련되기 때문이다(cf. 고전 5:1). 그래서 예수의 가르침의 의도는, 원칙적으로 결혼의 언약인 하나님과 그 백성의 관계처럼 언약적이라는 선언에 가깝다. 이런 식으로 언약적 결혼이란 교회와 그리스도의 관계에 대해 유비적인 위치에 놓여 있다. 바울이 언약적 결혼에 대해 언급하면서 "이 비밀이 크도다 내가 그리스도와 교회에 대하여 말하노라" (엡 5:32)한 것도 같은 맥락이다.

예수께서 가르치신 용서에는 제한이 없다(18:21-22). 다만 이혼에 관한 예수의 가르침의 핵심은 이혼이 시대의 풍습이 아니라, 부부가 한몸 된, 즉 창조 시 하나님께서 정한 원리(창 2:24), 곧 결혼의 언약에 의해서 결정되어야 한다는 것이다. 남편이든 아내이든 한몸 된 언약의 원리 안에 남아 있는 한, 서로의 결정이 존중되어야 한다. 그리고 그것은 결혼 언약을 주신 하나님의 이름을 존중하는 것이다. 예수께서는 모세가 그어 놓은 행동의 경계선을 겨우 지키거나 또는 그것을 강한 쪽(남편)의 편의에 따라 해석할 것이 아니라, 부부가 한몸 된 사실에 따라 동등한 인격으로 결혼의 언약 아래서 살아야 한다는 원리, 곧 모세가 이혼증서를 주어 이혼을 허락한 율법 그 이전, 사람을 창조하신 창조주 하나님께서 정한 언약의 원리를 회복하신다.

맹세에 대하여, 5:33-37

예수는 또한 그의 제자들, 곧 하나님 나라의 새로운 백성들에게 하나님의 이름을 빌어 맹세하는 관행을 금지하셨다(5:33-37). 구약에서 하나님의 이름을 빌어 맹세하는 것은 우상을 버리고 하나님께 속해 있다는 헌신의 표시였다(신 6:13; 10:20). 그러므로 거짓 맹세는 곧바로 이 구분을 흐려버린다. 거짓 맹세는 모든 사람들 앞에서 하나님의 이름이 거룩해지는 일과 관련이 있다. 즉, 하나님 나라 공동체의 일원이 하나님의 이름으로 맹세하는 일은, 그 맹세의 문제를 떠나 하나님의 이름에 관련되어 있기 때문에 중차대한 일이 된다.

마치, 이혼의 문제에 있어서 예외조항으로 제시된 '근친상간' (5:32)이 단지 결혼관계 문제라기보다는 하나님의 백성의 조건에 관련된 조항으로 요구된 것처럼, 맹세의 문제에 있어서도 한 개인이 하는 맹세(oath)나 서약(vow)의 차원이 아니라, 이방인들 앞에서 하나님의 이름이 거룩히 여김을 받는 문제이기 때문에 중요하다.

> "이같이 너희 빛을 사람 앞에 비취게 하여 저희로 너희 착한 행실을 보고 하늘에 계신 너희 아버지께 영광을 돌리게 하라"(마 5:16)

예수께서도 이처럼 기도하라고 가르치셨다.

> "하늘에 계신 우리 아버지여 이름이 거룩히 여김을 받으시오며"(마 6:9)

하나님의 백성의 말과 삶을 통해 사람들 앞에 드러나는 하나님의 평판, 그분의 거룩한 이름에 대한 관심은 이스라엘의 회복에 있어서 매우 중요한 주제이다. 하나님의 거룩한 이름은, 그분의 백성이 세상 사람들 앞에서 행하는 어떤 엄청난 봉사나 구제로 인해 높여지는 것이 아니다. 맹세, 약속을 잘 지키는 것이다. 말에 있어서 신자들이 믿을 만하다, 그들은 약속을 지킨다는 평판을 듣는 것이다.

정도는 다소 다르지만, 예수 시대에 맹세나 서약은 일상적으로 사용된 것으로 보인다. 랍비 문헌을 근거로 추정해 보면 그들은 맹세와 서약을 자세히 구분했는데, 하나님 앞에서 무엇을 금하겠다고 서약하거나 또는 법정적인 맥락에서 무엇을 했다고 혹은 하지 않았다고 맹세하는 경우, 그리고 어떤 것을 적극적으로 하겠다거나 하지 않겠다고 맹세하는 경우 등이다. 이런 경우 모두 하나님 앞에서 해야 하지만, 하나님의 이름을 망령되이 일컫게 되는 경우를 피하기 위해(출 20:7) 하나님의 보좌나 예루살렘, 혹은 그 외의 것들을 들어 맹세하는 일이 빈번했다(마 5:34-36). 그리고 예수의 말씀을 근거로 생각해 보면, 당시 이런 식으로 거짓 맹세를 남용하거나, 직접 하나님의 이름을 들어 서약하지는 않지만 이를 교묘하게 악용하는 사례들이 빈번했음을 짐작할 수 있다.

말(言)이 진실하다면 맹세나 서약이 필요하지 않다는 것은 당시에도 지적되었던 일이다. 예루살렘과 멀리 떨어진 사해 근처에 자리를 잡았던 쿰란 공동체는 그 구성원의 말의 진실성에 큰 무게를 두어, 하나님의 이름을 거론하지 않고 자신의 말의 진실성을 입증할 수 없는 사람은 이미 정죄 받은 것이나 다름없다고 생각했다. 그러나 그들이 직접 하나님의 이름으로 맹세하는 것은 피했지만, 법정에서 서약하는 경우나 공동체에 입문하는 경우에는 자신들이 정한 규약에 따른 축복과 저주를 걸고 서약하도록 하였다.

이런 배경에서 볼 때, 예수의 요구는 극단적이라 할 수 있을 만큼 철저하다. 예수께서는 아예 맹세를 금하신다(33절). 단지 하나님의 이름을 욕되게 하지 않으려는 의도도 있지만, 인간의 사악(邪惡)함을 직시하라는 요구도 포함되어 있다. 하나님의 보좌나 예루살렘만이 아니라 하늘과 땅, 자신의 머리를 두고도 하지 말라고 하신다. 자신이 어떠한 존재인지 보라는 것이다. '옳다, 아니다' 라는 있는 사실 그대로를 시인하는 것 외에, 사람이 무엇을 걸고 맹세할 수 있는 존재가 되지 못한다는 것이다. 그런 인간의 사악함 때문에 하나님의 이름을 욕되게 하는 일이 없도록 해야 한다.

이렇게 보면, 예수는 구약에서 허용된 맹세에 관한 조항을 폐기한 셈이 된다. 헛 맹세를 하지 말라는 것이 아니라, 아예 맹세를 금하신다. 그러나 구약의 맹세에 관한 조항도, 예수의 새로운 해석과 명령도 그 핵심은 한 가지, 말의 진실성이다. 다만 예수는 인간의 사악함에 대하여 보다 철저한 인식을 보여주신 것이고, 이미 훼손된 하나님의 이름을 회복하는 명령을 주신 셈이다.

악한 자에 대하여, 5:38-42

구약에서 '눈은 눈으로, 이는 이로 갚으라' (출 21:24)는 말씀도 원래 보복을 장려하는 원리가 아니다. 사람이 타인의 생명을 자신의 생명처럼 존중해야 한다는 원리와 동시에, 보복에 있어서 지켜야 할 형평성 원리를 가르친다. 즉, 내가 다치게 한 상대방의 눈은 바로 내 눈만큼 귀하다는 원리와, 또한 내가 눈을 다쳤는데 그 때문에 상대방의 생명까지 빼앗는 식의 과도한 보복은 할 수 없다는 것, 즉 죄와 벌 사이의 형평성에 관한 원칙을 선언한 것이다. 노예가 많은 수를 차지했던 고대근동의 당시 사회상을 생각하면, 모세의 율법은 당대에 하나님의 형상인 인간의 존엄함을 선포한 놀라운 법체계임을 알 수 있다.

하지만 예수 시대에 이런 구약의 법들은 지나치게 복수하고 싶은 인간의 마음과 충동을 정당화하는 다양한 해석들을 통해 여러 가지 방식으로 남용되었다. 예수는 이 문제를 다루시면서(5:38-48), 먼저 악한 자에게 그와 똑같이 악한 방식으로 맞서지 말라고 가르치신다(39절, '악한 자를 대적지 말라'). '보복' 이라는 주제는 같지만, 예수의 해결방식은 사뭇 다르다. 단지 율법의 생명 존중과 형평성의 원리가 아니라, 그 이상의 다른 원리가 적용된다.

어쩌면 예수는 이 보복의 원리를 이스라엘 공동체 내에서라기보다, 이미 그런 생명 존중과 형평성이 적용될 수 없는 상황, 예컨대 로마에 압제당하는 피식민지의 이스라엘 사람들의 상황을 고려하고 있는 듯하다. 그러나 '악한 자' 는 어디에도 있다. 그러므로 예수의 말씀은 나중에 그를 심판하여 십자가에 매다는 이스라엘 지도자들을 대하는 그분 자신에게도 적용된다. 즉, 악한 자를 대하여 승리하는 방식이다. 이것이 더 나은 의이며, 누가가 마태와 동일한 문맥에서 '은혜' 라고 표현한 '의' 이다(cf. 눅 6:32-35).[7]

악한 자를 그와 똑같이 악한 방식으로 맞서지 않는다면, 어떻게 이를 극복할 수 있는가? 마태복음 5:39-42에 제시된 네 가지 예들은 한결같

7) 마태와 다르게 누가는 '원수를 사랑하라' 는 예수의 말씀을 기록하며 마태의 '더 나은 의' (the better righteousness)에 해당하는 개념을 '은혜' 라는 말로 표현한다: "너희가 만일 너희를 사랑하는 자를 사랑하면 너희에게 무슨 '은혜' [χάρις]가 있으리요[사역; '칭찬 받을 것이 무엇이뇨' 개역한글]" (눅 6:32 // "무슨 상[μισθὸν]이 있으리요," 마 5:46); "선대하는 자를 선대하면 무슨 '은혜' [χάρις]가 있으리요" (눅 6:33); "너희가 받기를 바라고 빌리면 무슨 '은혜' [χάρις]가 있으리요" (눅 6:34); "또 지극히 높으신 이의 아들이 되리니 그는 '은혜를 모르는 자' [τοὺς ἀχαρίστους]와 악한 자에게도 인자로우시니라" (눅 6:35 // "하나님이… 비를 의로운 자와 불의한 자[ἀδίκους]에게 내리우심이니라," 마 5:45).

이 동일한 원리를 제시한다. 예수께서 제시한 방식들은 하나같이 피해자가 일방적으로 당하는 것이 아니라, 그가 도리어 주도권을 가지고 비폭력적이지만 매우 효과적인 방식을 선택한다. 그는 악한 일을 당하지만 단지 당하기만 하지 않는다. 오른뺨을 맞을 때, 그는 왼뺨을 내밀기로 선택한다(39절). 오른뺨을 맞는 경우는 상대가 손등으로 치는 모욕적인 경우이다. 미쉬나(Mishna)에서도 이런 경우는 평소의 두 배의 보상을 해야 한다고 말한다.

이런 모욕적인 일을 당했을 때 어떻게 해야 하는가? 예수께서는 왼뺨도 내밀라고 말한다. 그렇게 되면, 이제 고민에 빠지게 되는 건 그 모욕적인 행동을 한 사람이다. 그가 선택을 해야 한다. 왼뺨도 그렇게 쳐야 하는가? 지나치지는 않은 건가? 이미 지나치지 않았나? 예수가 가르치는 보복을 다루는 방식은, 피해자가 주도권을 잃지 않으면서 동시에 가해자의 불의(不義)함을 폭로하는 효과적인 방식이다. 이렇게 함으로써 두 사람 모두 그 생명의 존귀함, 인격의 존귀함을 유지하고 회복한다.

마찬가지로 누구에게 억울한 송사를 당하여 속옷을 빼앗기게 되었을 때, 겉옷까지도 '가지게' 한다(40절). 팔레스타인의 작은 시골 마을을 생각해 보라. 아니면 예루살렘 같은 대도시도 괜찮다. 어떤 사람이 입고 있는 옷밖에 남지 않은 사람에게 무자비하게 송사를 걸어 그 속옷까지 빼앗으려 할 때 어떻게 할 것인가? 예수의 조언은, 겉옷까지 '가지게 하라' 는 것이다. 그러면 그는 어떻게 되는가? 벌거벗은 몸이 될 것이다. 시골 마을이든 대도시이든, 동족을 빚 때문에 그렇게 만든 것을 보면, 그 악한 자는 비난을 면치 못할 것이다. 그의 무자비함과 불의함이 폭로되는 부끄러움은, 겉옷까지 주어 맨몸이 된 피해자의 부끄러움에 비할 바가 아닐 것이다.

억지로 오 리(五 里)를 가게 하는 자에게 오 리를 더 가겠다고 자원하는 경우도 그렇다(41절). 당시 로마 군인들은 부역이 필요할 때 무작위로 피식민지 백성들을 부려 먹을 수 있었다. 강제로 오 리를 짐을 지워 끌고 갔을 때, 그 군인도 사람이라면 양심의 불편함을 느낄 것이다. 그런데 이 사람이 십 리까지 동행하겠다고 기꺼이 자원한다. 그 순간 그들은 단지 수탈하는 지배자와 강제로 부역하는 피식민지 백성의 관계에서 벗어난다. 짐을 다시 받아 돌려보내야 할지, 고맙다고 하고 계속 일을 시킬지 고민하게 되는 쪽은 강제로 일을 시킨 가해자가 된다. 오 리를 더 가겠다고 말함으로써, 그 피해자는 자신의 인간성을 유지하며, 가해자 속에 일그러진 인간성마저 일깨우게 된다.

마지막 예(例)인, "네게 구하는 자에게 주며, 네게 꾸고자 하는 자에게 거절하지 말라" (42절)는 말씀은 약간 다른 입장처럼 들린다. 누가 와서 구하거나 꾸어달라고 하는 것이 악한 일을 당한 것도 아니고 보복할 일도 아닌 것처럼 보인다. 어떤 학자들은 팔레스타인에서 토지를 차지한 부자들이 가난한 자가 대를 이어 물릴 땅을 빼앗는데 그들의 빚을 늘어나게 함으로써 그렇게 한다는 점을 지적한다. 그래서 가난한 농부들이 빚을 갚으려면 구하고 빌려야 하는데, 그들을 거절하지 말라는 것이 본문의 의미라고 생각한다. 그것이 불의에 대한 일종의 저항, 특별히 서로 연대하는 저항의 방식이기 때문이다.

그러나 42절은, 39절부터 41절까지 언급해 온 악한 자들의 악하고 무리한 요구들을 요약해서 말한 것처럼 보인다. 불의함을 당해도, 불의는 불의로 드러난다. 39-42절까지 예수께서 제시하신 방식은, 불의함을 불의로 드러나게 함으로써 가해자의 인간성을 회복하는 방식이다. 그것은 피해자가 가해자의 악을 악으로 맞서는 것이 아니라, 그 악을 악으로 드러내는 방식, 곧 후에 예수께서 보여주실 십자가의 방식으로 대처하는 것이다.

그러므로 예수의 방식은 구약의 율법이 단지 생명 존중과 형벌의 형평성에 관심을 갖는 것에 비해, 이 모든 것들이 파괴되었을 때에 악을 빛 가운데 드러내고 불의가 스스로 정죄 받게 되는 방식을 통해, 어떻게 피해자와 가해자 모두의 인간성을 회복할 수 있는지를 제시하는 데로 나아간다.

'아버지의 온전하심과 같이', 5:43-48

구속(redemption)의 원리는 창조(creation)의 원리와 서로 맞닿는다. 5:38-42까지에서 설명한 악인을 대하는 원리, 곧 희생적인 선함으로 그 악의 악함을 드러내는 십자가의 원리는 사실 5:43-48까지 '악인과 선인에게 해를 비취게 하시며 의로운 자와 불의한 자 모두에게 비를 내리시는' 창조주 하나님의 은혜의 원리와 맞닿는다. 둘 다 은혜로 승리하는 원리이다.

예수의 이런 가르침은 구약이나 당대의 견해들과는 크게 다르다. "또 네 이웃을 사랑하고 네 원수를 미워하라 하였다" (43절)는 구약의 말씀에서 사랑하라는 그 '이웃' 은 이스라엘 동족에 국한했다(레 19:18, 33-34). 또한 '네 원수를 미워하라' 는 말씀은 구약에는 분명치 않고, 예수 당시 쿰란 공동체에서 '빛의 아들들' 이 '어둠의 자식들' 을 대하는 태도로서 극명하게 주어진 바 있다. 그러나 예수의 가르침은 파격적이고 혁신적이다. "너희 원수를 사랑하며 너희를 핍박하는 자를 위하여 기도하라" (44절). 이 말씀은 앞서 38-42절에서 네 가지 예를 들어 가르친 태도, 곧 악한 자의 악한 행위를 대하는 태도에 대한 언급이면서 동시에, 45-48절에서 말씀하시는 '온전함' 으로 이어지는 연결부이다.

38-42절까지에서 예로 든 경우들이 악한 일을 대하여 어떻게 지혜롭게 대처할 것인가에 대한 가르침이라면, 44절에 '너희 원수를 사랑하며' 라는 말씀은 그렇게 하는 자의 마음의 태도를 가리키는 말씀이다. 예수께서 십자가를 지신 것은, 그렇게 하는 것이 하나님의 공의로운 심판 앞에서 악을 악으로 드러내며 연약함으로 강함을 정죄하는 지혜로운 방법이어서만은 아니었다. 거기에는 원수라도 '사랑함' 이 있는 것이다. 예수는 이제 이 마음의 자세를 가르친다. "너희를 핍박하는 자를 위하여 기도하라." 핍박하는 자를 사랑하기는 쉽지 않다. 그러나 기도할 수는 있다. 핍박하는 자를 위하여 하는 기도는, 기도하는 사람 자신을 미움과 복수심의 감옥에서 해방시키고, 선으로 악을 이길 수 있는 길을 열어 준다.

예수께서는 이런 십자가의 길, 십자가로 승리하는 마음이 바로 창조주 하나님의 마음이라고 가르친다. 그것이 은혜의 길이다. 긍휼의 길이다. 불교식으로 악도 선도 한가지라고 말하는 것이 아니다. 악은 심판을 받을 일이고, 선은 칭찬을 받을 일이다. 결코 동전의 양면이 아니다. 그러나 악인은 악인이고 선인은 선인이지만, 그들을 향한 하나님의 은혜에는 차별이 없다. 창조세계가 그 증거이다. 창조세계에 나타난 하나님의 은혜는 그분의 아들, 그분이 보낸 메시아 예수의 길에서 보다 선명하게 드러난다. 창조세계의 깊은 원리가 그 절정으로 드러난 것, 그것이 십자가의 길이다. 아버지께서 창조세계를 통해 보여주신 것, 아들은 그것을 자신의 삶으로 보여주신다. "이같이 한즉 하늘에 계신 너희 아버지의 아들이 되리니" (45절).

성경적인 의미에서 '온전함' 이란 단지 도덕적으로 종교적으로 흠이 없는 완벽을 의미하지 않는다. 우선적으로, 그것은 그 사람 존재의 흠 없는 완벽이 아니라, '관계의 온전' 이다. 이를테면 죄인은 스스로 완전하지 않지만, 완전하신 하나님과 관계 맺음으로 스스로는 부족해도 그 관계 때문에 온전해질 수 있다. 반대로 스스로 흠 없는 의인이라도 그가 하나님과 관계 맺을 수 없다면 그는 온전하지 않다. '온전' 은 우선적으로 관계에서 온다. 심령이 가난한 자, 애통한 자, 주리고 목마른 자라도 복이 있는 것은, 그들이 하나님과 맺은 관계 때문이다. 죄인도 온전해질 수 있다. 자기 자신 때문이 아니라, 하나님의 긍휼을 입음으로 온전한 관계에 들어갈 수 있기 때문이다. 그러므로 신자가 '온전' 해질 수 있는 길은 항상 열려 있다. 하나님을 닮은 자녀로서의 온전함은 이런 식으로 먼저 관계의 온전함에서 시작한다.

48절에서 예수께서 요구하신 '온전함' 도 하나님과의 관계를 떠나서는 생각할 수 없다. 그것은 하나님과의 관계 속에서 점점 하나님의 관점으로 옮아가, 결국은 그의 시각과 태도가 하나님께서 사람들을 대하시는 시각과 태도로 전환될 때 생기는 온전함이다. 아들은 아버지를 닮는다. 아버지는 아들을 통해 그분이 어떤 분인지 드러내신다. 신자들은 하나님을 아버지로 모신 자녀들이다. 하나님의 자녀들은 하나님 아버지의 모습을 드러낸다.

자녀들의 온전함이란 부모를 닮는 것이다. 그만큼 성숙한 것이다. 신자들은 '하늘에 계신 너희 아버지' 를 닮는 성숙함, 그분의 온전함을 드러내도록 부름 받는다. 이 하늘 아버지의 성품의 특징은 차별 없는 은혜이다. 악을 선으로 갚아 이기는 은혜이다. 그것이 창조주 하나님이 드러내신 그분의 통치, 곧 그분의 나라의 특징이다. 이것이 그분의 아들 예수 그리스도께서 드러내시고 가르치시는 아버지의 특징이다.

삶으로 내리는 뿌리

"어떻게 더 나은 의를 행하는가?"

예수께서 원하시는 '더 나은 의' 란 분명코 세상적인 기준과는 판이하게 다를 수 있다. 먼저, 의는 마음의 문제에서 시작한다. 마음이 전쟁터이다. 살인도 마음에서 시작한다. 마음속에서 악한 생각을 물리치지 않으면, 그대로 삶으로 나타난다. 마귀는 생각을 공략한다. 선택은 내가 하지만, 생각 속에서는 전쟁이 일어난다. 그러므로 마음속에 말씀의 씨앗들을 뿌려 두어야 한다. 그러므로 다윗을 따라 기도해야 한다.

"하나님이여 나를 살피사 내 마음을 아시며 나를 시험하사 내 뜻을 아옵소서 내게 무슨 악한 행위가 있나 보시고 나를 영원한 길로 인도하소서" (시 139:23-24)

그 다음, 세상 사람들 속에서 '더 나은 의' 를 드러내려면 신자는 세상 사람들도 소중하게 여기는 기본을 더욱 잘 해야 한다. 이혼이나 맹세의 경우가 바로 이런 경우다. 둘 다 약속에 관련되어 있다. 약속이란 불리할 때에도 지켜져야 한다. 하나님의 이름을 거론하면서 말에 신실하지 않다면, 하나님의 이름이 땅에 떨어질 수밖에 없다. 돈이나 사업에 관련하여 세상 사람들이 믿는 사람들에게 속는다면, 과연 하나님의 이름은 어떻게 되는가? 믿는 사람들은 법이 없어도 살 사람들이라는 소리를 들어야 한다.

마지막으로, 예수께서 원하시는 '더 나은 의' 를 행하려면, '의로운 고난', '선을 행하고도 받는 고난', '억울한 고난' 도 참아 낼 수 있어야 한다. 죄를 지어 고난을 당한다면 유익이 없지만, 선을 행하다가 당하는 고난, 이유 없이 당하는 고난을 참는 일은 악에 대해 승리하는 길이다. 은혜가 아니면 악은 항복하지 못하기 때문이다. 은혜는 하늘의 강력이기 때문이다.

교회가 세상에 존재하는 이유는, 하나님을 떠나 사는 세상에게 하나님이 과연 누구신가를 드러내기 위함이다. 세상 사람들을 교회에 소속시키는 것만큼이나 중요한 사명은, 그들이 우리의 모습 속에서 하나님과 그분의 길을 보고 확인하게 하는 것이다. '더 나은 의' 를 행하여 열매 맺는 길을 가야 한다. 그것이 신자가 세상에 아직 남아 있는 이유이다.

4. 하늘 아버지의 온전함에 이르는 참된 경건

6:1-7:14

마태복음 6:1에 나오는 '하늘에 계신 너희 아버지' 라는 표현은 바로 그 위 5장의 마지막 절인 48절에 나오는 '하늘에 계신 너희 아버지' 를 받는다. '하늘에 계신 아버지' 의 온전함에 이르는 자녀들은 어떤 경건을 갖는가? 6장은 이런 문제를 다룬다. 그들은 하나님의 관점에서 사는 자들이다. 하나님의 관점에서 사는 이들의 중심에는 예수께서 가르치신 기도가 있다. 하나님 나라 백성, 곧 하나님의 자녀란 자신의 관점을 '하늘에 계신 아버지' 의 관점으로 바꾼 사람이다. 그는 하나님 앞에서 사는 사람이다. 이것이 참된 경건의 기초이다.

이런 시각을 잃어버리면 어떻게 되는가? 외식(外飾)에 빠진다. 사람을 의식하여 의를 행하기 때문이다(6:1-6, 16-18). 하늘에 계신 아버지 앞에서 살고자 하는 사람은 외식을 경계해야 한다. 예수의 시대에 경건을 드러내는 세 가지 큰 표현들이 있는데, 마태는 예수의 말씀을 이 순서에 따라 정렬한다. 곧, 구제(6:2-4)와 기도(5-15절) 그리고 금식(16-18절)이다. 예수의 말씀에 의하면, 당시의 '경건'의 표현인 구제와 기도 그리고 금식은 모두 '외식'이라는 병에 걸렸고, 이를 회복하는 길은 '하늘에 계신 너희 아버지' 앞에서 사는 것이다.

진실한 구제, '하늘 아버지 앞에서', 6:1-4

외식에는 두 종류가 있다. 하나는 '의식적으로' 사람들 앞에서 꾸며 경건한 척하는 사람의 경우이다. 이런 경우는 그 사람 자신이 외식하는 것을 누구보다 잘 알고 있다. 스스로 거짓 경건을 꾸미고 있다는 것을 잘 알고 있는 경우이다. 그러나 더 위험스럽고 고치기 어려운 경우는, 스스로 속는 위선의 경우이다. 이런 위선은 다른 사람이 생각하는 자기 자신과 그 사람의 진짜 모습이 서로 차이가 난다기보다, 그가 생각하는 '의로운' 자기 자신과 하나님이 그를 보시는 그 판단이 서로 어긋나는 경우이다. 이런 경우는 고치기 힘들다. 그로 하여금 그것이 위선이라는 점을 납득시키기 어렵기 때문이다. 그는 자신의 위선을 '의'로 착각하고 확신하는 데에서 쉽게 물러서지 않는다. 이런 경우 그 사람의 위선은 자신보다는 다른 사람들에 의해서 지적되고 폭로된다.

자신을 속이든 그렇지 않든, 외식은 남에게 보이기 위해서 치장한 경건이다. 외식은 겉으로 남들을 속일 뿐 아니라, 그 '거짓 경건'의 벽 뒤에서 자신을 부패하게 함으로써 외식하는 자신을 망하게 한다. 예수님은 외식하는 바리새인들을 향해 그들 속에 "탐욕과 방탕으로 가득하게 하는도다"(마 23:25)라고 꾸짖으셨다. 또한 예수께서는 외식하는 그들을 향해서도 회개와 구원의 길을 제시하신다.

> "소경된 바리새인아 너는 먼저 안을 깨끗이 하라 그리하면 겉도 깨끗하리라"(마 23:26)

"자기 상을 이미 받았느니라"(6:2). 경건도 종말의 관점에서 해야 한다. 마태복음에서 하늘의 관점은 곧 종말의 관점이다. 하나님 앞에서(6:4) 행하는 경건은 곧 종말에 예수께서 양 무리의 심판주로 오셔서 판단하실 그 판단에 의지하고 행하는 경건이다(마 25:31-45). 지금 여기서 당장 그 대가와 인정을 얻는 것이 아니다. 현세주의는 참된 경건의 적이다. 보이지 않는 하나님 앞에서, 사람들에게 보이지 않는 구제의 덕을 쌓음으로 그의 마음에는 이미 하늘의 보화가 가득 쌓인다. 이미 하늘 아버지의 기쁨과 종말에 약속된 복을 누린다.

> "긍휼히 여기는 자는 복이 있나니 저희가 긍휼히 여김을 받을 것임이요"(마 5:7)

올바른 기도, '이렇게 기도하라', 6:5-15

예수께서 가르치시는 참된 경건은 하나님을 아는 지식과 그 진실함에 있다. 6:5-8은 기도의 대상과 내용에 관한 가르침이다. 먼저 6:5-6은 기도의 대상이 하나님이지 사람들이 아님을 명확히 한다. 때로 이런 외식의 유혹에 빠지는 경우가 많다. 사람들 들으라고 하는 기도의 경우이다. 공중 기도를 설교처럼 하는 경우도 있다. 기도를 하나님께 하는 것이 아니라 듣는 사람들을 교훈하기 위해 기도한다. 하나님께 올리는 기도라는 명분하에, 자기가 하고 싶은 말들을 퍼붓는다. 기도하면서 좋은 말들을 써서 사람들의 인정받기를 기대하는 것도 잘못된 것이다. 그것은 어떤 사람과 대화하는 중에 그 옆에 있는 다른 사람을 쳐다보며 말하는 것처럼 무례한 일이다. 기도는 하나님 앞에서 하나님께 드리는 것이다.

당시 '회당과 큰 거리 어귀' (5절)는 지위와 신분이 있는 사람들이 스스로를 드러낼 수 있는 장소였다. 사람들 앞에서 종교행위를 할 수 있는 장소로서 영예와 수치가 결정되는 장소이다. 예수께서는 기도할 때에 도리어 '골방' 에 가서 하라고 말씀하신다. '골방' (6절, ταμεῖον/ cubiculum)은 집에서 특별히 귀중한 손님을 모시는 장소이기도 했다. 하나님께 기도하는 것은, 사람들의 칭찬이나 비난에 좌우될 일이 없는 깊은 교제의 문제이다. 오직 하나님과 자신 둘만이 만나는 교제의 순간이다. 무슨 다른 목적이 개입되어서는 안 된다. 후에 어거스틴은 이 '골방' 을 어디서나 그러한 교제를 가능하게 하는 사람의 심령으로 표현하기도 했다 (Conf. 8.8; 12.16). 하나님과의 기도는 은밀하고 배타적인 교제의 순간이다. 참된 경건은 그 진실함에 있다.

또한 하나님은 우리가 구하기 전에 우리에게 있어야 할 것을 이미 아신다(7-8절). 그러므로 이런 것들을 위하여 중언부언하며 구할 필요가 없다. 그것이 왜 필요한가? 누구를 위한 것인가? 나의 정욕을 위해서인가? 과연 무엇을 위해 우리가 필요하다고 생각하는 것들이 진정으로 필요한가? "너희가… 구하여도 받지 못함은 정욕으로 쓰려고 잘못 구함이요" (약 4:3). 따라서 이방인과 같이 중언부언하는 경우는 그 어떤 경우라도 결국은 자신이 원하는 것을 얻어내기 위해 신(神)을 조종하려 드는 이방종교와 같은 방법들을 가리킨다.

하나님의 이름을 부르며 그분의 위대함, 큰 능력, 권세 사랑, 자비 등을 끝도 없이 나열하는 것은, 종종 자신의 정욕을 위해 자기가 원하는 것을 얻어내기 위해 하는 아부처럼 사용된다. 또 이방종교에서처럼, 자신이 원하는 것을 반복적으로 수백, 수천 번씩 되뇌며 마치 신이 인격이 아니라 귀머거리인 것처럼, 오직 지극정성의 공로(功勞)를 쌓아야 들어 주는 것처럼 여기는 것도 잘못된 것이다. 하나님은 우리의 정욕을 위한 뜻에 조종되지 않으신다. 기도를 통하여 얻는 하나님의 풍성한 복은 은혜로 주시는 것이지 공로의 대가가 아니다.

예수께서는 도리어 '이렇게 기도하라' 고 가르치신다(6:9). 그것은 기도의 대상과 기도의 내용이 바로잡힌 기도이다. 이 주기도문의 내용은 모두 여섯 부분인데, 굳이 나누자면 앞의 세 부분은 하나님께 관련된 부분이고 뒤의 세 부분은 우리에게 관련된 부분이다. 하나님께 관련된 세 부분은—곧, "우리 아버지여 이름이 거룩히 여김을 받으시오며", "나라이 임하옵시며", "뜻이 하늘에서 이룬 것같이 땅에서도 이루어지이다" —하나님에 대한 바른 지식을 전제로 한다. 예수께서 가르치신 하나님은 무엇보다 '우리 아버지' 이시다(9절). 그분은 자신의 이름이 열방들 가운데에서 거룩히 여김을 받기 원하신다.

또한, 그분의 하늘의 통치, 죄사함의 은혜와 성령을 통한 생명의 통치를 이 땅에 가져오시기를 원하신다. 그분의 뜻은 하늘에서 이미 이루어져 있으며, 이 땅에서도 이루어지기를 원하신다. 따라서 기도란 우선적으로 하나님을 아는 지식에 근거해야 한다. 하나님이 누구신지를 알고, 하나님의 뜻이 무엇인지를 알아, 그분의 뜻이 이루어지기를 동의하며 구하는 것이 기도의 본질이다. 그래서 참된 기도란 하나님의 마음과 뜻에 내 마음과 뜻을 화합하는 과정으로 채워진다.

예수께서 기도의 대상으로 가르쳐 주신 하나님은 어떤 분이신가? 그 분은 '우리 아버지' 이시다. 그분은 어떤 모르는 신이 아니다. 잔혹하며, 오직 공(功)을 드리고 정성을 다해야 겨우 기도를 들어 주는 인색한 신이 아니다. 무엇인가를 바쳐야 그 대가로 무엇인가를 내어 주는 인색한 신이 아니다. 그분은 무엇보다 '아버지' 이시다. 기도와 관련하여 하나님께서 '아버지' 가 되신다는 표현은 7:7-12에 잘 드러나 있다. 핵심은 우리가 하나님께 기도할 때, 하나님은 우리를 향하여 이미 아버지의 마음을 갖고 계시다는 사실이다.

하나님께서 우리에게 좋은 것으로 주시려 한다는 그 의도, 그 의향에는 추호도 의심의 여지가 없다. 누가 아들이 떡을 달라고 하는데 그 손에 돌을 쥐어 줄 아버지가 있겠는가? 하나님은 우리가 우리의 필요를 구하기도 전에 이미 우리에게 필요한 것들을 아신다. 그것보다도, 하나님은 우리가 아직 구하지는 않지만, 우리가 우리에게 필요하다고 생각하는 것들보다 더욱 절실하게 필요한 것을 아신다. 그리고 그것들을 주시기 원하시며, 그것들을 우선적으로 구하기를 원하신다.

사람이 당장 자신이 먹고 입고 쓸 것을 위해 구하는 것보다 하나님의 나라를 위하여 구하는 것이, 자신의 문제를 포함해서 우리 모두의 보다 궁극적이고 보다 완전한 해결책을 구하는 셈이다. '우리 아버지' 하나님께서 우리를 위하여 해오셨고, 하시고자 하는 그 뜻이 이루어지는 것이, 우리의 말초적인 기도에 대한 보다 궁극적인 응답이다. 하나님 아버지의 '이름이 거룩히 여기심을 받는' 것(9절), 그것은 하나님의 오랜 소원이었고 비전이다.

이름은 그 인격의 전부를 대표한다. 이름이 거룩히 여김을 받는다는 것은, 하나님 자신이 인정되고 경배 받고 사랑받고 순종 받으신다는 것을 뜻한다. 그것이 그렇게 하는 사람에게 구원이 되기 때문이다. 하나님께서 그에게 구원이 되시고, 생명이 되시고, 모든 것이 되시기 때문이다.

하나님께서 이스라엘에게 자신을 나타내시고 자신의 거룩한 이름을 짊어지게 하신 것도 이 때문이다. 이스라엘에게 하나님은 구원이시다. 구약에서 이스라엘이 하나님의 백성이 되어, 열방들 앞에서 하나님의 이름을 짊어졌다는 것은 그들이 하나님의 소유로서 열방들을 향해 거룩하게 구별된 제사장의 역할을 수행함을 의미했다(출 19:4-5). 하나님의 이름이 열방들 가운데서 거룩해지는 것, 그것이 하나님 자신의 소원이고 열방들의 구원이며 이스라엘의 사명이다.

그러므로 '아버지의 이름이 거룩히 여김을 받으시오며' 라는 것은 이스라엘의 회복과 열방의 구원을 위한 기도이다. 이스라엘이 열방들 가운데서 그분의 이름을 짊어졌기 때문이다. 그들이 회복되어야, 그들을 통해 하나님의 이름이 거룩히 여김을 받을 것이다. 그분의 이름이 그분의 백성들에게 사랑받고 순종을 얻으셔야 한다. 열방의 구원이 여기에 있다.

"하늘에서와 같이 땅에서도"(10절)라는 전치사구는 그에 앞선 세 구절들, 즉 "당신의 이름이 거룩히 여김을 받으시오며"와 "당신의 나라가 임하옵시며" 그리고 "당신의 뜻이 이루어지이다"라는 구절 모두를 수식할 수 있다. 하나님은 하늘, 곧 사단과 그의 타락한 천사들이 땅으로 쫓겨난 그곳에서(cf. 창 6) 경배와 찬양, 사랑과 순종을 얻으신다. 그 하늘에서는 이미 그분의 통치가 임해 있고 그분의 뜻이 이루어진다. 하지만 땅에서는 그렇지 않다.

마태복음에서 하나님의 나라는 특별히 '하늘(들)의 나라' 로 표현된다. 유대인의 관습상 '하나님' 이라는 칭호 쓰기를 두려워해서 '하늘들' 이라는 표현으로 우회적으로 쓴 것 이상의 의미가 있다. 거기에는 '하늘 아버지' 께서 계신다. 하늘은 하나님의 보좌이다(5:34). 이 땅에서 지극히 작은 소자들에 관한 천사들의 보고를 받으시는 아버지께서 그 하늘에서 감찰하신다(18:10). 그 하늘은 우리의 마음과 재물을 거기에 쌓아 두어도 안전한 곳이다. 땅은 그렇지 않다(6:19-20). 거기는 좀이 먹고 녹이 스는 곳이다. 거기는 아벨의 피로부터 의로운 자의 피가 쏟아져 흐른 곳이다(23:35). 땅은 요나가 사흘 동안 큰 물고기 뱃속에 있었던 것 같이 인자를 밤낮 사흘 동안 가둘 곳이다(12:40).

그런데 무엇보다 예수께서 세례를 받으시고 물에서 올라오셨을 때 그 하늘이 '열렸고' (ἠνεῴχθησαν; cf. 27:52에서는 '무덤이 열렸고'), 거기 거하시던 성령께서 친히 내려오셨다(3:16-17). 하지만 그 하늘의 통치가 아직 이 땅에 완전히 임한 것은 아니다. 단지 예수 위에 임하셨다(3:16). 그리고 이제 성령이 그 위에 임하신 하나님의 아들, 곧 다윗의 아들 예수를 믿고 받아들이며, 그 안에서 의의 열매를 맺는 이들을 통해 이 땅에 더욱 임할 것이다. 결국 예수를 '그리스도요 살아계신 하나님의 아들' 로 고백하는 교회가 하늘과 땅의 권세를 받으신 예수를 따라 이 땅에서 하늘의 권세를 대행할 것이다(16:19). 주기도문의 처음 세 부분은 예수 자신으로 시작된 하나님 나라의 충만한 임함을 위한 공동체적 기도이다.

주기도문의 나머지 세 부분은 우리 자신들을 위한 간구들로 되어 있다. 하루 먹을 양식과 용서하고 용서받는 일, 그리고 시험에 들지 않고 악에 빠지지 않는 일이다. 만일 하나님의 이름과 나라와 뜻에 대한 기도가 하늘에 관한 것이라면, 이 나머지 세 부분은 세상과 사람들과 사단, 곧 악에 대한 내용이다. 이로써 주기도문은 하늘과 땅의 실재하는 모든 영역을 다루게 된다. 세상에 대하여는 그날 하루 먹을 양식을 구하는 것으로 족하다. 신자가 세상이 필요한 이유는 하늘에 속한 것들이 이 땅에 임하게 하는 사명 때문이다. 세상에서 복을 받게 해달라든지 번창하게 해달라는 뉘앙스는 없다. 최소한의 것을 구하도록 가르치고 있다.

마치 이스라엘 백성들이 광야에서 만나를 기다리고 그것으로 살았듯이, 세상에서 구할 것을 일용할 양식으로 한정한 것은 매우 겸허한 간구이다. 동시에 이것은 신자들이 세상에서 만족할 기준이 된다. 그 이상은 사치이다. 더 가지려면 그것을 갖고 무엇을 할 것인지, 무엇을 했는지에 대한 사명과 책임이 따라야 한다. "그러나 지족하는 마음이 있으면 경건이 큰 이익이 되느니라 우리가 세상에 아무것도 가지고 온 것이 없으매 또한 아무것도 가지고 가지 못하리니 우리가 먹을 것과 입을 것이 있은즉 족한 줄로 알 것이니라" (딤전 6:6-8). 부자는 스스로 만족할 줄 아는 사람이다. '먹을 것과 입을 것' 이것이 성경적 부의 기준이다.

"우리가 우리에게 죄 지은 자를 사하여 준 것같이 우리 죄를 사하여 주옵시고" (12절). 신자가 세상과 관련하여 구할 바가 일용할 양식이라면, 이웃과의 관계에서 구할 바 중요한 것은 용서이다. 이 간구는 하나님께 우리 자신의 죄에 대한 용서를 구하는 것처럼 되어 있지만, 그 수사(修辭)적 초점은 이웃이 자신에게 범한 죄를 용서하라는 데에 있다. 자신의 죄를 고백하고 그리스도의 대속을 믿는 자에게 하나님의 용서는 이미 주어진 것이다. 그러나 이 기도문은 마치 하나님의 용서가 조건적인 것처럼 들리게 한다. 우리가 우리에게 죄 지은 자를 용서해 주지 않으면 하나님께서도 우리의 죄를 용서하지 않으시는가?(6:14-15)

우선, 하나님께서 우리가 우리에게 죄 지은 이웃을 용서해 주기를, 풀어 주기를, 놓아 주기를 얼마나 원하시는지를 확인할 수 있다. 그것이 하늘에 계신 우리 아버지의 뜻이다. 우리가 용서 받았듯이, 우리 또한 우리에게 죄 지은 자를 용서하지 않을 수 없다. 우리가 우리에게 죄 지은 자에게 보이는 행동은 곧바로 하나님께서 우리에게 행하신 용서를 우리가 어떻게 이해하고 있는가에 대한 증거이다. 하나님께 용서 받은 자로서 나에게 해를 끼친 남을 용서하지 못한다는 것은, 실제로는 자신이 하나님께 받은 용서가 무엇인지 알지도, 누리지도 못하고 있는 셈이 되는 것이다. 남을 용서하는 것은 하나님께서 나를 용서하신 사실을 체험하고 누리는 길이다. 예수께서는 자신과 이웃 사이에 이 매듭이 풀릴 것을 위해 기도하라고 가르치신다.

만일 신자가 하나님의 이름과 나라와 뜻을 먼저 구하지 않으면 어떻게 될까? 만일 신자가 이 세상에서 일용할 양식 이상을 얻고 보장하고 누리고자 다투고 싸우면 어떻게 될까? 만일 신자가 자신에게 죄를 지은 이웃을 용서하지 않으면 어떻게 될까? 시험에 들 것이다. 정욕과 분노의 시험에 들 것이다. 세상의 유혹과 염려의 시험에 들 것이다. 미움과 살인과 시기와 분함의 시험에 들 것이다. "시험에 들게 하지 마옵시고"(13절)는 그래서 자신을 위한 기도이다. 그것은 하늘의 하나님 아버지의 이름과 나라와 뜻에 자기의 마음이 합해져서 전심으로 주와 합한 마음이 되기 위한 간구이다.

하지만 시험에 들어 걸려 넘어진다면? 그럴 수도 있지 않은가. 야고보서가 '여러 가지 시험'에 대해 언급하고 인내할 것을 요구하는 것처럼(약 1:2), 혹시 시험에라도 빠진다면? "다만 악에서 구하옵소서"(13절). 궁극적으로 구하는 간구이다. 하나님의 이름, 나라, 그리고 그분의 뜻이 이 땅에 이루어지는 그 기도가 최고의 간구라면, "다만 악에서 구하옵소서"는 최소한의 간구이다. 하지만 절대적으로 절실한 간구이다. 현실적이고 또한 최종적인 구원에 대한 간구이다. 우리는 모두 연약하다. 우리를 악에서 건져 주실 분은 죽은 자를 살리신 예수 그리스도의 아버지 하나님뿐이시다. 이로써, 하늘과 땅, 그리고 땅 아래 흑암의 세력인 악에까지 아우르는 주의 기도가 끝난다.

주기도문은 하늘에 대해서, 땅 위에서 사는 일 곧 세상과 사람들에 대해서, 그리고 눈에는 보이지 않으나 강력한 권세로 활동하는 악에 대해서 어떻게 대하고 어떻게 간구해야 하는지 간략하지만 명확하게 가르치고 있다. 그 우주적이고도 포괄적이며, 동시에 구체적이고도 핵심적인 기도문들은 어떤 사본들에서, "나라와 권세와 영광이 아버지께 영원히 있사옵나이다"라는 송영으로 마무리된다. 이 모든 간구들에 대한 응답과 최종적인 승리를 확신으로 주기도문을 마무리하는 것은 실로 적절하다.

바른 금식, '은밀한 중에 보시는 네 아버지께', 6:16-18

예수께서 기도에 대해 말씀하신 가르침에 곧이어 금식할 때 외식하지 말 것에 대한 말씀(6:16-18)이 나오는 것은, 이 주기도문 전에 구제할 때 외식하지 말 것에 대한 말씀(6:1-4)이 기록된 것과 전후 대구적인 짝을 이룬다. 즉, 외식이라는 주제를 다루는 말씀 한가운데에 '은밀한 중에 보시는 너의 아버지'(6:4, 18) 앞에서 행하는 참된 신앙에 대해 기록한 것이다. 마태는 이로써 사람에게 보이려고 하는 외식적 신앙이

'하늘에 계신' 아버지의 나라와 뜻을 이루는 신앙과 어떻게 다른지를 극명하게 보여준다. 두 신앙은 각기 그 의식하는 바가 다르다. 하나는 하늘에 계신 아버지 앞에 쌓는 신앙이고, 다른 하나는 땅 위에 사람들 눈 앞에 쌓는 신앙이다. 시선도 방향도 그 결국도 다른 신앙이다. 하늘의 하나님은 이 모든 것을 '은밀한 중' 에 보고 계시다.

외식적 신앙을 행하는 사람의 중심에는 다른 마음이 있다. 그들의 마음속에는 '은밀히 보시는 하나님' 에 대한 시선이 없다. 주기도문에서 말하는 대로 '하늘에 계신 아버지' 의 이름이나 그분의 나라나 그분의 뜻도 염두에 없다. 예수께서는 외식하는 바리새인들과 서기관들의 중심에 도리어 '탐욕과 방탕' (23:25)이 있음을 보셨다. 그 마음이 비어 있을 수는 없다. 마음은 항상 하나님 아니면 그에 필적한 다른 것들, 종종 우상이 되는 피조물로 채워지기 마련이다. 또한 예수께서 물질에 대하여 가르치신 내용들(6:9-34)이 주기도문 후에 나오는 이유는 아마도 하나님 백성들의 기도가 종종 이방인들의 기도와 하나도 다를 것이 없는 때문인지 모른다.

"이는 다 이방인들이 구하는 것이라"(마 6:32)

아무튼 6:19-34까지 기록된 물질, 돈에 대한 탐심과 염려에 대한 경고는, 외식하는 신앙(6:1-3, 16-18) 그리고 주기도문에서 가르친 기도(6:9-15)와는 다른 이방인들의 기도(6:7-8, 32)와 깊은 관련이 있다.

외식하는 신앙은 '은밀한 중에 보시는 하늘의 하나님' 의 시선에 관심이 없다. 사람들에게 잘 보여 그들이 종교적이라는 인정을 받으면 그만이다. 그런 종교적 인정 속에서 그들은 물질에 대한 탐욕을 키워

가는 것이다. 그것이 외식적인 종교생활 내면에 자리 잡은 것이다. 외식적 신앙이 진정으로 관심을 갖는 것은 이 땅에 보물을 쌓는 일이다(19절). 그것은 본질적으로 '무엇을 먹을까 무엇을 마실까 무엇을 입을까' 염려하는 이방인들의 구하는 것과 다르지 않다(32절).

무엇을 추구할 것인가?
—하나님 나라의 의와 재물, 6:19-34

예수의 제자들은 세상에 대하여, 물질에 대하여, 돈에 대하여 전혀 다른 태도를 갖는다. 주기도문에서 가르친 바대로, 그들이 세상에 대하여 구할 것은 '일용할 양식' 이다. 그들은 보화를 이 땅이 아니라 그들의 아버지가 계신 그 하늘, 하늘 아버지 앞에 쌓는 자들이기 때문이다. 어떻게 보화를 하늘에 쌓는가? 가난한 이웃, 그 재물이 필요한 이웃에게 나누어 주는 것이다. 나의 주변에 있는 도움이 필요한 이웃, 그들이 하늘나라의 은행 통장이다. 예수의 제자들은 '일용할 양식' 이상, 그 필요한 것 이상을 갖게 된다면 이를 필요로 하는 이웃과 나눈다.

'눈이 성하다' 든지 '눈이 나쁘다' 는 표현은 구제에 대해 너그럽다든지 인색하다든지 하다는 유대인들의 관용적 표현이다(6:22-23). 그러나 외식하는 자들처럼 자신의 중심에 은밀한 중에 보시는 하늘 아버지에 대한 신앙이 없다면, 넘치는 재물이라도 가난한 이웃을 위해 내줄 수 없을 것이다. 그들은 결국 좀과 동록이 해하며 도적이 구멍을 뚫어 가져가며, 죽을 때 하나도 가져가지 못할 재물을 가난한 이웃을 위해 내줄 수 없을 것이다. 하늘에 쌓을 수 없기 때문이다. 하늘의 아버지에 대한 신앙을 갖지 못했기 때문이다. 외식하는 신앙 그 중심에는 하나님 외에 다른 주인이 살고 있기 때문이다. 한 사람이 두 주인을 섬기지 못한다(6:24).

참된 신앙은 하나님께 초점이 맞추어진 신앙, 그분 앞에서 사는 신앙이다. 예수께서 소개하는 '은밀한 중에 보시는' 하늘 아버지는 또한 천지를 창조하시고 돌보시는 풍요하고 자비로우신 분이다. 예수께서 제자들에게 요구하는 삶은 '하나님 중심의 단순한 삶' 이다. 하나님을 중심에 두면 모든 것이 제자리를 찾는다. 그분의 이름, 그분의 나라, 그분의 뜻이 이루어지기를 구하게 된다. 세상에 대하여 구할 것은 일용할 양식뿐이다. 이웃과 더불어 용서와 화평의 삶을 추구한다. 시험을 피하며 악에서 건져짐을 받는다.

원래부터 하나님께서 세상을 창조하실 때, 사람은 하나님의 말씀을 듣고 그 뜻을 세상에 펼치도록 되어 있었다. 하나님의 형상으로서 모든 피조물 위에서 하나님의 통치를 펼쳐야 할 사람이었다. 그가 그렇게만 했다면, 땅이 그에게 가시 엉겅퀴를 낼 이유가 없었다(cf. 창 3:17-18). 하나님의 뜻을 구하고, 그 뜻이 이 땅에 이루어지게 하는 자에게 이 피조세계는 자연스럽게 순복한다. 이 모든 것이 그에게 더해진다.

이렇게 보면, 6:14에서 34절까지는 사실상 주기도문에 대한 주해라고 볼 수 있다. 왜 하나님의 이름과 나라와 뜻을 구하는 기도가 먼저 나와야 하는가? 먼저 그의 나라와 그의 의를 구할 때 이 모든 것이 더해지기 때문이다. 모든 피조물은 하나님의 뜻을 행하는 하나님의 자녀들이 나타나기를 기대하고 있다(롬 8:19-21). 하나님의 이름을 거룩히 여기며 그분의 통치와 나라를 이 땅에 가져올 그들이 나타날 때, 온 피조세계는 그들을 순복하며 샬롬을 얻을 것이다.

공중의 새와 들에 핀 백합화 그리고 들풀을 보시면서(6:25, 28, 30)

살아계신 하늘 아버지 하나님의 현재적인 나라, 통치를 보시는 예수의 시선은 신선하다. 예수께서는 종종 창조세계에 편만한 창조주 하나님의 은혜로우신 통치를 언급하신다. '하늘에 계신 아버지' 께서는 의인뿐 아니라 악인들에게도 해를 비추시며 비를 내리신다. 해와 비는 자연스럽게 모든 이들에게 비추고 내린다. 그것을 창조주 하나님께서 선인과 악인 모두에게 내리시는 것으로 해석하고 가르치시는 예수 자신의 신학에는 창조주 하나님의 은혜의 통치가 지금의 타락한 피조계에도 부인할 수 없을 만큼 선명하게 드러나 있음을 가르쳐 준다.

문제는 사람이다. 하나님의 이름과 나라와 뜻을 구하는 사람, 그분의 백성이 필요한 것이다(6:9-10). 옛 이스라엘은 실패했다. 이제 예수, 곧 하나님의 아들이요 다윗의 아들인 메시아 예수는 성공하신다(4:1-11). 그분은 피조세계를 지으시고 다스리시는 창조주 하나님을 바로 이해하고 그 뜻을 따르는, 마치 새로운 아담과 같으시다. 이제 그분 안에서 이 피조세계에 의의 열매를 산출하는 새로운 백성이 태어난다.

외식, 그 거짓 경건의 실체, 7:1-6

외식은 참된 종교의 적이다. 예수께서는 다시 한 번 외식하는 죄의 심각성을 지적하신다. 외식하는 자는 남을 비판함으로써 자신을 비판한다(7:1-5). 자신의 큰 허물을 감추고 그것을 보려 하지 않기 때문에, 그 자신의 허물에 대한 죄책감을 다른 사람의 작은 허물을 보며 쏟아 붓는다. 타인의 작은 허물에 그렇게 민감하고 그렇게 심한 비난을 퍼붓는 것은, 자신의 죄를 발견하고 그것을 애통해하며 그것을 돌이키려 하지 않기 때문이다. 자신의 눈 속에 있는 들보를 '깨닫지 못하' 기 때문에 (7:3), 형제의 눈 속에 있는 티를 참지 못하는 것이다. 그것은 사실 자신의 눈 속에 있는 '들보' 에 대한 비판이다. "외식하는 자여 먼저 네 눈 속에서 들보를 빼어라" (5절). 자신이 자신의 죄에 대하여 해야 하는 회개를 다른 형제들에게 강요할 뿐, 정작 자신의 죄를 슬퍼하고 회개할 기회를 갖지 못하는 것, 그것을 깨닫지 못하는 것, 그것이 외식이다. 참된 종교는 자기 자신을 돌아봄으로 시작한다.

외식하는 자들이 거룩한 것과 진주처럼 고귀한 것을 분간하지 못하는 이유가 여기에 있다(7:6). 외식하는 그들은 판단력을 잃었다. 안과 밖이 서로 뒤바뀌었기 때문이다. 자기 안에 있어야 할 정죄와 판단은 밖의 대상으로만 나가고, 밖의 대상들에게 향해야 할 용서와 긍휼은 오직 자기 자신에게만 제한되기 때문이다. 개나 돼지는 모두 유대인들이 혐오하는 동물들이다. 이방인들에게나 적용될 상징들이다. 이런 혐오스런 상징들을 외식하는 자들, 곧 이스라엘의 거짓 목자들인 바리새인들과 서기관들에게 적용하는 것은 매우 도가 높은 독설이다. 외식은 그만큼이나 혐오스런 것이다.

하나님 앞에서는 이방인들이 혐오스런 존재가 아니라, 외식하는 심령, 외식하는 자들이 혐오스런 존재들이다. 그들은 자신들의 속을 들여다보지 않는다. 모든 관심이 밖으로 어떻게 보일까, 사람들에게 어떻게 보일까에만 가 있기 때문에, 은밀히 보시는 하나님도, 그 은밀히 보시는 하나님과 중심의 진실함으로 교제하는 참된 신앙도 안중에 없는 것이다. 이들은 결국 하나님의 보시기에 거룩하고 귀한 것을 차버리는 무지함과 완악함에 이른다. 외식이 이 정도면, "먼저 네 눈에 들보를 빼어라" 는 권고도 들리지 않을 것이다. 이 정도의 외식이라면, 그들을 그들의 죄 가운데 내버려 두는 수밖에 없다.

"저희가 그것을 발로 밟고 돌이켜 너희를 찢어 상할까 염려하라"(마 7:6)

긍휼하신 하나님, 율법과 선지자의 메시지, 7:7-12

외식하는 자들은 그들의 원하는 바를 하나님께 구하지 않는다. 사람들에게서 찾는다. 그들의 속에는 탐욕과 정욕과 방탕이 가득하지만(23:25), 그것을 채우려고 그들이 원하는 것을 하나님께 구하지 않는다. 구해도 얻지 못한다. 정욕으로 쓰려고 잘못 구하기 때문이다. 예수의 제자들은 그렇지 않다. 그들은 하나님께서 모든 좋은 것으로 풍성히 주시는 아버지임을 알아야 한다. 하나님 아버지께 구해야 한다(7:7-12). 생선을 달라는 아들에게 뱀을 주는 아버지가 없듯이, 하나님께 구하는 자들은 하나님께서 좋은 것으로 풍성히 주시는 분임을 알아야 한다. 누가복음에서는 우리가 무엇을 그분에게 구하든, 하나님께서 주실 수 있고 주고자 하는 최고의 선물은 성령이라는 사실을 기록하고 있다(눅 11:13). 성령은 생명의 영이시다. 하나님 나라에서 받고 누릴 수 있는 가장 큰 은혜의 선물이다.

구하고 찾고 두드리는 자에게 가장 좋은 것을 주시는 하나님의 마음은 율법과 선지자에 그대로 표현되어 있다(7:12). 간구는 우리가 하지만, 하나님은 하나님께서 우리에게 주고자 하시는 가장 좋은 것으로 주신다. 하나님 아버지는 우리를 대하실 때 자신의 최선으로 대하신다. 율법과 선지자, 곧 구약에 나타난 하나님의 마음도 이와 같다. 하나님의 백성으로 부름을 받은 사람들이 따르고 가져야 할 마음도 이와 같다.

"무엇이든지 남에게 대접을 받고자 하는 대로 너희도 남을 대접하라"는 것이다.

어린 아들이 칼을 달라고 했다고 칼을 그 어린 손에 쥐어 주는 아버지가 없듯이, 자신이 받을 것처럼 구하는 상대방에게 최선의 것을 주는 것, 그것이 우리의 간구와 기도에 응답하시는 좋으신 하늘 아버지의 마음이다. 그것이 또한 구약에서 이미 드러난 하나님 백성이 갖고 살아야 할 마음가짐과 행동 양식이다. 예수의 제자들도 마찬가지이다. 그들이 하나님께 구하고 찾고 두드리며 바라는 대로 얻기를 원하는 것처럼, 그들도 그런 아버지 하나님의 마음을 갖고 다른 이웃들을 대하여야 한다.

생명으로 인도하는 좁은 문, 7:13-14

하나님께서 우리를 대하시는 것처럼 우리도 이웃을 대하는 길(7:11), 곧 율법과 선지자를 통해 가르쳐졌으며(7:12) 이제 예수께서 성취하셨고 또한 더 근본적으로 그 온전한 의미를 드러내신 그 길, 곧 지금 산상수훈을 통해 가르치신 그 길(5:17-48)은 따르기에 결코 쉽지 않은 길이다. 들어가는 문도 좁고, 걷는 길도 좁고 협착하다(7:13-14). 또한 그 길의 결국이 생명이나 멸망이라는 표현은 모세의 율법을 두고 순종할 것을 명하면서 주신 말씀을 생각나게 한다.

"보라 내가 오늘날 생명과 복과 사망과 화를 네 앞에 두었나니"(신 30:15)

하지만 이번에는 다르다. 모세의 율법을 따르는 일에 이스라엘은 실패했다. 그러나 예수는 그 율법의 모든 의를 성취하신다(마 3:15). 성령에 이끌리어 광야라는 좁을 길을 가신다. 그리고 거기서 시험을 당하시고, 모두 말씀대로 순종하시며 승리하신다(4:1-11). 예수께서 먼저 이 좁은 문을 택하시고 들어가셔서, 좁고 협착한 길을 가신다. 이제 하나님의 새로운 종말의 백성, 곧 새 이스라엘은 비록 좁고 협착한 길이지만 그 길을 먼저 가신 예수 안에서, 그분을 따라 생명에 이를 수 있다. 누구든지 그의 "이 말을 듣고 행하는 자는 그 집을 반석 위에 지은 지혜로운 사람" 이다(7:24).

또한 참 이스라엘이 되신 예수, 참 포도나무가 되신 예수에게 접붙여진 사람, 그 나무에 접붙여진 참 이스라엘 백성은 좋은 열매를 맺게 된다(7:16-17). 그러나 그들이 예수 안에서 예수를 따라갈 때, 그것은 생명에 이르는 길일 뿐 아니라 좁은 문으로 들어가는 길이다. 좁고 협착하여 인기가 없고 찾는 이가 의외로 적다는 사실에도 놀라지 말아야 한다. 그것은 생명을 가진 자가 생명을 따라가는 길이다.

'좁은 문으로 들어가라' 는 말씀은 고전적인 진리이다. 장차 '구름을 타고 영광 중에 오실 인자' (24:30)가 지금은 고난을 받아 많은 사람들을 위하여 자신을 내주러 오셨다(20:28). 영광은 나중이고, 지금은 고난의 길이다. 십자가가 먼저이고 부활과 영광이 나중이다. 그리고 결론은 죽음 이후에 나도록 되어 있다. '좁은 문으로 들어가라' 는 말씀은 종말론적 신앙이 아니면 행할 수 없다.

예수는 그분의 말씀을 듣는 모든 이들을 종말의 완성, 곧 최종적 종말로 초대하신다. 그 좁은 문, 좁은 길 끝에 있는 생명에로 초대하신다. 가난하고 애통하고 주리고 목마르며 가는 길로 초대하신다. 이미 그 생명이 와 있지만, 그 온전한 열매는 나중이다. 지금은 좁은 문이요, 십자가이다. 이것을 이해하지 못하면 산상수훈을 이해하지 못한다. 생명과 영광을 바라보고 좁은 문으로 들어가 십자가의 길을 따라가는 것, 그것이 예수께서 초대하신 복된 길, 하늘에 이르는 길이다.

"신앙의 주적(主敵)"

타락한 사람들 중에 종교인들이 가장 악할 수 있다고 한 말을 기억해야 한다. 그 속에 탐욕으로 가득했던 바리새인들과 우리는 얼마나 다른지 심각하게 물어보고 심각하게 살펴야 한다. 왜 진실한 마음을 몰아내고 탐욕이 들어서는가? 현세주의는 지금 여기서 성공하고 인정받는 것이 전부라고 생각하는 자세이다. 오늘날 교회의 안과 밖에 범람하는 현세주의는 성경적 신앙의 주적(主敵)이다.

예수님은 끊임없이 '하늘에 계신 너희 아버지' 앞에서 살라고 말씀하신다. 현세주의의 강력한 물결을 잠재우려면, 끊임없이 하늘의 통치 속에서 살아야 한다. 그래서 하늘에 계신 하나님과 끊임없이 교통하는 기도가 필요하다. 기도생활은 살아 숨 쉬는가? 탐욕과 위선에서 지켜 주는 기도생활이 살아 있는가? 참된 경건이란 틀리지 않고 완벽하게 거룩한 삶을 사는 것은 아니니다.

참된 경건에는 치열한 진정성(authenticity)이 있다. 처절한 고민과 갈등 속에 하나님 앞에서 살려는 몸부림이 있다. 현세주의에 물들어 산다는 것은 이런 갈등과 몸부림조차 느껴지지 않는 상태에서 사는 것이다. 롯처럼 애통하고 욥처럼 부르짖어야 한다. 현세주의를 경계하라. 지금 여기가 전부이며, 여기서 성공하는 것이 성공의 전부라고 가르치는 현세주의는 참된 경건의 적이다.

5. 나무와 열매, 예수와 그의 가르침에 순종함

7:15-29

예수께서는 이제 말씀을 마무리하신다. 예수께서 권세 있는 말씀을 하셨다거나, 그분의 말씀이 모두 옳다 인정해도, 실제로 그분의 말씀을 의지하여 좁은 문으로 들어가며, 그 좁고 협착한 길을 따라가는 사람은 의외로 많지 않다.

"찾는 이가 적음이니라"(마 7:14)

중요한 것은 '열매' 이다. 좋은 나무에 접붙여진 가지라면, 반드시 좋은 열매를 맺어야 한다. 좋은 열매가 달리지 않았다면, 스스로 좋은 나무에 붙어 있다고 말할 수 없다. 열매가 증거이기 때문이다.

산상수훈의 바른 해석은, 그러므로 실천에 있다. 열매에 있다. 삶의 열매가 곧 예수의 말씀에 대한 바른 해석이다. "이러므로 그의 열매로 그들을 알리라"(7:20). 예수의 말씀을 다 듣고 그것을 이해하고 바르게 해석한 사람은 좋은 열매를 맺는 사람이다. 반석 위에 지은 집, 그것이 예수의 말씀에 대한 바른 해석의 증거이다. 거짓 선지자들은 구약시대처럼 초대교회에도 있었다. 거짓 예언자들을 어떻게 분별하는가? 그들의 예언의 결국을 보면 안다. 거짓 선지자들을 어떻게 구분하는가? 그들의 삶의 열매들을 보면 안다.

누가 예수의 말씀을 바로 이해하고 바로 해석했는가? 어떤 이들의 가르침이 예수의 가르침을 바로 이해하고 바로 해석하는 가르침인가? 예수의 대답은, 그들의 말이 아니라 그들의 삶의 열매를 보라고 하신다. 열매가 판별 기준이다. 말씀의 해석의 최종 단계는 그 말씀을 실행하여 열매를 맺는 것이다. 열매는 그 사람이 뿌리내리고 있는 나무의 종류를 드러낸다. 말로는 거짓을 할 수 있다. "나더러 주여 주여 하는 자마다" (21절). 그러나 '하늘에 계신 내 아버지의 뜻대로 행하는 자라야' 좋은 열매를 맺고, 오직 그 열매만이 그가 뿌리내린 영적 생명의 종류, 곧 그가 좋은 나무에 접붙여져 있는지 아니면 나쁜 나무에 접붙여져 있는지를 명확히 드러낸다.

그렇다고 여기서 말하는 열매가 모두 윤리도덕적인 기준에서 판별할 수 있는 단순히 선한 열매를 일컫는 것은 아니다. 예컨대 심령이 가난한 것, 애통한 것, 의에 주리고 목마른 것, 긍휼히 여기는 것, 마음이 청결한 것 등은 모두 하나님과의 관계, 예수와의 관계가 우선되는 신앙의 열매들이다. 그러므로 의의 열매란 우선적으로 하나님과 예수 그리스도와의 바른 관계에서 오는 열매이고, 또 그것을 근거로 이웃과의 바른 관계에서 얻어지는 의의 열매들이다.

실로 모세의 율법은 예수 안에서 성취되었다. 즉, 예수께서 그 율법의 요구를 다 채우셨으며 그 진정한 의미를 드러내셨고, 자신의 삶을 기준으로 새롭게 명하셨을 뿐 아니라 예수 그리스도를 믿음으로 하나님의 영을 따라 율법의 의를 실현할 수 있게 하셨다. 이제 모세의 율법은 오직 예수 그리스도를 통해서만 이해되고 실현될 수 있고, 또한 실천되어야 한다. 예수의 말씀은 단순한 이해를 위해 있지 않다. 그것은 순종과 실천을 통해 얻어지는 생명의 삶에 있다.

이런 맥락에서 산상수훈(5-7장) 전체가 좁은 문(7:13-14), 좋은 열매(15-23) 그리고 '반석 위에 집을 지은 지혜로운 사람' 의 비유(7:24-27)로 마감되는 것은 우연한 일이 아니다. 누구든지 '나의 말' 곧 예수의 말씀을 듣고 행하는 자는 지혜로운 사람이다. 특별히 '옛 사람이 말한 바' 곧 모세의 율법도 예수의 말씀을 통해서 이해하고 따라야 한다.

따라서 '반석 위에 지은 집' 의 비유의 핵심은 지은 집이 서 있게 되는 그 바탕, 그 근거에 있음을 알 수 있다. 팔레스타인의 모래 위에 있는 '와디' (Wadi)라고 하는 형태의 강은 건기에는 마른 땅으로 있다가, 집중호우가 내려 창수가 나고 바람이 불면 그 위에 세워진 집들이며 건물들을 모두 휩쓸어 버린다. 그것을 미리 생각하고 조금 힘들어도 멀리 떨어진 바위 위에 집을 지었다면 우기에 비가 쏟아져도 흔들림이 없는 것이다. 집은 똑같이 공을 들여 지어도, 결과는 오히려 그 집을 세운 기초 때문에 달라진다. 노력 이전에 믿음이 문제이다.

예수의 말씀이라야 한다. 바리새인들과 서기관이 해석하는 율법대로 따라서는 길이 없다. 더구나 예수는 율법을 성취하러 오셨다(5:17). 이제 예수의 말씀을 듣고 행하는 길만이 바리새인들의 외식적 종교를 피하는 길이고(6:1-18), 그들 속에 있는 이방인들과 같은 세속적 탐심에서 해방되는 길이고(6:19-34), 자신의 결점을 보지 못하고 남을 죄인으로 만드는 일에 빠른(7:1-6) 거짓 선지자들의 열매 없는 길(7:15-23)에서 벗어나 반석 위에 집을 짓는 지혜로운 사람의 길이다. 이제 구약의 말씀, 모세와 선지자는 오직 예수의 해석, 오직 예수를 통해서만 권위를 갖는다. 이는 곧 예수를 통해 성취되고 새롭게 해석된 하나님의 말씀에 기초하여 그 생명의 열매를 맺는 종말의 새 이스라엘의 길이다. 산상수훈의 결론 부분에서 마태는 '의의 길'을 가르치는 예수의 권세(權勢)에 대해 언급한다.

> "예수께서 이 말씀을 마치시매 무리들이 그 가르침에 놀라니 이는 그 가르치시는 것이 권세 있는 자와 같고 저희 서기관들과 같지 아니함일러라"(마 7:28-29)

실로, 이 구절 이후에 나오는 8-9장에 기록된 예수의 행적은 그분의 권세의 어떠함을 드러낸다. 5-7장에서 '천국 의의 가르침'을 통해 자신의 권세의 성격과 내용을 여지없이 드러내신 예수는, 8-9장에서 치유와 기적 사건들을 통해서도 그의 권세의 본질과 내용을 선명하게 드러내신다. 주로 율법을 당대의 율법사들이나 바리새인들과는 다른 식으로, 그리고 다른 충격으로 해석하신 예수의 해석에는 힘이 있었다.

> "말씀을 마치시매 무리들이 그 가르치심에 놀라니"(7:28)

그분의 말씀에는 진실성을 거부할 수 없는 무엇이 있었다. 듣는 자들은 그 말씀의 진실함, 정직성, 그 율법을 주신 하나님의 마음이 깨끗하고 힘 있게 드러난 사실에 대하여 부인할 수 없었다. 가르침을 통해 드러난 예수의 권세는 지위 때문도 아니었고 많은 학식 때문도 아니었다. 인간의 편리와 죄성에 따라 가려지고 흐려지고 왜곡된 하나님의 율법의 말씀을, 예수는 하나님의 순결함과 능력, 그 진실함과 지혜, 그 인자와 긍휼에 따라 선명하고 충격적으로 드러내셨다. 무리들이 듣고 놀란 것은 그분의 지위나 학식 때문이 아니었다. 하나님의 진리가 하나님의 권세와 함께 드러난 그것이었다.

"삶으로 답을 써야 한다"

성경공부, 제자훈련, 그리고 수많은 설교와 성경 해석의 다양한 방법론들까지, 무릇 성경을 해석한다는 것은 산상수훈의 예수께서 제시하신 바른 해석의 기준에 순복해야 한다. 즉, 해석의 증거는 삶의 열매이다. 삶의 열매가 말씀에 대한 해석의 증거이다. 예수께서는 우리가 말씀을 제대로 해석했는가에 대한 증거로 우리가 작성한 답안지나 수료증을 보지 않을 것이다. 우리의 삶을 들여다보시고 삶의 열매들을 찾으실 것이다.

쉬운 공부는 없다. 삶으로 말씀에 응답하는 일도 결코 쉽지 않다. 가까운 모래 위가 아니라, 더 멀리 더 높이 있는 바위 위에 집을 짓는 일 같다. 넓은 길만 편히 걷는 것이 아니라, 좁고 위험스러운 길도 감히 걷기로 택하는 것이다. 말씀에 응답하기 위해 실제의 삶 속에서 어떤 손해를 결단하는가? 어떤 위험을 감수하는가? 무엇을 참고 있는가? 어떤 무관심을 극복하는가? 어떤 오해를 감수하며, 어떤 고난을 감수하는가? 예수님의 말씀에는 삶으로 답을 내야 한다.

Chapter 03

다 내게로 오라

예수의 권세와 긍휼(8-11장)

8-9장에서도, 마태는 예수께서 그분의 놀라운 권세를 드러내셨음에 주목한다. 예수께서는 주로 치유를 통해서 그분의 권세를 드러내신다. 문둥병자를 고치시고, 로마 백부장의 하인도 고치시고, 베드로의 장모의 병도 좇아내신다. 기적을 통해서도 나타나신다. 바다의 광풍도 그분의 말씀에 잔잔해진다. 또한 맹인, 벙어리, 혈루병 걸린 여인을 고치시고, 마침내 죽은 소녀도 일으키신다.

그리고 그 결과는 예수께서 바리새인과 서기관들과는 현격히 다른 내용과 방식으로 '의의 가르침' 을 가르쳤을 때와 마찬가지였다. 예수의 행적을 본 무리들은 그분의 권세의 나타남 앞에서 충격과 기이함에 떨었다.

> "그 사람들이 기이히 여겨 가로되 이 어떠한 사람이기에 바람과 바다도 순종하는고"(마 8:27)
>
> "무리가 보고 두려워하며 이런 권세를 사람에게 주신 하나님께 영광을 돌리니라"(마 9:8)
>
> "무리가 기이히 여겨 가로되 이스라엘 가운데서 이런 일을 본 때가 없다 하되"(마 9:33)

마태복음은 단순한 교리책이 아니다. 예수의 권세는 '어떤' 권세라는 식으로 간단히 정의되지 않는다. 대신, 그분이 그 권세로 가르치신 말씀들과 치유와 기적, 이스라엘 가운데서 행하신 실제의 사건들을 기록한다. 무리들의 반응을 기록한다. 당대의 교사나 축사자들, 목자들과 현격히 비교됨을 보여준다. 독자들은 간접적이지만 그분의 가르침과 행하신 일들을 읽고 들음으로써, 그 역사적 현장에서 직접 목격했던 무리들처럼 그분의 권세의 내용과 성격, 그리고 그 본질을 알아가기 시작한다. 도대체 이러한 놀라운 치유와 기적을 행하시며, 그 앞에서 '바람과 바다도 순종'(8:27)하는 그분의 권세는 무엇인가? 어디서 왔는가? 예수는 누구인가? 그리고 그분이 이러한 권세로 이스라엘 가운데 오셨다는 사실은 무엇을 의미하는가?

이러한 질문들은 마태복음을 읽으면서 자연스럽게 생기는, 마태가 의도했음직한 질문이다. 마태는 예수 당대에 그분의 가르침과 행적들을 목격한 그 '무리들' 역시 이러한 질문을 하기 시작했음을 기록한다. 마태복음은 예수의 말씀과 행적을 기록하며, 사실 이러한 질문을 심화시키고(예컨대, 11:25-27; 12:28; 16:16; 21:23-27; 22:41-46 등), 독자가 그 대답을 스스로 찾고 받아들이도록 기록되었다.

산상수훈에서 예수께서 밝히신 '더 나은 의'의 내용은 여섯 개의 반제들을 통해 구체적으로 제시되었다. 그리고 그 '더 나은 의'의 절정은 여섯 개의 반제들 가운데 마지막인 원수 사랑에 표현되어 있다(5:43-48). 마태는 그것을 "하늘에 계신 너희 아버지의 온전하심과 같은 온전함"으로 표현한다(48절). '온전함'은 율법적 완전함과는 다르다. '온전함'이란 가득 채워져 있다는 뜻이다. 특별히 어떤 관계에 있어서의 온전함이다. 산상수훈에 이어, 8-9장에서 예수 자신이 드러내는 '서기관과 바리새인들의 의보다 더 나은 의'의 핵심적인 내용은 무엇인가? 그것은 특별히 치유와 구원으로 나타나는 예수의 권세와 긍휼이다.

1. 치유하시는 목자 예수

8:1-22

예수께서 말씀을 마치시고, 산을 내려와(8:1; cf. 5:1) 병자들을 고치신다(8:1-4). 그분은 하나님의 나라와 함께 오신 의의 교사이실 뿐 아니라, 치유하시는 다윗의 아들, 치유하시는 목자이다. 8-10장은 결국 이 '치유하시는 목자' 요 '의의 교사' 이신 예수의 긍휼과 권세가 어떤 것이며, 어디로서 왔는지에 대한 믿음과 의문을 증폭시킨다.

"주여 원하시면"(2절). 문둥병자가 구했다. 몸의 질병이란 곧잘 죄에 대한 하나님의 징계이거나 어떤 악한 권세에 의해 생긴다고 믿어졌다. 예를 들어, 문둥병도 죄에 대한 하나님의 징벌로 이해되곤 했다(레 14:34; 민 12:1, 9-10; 신 24:9; 왕하 5:15). 이보다 더 중요한 것은 문둥병을 고치실 분은 오직 이스라엘의 하나님으로 여겨졌다는 점이다.

아람 왕이 그의 군대장관 나아만의 문둥병을 고치기 위해 이스라엘의 왕에게 부탁한 경우도 이와 같다. 나아만이 그 문둥병을 고친 후에 했던 고백을 들어보라.

> "내가 이제 이스라엘 외에는 온 천하에 신이 없는 줄을 아나이다"(왕하 5:15)

이스라엘의 하나님 외에 어떤 사람도, 어떤 신도 문둥병을 고칠 수 없었다. "주여 원하시면." 문둥병자의 요청은 그가 믿은 예수의 권세가 하나님의 권세와 같은 것임을 시사한다.

예수께서는 문둥병자의 청을 듣고 문둥병을 고치실 수 있는 하나님께 대신 구하지 않았다. 엘리사나 모세처럼 중보하지 않으셨다. 직접 말씀으로 고치셨다. 당시의 치유자들은 주로 마술사들이었고, 대부분 주문을 외우거나 특별한 의식을 행함으로 병자들을 고치려고 했다. 당시 민간에는 '축사자 솔로몬'(Solomon the exorcist)을 다윗의 아들(son of David)로 보는 전승도 있었다. 그러나 복음서의 예수는 당시의 축사자들처럼 주문을 외우거나 의식을 행함으로가 아니라, 마치 천지를 말씀으로 창조하신 하나님 자신처럼 단지 그분의 권세 있는 말씀만으로 병자들을 고치신다.

> "내가 원하노니 깨끗함을 받으라"(마 8:3)

제사장에게 그의 몸의 나은 것을 보이고 모세의 명한 예물을 드림으로 그 치유가 하나님께로부터 되어진 일임이 확증된다. 그분의 말씀에는 과연 천지를 창조하신 하나님의 말씀처럼, 창조하고 치유하는 생명의 능력이 있었다.

또한 예수는 병을 고치실 때 권세와 함께 그분의 긍휼을 드러내신다. 예수는 자주 소위 불가촉천민(the untouchable)에 해당하는 자들, 곧 언약 공동체의 가장 주변, 혹은 그 밖으로 몰려난 문둥병자들에게 직접 손을 대심으로 고치신다(8:3; 겔 34:7-12). 목자다운 긍휼의 표시이다. 그리고 그것은 곧 그들을 새로운 언약 공동체, 그분이 함께하는 종말의 새로운 공동체로 초대하는 하나님 자신의 손길이다. 이는 이제 이스라엘의 회복을 알리는 혁혁한 선포이며, 하나님이 직접 그분의 백성 가운데 돌아오셨음을 알리는, 새 시대를 알리는 표지였다. 이제 이스라엘은 예수를 통해 그들 가운데 다시 찾아오신 그들의 종말의 목자가 부르시는 새로운 양 무리에 들어갈 것인지를 결정해야 한다.

이처럼 그분의 권세와 긍휼은 온 열방들 위에 미칠 것이었다. 이스라엘의 회복은 이스라엘 안에서 끝나지 않는다. 그리고 그들을 부르시는 목자의 초청도 그들에게 한정되지 않는다. 그것은 이미 미가 5:1-4(마 2:6)에서 내다보았듯이, 미래의 다윗과 같은 목자가 오셨을 때 '땅 끝까지' 확장될 종말의 하나님의 통치의 특징을 반영한다. 마태는 이제 모세의 율법이나 성전에서 할 수 없었던 치유와 회복의 사건들이 예수를 통해 이루어지고 있음을 선포한다(8:4). 죄 사함과 치유와 생명의 회복은 모세의 율법과 성전 밖에서, 곧 예수를 통해 일어나기 시작한다.

그것은 하나님의 임재가 과거 이스라엘의 종교 안에 머물지 않는 새 시대의 시작을 알리는 것이다. 이는 또한 치유하는 다윗 목자의 통치가 이스라엘을 너머 온 열방까지 이르게 될 것을 강력히 시사한다. 이제 새로운 시대가 온 것이다. 마태복음 8:5-13에서 백부장의 하인을 고친 사건은 바로 이 점을 강조한다.

"또 너희에게 이르노니 동서로부터 많은 사람이 이르러 아브라함과 이삭과 야곱과 함께 천국(하나님의 통치 아래)에 앉으려니와"(마 8:11)

백부장의 하인을 고치신 이야기에서 이 11절은 특별히 흥미롭다. 구약의 예언들이나 제2성전기에 나타나는 이런 표현, 즉 '동서로부터 많은 사람이 이르러' 와 같은 표현들은 주로 포로되어 흩어진 이스라엘의 지파들을 지칭했다. 이 관용적인 표현은 이방인들까지 포함하는 것으로 이해되지 않았다. 하지만 마태가 이 표현을 사용하는 방식에는 분명히 이방인들이 포함된다. 이제 종말의 새로운 하나님의 백성이 창조되는 것이다. '동서로부터 오는 많은 사람들' 곧 흩어진 이스라엘은 단지 혈육적 · 종교적 이스라엘만이 아니다. 하나님의 참 백성으로 이해된다. 그렇다면 조건은 무엇인가? 이제 누가 하나님의 양 무리 안에 들어갈 수 있게 되는가? 이제 누가 이스라엘인가? 혈육적으로 난 이스라엘 사람인가? 소위 아브라함을 조상으로 가진 자인가? 이미 세례 요한은 당대의 선지자적 전통을 따라 혈육적인 이스라엘이 참 이스라엘이 아님을 통렬히 경고했다.

"속으로 아브라함이 우리 조상이라고 생각지 말라 내가 너희에게 이르노니 하나님이 능히 이 돌들로도 아브라함의 자손이 되게 하시리라"(마 3:9)

그러나 마태는 한 걸음 더 나아가, 이제 예수의 나타나심으로 인해 하나님의 백성이 되는 새로운 길, 참 이스라엘이 되는 새로운 길을 선포한다. 그것은 혈육적으로 아브라함을 조상으로 갖는 길도 아니고, 바리새인들의 율법을 따르는 길도 아니다.

그것은 종말의 목자이신 예수께로 나아오는 길이다. 예수 안에서 하나님께서 그들에게 오셨음을 믿고, 예수의 가르침을 받아들이며, 그의 양무리, 곧 그의 제자가 되는 자들은 누구나—이스라엘이나 이방 사람이나—이 새로운 종말의 하나님의 양 무리에 들어간다! 백부장이 자신의 하인을 고친 이야기에서 특히 강조되는 것은 백부장이 가졌던 예수의 권위에 대한 이해와 믿음이다(9절/ '권위', 10절/ '믿음'). 예수가 누구인가? 예수는 종말에 자기 백성을 찾아오신, 이스라엘의 유일한 목자가 되신 여호와 하나님 자신이다. 이제 그분은 미리 예언된 대로, 이스라엘과 열방들 가운데에서 그분의 양 무리를 모으시는 다윗 같은 목자로 세워질 것이다. 그러므로 그 권세는 곧 이스라엘과 열방들의 하나님 자신의 권세이다. 로마 백부장의 당돌한 믿음은 예수의 이러한 권세의 크기를 시사한다.

예수께서 베드로의 집에 가서 그의 장모를 열병에서 치유하신 사건은 문맥상 이스라엘에게는 보완적이고 또 따뜻한 소식이다(8:14-17). 그분은 우선적으로 이스라엘의 잃어버린 양에게 보내심을 받은 목자이다. 예수께서 베드로의 장모의 열병을 떠나게 하시는 장면도 매우 간결하게 묘사되어 있다. 예수께서 그의 손을 만지시자마자 열병이 떠나갔다(15절). 또한 '말씀으로' 귀신들을 고치시고 병든 자를 '다' 고치셨다(16절). 그분의 권세는 어떤 권세인가? 흥미롭게도 마가복음이나 누가복음에서 예수의 정체를 '하나님의 보내신 거룩한 자'(막 1:24)나 '그리스도'(눅 4:41)로 먼저 증거한 자들은 다름 아닌 쫓겨난 귀신들이다. 하지만 마태복음에서 예수의 정체를 가장 먼저 증거하는 것은 구약성경이다.

마태는 이사야 53:4를 인용하여, 예수께서 치유하시고 축사하신 큰 일이 하나님과 하나님의 보내신 그의 '기뻐하시는 종' (cf.42:1; 마 3:17)의 권세로 된 일임을 증거한다.

"우리 연약한 것을 친히 담당하시고 병을 짊어지셨도다"(마 8:17)

물론 이사야에서 자기 백성의 죄와 질병을 담당할 그 여호와의 종이 곧 장차 오실 '임마누엘' (사 7:14; 마 1:23)이며, '기묘자, 모사, 전능하신 하나님, 영존하시는 아버지' 라 불리며 '다윗의 위' 에 앉아 다스리실 자(9:6-7), 곧 '이새의 줄기에서 난 싹' (Davidic Branch, 11:1-5)임은 분명치 않다. 그러나 마태는 바로 이 다윗의 아들(1:1)이며 종말의 다윗 목자(2:6)이신 예수께서, 이 여호와의 종(마 3:17; 8:17)의 사역을 짊어지셨음을 선포한다.

이스라엘은 과연 여호와 하나님께서 그들에게 보낸 다윗의 뿌리, 그분의 종 다윗을 알아볼 수 있을까? 이제 이스라엘은 그 로마 백부장처럼 믿음으로 그분에게 나아와야 한다. 그분이 누구신가에 대한 믿음이다. 특별히 그분의 비할 바 없는 권세에 대한 믿음이다. 이제 이스라엘은 그분을 믿고 그분을 따라나서야 한다. 새 이스라엘을 향한 발걸음이다. 따라서 이제 제자도에 관한 말씀(8:18-22)이 예수의 권세에 대한 이야기들(8:23-34)과 맞물려서 기록된다.

제자들이 무리 지어 있다는 표현은 5:1 이후 8:21에서 다시 부각된다. 제자들의 무리가 이미 예수를 따르고 있었다. 예수께서는 이들에게 매우 대담한 말씀을 하신다. 그가 가는 길도, 그를 따르는 길도 결코 안락함이 보장되는 곳이 아니다(8:19-20). 인자는 '머리 둘 곳' 도 없으시다(8:20). 그를 따라나선다는 것은 때로는 안락함에 대한 포기일 뿐 아니라, 가족이나 친척들과 같은 기존의 사회적 관계들에 대한 단절을 의미한다. 이 세상에서는 어디나 누구에게 기대어 쉴 곳을 찾지 못하는 길이다. 제자도는 예수에 대한 지식에 근거한다.

이것이 예수를 따르는 길은 동시에 유일한 생명의 길임이 담대히 선포되고 있는 이유이기도 하다(8:21-22). 이런 선언은 너무도 담대하다. 예수를 따르지 않는 사람들은 영적으로 죽은 사람들이다. 영적으로 죽은 사람들이 육적으로 죽은 사람을 장사지내는 일은 그것이 아무리 도덕적으로 옳아도 영적으로는 죽은 자들의 일이다. 관습이나 사회적 인정과 명예, 그리고 그들의 기준으로 불경하다는 평판조차도, 예수를 따라나서는 일과는 견줄 수 없다.

예수의 이런 요구는 담대함의 수준을 넘어선다. 구약에서 엘리야 선지자는 엘리사가 그를 따라나서기 전에 그의 부모에게 작별할 것을 허락했다(왕상 19:19-21). 이런 유사한 사례로서, 에스겔로 하여금 자기 아내의 죽음을 위해 곡하는 것을 금하신 하나님의 경우가 있다(겔 24:15-24). 당시의 율법적 관례를 깨고, 하나님께서 이스라엘에 임할 심판을 경고하시기 위해 에스겔로 하여금 곡하는 것을 금하셨다. 오직 하나님께서나 그렇게 하실 수 있는 명령이다. 예수께서 하신 명령은 그 요구를 중심으로 모든 삶의 우선순위들을 재조정하라는 것이다. 과연 이런 절대적 제자도의 요구를 하시는 예수는 누구이며, 그분은 어떤 권세로 이런 요구를 하시는가?

삶으로 내리는 뿌리

"누구를 위한 힘이요 권세인가?"

예수의 비할 바 없는 권세는 긍휼로 드러난다. 예수의 권세는 하나님의 권세이다. 그리고 그 하나님의 권세는 치유와 자비로 드러난다. 공동체의 가장 변두리에 있거나 그 밖으로 쫓겨난 자들에게 그분의 따뜻한 권세, 놀랍고 기이한 권세가 드러난다. 특별히 그들을 치유함으로 드러난다. 긍휼로 드러나는 권세는 원래 온 세상을 창조하시는 하나님의 권세처럼, 민족적 편견이나 제한을 넘어선다.

사람들이 손에 쥔 권세는 종종 차별과 배제를 위해 쓰인다. 예수의 권세는 사람들의 제도나 권세에 의해 쫓겨나고 배제된 자들을 향한 긍휼과 자비로 드러났다. 힘과 권세가 주어진다는 것은, 그것으로 섬길 사람들이 있기 때문이다. 예수께서 보여주시는 권세는 모두 이런 식으로 사용되고, 이런 식으로 드러난다.

힘과 권세가 주어진다는 것은 그것으로 스스로를 자랑하고 교만해지라고 주어지는 것이 아니다. 이스라엘이 회복되고 하나님의 교회가 회복된다는 것도 스스로를 위한 것이 아니다. 하나님의 심장 한가운데는 쫓겨난 자, 버림받은 자, 어둡고 추운 데서 죽어가는 열방들이 자리 잡고 있다. 예수께서는 자신에게 주어진 비할 바 없는 하나님의 권세가 어떻게 쓰여져야 하는지 잘 아셨다. 우리에게 주어진 힘과 여유, 능력과 권세는 누구를 위해 어떻게 쓰여지고 있는가?

2. 비할 바 없는 예수의 권세

8:23-9:8

따라서 제자도에 대한 말씀은 자연스럽게 예수의 비할 바 없는 권세와 그가 가져오실 수 있는 것에 대한 이야기들로 옮겨간다(8:23-9:34). 후자가 없다면 전자를 이해할 수도 받아들이기도 어렵기 때문이다. 그분은 누구신가? 제자도에 대한 말씀과 바로 뒤이어 나오는 예수께서 바다의 풍랑을 잔잔케 하신 기사는 서로 밀접하게 연결되어 있다. 머리 둘 곳도 없으신 예수를 따르는 제자의 길, 부친을 장사할 일도 그대로 두고 좇아야 할 제자의 길, 그 길은 예수의 비할 바 없는 권세와 능력(8:23-34), 그분의 죄사하심의 권능(9:1-8), 긍휼(9-13), 그리고 죽은 자도 일으키시는 생명의 주를 목격하는 길(14-34)이다.이 예수로 말미암아, 그리고 예수 앞에서 자연과 귀신들, 보이고 보이지 않는 세계, 율법과 종교와 그리고 죽음까지도 뿌리 채 흔들린다. 과연 그분은 이 세상 어디에서도 쉴 곳을 찾을 수 없는 크신 분이며, 그분을 따르는 것은 그 어떤 일보다 우선될 가치가 있다.

마태는 "너는 나를 좇으라"(8:22)하신 예수의 말씀 뒤에, 그분이 배에 오르자 "제자들이 좇았더니"(8:23)라고 기록한다. 예수께서 자신을 보여주실 것이다. 그들이 배에 오르자 큰 풍랑이 일었고, 물결이 배를 뒤덮는다. 고대사회에서 바다는 종종 마귀와 귀신들의 처소로 여겨졌다. 예수께서 바다를 제압하시는 것은 단지 자연을 제압하심만은 아니다. 그래서 바로 뒤를 이어 무덤에 거하던 군대 귀신을 제압하는 이야기(28-34절)도 지금 바다를 잔잔케 하신 기사와 밀접한 연관이 있다.

제자들은 당황했고, 꾸지람을 들었다. '적은 믿음'(26절)이란, 믿기는 믿지만 시련과 위기가 닥쳐왔을 때 능력을 발휘하지 못하는 믿음이다. 예수를 좇아 따라나섰지만, 그분이 누구신지, 과연 어떤 권세를 가지신 분이며 진정으로 누구신지 알지 못하는 믿음이다. 구약성경에서, 바다는 오직 그것을 창조하신 하나님에게만 순복한다(욥 38:8-11; 시 29:3-4; 65:5-7; 89:8-10; 93:4; 107:23-32). "주께서 바다의 흉용함을 다스리시며 그 파도가 일어날 때에 평정케 하시나이다 주께서 라합을 살육당한 자같이 파쇄하시고 주의 원수를 주의 능력의 팔로 흩으셨나이다"(시 89:9-10; 흥미롭게도 시 89:3-4는 '다윗의 자손'과 그에게 약속하신 영원한 왕권[삼하 7:12-16; 마태 1:1; 2:6]을 찬송한다).

한편 바다에 광풍이 일고 제자들은 놀라는 중에, 예수께서는 배에서 주무시고 계셨다(마 8:24). 신적 존재가 잠을 잔다는 표현은 그의 통치력을 암시하기도 한다. 예컨대, 이사야는 여호와께서 깨셔서 다시 구원해 주시기를 위해 간구한다.

"여호와의 팔이여 깨소서 깨소서 능력을 베푸소서 옛날 옛 시대에 깨신 것 같이 하소서 라합을 저미시고 용을 찌르신 이가 어찌 주가 아니시며 바다를, 넓고 깊은 물을 말리시고 바다 깊은 곳에 길을 내어 구속 얻은 자들로 건너게 하신 이가 어찌 주가 아니시니이까?"(사 51:9-10)

잠에서 일어나셔서 제자들의 적은 믿음을 꾸짖으시며, 예수는 단지 그분의 말씀만으로 바다를 잔잔케 하시는 권세를 보이신다(8:26). 제자들은 과연 이 이가 누구라고 이해해야 했을까? 그들이 무엇을 알았어야, 그들의 믿음은 비로소 적지 않고 큰 믿음이 될 수 있었을까? 그들은 기이하게 여기며 소리쳤다. "이 어떠한 사람이기에 바람과 바다도 순종하는고"(8:27).

오직 천지를 지으시며 다스리시고 이스라엘을 구원하신 여호와 하나님께서만 하실 수 있는 권세와 능력으로, 예수는 계속해서 기이한 권능을 행하신다. 예수께서 바다를 잔잔케 하신 사건과 가다라의 귀신을 제압하신 사건은 여러 모로 밀접한 연관을 갖는다. 예수께 돼지 떼로 들어갈 것을 간구한 귀신들은 결국 바다에 들어가서 몰사한다(8:32). 예수께서 잔잔케 하사 제압하신 바다이다(8:26). 마태의 내러티브 안에서 귀신들의 소굴인 이 바다로 상징되는 악의 권세는 점차 죄의 문제와 더불어(9:1-13), 죽음의 문제에서 절정에 이른다(9:23-26). 바다를 제압하신 분이 귀신들을 제압하시고, 죄에서 죄인들을 해방하시며, 죽음에서 소녀를 일으키신다. 그분은 누구신가? 그분은 과연 모든 것을 제쳐두고 따를 만한 분이 아니신가?

바다를 말씀으로 제압하신 예수를 보고 이를 기이히 여긴 제자들이 '이 어떠한 사람이기에' 라고 놀라며 했던 질문(27절)은, 예수를 맞닥뜨린 그 무덤가의 귀신들의 입에서 그 답을 얻는다.

"이에 저희가 소리질러 가로되 하나님의 아들이여 우리와 당신과 무슨 상관이 있나이까"(마 8:29)

제자들도 확실히 알 수 없었던 예수의 정체가 귀신들의 입을 통해 증거된다. 사람들은 모르고 믿지 않는데, 귀신들이 알고 굴복한다. 귀신들은 예수의 권세에 굴복한다.

그러나 사람들은 예수의 권세와 능력을 보고도 쉽게 믿거나 순복하지 않는다. 가다라 지방의 이방인들은 예수께서 무덤가의 귀신들을 제압하시고 멸하신 사건을 보고도 그분을 영접하거나 거기 유하기를 구하지 않았고, 도리어 예수를 만나려고 나가서 보고도 그 지방에서 떠나시기를 간구했다(34절). 믿음도 예수를 따르는 일도 모두의 것은 아니다. 이스라엘 중에서도 이방인들 가운데서도, 모두가 예수를 알고 그분의 권세를 알고 믿으며 따르는 것은 아니다.

제자들이 믿고 따를 만한 예수의 매력은 또 다르게 나타난다. 그는 바다와 귀신들을 제압하는 권세만을 가지지 않으셨다. 그분의 권세는 또한 죄를 사하는 권세이다. 바다보다, 귀신들보다 더 억세게 사람들을 제압하고 가두며 고통하게 하는 죄의 강력을 예수가 파하신다. 침상에 누워 사람들에게 들려 온 중풍병자 이야기도 오직 예수의 권세의 특별함에 그 초점이 맞추어져 있다(9:1-8).

"무리가 보고 두려워하며 이런 권세를 사람에게 주신 하나님께 영광을 돌리니라"(마 9:8)

'이런 권세' 는 어떤 권세인가? 성경적인 관점에서 병과 죄는 자주 연관된다. 물론 어떤 사람의 병이 직접적으로 죄가 원인이 되었다고 판단할 수는 없지만(예컨대, 욥의 경우), 궁극적으로 병은 죄와 죽음이 지배하는 세계 아래서 일어나는 현상이다. 그래서 병은 죽음의 증상이다. 죽음은 죄로 인해 온 것이다. 그것이 성경적인 관점이다. 이런 식으로 예수께서는 병을 고치시면서 또한 죄를 없이 하신다(참고. 마 1:21; 8:17; 26:28). 그분의 치유 사역은, "자기 백성을 저희 죄에서 구원할 자이심이라"는 말씀을 뒷받침한다(마 1:21). 병은 증상이지만 죄는 원인이다. 그분의 죄 사하시는 사역이 더 근본적이다.

예수께서는 이것을, 중풍병자에게 '죄 사함을 받았다'는 말과 '일어나 걸어가라'는 말을 하는 것 중 어느 것이 쉽겠느냐고 물으심으로(5절) 드러내신다. 그래서 6절에서 예수께서 "세상에서 죄를 사하는 권세가 있는 것을 알게 하시려 하신다"는 말씀을 하신다. 예수는 언제, 어떻게 이 권세를 받았는가? '죄 사하는 권세를 가진 인자'의 배경은 아마도 다니엘 7:13-14일 것이다. '세상에서'라는 것은 이 천상적 존재, 곧 하나님께로부터 권세와 영원한 나라를 받을 그 종말의 '인자(사람) 같은 이'가 이제 땅에 나타났음을 말한다.

특별히, 사람의 죄를 사하실 수 있는 권세가 있으신 오직 한 분이신 하나님은 하늘에 계시지만, 이 땅에서는 그 '모든 권세'(cf. 마 11:27)를 아버지께로부터 받으신 '인자'가 '죄 사하는 권세'도 있음을 드러낸다. 그 종말에 오실 인자가 이미 하나님께로부터 모든 권세를 받았고, 이제 땅에 오셨는데, 아직은 구름을 타고 오신 것이 아니다. 그럼에도 그는 이미 '죄 사하는 권세'를 행하고 계시다.

그러므로 중요한 점은, 예수께서 병을 치유하셨다는 사실보다 그분에게 죄를 사할 권세가 있다는 사실이다. 다른 공관복음서들은 서기관들이 "오직 하나님 한 분 외에는 누가 능히 죄를 사하겠는가?" (막 2:7; 눅 5:21)라고 생각했음을 기록한다. 실로, 하나님 외에 누가 사람의 죄를 사할 권세가 있는가? 그리고 지금 예수께서는 죄 사함을 위하여 그 중풍병자에게 속죄제물도 요구하지 않으신다. 그저 '저희의 믿음을 보시고' (2절) 행하셨다. 예루살렘 성전에서 바쳐지던 제물은 어떻게 될 것인가? 이제 속죄함이 성전 바깥에서 예수를 통해 이루어지고 있다. 예수는 실로 '성전보다 크신 이' 이다(마 12:6). 병 나음이 그 증거이다. 실로 놀라운 권세이다.

예수께서 이 땅에서 죄 사하는 권세를 가지고 있다는 것을 마태복음의 내러티브 안에서 확인할 수 있는 가장 근접한 대목은 아마도 3:13-17일 것이다. 예수는 이미 성령으로 잉태되신 하나님의 아들로서(1:20) '자기 백성을 저희 죄에서 구원하실 자' 라는 의미로 '예수' 라는 이름을 받았다(1:21). 그의 사역의 내용, 곧 자기 백성을 저희 죄에서 구원하실 자라는 직분과 그의 특별한 존재, 곧 성령으로 잉태되셨다는 사실 사이에 밀접한 관련이 있다.

이 점은 3장에서 예수께서 백성들의 죄를 대신하여 세례를 받으시고 (15절) 물에서 올라오실 때, 성령이 내려와 그의 위에 임하신 사실(16절)에서 확증된다. 하늘이 열리고 성령께서 예수 위에 임하셨다는 것은, 이제 그가 새로운 종말의 성전이 되었다는 것을 암시한다. 성전이란 그 안에서 죄 사함과 새 생명, 곧 하나님의 임재와 함께 거하는 삶을 보장하기 때문이다. 이제 예수께서 바로 그 역할을 하신다. 그러므로 마태복음의 문맥상 예수께서 죄 사함의 권세를 가지셨다는 것은, 그가 세례를 받으신 것과 성령께서 그 위에 임하신 사실과 밀접한 관련이 있다. 그가 백성을 대신하여 세례를 받으신 사실을 하나님께서 인정하시고, 그분의 성령으로 그 위에 임재하신 것이다.

한편, 중풍병자는 기대하지도 않았던 은혜를 얻었다. 그는 단지 자기의 병을 고치러 예수를 찾았다. 그런데 그는 결국 죄 사함을 얻었다. 그는 자기 병의 궁극적 원인도 알지 못했다. 그는 기대치 않은 것을 알았고, 또 얻었다. 예수께로 가면, 가기만 하면, 그분은 우리가 깨닫지 못하는 필요, 그분이 보시는 필요까지 채우신다.

이 예수는 누구신가? 후에 마태는 이것을 마치 결혼을 해서 신랑을 얻은 것 같은, 새 포도주를 얻은 것 같은(9:14-17) 막을 수 없는 기쁨의 근원이라고 말한다. 예수를 따르는 것은, 죄 사함의 권세가 있으신 분을 따르는 것과 같다. 예수를 따르는 것은 마치 결혼을 하여 신랑이 신부를, 신부가 신랑을 만나는 것과 같다. 예수를 따르는 것은 마치 헌 부대에 담을 수 없는 새 포도주를 얻는 것과 같다. 과연 그를 따를 만하지 않은가? 바다와 귀신을 제압하고 죄인들을 그 죄의 권세와 병의 고통에서 건지시는 이 권세 있는 예수는 동시에 참으로 긍휼이 넘치는 자비하신 목자이다. 그분의 권세와 긍휼, 이것이 목자 되신 예수의 모습이다. 마태복음 9:9-13은 예수의 또 다른 모습을 보여주면서 그분을 따른다는 것이 무엇인지 또 다른 측면을 보여준다(참고. 마 8:18-22).

"언제나 어디서나 예수께로 나아오라"

예수는 권세자이다. 그분은 귀신들을 제압한다. 그분은 자연도 제압한다. 그분은 모든 악한 영들을 제압하신다. 그분은 권세자이시다. 그분의 권세는 병도 제압한다. 죄의 결과도 제압하시기 때문이다. 그뿐 아니다. 죽음도 그 앞에서는 꼼짝을 못한다. 죽음도 자기가 사로잡은 자를 내줄 수밖에 없다. 예수는 놀라운 권세자이다. 하나님 외에, 누가 이런 권세를 받았는가?

그런데 더 놀라운 것은 예수께서 이 비할 바 없는 권세를, 치유하시며 살리시며 긍휼을 베푸시며 용서하시고 회복하시는 일로 사용하신다는 점이다. 누구나, 어디서나, 그분에게 나아가기만 하면, 뜻밖의 은혜, 기대보다 더한 은혜, 바라던 것에 넘치는 은혜를 얻는다. 병을 고치러 나아갔다가 죄 사함을 얻는다. 치유 받으러 나아갔다가 하나님을 만난다. 그를 따라나섰다가 죽음을 이기시는 유일무이(唯一無二)한 이분을 뵙는다.

예수께 나아오는 대가는 상상을 초월한다. 예수께 나아오라. 기대에 넘치는 은혜를 얻는다. 언제, 어디서든 예수께 나아오라. 그 어떤 좌절과 낙심의 순간에도, 그 어떤 절망의 끝에서라도, 예수께 나아오기만 하라. 과연 풍랑이 잔잔해지며, 혼미함과 어두움이 물러간다. 예수께 나아오기만 하라. 그대는 죽음도 굴복시키는 그분과 함께, 드디어 생명의 바다 위를 걷게 된다. 언제나, 어디서나, 예수께로 나아오라.

3. 예수, 막을 수 없는 기쁨

9:9-17

예수 당시의 식탁교제는 단순히 음식을 먹는 자리가 아니었다. 그것은 종교적, 문화적, 신분적 구별의 표시였다. 바리새인들은 소위 '죄인'으로 분류된 사람들과는 더불어 앉아 식사하지 않았다. 당시의 바리새적 유대교는 율법의 여러 가지 조목들로 죄인들을 구분했다. 단지 정결례를 지키지 않았거나 할라카('해설된 율법')에 따른 규정들을 어겼기 때문만이 아니라, 심지어는 직업에 의해서도 '죄인'으로 규정되기도 했다.

예컨대, 이발사는 여성의 머리를 자주 만짐으로 유혹에 떨어지기 쉽다는 이유로, 목자는 양을 도적질할 기회가 많다는 이유로, 그리고 의사는 쉽게 환자를 속일 수 있다는 이유 등으로 무슨 죄를 짓기도 전에 이미 '죄인들'로 분류되었다. '세리와 창기'의 경우는 더 특별하다. 그들은 아마도 당시 로마의 지배체제 아래서 그들과 매우 가까이 붙어서 살아가는 자들로 거의 이방인처럼 취급되었을 것이다.

그러므로 예수께서 세리의 집에 들어가시거나, 거기서 죄인으로 불리는 사람들과 함께 더불어 식사를 했다는 사실은, 바리새인들과 바리새인들의 율법적인 종교 체계에 대한 강력한 심판의 행위와도 같았다. 그들이 정해 놓은 죄인의 구분과 종교적 차별과 질서를 바닥에서부터 흔드는 행위였음에 분명하다. 무엇인가 새로운 일이 일어나고 있다. '세상에서 죄를 사하는 권세' 를 가진 '인자' (9:6)가 바리새인들이 그들의 율법 해석을 따라 죄인으로 규정한 사람들과 잔치를 벌이고 있다.

13절에서 명확히 말씀하시는 대로, 예수는 자신이 '죄인들을 부르러 왔다' 고 선언하신다. 에스겔이 바라본 이스라엘 회복의 비전에서, 종말에 자신의 양을 직접 찾으러 오시겠다고 하신 분은 사실 여호와 하나님 자신이다.

> "나 주 여호와가 말하노라 나 곧 내가 내 양을 찾고 찾되"(겔 34:11)
>
> "그 잃어버린 자를 내가 찾으며 쫓긴 자를 내가 돌아오게 하며 상한 자를 내가 싸매어 주며 병든 자를 내가 강하게 하려니와 살찐 자와 강한 자는 내가 멸하고 공의대로 그것들을 먹이리라"(겔 34:16)

잃은 자를 찾으며, 상한 자를 싸매는 일이 곧 그들을 짓밟고 울타리 밖으로 밀쳐낸 살찐 자와 강한 자에 대한 심판이 된다. 소위 당시의 '죄인들' 과 벌였던 예수의 식탁교제요 잔치는, 동시에 '살찐 자와 강한 자' 에 대한 강력한 심판의 경고였다.

예수는 이제 잃어버려진 바 된 이스라엘, 곧 여호와 하나님의 양 무리를 찾으러 오시겠다고 약속하신 하나님 자신의 뜻을 성취하신다. 그 약속을 자신이 이행하신다. 사람들이 목격한 죄 사하는 인자의 권세(9:8)나 지금 바리새인들이 목격하는 예수의 행동은 곧 하나님 자신의 권세로 행해지는 일이다. 하나님께서는 바리새인들의 임의적인 율법 해석에 따라 죄인이 된 자들을 그분의 공동체 안으로 회복하신다.

이제 바리새인들은 설 자리가 없어진다. 그들의 율법 해석도 근본적으로 도전받는다. 사람들은 죄를 지을 때, 그저 죄를 짓지 않는다. 죄가 오래되면 그 죄를 정당화하기 시작한다. 처음에는 부끄러워하지만 나중에는 그 수치심도 사라지고, 그 죄를 죄가 아니라고 정당화하기 시작한다. 죄에 대한 정당화, 이것이 바리새인들의 율법 해석에 작용하는 내적 동기였다. 하나님의 긍휼에 불타는 예수의 불꽃 같은 눈은 이들의 거짓된 동기와 교묘한 정당화의 심장부를 꿰뚫어 보신다. 참 사랑은 늘 진리와 함께 동행(同行)하기 때문이다.

이에 예수께서 그들에게 말씀하신다. "너희는 가서 내가 긍휼을 원하고 제사를 원치 아니하노라 하신 뜻이 무엇인지 배우라"(13절). 이미 호세아 선지자를 통해 말씀하고 있는 바와 같이, 율법이 정한 제사제도, 아니 율법 전체에 나타난 하나님의 뜻이 무엇인가는 자명했다(호 6:6). 바리새인들은 모세의 율법은 붙들었지만, 그것을 넘어서 선지자들을 통해 나타내신 하나님의 뜻과 계획과 같은 역사적 전망, 종말론적인 비전은 놓치고 말았다. 이제 예수께서는 구약 선지서에 이미 드러난 율법의 중심적 의미가 곧 하나님의 긍휼이며, 이웃 간의 긍휼이라는 점을 밝히 드러내신다(cf. 마 22:34-40, '가장 큰 계명').

그뿐 아니다. 예수께서 인용하신 "제사를 원치 아니하노라" 하신 말씀은 단지 긍휼이 제사제도를 통해 나타난 하나님 뜻의 핵심이라는 의미를 넘어서, 이제 죄인들을 위한 제사제도가 더 이상 필요하지 않은 때가 이르렀음을 암시한다. 세상에서 죄를 사하는 권세를 가지신 분(9:6)이 이미 성전 밖에서, 제사제도 밖에서 죄 사함으로 병자를 고치신다(9:5). 이후에 유대교의 랍비들은 호세아 6:6을 인용하여 예루살렘 성전의 멸망과 부재(不在)를 정당화하기도 했다. 예수께서는 이제 자신 안에서 죄인들이 하나님과 화목한 잔치를 벌일 수 있다는 복음을 몸소 보여주셨다. 그것은 그분께서 죄 사하는 권세를 가지셨기 때문이다. 예수께 있어서 죄 사함은, 곧 구약 제사제도를 통해 나타난 하나님의 뜻인 긍휼의 성취이다.

'의인을 부르러 온 것이 아니라' (13절)는 말씀은, 바리새인들처럼 스스로 의인이라고 생각하는 자들, 스스로 건강하다고 생각하는 자들에게 아무런 구원의 기회가 없다는 뜻은 아니다. 예수께서는 그들도 부르셨다. 그들에게도 얼마든지 기회가 있었다. 그렇지 않았다면, 예수께서 그들에게 "긍휼을 원하고 제사를 원치 아니하노라 하신 뜻이 무엇인지 배우라" 고 말씀하실 필요도 없다. 예수의 하시는 일과 천국의 복음을 받아들이기 위해서는, 스스로 죄인이며 스스로 병들었다는 사실을 깨닫고 인정해야 한다. 복음을 듣고 구원을 얻을 기회는 결국 그 스스로가 닫고 또 여는 것이다. 자신의 구원을 방해하는 것은 그 자신의 완악함일 뿐이다.

예수의 식탁교제는 그대로 예수가 전한 복음이다. 예수께서 마태라 하는 세리의 집에 들어가 죄인들과 먹고 마시면서 바리새인들을 향해 하신 이 말씀은 예수의 사역을 상징적으로 요약하기 때문이다. 율법의 핵심은 사랑, 곧 긍휼이다. 마태는 이미 예수께서 율법을 하나님 사랑과 이웃 사랑으로 요약했다고 기록한다(마 22:34-40). 곧 긍휼이다. 율법의 핵심이 긍휼이다. 이런 점에서 예수께서 죄인들과 함께 하신 식탁교제는 그 자체가 '행동화된 설교' 이다(마 9:10-13).

예수께서 자주 베푸신 이 세리와 죄인들과 함께 하는 식탁교제는 당시 대중들에게 큰 반향을 가져왔음에 틀림없다. 당시 유대의 지도자들에게는 더할 수 없는 큰 도전이 되었다. 그 죄인과 세리들은 그들의 율법적 시스템에 의해 언약 공동체의 가장 주변, 혹은 그 밖으로 밀려난 자들이었다. 그들을 하나님의 아들과의 교제 가운데로 불러들이는 것은, 곧 그들의 율법적 시스템을 부인하는 셈이었기 때문이다. 당시 유대교 안에서 식탁교제는 종교-사회, 그리고 정치적인 행동이었다. 따라서 스스로 메시아적인 관심을 한데 모으던 예수께서 죄인들과 식탁교제를 하는 것은, 곧 당시의 유대교, 특별히 바리새인들에 의해 주도된 체제를 밑둥지에서부터 뒤흔드는 사건이었다.

당시 대중적인 영향력을 바탕으로 정치적 권력에도 가까웠던 바리새인 그룹의 힘은 '할라카' 나 구전 모음집으로 정리되기 시작한 그들의 활발한 율법 해석과 적용 활동에 있었다. 그들은 성전에서 적용되던 거룩의 기준들을 다소 완화된 형태로 대중들에게 가르쳤는데, 그들의 율법 해석은 곧 대중들의 종교-사회적 신분을 결정하는 기준이 되었다. 그들은 이른바 대중의 목자들로서 저들을 지도하고 인도하는 자들이 되었는데, 예수는 이들의 가르침을 신랄하게 비판한다. 그것은 그들의 율법 해석이 단지 그 핵심을 벗어났을 뿐 아니라, 권력을 향한 그들의 외식과 물질에 대한 탐욕으로 크게 왜곡되었기 때문이었다. 그로 인해 언약 백성으로서의 이스라엘은 율법에서 떠났을 뿐 아니라, 지도자들의 부패로 인해 더욱 비참한 상황에 놓이게 되었다.

이스라엘의 포로기에 대한 그들의 이해는 '신명기 사관(史觀)' , 곧 죄에 대한 징벌과 율법에 대한 순종이 역사의 회복을 가져온다는 역사관에 의해 지배되었는데, 이스라엘이 고토로 돌아와 성전을 재건했어도 아직 율법에 대한 참된 이해와 순종을 회복하고 있지 못했던 것이다. 특별히 대중들에게 막강한 영향력을 행사하고 동시에 정치적으로도 힘을 발휘했던 바리새인들이 빠졌던 권력욕과 탐욕의 부패 정도는, 제2성전의 재건과 상관없이 이스라엘의 원래의 사명에 비추어 결정적인 실패였다.

마태는 이제 예수가 새로운 다윗의 아들, 곧 메시아로서 이스라엘의 거짓 지도자들을 심판하고, 백성을 개혁하며, 하나님의 새로운 언약 공동체를 창출한다고 선언한다. 그리고 그 사명을 맡은 예수의 사역의 가장 현저한 특징이 바로 그가 자주 베풀었던 죄인들과의 식탁교제에서 드러난다(9:10-13). 예수께서는 이스라엘의 목자이신 여호와 하나님 자신이 예고하신 대로, 그 언약 공동체에서 가장 피폐해진 사람들, 곧 잃어버린 자들을 찾아 나서심으로 종말을 가져오신다(겔 34:11-12, 15-16). '잃은 자와 쫓겨난 자' 들을 데려오고, 병든 자들과 약한 자들을 치유하며 회복하는 것, 그것은 종말의 목자의 최우선순위 사역이며, 곧바로 율법의 핵심, 곧 긍휼을 가르치고 회복하는 가장 효과적인 사역이었다.

마태복음을 연구하는 많은 학자들은 오랫동안 마태복음에서 '다윗의 아들' 이 왜 그렇게 자주 치유(healing) 사건들과 연관되어 나오는지 의아해 했다. 정치적 메시아로 이해되었던 다윗만 생각하면 이는 수수께끼가 아닐 수 없다. 그러나 장차 오실 종말의 다윗의 아들이 '치유' 의 사역을 핵심으로 한다는 사실은, 이미 구약의 '종말의 다윗 목자 전승' 에서 종말에 이스라엘의 목자이신 여호와의 사역으로 생각되고 있었다. 장차 여호와께서 직접 그분의 양무리를 찾아오셔서 회복의 사역을 할 것인데, 그는 우선 '잃은 자를 찾는' 사역을 하시며, 그 다음 중요한 사역으로는 그들을 '치유' 하실 것이 언급된다(겔 34:4, 16).

"상한 자를 내가 싸매어 주며 병든 자를 내가 강하게 하려니와"(겔 34:16)

이제 이스라엘에 종말이 왔고, "나 주 여호와가 말하노라, 나 곧 내가 내 양을 찾고 찾되" (겔 34:11; cf. 16절)라고 하셨던 이스라엘의 참 목자 자신이 직접 오시는 것이다. 그리고 그 사역은 정확히 이스라엘의 거짓 목자들이 실패한 사역을 역으로 뒤집는 신적 역전의 사역이 될 것이었다. 즉, 종말에 오실 '여호와-목자' 는 '양 무리를 먹이지 않고 양 무리를 먹는' (겔 34:3) 이스라엘의 거짓 목자들이 행하지 않았던 모든 잘못된 통치를 친히 뒤집는(divine reversal) 목양적 사역을 하시는데, 그 내용은 다음과 같다(겔 34:4, 16)

4절: 너희가(이스라엘의 목자들)…아니하며	16절: 내가(여호와) 친히…할 것이라
a. 연약한 자를 강하게 아니하며	e'. 잃어버린 자를 내가 찾으며
b. 병든 자를 고치지 아니하며	d'. 쫓긴 자를 내가 돌아오게 하며
c. 상한 자를 싸매어 주지 아니하며	c'. 상한 자를 내가 싸매어 주며
d. 쫓긴 자를 돌아오게 아니하며	b'. 병든 자와
e. 잃어버린 자를 찾지 아니하고	a'. 약한 자를 강하게 하며
('다만 강포로 그것들을 다스렸도다')	('살진 자와 강한 자는 내가 멸하고')

여기서 종말에 오실 '여호와-목자' 가 다루는 양 무리는 모두 6개의 다른 그룹으로 나뉜다. (i) '약한 자' (הנחלות; LXX, τὸ ἠσθενηκός, 4절); (ii) '병든 자' (הַחוֹלָה; τὸ κακῶς ἔχον, 4절; τὸ ἐκλεῖπον, 16절); (iii) '상한 자' (נִשְׁבֶּרֶת; τὸ συντετριμμένον, 4, 16절); (iv) '쫓긴 자' (הַנִּדַּחַת; τὸ πλανώμενον, 4, 16절); (v) '잃어버린 자' (הָאֹבֶדֶת; τὸ ἀπολωλός, 4, 16절); 그리고 이 다섯 그룹과는 전혀 대조적인, (vi) '살진 자와 강한 자' 들로서 위에 언급된 양들을 불의로 강포하게 다스린 자들이다.

여기서 종말에 오실 '여호와-목자' 가 친히 행하시는 일은 이스라엘의 거짓 목자들이 했던 잘못된 통치를 역순으로 뒤집는 일인데, 그 결정적인 시작이 '잃어버린 자를 찾는 사역' 임을 알 수 있다. 이 부류는 언약공동체에서 가장 변두리로 밀려난 '쫓겨난 자들' (outcast)과 함께 아예 언약 공동체 '밖으로' 밀려난 이들을 말한다. 종말의 목자는 이 파괴된 공동체를 회복함에 있어 가장 피해가 큰 '잃은 자' 와 '쫓긴 자' 들에게 먼저 찾아간다. 그러므로 만일 이스라엘에 '그 종말의 목자' 가 임하게 된다면, 그의 가장 특징적이고 우선적인 사역은 곧 '잃은 자' 를 찾는(אֲבַקֵּשׁ אֶת־הָאֹבֶדֶת; LXX, τὸ ἀπολωλὸς ζητήσω, 4, 19절) 목자의 사역이 될 것이었다(cf. 마 9:9-13).

이렇게 '잃은 양을 찾는' 사역을 특징으로 하는 종말의 목자는 또한 양 무리들 가운데 상한 자와 병든 자를 싸매고 치유하실 것이다. 에스겔 34:16에서 여호와께서 종말의 목자로서 하시겠다고 하신 일들은, 가장 급박한 잃어버린 자를 찾는 사역에서부터 점차로 공동체를 회복하는 사역으로 옮겨간다는 사실을 보여준다. 그 중에 상한 자를 '싸매어 주며' (חָבַשׁ; LXX, καταδέω, 4, 16절), 병든 자를 '고치며' (רָפָא; LXX, σωματοποιέω, 4절), 또한 약한 자를 '강하게 하는' (חָזַק; LXX, ἐνισχύω, 4, 16절) 사역은, 흩어지고 '잃어버린 바 된' 이스라엘을 회복하기 위하여 오실 '그 종말의 목자' 가 치유(healing)의 사역도 하게 될 것을 명확히 하고 있다.

후에, 마태복음은 예수께서 열두 제자들에게 " '이스라엘의 잃어버린 양' 에게 가라" 고 명하고 있음을 기록한다(마 10:6). 여기서 '이스라엘 집의 잃어버린 양' 은 이스라엘 가운데 '잃어버린 양들' 에게 먼저 가라는 뜻이기도 하지만, 이스라엘 전체가 '잃어버린 양' 임을 의미하기도 한다. 이스라엘 전체가 잃어버린 양이고, 예수께서 제자들에게 '잃어버린 양에게로 가라' 는 것은 곧 그분이 이스라엘 전체를 회복하고자 오신 종말의 그 목자, 곧 여호와 자신의 역할을 담당하셨음을 암시한다.

이렇게, '그 날에' 오리라고 약속되었던 '다윗의 아들' 은 구약에서 이미 이러한 이스라엘의 참 목자의 이미지와 결합하여 그들의 영원한 목자이신 여호와 하나님의 사역을 대신하도록 되어 있었다. 마태는 이제, 바로 이 예수가 기다려왔던 그 종말의 목자, 곧 그들의 하나님이시며(8-9장), 그분이 새로운 다윗 같은 목자로서 새로운 양무리 위에 영원한 목자요 왕으로 세워질 것이라고 선포하는 것이다(마 2:6; 28:16-20; cf. 겔 34:23-24; 37:24-27).

그러므로 마태복음 8-9장에서 증거되는 예수의 치유하는 권세는 바로 다름아닌 이스라엘의 참 목자이신 여호와 하나님 자신의 권세인 것이다. 그분이 잃은 자들을 찾으며 병든 자들을 치유한다는 사실보다 더 중요한 것은, 그렇게 하시는 그분이 곧 하나님 자신의 권세를 드러내고 있다는 사실이다. 구약 전반에서도 치유는 여호와 하나님의 몫이며, 그분만이 참으로 치유하신다(호 6:1-2). 이제 마태는 바로 이 예수 안에서 그들이 간절히 기다려 왔던 이스라엘의 치유의 목자, 곧 그들의 목자이신 여호와의 '비할 수 없는 권세' 가 드디어 이스라엘 중에 나타났음을 감동적으로 증언하고 있다.

"무리가 보고 두려워하며 이런 권세를 사람에게 주신 하나님께 영광을 돌리니라!"(마 8:8)

그렇다면 과연 이런 메시아가 오셔서 무엇이 바뀌었다는 것인가? 과연 무엇이 바뀔 수 있다는 것인가? 새 시대가 왔다. 마태는 바로 이 예수가, 영적 생명을 잃고 교만과 탐욕에 찌들어 자기도 죽고 백성들도 죽이던 그 잘못 이해된 율법적 종교, 그 안에서 수많은 죄인들을 양산하며 그들을 고사시키고 하나님의 복된 생명의 공동체를 질식할 것 같은 율법적 집단으로 전락시킨 그 종교를, 이제 마치 결혼잔치와 같은 축제로 바꾸어 놓는 그 핵심적인 비밀이 예수임을 가르쳐 준다.

금식에 관해서도 마찬가지이다. 요한의 제자들이 예수께 나아와 묻는다. 그들과 바리새인들은 금식하는데 어째서 예수의 제자들은 금식하지 않는가(14절). 고대사회에서 금식은 귀신이 자신의 몸을 장악하지 못하게 하려는 두려움 때문에 행해지기도 했고, 특별히 유대인들에게 있어서 금식은 장차 다가올 심판을 피하고 하나님의 긍휼을 얻고자 참회하는 뜻으로 행해졌으며, 혹은 죄 사함을 얻기 위한 방법으로 시행되었다. 참된 금식은 죄에서 풀려나게 하며, 병을 고치고, 귀신을 쫓는 데 효과적이라고 생각되었다(cf. Apocalypse of Elijah 1:21).

이런 배경에서 보면, 어째서 예수와 함께 있는 제자들이 금식할 이유가 없었는지 어렵지 않게 짐작하게 된다. 죄 사함이나 축사, 그리고 치유는 금식을 통해서가 아니라, 예수를 통해서 얼마든지 일어나고 있다. 예수와 함께 있는 것, 그것으로 충분했다. 하나님께서 요구하는 진정한 금식은 "흉악의 결박을 풀어 주며 멍에의 줄을 끌러 주며 압제 당하는 자를 자유케 하며 모든 멍에를 꺾는 것" 이다(사 58:6-7; cf. 마 25:31-46).

그리고 이것 또한 죄인들과 함께하시는 예수께서 이미 그들 가운데서 성취하고 계신 금식이다. 이제 금식함으로 회개하고 기다렸던 그 회복의 때가 왔다. 금식의 참 목적들도 예수 안에서 성취되었다. 예수와 함께 있는 제자들에게 금식이 필요 없었던 이유이다.

'결혼잔치' '예복(옷)' 그리고 '포도주' 와 같은 이미지들은 종말론적 구원을 상징하는 용어들이다. 예수의 사역은 종말에 약속된 하나님의 구원을 가져왔다는 의미에서 '새롭다' 고 할 수 있다. 그것은 다른 종류, 다른 시대(aeon)에 속한 새로움이다. 특별히 마태의 문맥에서 그 새로움은 예수가 보여주는 하나님의 긍휼과 그분의 비할 바 없는 권세, 죄와 죽음의 세력을 제압하며 죄를 사하는 권세에서 혁혁하게 드러난다. 결국 그분의 긍휼과 권세는 종말에 하나님의 구원이 가져오는 기쁨으로 가득 찬다.

예수는 마치 신부가 신랑을 만나 행복한 것 같은, 잔치의 손님들이 새 술을 마신 것 같은, '막을 수 없는 기쁨' 의 비밀이다(9:14-17). 그 기쁨은 죄인들을 사하시며 그들과의 교제를 통해 화해의 공동체를 만드시는 기쁨이다. 그 기쁨은 잃어버려지고 쫓겨난 자들을 불러들이며, 소위 '의인들' 과 죄인들을 하나의 생명의 공동체 안에서 회복한 기쁨이다.

그 기쁨은 폭압과 잔인한 종교와 문화에 눌려 다치고 병든 자들을 치유함으로, 가해자는 죄책으로 피해자는 치유로 회복되는 회복의 기쁨이다. 그리고 그 기쁨은 무엇보다 맞서 능히 당해낼 수 없는 율법 앞에서의 연약함과 죽음 앞에서의 무능도 이겨내는 데에서 오는 막을 수 없는 희망, 거기서 오는 기쁨이다. 그리고 이 기쁨의 시대, 이 종말의 구원의 도래, 이 새 것은 더 이상 옛 것에 의해 대치될 수도, 망쳐질 수도 없다(9:16-17).

"죄인들의 죄 없는 친구"

예수께서 '우리에게' 그 무엇도 막을 수 없는 '기쁨'이 되신 이유는 그분이 '죄 없으신 하나님의 아들로서 죄인들의 친구'가 되셨기 때문이다. 마태가 전하는 예수는 '죄인들의 죄 없는 친구'이다. 우리가 죄인 되었을 때에, 죄인임을 거듭 절감할 때에 그분은 우리에게 친구가 되신다. 그런데 그분 자신은 죄가 없으시다. 죄인이 죄인의 친구가 된다면 같이 어두워질 뿐이다. 그러나 거룩한 사람이라도 거룩하지만 죄인들의 친구가 되지 않으면, 그가 죄인들에게 기쁨이 될 리가 없다.

바리새인들은 자신들을 거룩한 의인인 것처럼 생각하고 죄인들을 멀리했다. 죄인들에게는 두려움과 경계의 대상이 되었다. 하지만 실제로는 그들 속에 죄가 가득했다. 그들은 죄인들이면서, 죄인들과 분리된 거룩한 자들로 행세한 것이다. 오늘날 우리의 교회들도 크게 다르지 않다. 세상 사람들의 친구가 되지도 못하면서 종교적인 행위들로는 스스로 의인인 듯 치부하고, 실제로는 세상보다 더 세상적인 경우가 많다.

회복의 길은 하나이다. 우리 자신에게는 거룩하고 엄격한 경건의 기준을 적용하고, 세상 사람들에 대해서는 관용해야 한다. 그 반대로 가면 위선이고 타락일 것이다. 오늘날 교회는 예수님처럼 '죄인들의 죄 없는 친구'로 행하는가? 우리 주변에는 어떤 사람들이 있는가? 믿는 사람들이 믿는 사람들과만 어울려 다니면, 그것은 소금이 소금통에만 있는 것과 같다. 랜턴(lantern)을 켜서 서랍장에 넣어두는 것과 같다.

세상 사람들이 허물이 많다 해도, 예수께서는 그들의 친구가 되기를 주저하지 않으셨을 것이다. 그분은 죄인들을 그들에게 붙여진 사회-종교적 딱지나 그들이 저지른 허물로만 보지 않으셨다. 하나님의 잃어버려진 자녀로 보셨다. 빈부노소(貧富老少)를 막론하고, 한 인격으로 대하셨다. 오늘날 세상은 교회를 친구로 생각하고 있는가? 그러면서도 세상은, 우리에게는 무언가 그들과는 다른 거룩함, 긍휼, 은혜, 그리고 바르고 정직함, 의로움이 가득하다고 생각하고 있는가? 교회는 세상으로부터 어떤 평판을 듣고 있는가? 교회는 세상 속에서, '죄인들의 죄 없는 친구' 이셨던 예수님을 온전히 드러내고 있는가?

4. 치유하시는 종말의 다윗 목자

9:18-38

이런 점에서 마태가 8-9장의 치유와 기적 사건들을 배열하면서, 새 포도주와 새 부대 이야기(9:14-17)를 죽은 소녀를 다시 살리신 기적 사건(9:18-26)과 더불어 그 중심부에 놓은 것은 참으로 흥미로운 배열이 아닐 수 없다. 또한 이를 중심으로 마태는 '치유하시는 다윗의 아들'(therapeutic Son of David)의 모습(9:27-33)과 이 종말의 다윗 목자의 '긍휼'을 동시에 강조한다. 실로 이 '다윗의 아들' 예수는 비할 바 없는 권세로 귀신들을 쫓아내며, 사람들의 입으로 하여금 그들이 이제껏 목도한 바 없는 '이스라엘' 의 하나님의 권세와 긍휼의 나타나심을 찬송하도록 만든다. 그들은 이스라엘에 이제껏 그와 같은 일이 일어난 적이 없었다고 고백한다. 이제 오래도록 기다렸던 '그 종말의 목자' 가 온 것이다. 마태는 이러한 권세로 역사하시는 긍휼의 목자 예수의 사역과 정체성을 8-9장의 결론 부분인 9:35-36에서 요약한다. 8:28-9:36의 문학적 구조를 개관하면 다음과 같다.

A. 예수께서 귀신들을 쫓아내심/ 거절당하심, 8:28-34

B. 예수의 권세, 9:1-8 : "이런 권능을 사람에게 주신 하나님께 영광을"(8절)

C. 긍휼의 사역, 9:9-13 : "내가 긍휼을 원하고 제사를 원하지 아니하노라"(13절)

D. 새 부대 속에 새 포도주(9:14-17)

D'. 죽은 자를 일으키심(9:18-26)

C'. 긍휼의 사역, 9:27-31 : "다윗의 자손이여 우리를 불쌍히 여기소서"(27절)

B'. 예수의 권세, 9:33 : "이스라엘 가운데서 이런 일을 본 적이 없다 하되"(33절)

A'. 예수께서 귀신들을 쫓아내심/ 거절당하심, 9:32, 34

9:35 - 예수의 사역의 요약 : 선포, 가르침, 그리고 치유(참고. 4:23)

9:36 - 예수의 정체성 : 종말의 목자

이 도표를 보면, 예수께서 귀신들을 쫓아내는 권세를 드러내심에도 불구하고 사람들에게 거절당하는 사건이 전체 이야기를 전후 대칭적으로 감싸고 있음을 알 수 있다. 믿음은 모두의 것이 아니다. 예수께서 그분의 권세와 긍휼을 드러내심으로 자신을 드러내실 때, 사람들은 이에 믿음으로 또는 불신으로 반응한다. 그렇게 나뉜다. 그리고 예수의 권세와 그분의 긍휼의 사역에 대한 이야기들이 전체 이야기의 내부를 대칭적으로 장식한다. 그분의 권세와 긍휼이 드러나는 것이다. 예수는 '우리와 함께 하신 하나님' 이시다.

그리고 이 모든 이야기의 핵심, 그 중심부에 '새 부대와 새 포도주' 그리고 '죽은 자를 일으키시는' 이야기가 있다. 그것이 중심 메시지이다. 죽음도 이제 항복한다. 귀신들을 쫓아내시며, 혁혁히 드러나는 하나님의 권세와 긍휼, 그것은 아무도 막을 수 없는 생명, 아무도 막을 수 없는 기쁨의 출현이다.

그리고 이 모든 이야기의 결론에서 마태는 예수의 사역을 '선포와 가르침, 그리고 치유'로 요약한다. 그뿐 아니다. 이렇게 비할 바 없는 권세와 긍휼로 선포와 가르침, 치유를 행하신 예수는 '목자 없는 양 같은' 무리들을 보시고 '심히 불쌍히' 여기셨다(9:36). 마태는 이렇게 예수의 정체성을 암시한다. 그분은 종말에 오시겠다던 바로 그 목자, 이스라엘의 목자이시다.

마태복음의 이러한 구성은 '다윗의 아들'인 예수가 인자의 권세, 하나님의 아들의 권세를 갖고 오신 치유하는 목자이며, 그의 긍휼의 사역은 이스라엘의 회복, 곧 죽은 자도 살리시는 사역임을 보여준다. 예수께서 한 직원의 딸을 살리신 사건은 마치 에스겔 37장에서 마른 뼈가 살아나듯이(겔 37:1-10), 전후 문맥상 충분히 이스라엘의 회복을 내다보게 하는 상징적인 사건이 된다(또한, 겔 37:24-28, "내 종 다윗이 그들의 왕이 되리니 그들에게 다 한 목자가 있을 것이라…").

이후에 예수께서 귀신들려 벙어리 된 자를 고치셨을 때(9:32-34) 군중들은 "이스라엘 가운데서 이런 일을 본 때가 없다"며 놀란다(33절). 이 놀람은 9:8에서 죄 사하는 권세를 가진 인자에 대해 사람들이 놀란 사실과 대칭을 이루며, 그 놀람의 실체와 의미를 부연 설명한다. 그 '인자'는 다름 아닌 '다윗의 아들', 곧 종말의 목자이다. 그분이 오신 것이다. 이제 이스라엘에 이전에는 없었던 새 역사가 일어났다! 다윗의 아들이 왔고, 죽은 자가 살아났다. 병자들은 그분에게 긍휼을 구했고, 그들의 믿음은 응답받았다.

열두 해를 혈루증으로 앓던 여인의 이야기(9:18-26)는 과연 '새 포도주' 는 어떻게 마실 수 있는가를 보여준다. 이 사건에 관한 기사는 신랑과 함께 있는 혼인집 손님들, 새 옷을 얻은 사람, 그리고 새 포도주를 마시는 것과 같은 시대가 예수의 오심과 함께 임했다는 소식 바로 뒤에 이어지기 때문이다("예수께서 이 말씀을 하실 때에", 18절). 예수 안에 있는 치유의 능력, 그 안에 거하시는 성령의 역사(3:16)는 하나님의 긍휼에 따라 움직이시는 것처럼 보인다.

혈루증을 앓던 그 여인은 마음으로 자신이 예수의 '겉옷만 만져도 구원을 받겠다' 고 생각했다(21절). 그것은 예수의 '긍휼' 에 대한 기대이고 믿음이다. 예수는 '긍휼을 원하고 제사를 원치 아니하노라' 하신 하나님의 뜻을 실현하신다(9:12). 그분은 '죄인을 부르러 오셨다' (13절). 이 사건 뒤를 이어 나오는 치유 기사에서 길가의 두 소경들도 바로 그의 긍휼에 기대며 구한다.

"다윗의 자손이여 우리를 불쌍히 여기소서"(마 9:27)

그 여인은 옳았다. 그 여인은 예수의 풍성한 긍휼에 의지했다. 그것을 확신하고 그분에게 나아갔다. 예수께서는 자신 안에 있는 치유의 능력, 곧 성령께서 그녀의 믿음에 응답하심을 느끼신다. '돌이켜 그를 보셨다' (22절). 그녀의 만짐이 단순한 접촉이 아니라 믿음의 행위였기 때문이다. 믿음이 그분을 불러 세웠다. 이런 의미에서 믿음은 특별히 예수의 풍성한 긍휼에 대한 확신이다. 예수께서 제공하시는 새 포도주는 믿음의 잔으로라야 마신다.

지금은 긍휼의 때이다. 그분의 긍휼은 일방적이다. 소녀는 이미 죽었다. 에스겔 37장의 마른 뼈들도 이미 죽은 지 오래된 죽음의 골짜기에 널려 있었다. 마태는 그 소녀의 아버지가 회당장이었다는 점과 그의 이름이 야이로였음도 기록하지 않는다(cf. 막 5:22). 마태의 묘사는 예수의 권세를 부각시키는 목적에 맞추어져 있다. 그분의 비할 바 없는 단호한 권세와 일방적 긍휼, 혹은 넘치도록 풍성한 긍휼에 초점을 맞춘다. 혈루증 앓던 여인은 예수의 겉옷자락이라도 잡을 수 있었다(21절). 그러나 소녀는 그럴 수도 없었다. 이번에는 예수께서 잡으신다. 그분이 '소녀의 손을 잡으시매' 그 아이가 일어났다(25절). 죽음에서도 일으키시는 예수의 권세요, 죽은 자의 편에서 아무것도 할 수 없음에도 일방적으로 살려내시는 그분의 긍휼의 강력이다. 이 비할 바 없는 권세, 제한 없는 풍성한 긍휼을 보이시는 이 예수는 누구신가?

그 다음 기사는 이 질문에 대한 힌트를 제공한다. 두 맹인을 고치신 사건(9:27-31)은, 위의 문학적 대칭구조 분석에서 보면, 죄인들과 세리들, 곧 이스라엘 집의 잃어버린 양들을 찾아오신 종말의 목자 예수의 모습(9:9-13)을 부연 설명하는 셈이 된다. 두 사건 모두 '긍휼'에 초점이 맞추어져 있음을 알 수 있다. 길을 지나시는 예수를 보고 두 맹인이 부르짖었다.

"다윗의 자손이여, 우리를 불쌍히 여기소서"(마 9:27)

여기서 '다윗의 자손(아들)'이라는 칭호가 첫째는 치유, 그리고 둘째는 긍휼과 관련된 사실을 주목할 필요가 있다. 예수의 정체성에 관한 중요한 단서가 되기 때문이다.

전통적으로 마태복음에서 '다윗의 아들'이라는 칭호는 예수의 지상 사역만을 위한 칭호로서, '주'(κύριος)라든지 '인자'와 같이 높임을 받으신 예수를 위한 칭호들과 구별되어 대조적으로 사용되었다. 특별히 '다윗의 아들' 은 '정치적 · 군사적' 메시아인데, 마태복음의 '다윗의 아들' 은 그런 모습보다는 치유 사역과 깊이 연관되어 있고, 이것이 유대인들이 예수가 메시아임을 인정하지 않게 된 이유라고 보았다. 따라서 마태복음에서의 '다윗의 아들' 칭호는 부정적인 의미로서, 이스라엘이 그의 메시아를 거절한 사실을 강조하여 죄책감을 유발하는 방식으로 사용되었다는 것이다. 실제로 킹스베리(J. D. Kingsbury)는 이런 맥락에서, 마태복음에서는 '군중들과 지도자들 모두' 예수를 '다윗의 아들' 로 고백하고 있지 않다고 주장한다.[8)]

그러나 9:27-34의 경우에서도 보듯이, '다윗의 아들' 에 대한 군중들의 태도와 이스라엘 지도자들의 태도는 자주 서로 다르다(33-34절). 또한 바리새인들로 대표되는 이스라엘의 지도자들의 적대감은 이 '다윗의 아들' 이 그들의 생각과는 다른 유약한 모습이었기 때문(G. Stanton)이 아니라,[9)] 도리어 치유하고 귀신을 쫓는 '다윗의 아들' 의 그 비할 바 없는 권세(ἐξουσία, 9:8, 33; cf. 7:29; 9:6; 10:1; 21:23-27; 28:18) 때문이었다. 마태복음에서 '다윗의 아들' 과 이스라엘 지도자들의 적대감이 함께 연관되는 네 곳의 본문들에서 '치유하는 다윗의 아들' 의 놀라운 권세에 초점을 맞추는 것도 같은 이유이다(1:1/2:3; 9:27/34; 12:33/24-32; 21:9, 15/23-27). 왜 바리새인들과 대제사장들을 비롯한 이스라엘의 지도자들은 이 '치유하는 다윗의 아들' 에게 촉각을 곤두세우며 적대감을 드러냈을까? '치유하는 다윗의 아들' 의 정체는 무엇인가?

8) J. D. Kingsbury, "The Title, 'Son of David' in Matthew' s Gospel," *JBL* 95(1976), 591-602.
9) G. Stanton, "The Two Parousias of Christ: Justin Martyr and Matthew," in *From Jesus to John: Essays on Jesus and New Testament Christology*(ed. Martinus C. De Boer; Sheffield: JSOT Press, 1993), 183-195.

마가복음에서 '다윗의 아들' 은 치유보다는 축사에 더 많은 초점을 둔다. 하지만 마태복음에서 '다윗의 아들' 은 주도적으로 병자를 치유하시는 모습으로 나온다(9:27-31; 12:22-24; 15:21-28; 20:29-34; 21:1-16; 22:41-46). 학자들은 이런 배경에 대해 여러 가설들을 제시했다. 많은 이들(G. Stanton, D. C. Duling)은 마태복음의 '치유하는 다윗의 아들' 이미지가 마가복음 10:46-52에 있던 '초대교회 전승' 에다 이사야의 '고난받는 종' 의 모습(사 53:4/마 8:17; 사 53:4/마 11:5; 사 42:1-4/마 12:17-21)을 덧붙여 편집된 것이라고 본다. 하지만 이는 '치유하는 다윗의 아들' 로서 예수의 역사성을 부인하는 것 외에도, 마태복음에서 이사야의 인용이 늘 역사적 군중의 반응이 아니라 내레이터인 마태의 기록으로서 '치유하는 다윗의 아들' 의 사역에 대한 후대의 해석(예를 들어, 12:18-23)이라는 점에서 취약한 가설이다.

또한 마태복음의 '치유하는 다윗의 아들' 의 모습에 대한 배경으로 자주 거론되는 대안은 '다윗의 아들' 로서 축사자로 전해 내려오던 '축사자 솔로몬' (Solomon the exorcist)에 대한 유대적 전설이다. 주후 70년 이전 팔레스타인에서 메시아가 치유자로 생각되었던 증거가 없다고 보는 이들(J. H. Charlesworth)은, 마가복음 10:46-52에 나오는 '치유하는 다윗의 아들' 은 '축사자 솔로몬' 의 전승에서 생겨난 것이라고 보며, 마태복음의 '치유하는 다윗의 아들' 은 마태가 마가복음 10:46-52의 다윗의 아들의 모습과 축사자 솔로몬의 전승을 합쳐 서서히 결합한 결과라고 본다(A. J. Saldarini).

하지만 축사자 솔로몬이 다윗의 아들로 불리며 축사하거나 혹은 치유하는 것으로 보이는 장면은 오직 솔로몬의 유언집에만 나오는데(TestSol 20:1), 그곳마저도 전혀 메시아적 뉘앙스가 없다. 한편 마태복음에서의

'다윗의 아들' 은 메시아적 칭호이며, 솔로몬은 대부분 지혜와 연관되어 소개된다(12:42; cf. 1:6; 6:29). 더구나 솔로몬은 축사자로 알려져 있었지 치유자(healer)는 아니었으므로(U. Luz), 마태가 그리는 '치유하는 다윗의 아들' 로서의 예수의 모습과는 거리가 멀다. 또한 예수께서 치유하시는 모습은 당시 마술사나 축사자들처럼 어떤 의식을 행함으로서가 아니라, 대부분 '말씀' 으로 고치시는 점도 예수의 치유가 현격히 차별화되는 점이다(8:7; 9:29; 15:28; 17:18; cf. 12:13).[10]

하지만 '다윗의 아들' 과 '치유' 를 서로 연결하지 못하는 근본적인 문제는 '다윗의 아들' 은 반드시 '정치적, 군사적' 메시아라고 하는 전통적인 고정관념 때문이다. 이미 제2성전기에도 '다윗의 아들' 로서 메시아의 이미지는 그렇게 고정적이 아니었다. 더구나 마태복음에서는 이미 2:6이 기록하고 있듯이, 이스라엘이 기다려 왔던 '다윗의 아들' 은 미가 5:1-4에서 바라보았던 대로, 그리고 에스겔 34-37장과 스가랴 9-14장에서 바라보았던 '종말의 다윗 목자' 의 모습으로 오셨다고 선포한다. 이 '종말의 다윗 목자' 는 이스라엘의 회복을 위하여 종말에 오셔서 그들을 찾으시고, 치유하시고, 모으시고, 먹이시는 이스라엘의 목자 여호와의 역할을 감당할 것이었다.[11]

예수께서는 '다윗의 아들' 로서 종말의 목자이신 여호와의 사역을 감당하신다. 9:27에서 두 소경이 "다윗의 아들이여 우리를 불쌍히 여기소서" 라고 한 것은, '다윗의 아들' 이라는 메시아적 칭호와 이스라엘의 회

10) '축사자 솔로몬' 이라는 대안 외에도, 일부 학자들(R. Bultmann, B. Blackburn)은 헬라 전통의 '신적 인간' (divine man)이 마태복음의 '치유하는 다윗의 아들' 의 배경이라고 본다. 하지만 이 이미지는 시기적으로 늦은 산물이어서 가능성이 희박하고, 치유하는 메시아의 모습이 유대적 전통에 없다고 판단했기 때문에 헬라적 전통에서 찾으려 했던 노력에 불과하다.

11) 유대적 전통에서 '치유하는 메시아' 의 모습은 구약의 종말의 다윗 목자 본문들 외에도, 제2성전기에 많은 문헌들에 의해 뒷받침될 수 있다(Aphcryphon of Ezekiel, frag. 5; CD-A 13:7-12; 4Q521 2, 2:3-14; 4Q252, 5:5-7; 4Q504 1-2, 4:5-14 etc.).

복을 위해 치유를 포함하는 '긍휼' 의 사역을 감당하시는 종말의 목자의 사역이 서로 연결되어 있음을 시사한다. 이스라엘의 목자가 오신 것이다. 따라서 귀신이 쫓겨나고 벙어리가 말하는 것을 보고 군중들이 '이스라엘 가운데서 이런 일을 본 때가 없다' (9:33)고 놀란 것은 우연이 아니며, 마태가 예수의 사역에 치유를 포함시키면서(9:35), 그분이 무리를 보고 '불쌍히 여기시며' '저희가 목자 없는 양과 같이 고생하며 유리한다' 고 한 것(9:36)은, 치유하는 다윗의 아들 예수를 종말의 다윗 목자로 보는 기독론적 시각을 드러낸 것이다.

중요한 것은, 마태복음의 내러티브는 '다윗의 아들' 로서 예수를 매우 긍정적으로 묘사하고 있다는 점, 그리고 그분의 사역의 핵심은 비할 바 없는 권세와 긍휼이라는 점을 강조한다는 사실이다. 이제 이 '치유하는 다윗의 아들' 의 사역은 이스라엘 전체에 퍼져갈 것이다. 이스라엘을 향한 사역은 특별히 이 '다윗의 아들' 예수에게 맡겨져 있는데, 그것은 원래 이스라엘 양 무리를 찾아오시겠다던 여호와 하나님 자신의 종말의 사역이었다(10장).

하나님의 권세와 긍휼로 '치유하는 다윗 목자' 예수의 사역은 군중들 가운데서는 큰 기이함과 놀람, 하나님께 대한 찬송을 불러일으켰지만, 바리새인들에게는 그들의 존립을 위협하는, 혹은 그들의 거짓된 목자의 사역을 심판하는 심판으로 다가왔다. 저들은 부러 거짓을 만들어, 예수께서 그렇게 하시는 권세가 마귀적인 것이라고 몰아세운다. "저가 귀신의 왕을 빙자하여 귀신을 쫓아낸다 하더라" (34절; cf. 12장). 바리새인들은 예수의 권세를 보았다. 그리고 그분의 긍휼의 치유 사역이 그들이 세워 놓은 질서를 흔드는 것을 본 것이다. 이제 이스라엘은 새롭게 갱신될 때에 이르렀다.

그러나 이스라엘의 거짓 목자들인 그들은 스스로 어둠 속에 갇혀 있음을 드러낸다. 스스로 소경이 되었음을 드러낸다. 그 두 소경은 이제 종말에 오신 '다윗의 아들' 을 불러 그분의 긍휼을 덧입어 눈을 뜨게 되었지만, 이스라엘의 목자 된 이들은 완전히 눈이 멀어 버린 흑암 속에 있음을 스스로 드러낸다. 이스라엘의 갱신은 구원과 심판 두 갈래로 진행되고, 이는 돌이킬 수 없는 하나님의 역전극(divine reversal)이 된다.

마태복음 9:35-36은 마태가 그리는 예수의 사역과 정체성을 그대로 드러내는 구절이다. 35절은 4:23에서 요약된 예수의 사역을 다시 반복해서 기록한다.

> "회당에서 가르치시며, 천국 복음을 전파하시며, 모든 병과 모든 약한 것을 고치시니라"(마 9:35)

4장과 9장에서 반복된 이 요약 구절은 예수의 사역과 신분을 정확히 드러낸다. 그것은 이제 종말에 있으리라 예언되었던 하나님의 통치가 예수의 임재, 그분의 사역과 가르침을 통해 이스라엘 가운데 이르렀다는 선포이다. 이제 그 오랜 기간 타는 가슴으로 기다렸던 종말의 목자가 오셔서 잃은 자를 찾고 양 떼를 치유하신다. 참 목자가 오신 것이다.

그리고 이 사역의 절정은 회복된 공동체 위에 이제 영원토록 다윗 같은 목자의 의(義)의 가르침이 있어서, 이 목자가 그들을 의의 길로 인도하신다는 사실이다. 이것이 마태가 주목한 예수의 사역의 내용들이다. 예수의 이러한 사역은 그의 정체성, 곧 종말의 목자로서의 사역이다. 마태는 이러한 예수의 사역과 그 정체성의 긴밀한 연관을, 바로 35절('사역')을 뒤따르는 36절('정체성')에서 효과적으로 밝히고 있다.

"무리를 보시고 민망히 여기시니 이는 저희가 목자 없는 양과 같이 고생하며 유리함이라"(마 9:36)

35절에서 요약된 예수의 사역, 그 사역을 행하시는 이가 바로 36절에 암시된 그분, 곧 이스라엘 양 무리를 보시고 '민망히' 여기시는 그 목자라는 것이다.

'민망히 여긴다' (ἐσπλαγχνίσθη)는 것, 곧 긍휼은 마태가 전달하는 종말의 목자이신 예수를 이해하는 결정적인 열쇠이다. 이 종말의 목자의 가슴 한가운데 있는 것은 양 무리를 향한 한없는 긍휼이다. 그것은 곧 이스라엘을 향한 여호와의 마음(cf. 호 11:1-11/ 마 2:15)이며, 그들의 죄악과 실패보다 큰, 그것을 넘어서서 그들을 회복하도록 여호와의 마음을 불러일으키는 원동력이다.

애굽에서 구원을 받고도, 광야에서 그토록 많은 기적과 하나님의 말씀을 경험하고도, 어느 나라도 받지 못한 하나님의 율법과 존귀한 사명을 받고도, 가나안 땅에 들어가는 축복을 얻고도, 그 열방들 가운데 하나님의 거룩한 이름을 짓밟고 하나님의 징계를 받아 열국에 팔려가 이제는 마른 뼈처럼 죽어 버린 이스라엘(겔 37). 그 이스라엘을 다시 일으키는 원동력, 그 원인은 오직 그 자신의 양 무리를 '불쌍히' 여기시는 그들의 목자의 긍휼뿐이었다.

마태가 그려내는 종말의 목자로서의 예수는 바로 이 참 목자의 증거를 갖고 있었다. 이스라엘을 향하신 하나님의 이 '긍휼' 만이 이스라엘 회복의 중대한 동기였음을 마태는 잔잔하지만 선명한 목소리로 증거하고 있다. 이제 그분의 긍휼의 때가 온 것이다. 그들의 포로기에 겪었던 하나님의 유기(遺棄), 곧 하나님께서 그들을 열방의 못된 목자들에게 버려두셨던 그 징벌의 기간이 끝이 난 것이다. 이제 그분이 마음을 돌이켜 불붙는 듯한 긍휼로 그의 양 무리를 돌아보시며, 그들 가운데 직접 찾아 오신 것이다.

9:35-38은 이런 점에서, 8-9장과 10장을 연결하는 중대한 고리이다. 또한 여기서 37절과 38절에 나오는 추수와 일꾼의 이미지는, 10장에 기록된 이스라엘을 향한 선교의 준비로서 그 종말론적 성격을 더욱 명확히 밝혀 준다. 이제 종말의 심판과 구원이 다가왔다(cf. 사 27:12-13; 렘 51:33; 호 6:11; 욜 3:1, 13; 암 9:13-15).

"긍휼에 불붙은 심령"

예수님은 긍휼의 목자이셨다. '불쌍히 여기는 것' 그것이 그분의 심령 중심에 불타고 있었다. 그것은 이스라엘을 회복하고자 했던 하나님의 중심에서 타고 있던 성령의 불이었다. 그 불이 교회의 중심에도, 각 신자들의 중심에도 타고 있어야 한다. 내 속에는 그 불이 타고 있는가? 영혼을 불쌍히 여기는 마음. 인생을 불쌍히 여기는 마음. 목자 되신 예수님의 긍휼은 거의 일방적이다. 긍휼은 스스로도 어찌하지 못하는 대상을 향해 느끼는 일방적인 사랑의 정열이다. 자기 속에서 불붙어서, 그 불로 그 대상을 살려내는 일방적인 사랑의 다른 이름이다.

예수를 경험하고 예수를 따르는 삶이란, 이런 하나님의 일방적인 긍휼의 불이 옮겨붙은 삶이다. 그분의 긍휼이 내 심령에 옮겨붙어 활활 타오르는 삶이다. 이 하나님의 긍휼이 내 속에 차고 넘칠 때, 마태복음이 전하는 참 목자이신 예수의 모습을 조금이나마 드러낼 수 있다. 계산하지 말아야 하는 때가 있다. 잘못을 따지지 말아야 하는 때가 있다. 공평과 정의의 뿌리도 긍휼이다. 이 긍휼 없이 공평과 정의도 그 기초를 잃는다.

긍휼이란, 상대방이 스스로 할 수 없는 것을 내가 대신 짊어져 주는 것이다. 죄인이요 악인이요 이미 죽은 것 같은 자를, 자신이 대신 짊어져 그를 의인이요 선인이요 살아난 자로 만드는 하나님의 능력이 바로 긍휼이다. 이 긍휼에 불붙어 살고 있는가? 우리가 당하는 문제의 결국을, 이 하나님의 긍휼의 관점에서 풀고 있는가?

5. 이스라엘 집의 잃어버린 양을 찾는 종말의 목자

10:1-42

한편, 마태복음 10장에서 예수께서 제자들에게 오직 이스라엘의 '잃어버린 양' 에게로 가라(6절)고 하시며, 그 종말의 목자의 선교 대상을 이스라엘로 제한하신 것은 전적으로 구약의 예언에 의한 것이다. 종말에 오실 목자, 곧 잃은 자를 찾으며 병든 자를 고치시고, 강하고 못된 염소들을 공의로 징치하실 목자는 이스라엘의 잃어버린 양들에게 오도록 되어 있었다(겔 34장). 에스겔이 전했던 이스라엘 회복의 비전(34-37장)을 따르면, 열방까지 그 통치권을 행사할 다윗 같은 목자가 세워지는 것은 오직 여호와께서 먼저 이스라엘의 잃어버린 자들에게 오셔서 그들을 회복한 이후이기 때문이다(cf. 겔 34:23-24; 37:24-28).

마태는, 종말에 이스라엘의 목자이신 여호와 하나님이 먼저 오셔서 이스라엘의 양 무리를 회복하신다는 것, 그리고 그 후에 이방인들도 들어올 수 있는 새로운 양 무리, 곧 그 통치가 열방까지 미치는 새로운 양 무리를 통치할 새로운 다윗 목자를 예견한 구약의 패턴을 그대로 따르고 있다.

놀라운 것은 서로 다른 역할을 가질 것으로 보였던 이 두 목자, 곧 여호와 하나님과 그의 종 새로운 다윗 목자의 두 역할(Two Shepherd Schema)이, 마태복음에서는 예수 한 사람에게 지워지고 있다는 것이다. 이는 예언만으로는 알 수 없었던, 그리고 오직 예수가 나타났을 때에만 드러나게 되었던, 그래서 당시 목격자들이 이해하기 힘들었던 새롭고 기이한 소식이다.

이런 점에서, '두 목자의 패턴' 에 따라 바라보는 마태복음 10장의 사건은 다음과 같은 사실을 잘 설명해 준다. 즉, 예수께서 이스라엘의 잃어버린 양들에게 보내신 제자—선교사들에게 주어진 임무에는 선포, 치유만이 주어져 있고, '가르침' 의 사역이 빠져 있다는 사실이다. 마태복음 4장(23절)과 9장(35절)에서 예수의 사역을 요약할 때도 거기에는 '가르침' 이 들어 있다. 따라서 학자들은 종종 왜 마태복음 10장에서 이스라엘 선교 사역의 내용에 '가르침' 이 빠져 있는지 궁금하게 여겨 왔다.

구약 예언들에 따르면(겔 34:23-24, 37:24-28), 종말에 다윗의 아들이 행하실 '의의 가르침', 곧 의의 길로 인도하는 사역은 이스라엘 회복 후에 세워질 새로운 다윗 목자의 고유한 사역이다. 따라서 10장에서 이스라엘에 파견된 제자들의 선교 사역은 다분히 새로운 이스라엘을 창출하는 심판과 구원의 사역으로서, 이스라엘 목자이신 여호와 하나님의 '잃은 자를 찾고 치유하는' 회복의 사역에 국한된다. 이 회복의 사역을 통해 열두 제자로 상징되는 새로운 이스라엘의 대표들에 의해 옛 이스라엘과 새 이스라엘이 갈라지며, 아직 새 이스라엘 위에 그들의 목자가 세워지기 이전, 옛 이스라엘 속에서 그들을 회복하고자 행하시는 하나님 자신의 사역을 나타내는 것이다.

따라서 저들이 전하는 것은, '오직 하나님의 긍휼히 여기심에 따른 치유와 구원과 회복' 이다. 실제적으로 그리고 영적으로, 포로 된 이스라엘의 회복은 전적으로 하나님의 긍휼히 여기심과, 그가 열방 가운데서 자신의 거룩한 이름/평판에 대하여 가지신 열망 때문이라는 것을 마태는 잘 전하고 있다. 그리고 열두 제자들의 사역은 바로 이 점을 드러내고, 이 점을 극대화하는 것이다.

이것이 그들이 금이나 은이나 전대나 두 벌 옷이나 신이나 지팡이를 가져서는 안 되는 이유였다. 이스라엘의 회복, 곧 그들이 전하는 구원의 선포와 치유의 사역은 오직 하나님의 긍휼, 그들을 불쌍히 여기심 때문이었다. 따라서 그들이 복음을 전할 때는 그 전하는 방식이 이 복음의 성격을 왜곡해서는 안 되었다. 전달하는 방식이 전달하는 내용을 훼방하지 않고 그대로 드러내야 하는 것이다. 이 둘 사이에 불일치가 있어서는 안 되었다.

"너희가 거저 받았으니 거저 주어라!"(마 10:8)

제자들은 그들이 필요한 모든 것을 하나님께만 의존하여야 한다. 일꾼으로서 먹을 것 이상을 받는 것, 곧 그 사역을 계속할 수 있는 최소한의 공급 그 이상을 넘어, 그들이 전달하는 복음의 내용과 걸맞지 않은 행태가 금지된 것이다. 복음을 돈 버는 일에 사용할 수 없었다("금이나 은이나 동이나 가지지 말고", 마 10:9; cf. 막 6:8; 눅 9:3). 하나님의 긍휼로 거저 주어지는 은혜의 복음은 그 은혜를 드러내는 방식으로 전해져야만 한다(cf. 고

전 9장).

또한 예수께서 열두 제자들을 이스라엘 지경에 보내신 사건은 옛 이스라엘에 대한 심판의 시작이다. 그것은 언약 공동체인 이스라엘을 그렇게 다스려 온 그들의 지도자들의 통치에 대한 하나님의 심판이었다. 이제 하나님이 나서서 이스라엘을 돌보셔야 했다는 것은, 그들의 통치가 실패했음을 선고하는 셈이다. 그것은 당연히 그리고 특별히 지도자들로부터 저항과 핍박을 불러 올 사건이었다(10:16-23).

따라서 제자들은 예루살렘의 성전이 무너지고 난 뒤 계속되었을 초대교회의 성도들과 마찬가지로 당연히 핍박을 예상해야 했으며(10:25-26), 진리에 대한 확신을 가져야 했고(27-28절), 모든 것을 아시는 하나님을 신뢰하는 가운데(29-30절), 최종적인 심판을 내릴 자 앞에서 살아야 했다(32절). 제자들에게 귀신을 쫓아내고 병자를 고치는 권세가 주어졌지만, 핍박을 피할 수 있는 길이 주어진 것은 아니다. 제자는 스승보다 크지 못하다. 예수께서 당하시는 고난에 그들도 함께할 것이다(10:24-25).

누구든지 예수 그리스도의 영광에 참여하도록 부르심을 받은 사람은 예수 그리스도의 고난에도 참여할 수밖에 없다. 그분의 영광에 참여하도록 부르심 받은 제자들이 그분의 십자가의 고난에도 부르심을 받은 것은(10:16-23), 구름을 타고 영광 중에 오시는 인자(cf. 10:23)와 십자가를 지시는 예수(10:39; cf. 16:21)를 서로 나눌 수 없는 것과 같다. 둘이 예수 안에서 하나인 것처럼, 제자들의 삶에서도 반드시 하나로 이어진다.

복음 전파를 통해 제자들이 받을 핍박과 고난에 대한 16절에서 23절까지의 말씀은, 예수의 부활 이후 예수를 따르는 교회가 당하는 핍박과 고난까지 연상하게 만든다. 이들은 유대인들과 '그들의 회당' (17절)에서부터 쫓겨날 것이다. 그러나 이 단락을, 반드시 초대교회가 당했던 핍박의 상황을 예수 당시의 상황으로 대입해서 묘사한 것이라고 볼 필요는 없다. 유대교와의 이런 분열은 이미 예수 당시에도 예고된 것이었고, 제자들이 경험할 수 있는 것이었기 때문이다.

다만, 23절의 말씀은 해석하기 어려운 난제들 가운데 하나인 것은 분명하다. 예수께서는 제자들을 이스라엘 양무리들 가운데 파송하면서, 그들의 사역이 마무리될 즈음 자신에게 일어날 어떤 사건을 염두에 두는 듯하다. '인자가 오리라' 는 말씀은 파국이며 종말에 대한 선언이다. 다니엘 7장의 '인자' 의 오심을 염두에 두는 이 말씀은 그분의 영광에 대한 암시이다. 다만 그것이 어떻게 이루어질지는 명시되지 않았다. 더 나아가, 32절과 33절에서 "하늘에 계신 내 아버지 앞에서" 그의 제자들이 시인(是認)하거나 또는 시인하지 않을 권세 있는 자의 모습과 23절의 '인자의 오심' 과 어떤 연관성이 있어 보인다. 제자들이 땅에서 그분을 시인하는가 그렇지 않은가가 하나님 앞에서 그들의 운명을 결정하는데, 그 심판을 인자이신 예수께서 하신다.

그렇다면 23절의 '인자가 오리라' 는 말씀은 그분의 십자가에서 죽으심과 긴밀하게 연관된 사건, 곧 그가 영광을 얻으시는 사건과 관련이 있는 듯하다. 혹은 칼빈처럼, 그분의 성령의 임재와 능력을 통해 제자들이 그 영광과 위엄을 경험하게 될 것을 말하는 것으로 볼 수도 있다. 그렇게 된다면 그것은 종말의 종말, 곧 인자 자신이 다시 오심에 대한 부분적 성취일 것이다.

명확한 것은, 이스라엘에 복음이 전파되어야 한다는 사실과 인자가 다시 오는 시점이 서로 맞물려 있다는 점이다. 즉, 인자가 다시 오시기 전까지 이스라엘—그것이 문자적이든 상징적이든—을 향한 복음 전파는 계속된다는 강조점이 있다. 이런 점에서 이스라엘 선교를 명한 10장을 바로 뒤이어 11:1-2에서 예수께서 계속적으로 여러 지역을 돌아다니며 전도하심을 기록하는 것도 흥미로운 부분이다.

한편, 인자가 영광의 모습으로 와서 심판하는 상황(cf. 마 25:31-46)은 종말의 종말에 해당하는 사건이지만, 23절의 '인자가 오리라' 는 말씀은 그만큼 제자들의 핍박과 고난이 단지 실패로 끝나지 않을 것임을 강하게 확신시켜 주는 말씀일 수 있다. 그것은 그들이 당할 고난을 준비시키기 위해 주는 종말의 영광에 대한 확신에서 주어진 말씀이다.

그러나 '인자가 (다시 영광 중에) 오기까지' 제자들은 그분의 길, 곧 십자가의 길을 따라야 한다. 그 십자가의 길을 피할 수 없다. 자기 십자가를 지고 예수를 따른다는 것은 무엇인가? 복음서의 문맥상, 그것은 예수로 인한 모든 핍박에도 불구하고 자신의 종교적 · 사회적 · 정치적 · 민족적 그리고 가족적 분리까지도 감수하고 메시아인 예수를 시인하는 것이다(37-38절). 자기 부인은 단지 맹목적이고 사소한 금욕적 선택이 아니다. 혹은 자신의 개인성을 부인하고 맹목적으로 획일화되는 것도 아니다. 성경적 자기 부인은 결국 그 사람을 하나님과 사람 앞에서 가장 그 사람다운 사람, 그 속에 하나님의 형상이 그의 개인성과 더불어 온전히 회복된 사람으로 세울 것이 분명하다. 옛 사람을 벗는 과정이기 때문이다. 죄와 사망의 구조 안에서 일그러진 모습을 벗고, 성령 안에서 새 사람을 입는 과정이기 때문이다.

또한 예수께서 말씀하신 자기 부인에는 기독론적 요소, 곧 그리스도를 시인하고 증거하는 맥락이 있다. 예수가 그리스도임을 부인하게 만드는 보이거나 보이지 않는 압력, 유혹, 핍박 앞에서 그분을 시인하는 것이다. 종말론적 차원도 있다. 종말에 인자가 영광 중에서 다시 올 때 그 앞에서 부끄럽지 않으려면, 지금 여기서 무슨 대가를 치르고라도, 설혹 자기가 원하는 것을 내려놓거나 자기의 주장을 포기해야 할지라도 그를 시인해야 한다. 그리고 개인적인 호(好) 불호(不好)의 선택을 떠나 공동체적이고 집단적인 영향을 끼치는 차원의 선택이 있다. 성경적인 자기 부인은 결국 그가 속한 사회, 곧 죄가 구조화된 그 틀을 파괴하는 것일 수 있기 때문이다. 바로 이런 자세로 복음을 전하는 예수의 제자가 곧 예수를 대표할 수 있다.

선포와 치유의 사역을 위해 이스라엘 땅으로 파송 받은 제자들이 예수 자신의 권세를 대표한다는 생각, 곧 그들을 받아들이는 것이 예수를 받아들이는 것이라는 생각은 10:40-42에서 명확하게 드러난다. 그들은 예수에게서 '권능' 을 위임받고(10:1), 성령의 말하게 하심으로 말하는 자들(10:20)이다. 그들의 권세는 예수 그리스도께 위임받은 권세이며, 그들을 통해 말씀하시는 이는 성령이시다. 그들의 사역은 전적으로 그리스도의 권세에 기초하며, 그들은 전적으로 그들을 통해 역사하시는 성령께 의존해야 한다.

역으로, 사람들은 예수 그리스도의 보내신 제자들이 전하는 천국 복음과 그 보내심 받은 자들을 어떻게 받아들이고 어떻게 대하는가에 따라 그들 자신의 운명을 결정짓는다. 심판 날 그들이 받을 형벌과 상이 여기서 결정된다(10:15, 41-42). 전대에 금이나 은이나 동을 가지지 않은 순회 전도자들, 여행을 위하여 주머니나 두 벌 옷도 가지지 않은 예수의 제자들을 마태는 '지극히 작은 자들' 이라고 부른다(25:31-46). 이들은 분명히 초대교회 안에서도 '지극히 작은 자들' 이었다(25:40). 장차 심판주로 오시는 목자장(牧者長) 예수를 어떻게 대하는가는 바로 이들을 어떻게 대하는가에 달려 있다.

예수께서는 그분의 열두 제자들, 곧 새로운 이스라엘인 교회에게 자신의 권세를 위임하신다. 그들은 이 땅에서 예수의 권세와 사역을 대표하고 계속 이어갈 것이다. 결국 그들은 천국 열쇠를 받을 것이며, 그들이 땅에서 매면 하늘에서도 매이고, 그들이 땅에서 풀면 하늘에서도 풀리는 권세를 받아 행할 것이다(cf. 마 16:19). 10:23에서 '인자가 오리라' 는 말씀은 제자들이 이스라엘의 모든 동네를 다 다닌 것을 전제한다. 그러나 마태복음은 이스라엘을 향한 예수의 열두 제자 파송과 더불어 복음 선포가 마쳐지고, 이에 대한 결과가 예수께 보고되었다는 기록을 하고 있지 않다. 이 때문에 '인자가 오리라' 는 말씀은 더욱 함축적으로 들리게 된다. 이를 문학적으로 표현하면 마태복음 안에서 파송된 제자들은(10장) '돌아오지 않는다' 고까지 할 수 있다.

마태가 이를 기록하지 않은 이유를 정확히 알 수는 없지만, 그들이 돌아와서 예수께 그 결과를 보고하는 기록이 없다는 내러티브 구조가 주는 인상은, 초대교회가 이스라엘을 향해 계속적으로 선교하고 있고 선교해야 함을 의미할 수 있다. 그들, 곧 옛 이스라엘을 향한 구원의 문은 닫히지 않았다는 의미이다. 그 후에야 인자가 올 것이다. 하지만 이스라엘을 향한 이 복음 전파의 결과가 그리 희망적이지만은 않다는 사실이 선명하게 드러난다. 본문은 이스라엘을 향한 선교 활동을 통해 이 사건이 갖는 메시아적인 의미(11:2-14), 옛 이스라엘의 반응과 심판(15-19, 20-24절), 그리고 새 이스라엘을 초대하는 예수의 권세와 그 초청의 내용을 더욱 강조하여 기록하고 있다(25-30절).

"메시지를 방해하지 않는 삶"

복음을 전하는 자의 메시지와 그 복음을 전하는 자의 삶은 일치해야 한다. 은혜의 복음은 은혜의 방식으로 주어져야 한다. 천국의 복음을 전하는 사람의 삶이 탐욕스러울 수는 없다. 하나님만으로 충분하다고 고백하는 신자가 덕지덕지 욕심을 부리며 살 수는 없다. 은혜의 복음을 선포하는 교회가 자신의 크기를 부풀리는 일에만 열을 올릴 수 없다. 세상은 이런 불일치, 즉 전하는 내용과 전하는 자의 삶의 불일치를 보고 이해하지 못한다. 그들의 눈에는 이것이 너무도 심각한 장애가 된다.

우리가 전하는 메시지와 그 메시지를 전하는 우리의 모습이 다른 부분들이 있다면 바로잡아야 한다. 메시지를 전하는 자는 자신이 전하는 메시지에 방해가 되지 말아야 한다. 하나님 나라를 유업으로 받을 자라는 신앙이 있다면, 이를 온유한 삶으로 보여주어야 한다. 신자는, 교회는 이 땅에 영원히 뿌리박고 살기 위해 존재하지 않는다. 우리가 존재하는 이유는, 우리가 드러내고 전하는 메시지 때문이다. 나는 내가 전하는 메시지를 방해하지 않는 삶을 사는가?

신자의 삶은 해석된 말씀이다. 그의 삶이 어떻든지 그것은 그가 듣고 해석한 하나님의 말씀에 대한 반응이다. 사실, 모든 삶은 '신학적' 이다. 하나님과 그의 말씀에 대한 응답이기 때문이다. 그래서 복음을 들었다면 우리의 삶은 복음적이어야 한다. 자신의 삶이 곧 우리가 듣고 배운 말씀에 대한 해석이요 신학, 곧 '하나님을 아는 지식의 표현' 이기 때문이다. 무슨 말을 하든, 세상은 우리의 삶을 보면서 하나님을 보게 된다. 그러므로 신자의 삶은, 어쩔 수 없이 그가 온몸으로 쓰는 말씀에 대한 해석이다.

6. 예수의 초청과 응답

11:1-30

그렇다면 제자들은 왜 핍박을 받게 되는가? 왜 예수를 따르려는 자는 자기 십자가를 지고 그분을 좇아야 하는가? 마태복음 10장 후반부를 읽고 나면 이런 질문이 생기게 된다. 천국 복음을 전하고 예수를 시인하는 데 따르는 고통은 불가피한 것인가? 마태복음은 이런 질문에 직접적으로 답하지 않는다. 대신, 세례 요한의 질문을 소개한다.

"오실 그이가 당신이오니이까 우리가 다른 이를 기다리오리이까"(마 11:3)

고난의 문제와 예수의 정체성에 대한 질문이 서로 밀접하게 연결되어 있다. 이 연결은 복음서의 뒷부분으로 갈수록 매우 중대한 열쇠가 된다.

천국의 임재와 응답, 11:1-19

세례 요한이 제자들을 보내어 이런 질문을 한 것은, 적어도 그가 기대했던 메시아의 모습과 지금 예수께서 행하시는 일들이 서로 차이가 있었기 때문이다. 요한도 예수께서 그렇게 하셨던 것처럼 "천국이 가까이 왔다"고 선포했다(3:1-2; 4:17). 어떻게 보면 11:2-19는 3:1-12에 기록된 세례 요한의 활동과 메시지에 대한 예수의 응답이기도 하다. 세례 요한의 선포의 주된 메시지는 심판이 임박했다는 것이며, 따라서 하나님께로 돌이키라는 것이었다. 그는 백성들로 '회개케 하기 위하여' 물로 세례를 주었다(3:11). 이제 도끼가 나무뿌리에 놓였기 때문이다(3:10). 곧 성령과 불, 즉 곡간에 들지 못한 쭉정이를 모아 태우는 불의 심판이 있을 것이었다.

그러나 정작 세례 요한이 예수에 관하여 듣는 소식은 그 심판의 사실과 달랐다. 예수께서 세례 요한에게 주신 대답은 "소경이 보며 앉은뱅이가 걸으며 문둥이가 깨끗함을 받으며 귀머거리가 들으며 죽은 자가 살아나며 가난한 자에게 복음이 전파"(11:5)되는 구원과 회복의 소식이었다. 이렇게 예수께서 세례 요한에게 하신 대답의 내용들은 마태복음 8-9장에 기록된 대로 예수께서 친히 행하신 일들로서, 이사야의 여러 구절에서 예언된 종말에 있을 구원이 성취되었음을 시사한다(사 29:18; 35:5-6; 42:18; 26:19; 61:1).

하지만 여기서도 이사야에서 인접한 문맥에 함께 기록된 심판에 관한 예언들(사 29:20; 35:5; 61:2)이나 '갇힌 자들을 자유케' 할 것이라는 예언들(사 42:7; 61:1)은 제외되었다. 그렇다면 도대체 심판은 어떻게 된 것인가? 쭉정이와 같은 자들, 열매 맺지 못한 자들, 돌이키지 않는 자들

위에 떨어져야 하는 성령과 불의 심판은 어떻게 된 것인가? 어찌하여 악인들이 심판을 받고 고난을 당하지 않고, 도리어 예수를 따르는 자들이 핍박과 고난을 받게 된다고 하는가?

사실 마태의 내러티브는 세례 요한이 선포한 메시지에 대한 답을 이미 내리고 있다. 세례 요한의 심판과 회개의 메시지가 기록된 바로 직후, 즉 3:13-17은 예수께서 백성들이 받는 회개의 세례를 자신이 받으시며 '모든 의를 이루고자' 하신 것과 이 때문에 하늘이 열리고 성령이 내려와 예수의 위에 머무신 사건을 기록한다. 이제 그분이 하나님의 아들로서 여호와의 종의 맡은 고난의 사역을 감당하실 것도 선포된 것이다 (3:17).

따라서 마태복음 11장은 10장 후반부에 나타나는 예수를 따르는 데에서 오는 핍박과 고난의 문제에 대해 간접적인 답을 제시한다. 특별히 이 문제는 세례 요한의 궁금해 하는 바, 곧 심판의 문제에 관련되어 있다. 요한이 본 것은 임박한 심판이지만, 지금 예수에 의해 구원의 때에 회복과 치유의 사역들이 일어나고 있다. 세례 요한이 바라보았던 악인들, 열매 없는 이스라엘 위에 떨어질 그 임박한 심판은 어떻게 되었는가?(3:9-12)

사실 제자들은 쉽게 회개하고 천국 복음을 받아들이지 않는 자들의 완악함으로 인해 고난을 당한다(10:15). 이것은 예수께서 말씀하신 대로, 장터에 앉아 '피리를 불어도 춤추지 않고 애곡하여도 가슴을 치지 않는' 완악한 세대의 모습과 같다. 끝내 예수께서는 그가 권능을 가장 많이 베푸신 고을들이 회개치 않음을 책망하시며, 심판날을 언급하신다(11:24; 10:15). 그러나 그 심판날은 아직도 미궁 속에 있다. 그 날은 언제인가? 그 심판은 어떻게 임할 것인가? 어째서 아직 제자들은 천국 복음을 전하며 핍박을 받고 고난을 당해야 하는가? 예수께서는 이러한 아이러니에 대해 "누구든지 나를 인하여 실족하지 아니하는 자는 복이 있다" 고 경고하신다(11:6).

이런 관점을 염두에 두고 11:1-16:20까지를 큰 단락으로 보면, 그 중심부, 곧 13:1-52에 기록된 천국에 관한 비유들이 의미 있게 떠오른다. 10장 후반부에서 예수를 따르는 제자들이 예상해야 될 핍박과 십자가의 고난이나, 11장에서 세례 요한이 의아해하는 질문들이 직접적으로 대답되지는 않지만, 마태의 내러티브는 이 의문, 이 패러독스(paradox), 곧 심판 받아야 할 회개치 않는 이스라엘에 의해 도리어 핍박을 받고 고난을 당할 예수의 제자들과 또 예수 자신의 운명에 대한 긴장의 끈을 '천국의 비밀' 과 깊이 연관시킨다. 하나님의 나라가 왔는데, 악인들은 심판받지 않고, 도리어 그 나라는 여러 악한 위협과 환란 속에서 성장한다.

다시 질문해 보자. 세례 요한의 선포대로 예수께서 종말에 심판을 가져오실 분이 아니라면, 과연 그분은 누구인가? 10장 이후로 마태복음은 예수의 정체성에 관한 질문들에 더욱 집중한다. 독자들로 하여금 그가 가시는 길에 주목하게 만든다. 세례 요한이 묻는다. "오실 그이가 당신이오니이까?" (11:3). 군중들도 묻는다. "무리가 다 놀라 가로되 이는 다윗의 자손이 아니냐?" (12:23). 나사렛의 회당에 있던 사람들도 묻는다. "이 사람의 이 지혜와 이런 능력이 어디서 났느뇨, 이는 그 목수의 아들이 아니냐?" (13:54-55).

이번에는 예수께서 사람들의 생각을 묻는다. "사람들이 인자를 누구라 하느냐?" (16:15). 그리고 제자들에게도 물으신다. "너희는 나를 누구라 하느냐?" (16:15). 흥미롭게도 예수께서 사람들이 의아해하는 그 질문, 곧 자신의 정체성에 대한 질문을 되물으시면서 비로소 그 자신이 받으실 고난에 대해 드러내어 말씀하신다.

"이때로부터 예수 그리스도께서 자기가 예루살렘에 올라가 장로들과 대제사장들과 서기관들에게 많은 고난을 받고 죽임을 당하고 제 삼일에 살아나야 할 것을 제자들에게 비로소 가르치시니"(마 16:21)

회개치 않는 이스라엘에 임할 임박한 심판, 천국 복음을 전파하는 제자들이 받아야 하는 그 역설적인 핍박과 고난, 그리고 예수 자신이 받으실 고난 역시 그분이 누구이신가에 대한 예수의 정체성에 깊이 관련되어 있다. 그러나 마태복음의 독자는 처음부터 그분이 누구이신가에 대한 소식을 듣고 있다. 그분은 "아브라함과 다윗의 자손 예수 그리스도"이시다(1:1). 그분은 "자기 백성을 저희 죄에서 구원할 자" 이시며(1:21), '임마누엘' 곧 그들과 함께하시는 하나님의 임재, 혹은 그들과 함께 하시는 하나님이시다(1:23). 예수의 정체성에 대한 답이 이렇게 주어졌지만, 마태복음의 내러티브는 과연 그분이 어떻게 자기 백성을 저희 죄에서 구원할지, 어떻게 그들과 함께하실지에 대해 뜻밖의 설명을 제공한다.

여기에는 세례 요한이나, 당시의 군중들이나, 심지어 베드로와 같은 제자들도 받아들이기 어려웠던 비밀, 곧 천국 비유에 깊이 스며들어 있는 하나님 나라의 비밀이 포함되어 있다(마 13장). 이 비밀을 이해하는 것은, 교회가 예수의 십자가와 부활 이후 이 땅에서 그분 자신의 교회 가운데 임재하여 계신 그 종말의 목자(28:19-20)를 따라가야 하는, 종말의 새로운 하나님의 백성에게 있어서는 결정적인 문제였을 것이다. 교회는 이 땅에서 핍박과 고난을 피할 수 없는가? 예수 믿고 복 받고 잘 되기만 하면 좋겠는데, 왜 아직 세상 속에 남아 있는 교회는 십자가의 길밖에 남아 있는 선택이 없다는 말인가? 세례 요한이 제기했던 의문은 여전히 교회의 것이기도 하다. 왜 회개치 않은 이들에게 아직 심판이 오지 않는가?

세례 요한이 본 것은 거기까지이다. 그는 예수로 말미암아 하나님 나라가 도래했을 때, 실제로 그것이 어떻게 임하게 될 것이며 어떻게 완성될 것인지에 대한 비밀을 보지 못했다. 그는 종말에 메시아가 오셔서 악인에 대한 심판과 의인의 부활, 그리고 새 하늘과 새 땅의 사건들이 일어날 것을 내다보았던 유대교의 전통적인 종말론의 큰 흐름과 같이했다. 세례 요한은 확실히 종말에 메시아의 시대가 오기 직전 올 것이라고 예견되었던 엘리야였다(11:11, 14). 그가 주의 앞에 오기로 되어 있었던 사자(11:10; 말 3:1)이며 엘리야였다는 사실은, 예수께서 가져오신 하나님 나라가 실로 최종적임을 의미한다.

그러나 정작 예수 자신을 통해 하나님의 나라가 임하게 되었을 때, 그러한 최종적인 심판은 이루어지지 않았다. 천국은 비밀스럽게 왔고, 비밀스럽게 자라며, 종말의 종말에 완성될 것이었다(마 13장). 천국이 비밀스럽게, 천지가 뒤집어지는 식이 아니라, 마치 씨앗이 땅에 떨어지는 것처럼 왔다는 사실은 예수의 정체성과 그분의 고난, 그리고 그분을 따르는 자들이 겪게 될 고난과 밀접한 관련이 있다.

유대교의 종말론적인 예상과는 달리, 그리고 세례 요한의 생각과도 다르게, 그 악한 세상은 예수가 가져오신 하나님 나라의 임재에도 당분간 계속될 것이었다. 전격적인 은혜의 시대가 열렸고, 이 시대는 당분간 계속될 것이며, 이 은혜를 받고 하나님 나라 안으로 들어오는 자들은, 비록 그들이 아무것도 아닌 자들이라도 그 지위가 세례 요한보다 클 것이다(11:11). 그들이 각기 속한 시대와 은혜의 영역이 다르기 때문이다.

마태복음 11:12는 번역하기도, 해석하기도 난해한 본문이다. '침노를 당하나니' (개역한글, KJV)라고 할 수도 있고 '침입하나니' (NIV)로 읽을 수도 있다. '침노하는 자' 는 긍정적인 의미를 가질 수도 있고 부정적인 의미를 가질 수도 있다. 하지만 이 구절의 병행구인 누가복음 16:16에서 '침노한다' 는 표현은 긍정적으로 쓰였다. 이 점을 고려하고 또 예수 당시 하나님의 나라가 강제적으로 곧 혁명적으로 이방인들의 나라를 뒤엎고 임할 것으로 기대되었다고 생각한다면, 예수의 이 말씀은 매우 역설적인 표현이다.

11절에서 예수께서는 천국에 대해 언급하고 그 나라에서 지극히 작은 자라도 세례 요한보다 크다고 하셨다. 그것은 이미 이제 전혀 새로운 하나님의 나라가 임했다는 사실을 시사한다. 그리고 그 안에 들어간 자들이 있다는 점도 암시한다. 그 나라는 어떻게 왔으며, 그 안에 들어간 '지극히 작은 자들' 은 누구인가?

12절은 이런 질문에 대한 대답이다. 하나님 나라가 왔는데, 그 나라가 폭력적이거나 강압적으로 이방 나라들을 뒤엎지 않았다. 하나님 나라가 강압과 힘을 사용한 것이 아니라, 그 나라에 들어가는 자들이 애를 쓰게 된다. 하나님 나라가 침노를 당한다는 표현은 그래서 역설적이다. 하나님 나라는 이렇게 이미 온 것이다. 그 나라가 다른 이방 나라들을 침노하는 것이 아니라, 도리어 그 나라는 침노를 당한다. 누구에게 침노를 당하는가? 지극히 작은 자들(11절)이다.

그렇다면 지극히 작은 자들은 어떻게 그 나라를 침노하는가? 침노라는 표현에는 억지스럽다는 느낌이 많다. 원래 되지 않는 것을 우겨서 하려고 한다는 인상을 준다. 자격이 되지 않는 자들이 들어가 차지할 것같은 느낌이다. 이 '지극히 작은 자들' 은 객관적으로 볼 때, 세례 요한이나 천국이 오기 이전 시대에 속한 의인들과 선지자들보다 나을 수가 없다. 그래서 그들이 이제 도래한 하나님 나라에 들어가는 것이 억지스러울 수밖에 없다. 예컨대, 그들이 그들의 의(義)를 의지하지 않고 예수의 긍휼히 여기심, 곧 죄인들을 부르러 오신 그분의 긍휼에 의지하여 들어갔다면, 그것이 12절에서 말하는 '침노하여 빼앗는 것' 에 가까울 것이다.

이런 해석은 문맥에도 자연스럽게 어울린다. 지금 예수께서는 자신이 가져온 구원의 때, 치유와 용서와 회복의 은혜의 때를 기이하게 여기는 세례 요한의 의문에 대답하고 계신다(11:2-11). 그리고 피리를 불어도 애곡해도 춤을 추거나 가슴을 치지 않는 완악한 자들, 세례 요한의 금욕적인 사역이나 예수께서 행하신 죄 사함의 기쁨의 사역 모두 비난하기에 여념이 없었던 바리새인과 서기관들을 질타하신다(11:15-19). 그들은 회개치 않는 세대이다(16, 20절).

예수께서 요구하시고 기대하시는 것은 지금 임한 하나님 나라에 대한 적극적인 반응이다. 예수께서 베푸시는 긍휼과 죄 사함의 사역에 기쁨과 화해로 참여하는 반응이다. 또한 그에 합당한 눈물과 회개의 반응이다. 세리와 죄인들은 주위의 따가운 시선에도 불구하고 예수의 이런 긍휼의 초대에 적극적으로 응답했다(9:9-13).

그래서 천국이 침노를 당하며, 침노하는 자가 천국을 빼앗는다는 표현은 매우 역설적인 표현이다. 지금 예수를 통해서 임한 천국은 악을 징벌하는, 심판하고 침노하는 천국의 모습으로 오지 않았다. 세례 요한의 기대와는 다르다. 그 반대이다. 천국은 침노를 당하고 있다. '빼앗는다' (ἁρπάζουσιν, 12절)는 말은 통상 매우 부정적으로 쓰인다. 그런데 여기서는 긍정적으로 쓰였기 때문에 그만큼 역설적이다. 예수께서는 지금 하나님의 나라가 심판의 모습으로 임해있지 않음을 역설적으로 드러낸다.

천국은 지금 악인들의 부당한 권리를 빼앗는 것이 아니라, 도리어 죄인들에 의해, 이를테면 그 천국에 속한 보화들을 무력하게 빼앗긴다. 은혜로 와 있는 것이다. '소경이 보며 앉은뱅이가 걸으며 문둥이가 깨끗함을 받으며 귀머거리가 들으며' 심지어 '죽은 자가 살아난다' (11:5). 죄 사함과 은혜와 생명이 이제 그것을 필요로 하고 그것을 얻고자 나아오는 자들에게 얼마든지 주어진다. 천국은 지금 심판이 아니라 은혜의 모습으로 와 있다. 이에 반응하지 않는 것은 과연 얼마만한 불행인가?

흥미롭게도, '지극히 작은 자들' 에게 침노 당하는 천국은 한없이 무력해 보인다. 세상에 어떤 왕국이 세리와 창기, 소자와 어린아이에 의해 침노를 당하는가? 한없이 약하고 무력해 보인다. 말씀이 그런 것이다. 스스로 지혜롭다고 생각하는 사람들이 단칼에 무시해 버릴 수 있는 것, 그것이 복음이다. 예수께서 뿌리신 씨앗, 하나님의 말씀이다. 천국 복음이다. 듣지 않으면 그만이다. 그래서 스스로 지혜롭다고 하는 자들, 스스로 강하고 건강해서 의사가 필요 없다고 생각하는 의인들에게 지금 예수로 말미암아 도래한 천국은, 도리어 침노가 불가능한 강철 같은 나라가 된다. 그런 자들은 예수께서 선포하신 천국을 침노하기에는 한 없이 무력한 자들이다.

회개치 않음, 11:20-24

그래서 11:20-23은 예수로 말미암은 이 새로운 시대, 곧 예수로 말미암아 종말에 하나님의 은혜로운 통치가 임했다는 복음(11:5; 11:11-14)을 받아들이지 않고, 이에 회개함으로 반응하지 않는 완고한 사람들에 대해 기록한다. 저들은 결국 새 옷을 기워 넣을 수 없는 헌 옷이며, 새 포도주를 담을 수 없는 헌 부대이다. 예수께서는 이들에게 심판 날에 주어질 화를 선고한다.

> "화가 있을진저 고라신아 화가 있을진저 벳새다야"(마 11:21)
>
> "가버나움아 네가 하늘에까지 높아지겠느냐 음부에까지 낮아지리라 … 내가 너희에게 이르노니 심판 날에 소돔 땅이 너보다 견디기 쉬우리라"(마 11:23-24)

이제 예수를 통해 임하게 된 천국의 복음을 들으며 그 권능을 목격하고도 회개치 않는 것이 그렇게 큰 죄인가? 가버나움이 소돔보다 도덕적으로 부패했던가?

그렇지는 않은 것 같다. 소돔은 음란과 거짓된 삶(렘 23:14)으로, 그리고 그 부요함에도 불구하고 궁핍한 자들을 버려둠으로(겔 16:49) 정죄받았다. 하지만 가버나움을 향해서는 그러한 죄들에 대한 지적이 없다. 그들은 다만 예수가 전한 천국 복음과 그 권능에 대해 시큰둥하게 반응했을 뿐이다. 그런데 그들이 받을 형벌이 소돔보다 더 클 것이다. 문제는 지금 예수를 통해 임하게 된 천국 복음의 중대성, 그 결정성 때문에 생긴다.

11장은 전체적으로 과연 예수를 통해 전해진 이 천국 복음, 죄 사함과 치유와 긍휼의 복음, 더 나은 의의 복음에 응답하지 않는 것이 얼마나 큰 불행인지, 이 큰 하나님의 행동 계시에 대한 얼마나 부적절한 반응인지를 강조한다. 교만과 완악함은 그것으로 무장한 사람을 천국에서 제외시킨다. 그의 교만과 완악함이 그로 하여금 그 외에 다른 선택을 남기지 않는 것이다.

하나님의 전격적인 은혜와 권능에도 응답하지 않는 완악함에 대한 의문은 결국 '하나님의 뜻' 과 '지혜' 에서 그 해답을 찾게 된다. 지혜는 그 행한 일로 옳다 함을 얻는다(11:19). 제2성전기에는 '지혜' 라는 것이 하늘에서 내려와 이 땅에 머물기를 소원해도 그 머물 곳을 찾지 못하고 하늘로 되돌아간다는 생각이 지배적이었다(cf. 마 23:34). 예수는 그 위에 성령이 머무신 분이고 동시에 지혜가 그 안에 머무신 분이다(13:54). 예수의 복음에 응답하거나 도리어 완악해지거나 하는 반응 자체가 그 사람이 갖고 있는 지혜 혹은 어리석음을 그대로 드러낸다. 복음은 사람들 속에 있는 것을 드러내어 그가 지혜 있는 자인지 어리석은 자인지를 노출시킨다. 복음 앞에서 사람들은 나뉜다.

"누구든지 나를 인하여 실족하지 아니하는 자는 복이 있도다 하시니라"(마 11:6)

예수의 권세와 초청, 11:25-30

예수께서 전한 천국 복음은 그 복음을 듣고 회개하고 믿는 자와 그렇지 않고 완악해진 자들을 나누었다. 어떻게 해서 이런 차이가 나는 것일까? 예수께서 많은 기적을 베푸셨지만, 기적 자체는 회개함과 천국 복음을 받아들이는 믿음을 주지 못한다. 예수께서 권능을 많이 베푸신 고을들이 회개치 않았다. 구원받는 믿음은 어떻게 주어지는 것일까? 예수께서는 이런 신비한 현상에 대해 이렇게 고백하신다.

> "천지의 주재이신 아버지여 이것을 지혜롭고 슬기 있는 자들에게는 숨기시고 어린아이들에게는 나타내심을 감사하나이다"(마 11:25)

복음은 스스로 지혜롭다고 여기는 자들의 지혜롭지 못함을 노출시켜 버린다. 그들이 예수께서 전한 천국 복음을 거절했기 때문이다. 그것은 소돔과 고모라의 부패한 죄악보다 더 큰 심판을 불러올 완악한 심령의 노출이다. 부패하고 죄악된 사실보다, 그 죄악들로부터 돌이키지 않는 것, 그 죄악들에 대한 하나님의 죄 사함과 긍휼의 초청을 거부하는 것, 곧 죄 사함의 초청에 회개함으로 응답하지 않는 것 때문에 망한다. 회개치 않는 것, 믿지 않는 것이 더 악하다. 더 큰 심판을 불러온다. 죄를 지은 허물보다 그 죄를 사하시는 하나님의 긍휼에 코웃음으로 응답하는 완악함은 곧 그의 어리석음의 부인할 수 없는 증거가 되기 때문이다.

무엇이 지혜인가? 누가 지혜로운 자인가? 무엇이 지혜를 지혜로 증명하는 증거인가? 스스로 지혜롭게 여기지 않는 것이 지혜이다. 예수께서 지금 지혜로 묘사하는 참된 지혜는 자기 자신에게 묶여 있는 자가 아니라, 하나님의 초청에 열려 있는 자가 갖게 되는 지혜이다. 세상의 지혜 있는 자들은 스스로의 지혜로 판단한다. 어린아이는 스스로 지혜롭다고 여길 수 없다. 죄인들도 마찬가지이다. 죄인들은 스스로 의롭다고 여길 조건이 없다. 그런데 어린아이에게는 이 구원의 길이 보인다. 스스로 지혜롭다고 여기는 자들은 자신들의 지혜에 가려 이 길을 보지 못한다(11:23; cf. 23:6-7).

어린아이는 스스로 지혜롭다고 여길 것이 없으므로 이 길, 곧 예수께서 전하신 천국의 복음을 받아들인다. 자신이 부족하다고 여기기 때문이다. 참된 지혜는 '스스로 지혜 있다' 고 믿지 않는 데서 시작한다(cf. 잠 3:7). 지혜 없는 어린아이가 참된 지혜 있는 자로 밝혀진다. 의가 없는 죄인들이 의를 얻는다. 지혜도 의도 그것이 자신의 것이 될 때는 하나님께로 나아가는 길, 하나님께서 오시는 길을 막는 걸림돌이 된다. 천국에 참여하기 위해 요구되는 참된 지혜나 참된 의는 그 자신에게 있는 지혜나 의가 아니라, 우선적으로 하나님과의 관계에서 성립되는 지혜와 의이다.

그러면 누가 이 예수를 알게 되는가? 누가 이 예수를 아는 지식에 이르는가? 천지의 주재이신 아버지 하나님께서 이것을 어린아이들에게 나타내셨다(11:25). 그러나 아들을 아는 충만하고 온전한 지식은 오직 아버지께만 있다(11:27; 3:17). 그러므로 그 아들을 아는 지식은 아버지께서 주신 선물이다. 그리고 아버지께서 그 아들에게 모든 것을 주셨다(27절)! 마태복음의 기독론은 여기에서 아주 높은 봉우리에 이르게 된다. 그분은 이제 '모든 것' 을 유업으로 받는 아들이다. 그 '모든 것' 이란 무엇일까? 마태복음의 마지막은 이것이 "하늘과 땅의 모든 권세" 라고 명시한다(28:18). 하지만 마태복음은 일찍이 성령으로 잉태되신(1:20) 하나님의 아들이, 다윗의 후손으로서 다윗에게 약속된 흔들리지 않는 보좌와 영원한 통치권을 부여받았음을 시사한다(cf. 3:17). 그리고 그분의 실질적인 하나님 나라의 통치권은 하늘이 열리며 그분의 위에 내려오신 성령에게 있음도 이미 암시되어 있다(3:16).

그러므로 예수의 권세는 종말에 하늘에서 이 땅에 내려와 그분의 위에 거하신 성령 하나님의 권세이다. 그분의 권세는 동시에 다윗에게 약속된 영원한 나라의 권세이며, 종말에 오시기로 한 다윗 목자의 권세, 곧 자기 양 무리를 회복하시고 모으시는 목자 되신 여호와 하나님 자신의 권세이다. 물론 이런 설명은 마태복음에 드러나게 기록되어 있지는 않다. 단지 암시되어 있을 뿐이다(참고. 12:22-24).

이제 예수는 아버지께 모든 것을 받은 상속자이다. 그분이 율법을 성취하신 새로운 이스라엘이며, 세상을 대하여 하나님 앞에서 순종을 완성한 새 아담인 셈이다. 그분이 참 아들이다. 하나님 아버지께서 모든 것을 예수에게 주신 까닭은 그분에게서 비로소 세상을 유업으로 받아 하나님의 뜻대로 다스릴 참 아들을 발견(?)하셨기 때문이다(3:17; 4:1-11). 그분이 합법적이고 또한 자격 있는 정당한 아들이기 때문에 아버지에 속한 모든 것을 비로소 유업으로 받는다. '천지의 주재' (25절)이신 아버지께서 '모든 것' 을 아들에게 주셨다면, 그가 곧 하늘과 땅의, 그리고 지금과 장차 올 모든 상을 유업으로 이을 자이다. 그리고 하나님께서는 이것을 어린아이들에게, 곧 스스로 지혜롭다거나 의롭다고 여기지 않고 예수의 초청에 나아오는 자들에게 나타내 보이셨다. 천국이 그들의 것이다(5:3-12).

이제 아버지와 아들 사이에 특별한 관계가 드러났다. 이제 임한 하나님의 나라에 들어가는 것과 그 아들 예수를 아는 것은 분리될 수 없다. 오직 그 아들을 아는 자만 천국에 들어간다. 이 아들을 아는 지식은 아버지께서 주시는 선물이다. 역으로, 그 아들을 통하지 않고는 아버지를 알 수 없다. 여기가 유대교와 초기 기독교가 갈라서는 분기점이다. 이제는 아들을 말미암지 않고 아버지를 알 길이 없다. 아버지께서 모든 것을 아들에게 주셨다. 이 아들이 상속자이며, 이 아들을 통하지 않고는 아버지께로 이를 자가 없다.

하나님께서 그 아들에게 하늘과 땅의 권세를 주신다는 사상(11:27)은 사실 구약에서부터 다윗 언약의 중심부에 놓여 있고(삼하 7:14), 다윗 목자 전승에서 발전되며(겔 34:23-24, 37:24-28), 또한 중간기 문헌들에서도 간간이 증거된다(4Q521). 예수는 이스라엘뿐 아니라 하늘과 땅의 권세를 받은 하나님의 아들, 곧 메시아이고, 왕이요 목자이다(cf. 28:16-20). 그러나 이스라엘 가운데 이 아들의 초청에 응하는 일은 신비에 속해 있다. 초청은 열려 있지만, 응답하는 자들 곧 선택 받은 것으로 드러나는 자들은 오직 그분의 신비한 지식에 속해 있다.

예수께서는 하나님 나라의 치유와 구원, 그 회복의 때가 도래했음에도 불구하고 이에 반응하지 않는 완악함에 대한 의문을 하나님의 뜻과 지혜에 맡기신다. 그리고 회개치 않는 악인들에 대한 심판이 아니라, 수고하고 무거운 짐 진 죄인들을 초대하기를 계속하신다. 이 초청은 마태복음서에서 처음으로 모든 이들에게 확대된 제자도(弟子道)에로의 초청이다. 이 초청은 예수의 가르침(5-7장)과 그분의 치유와 죄 사함, 그분의 권능이 드러난 후(8-9장), 그리고 예수와 그분의 천국 복음을 영접하지 않는 결과에 대한 경고(11:20-24) 후에 들려지는 초청이라 더욱 의미 깊다.

> "수고하고 무거운 짐 진 자들아 다 내게로 오라 내가 너희를 쉬게 하리라 나는 마음이 온유하고 겸손하니 나의 멍에를 메고 내게 배우라 그러면 너희 마음이 쉼을 얻으리니 이는 내 멍에는 쉽고 내 짐은 가벼움이라"(마 11:28-30)

예수는 지혜 자체이시다. 그분은 의의 교사로서 하나님 자신의 권세를 가지고 이 초청을 하신다. 사실 이 말씀은 11:27에서 밝혀졌듯이 하나님 아버지와 그 아들 예수의 특별한 관계에 대한 이해 없이는 받아들여지기 어려운 선언이다.

우선 '멍에' 란 짐승이나 전쟁 포로들에게 씌워지는 굴레로서 복종과 노동, 훈련과 의무 같은 것을 의미한다. 구약과 중간기에 '하나님을 섬기는 멍에와 결박' (렘 2:20; 5:5), 지혜의 멍에(Sir 6:30; 51:26), 율법의 멍에(행 15:10), 계명들의 멍에(Mishna Berakot 2:2) 등의 표현들을 찾아볼 수 있다. 하지만 그 어느 곳에서도 가르치는 사람 자신이 '내 멍에' 를 메고 '나에게 배우라' 는 표현은 찾아볼 수 없다.

또한 구약에서 안식을 주시는 분은 오직 하나님뿐이시다(출 33:14; 렘 6:16; 31:25). 하지만 예수께서는 이제 오직 자신을 통해서 안식을 얻을 수 있다고 말씀하신다. 예수의 초청은 일차적으로 유대교 아래 있는, 율법의 무거운 짐을 진 자들에 대한 초청이다. 예수는 율법의 성취이다. 그 자신이 율법의 요구를 다 이루신 분이고(cf. 3:15), 그분을 믿는 자들이 율법의 요구를 행할 수 있도록 하시며(cf. 4:1-11), 친히 새 계명을 주시는 분이다(cf. 9:13, 12:7, 22:37-40, 23:23, 28:20). 이로써, 예수는 안식일, 곧 약속된 안식 그 자체이다. 예수 안에 있는 자들은 쉰다. 율법의 짐에서 쉬고, 죄책과 죄의 통치에서 벗어나 쉰다. 그 안에는 하나님의 은혜와 생명의 통치가 있기 때문이다. 그러므로 예수 자신이 안식일의 성취이다.

예수께서 말씀하신 '나의 멍에' 는 아마도, 어느 때고 예수를 시인하는 일과 그분이 성취한 '긍휼' 을 따라 사는 삶일 것이다. 그런 삶은 항상 쉼을 약속한다. 그것은 실상 더 짊어지기 쉬운 짐이다. 원한으로 가득 찬 마음보다 용서하는 마음을 갖는 것이 실상은 더 쉬운 멍에이다. 미워하는 것보다 사랑하는 멍에가 실상은 더 가볍다. 예수께서 주시는 죄 사함을 받을 때 요구되는 겸손의 멍에, 하나님 아버지의 온전함을 따라 살도록 가르친 그분의 가르침을 따라 살 때 짊어지는 멍에, 그것은 하나님으로부터 분리된 삶의 고단함에서 벗어나게 해준다. 이런 삶이 자신이 자신의 근거와 목적과 방식이 되는 피곤한 삶에서 벗어나게 한다. 그런 삶은 모든 죄책과 죄과에서 벗어나 의와 생명의 관계 안에서 평안을 누리는 삶이다.

그런 삶은 율법이 요구하는 바를 예수 안에서 성령의 능력을 따라 행하고 성취함으로 사랑의 삶을 살게 한다. 그것은 죄 된 삶에서의 실제적 해방을 의미한다. 멍에를 메지 않을 수는 없다. 사람은 어떤 멍에이든 반드시 메고 간다. 물고기가 물에서 살아야 하는 것처럼, 사람도 그 조건을 피할 수 없다. 죄의 멍에를 메든지 예수의 멍에를 메든지 둘 중 하나를 메어야 한다. 스스로를 지혜롭고 의롭게 여기며 스스로의 삶과 죽음의 멍에를 메고 가든지, 아니면 예수의 멍에를 메든지 둘 중 하나를 선택해야 한다.

예수의 멍에를 메고 배우면 비로소 쉬게 된다. 예수는 안식일의 성취이기 때문이다. 그분 안에서 은혜의 세계가 회복된다. 모든 것이 선물이다. 그분은 하나님께서만 주실 수 있는 안식을 주신다. 그 안에 죄 사함과 생명에 이르는 길이 있기 때문이다. 그분 자신이 이 생명의 길이다. 그분이 선생이고 그분이 교과과정이다. 그분이 안식으로 초대하시는 분이고, 그분 자신 안에 안식이 있다. 그분은 안식일의 성취이다. 마태복음은 이어지는 12장에서 곧바로 안식일, 곧 참된 쉼에 대해 조금 더 설명하고 싶어 한다.

"이를 위해 부르셨다"

천국 복음을 받고 예수를 시인하며 따르는 데 불편이나 고통, 손해나 핍박은 불가피한 것인가? 피할 수 없는가? 피할 수 없다. 만일 예수를 둘로 나눌 수 있다면 가능할지도 모르지만, 부활하신 예수와 십자가의 길을 가신 예수가 한 분이신 이상, 예수를 믿고 따라가는 제자들이 십자가의 길을 가지 않을 수 있다는 것은 거짓이다. 고난 없이 예수를 믿을 수 있는가? 없다. 뜻대로 할 수 없어서 억울하고 애통해하는 일 없이 예수를 믿을 수 있는가? 없다. 피해 보고 손해 보는 일 없이 예수를 믿을 수 있는가? 없다. 정당한 일을 하고도 도리어 피해를 보고 억울하게 희생을 감수하는 일 없이 예수를 믿을 수 있는가? 없다.

십자가의 길, 제자의 길은 원래, 정당한 행위에 대한 부당한 고난을 의미한다. 예수께서도 그리고 그를 따르는 제자들도 이 길을 피할 수 없다. 도리어 하나님께서는 이를 '위하여' 그들을 부르셨다. 하나님께서 무관심해서도 아니고, 믿음이 '쎄지 않아서' 도 아니다. 원래부터 하나님 나라의 영광에 이르는 길은 고통과 불편, 손해와 희생을 포함한다. 예수를 받아들이고 그의 길을 따르기 위해 맞닥뜨리는 부당한 손해, 부당한 고난, 부당한 희생도 감수할 용의가 있는가?

교회는 예수를 믿는 일이 '복 받고 잘 되는 것' 이라고 믿고 가르친다. 다만 흔히 이해되는 그런 식의 '복' 이 무슨 '복' 인가, 어떤 '복' 인가, 그리고 어떻게 '복' 을 받는가에 대해서는 예수 자신의 가르침과 심각한 차이를 보일 때가 많다. 예수를 따르는 일이 때로 원하는 것을 하지 못하며, 원치 않는 것을 해야 하는 애통한 길일 수 있다는 것, 또는 정당한 일을 하고도 도리어 손해와 희생을 감수해야 하는 길일 수 있다는 사실을 받아들이며 그렇게 인내하는가? 부활하신 예수와 고난의 십자가를 지신 예수가 동일한 분이며, 솔로몬의 재판처럼 한 분이신 예수를 두 쪽으로 나눌 수 없다면, 거듭난 신자의 고난은 필연적이다. 피할 수 없다. 그 길을 지나가야 할 뿐이다.

Chapter 04

천국은 이와 같으니

하나님 나라의 비밀(12:1-16:20)

예수는 결국 무엇을 가져왔는가? 그분은 옛 이스라엘의 역사와 현실 속에 무엇을 가져왔는가? 그분이 가져온 하나님의 나라의 현실, 그 실재는 어떤 것인가? 마태는 예수의 기적들(12, 14-15장)과 비유들(13장), 그리고 마지막으로 교회(16:18), 곧, 종말의 하나님의 새 양 무리를 위한 가르침들(18-20장)로 대답한다.

예수가 오심으로, 안식일에 변화가 생긴다(1-21절). 율법에도 변화가 생긴다. 이스라엘에도 변화가 생긴다(22-45절). 심지어는 혈육의 가족 관계에도 변화가 생긴다(46-50절). 변화 없이 예수를 믿는 것은 불가능하다. 그것은 그분이 비할 바 없는 권세를 가지신 분으로 오셨기 때문이다. 따라서 예수의 사역은 그분의 정체성, 곧 그분의 권세와 분리되지 않는다. 예수는 '성전보다 크신 이'(6절)이다. 예수는 '안식일의 주인'(8절)이다. 예수는 '요나보다 더 큰 이'(41절)이다. 예수는 '솔로몬보다 더 큰 이'(42절)이다.

1. 예수가 가져오신 변화

12:1-50

이렇게 마태복음 12장은 예수가 어떤 분이시며, 그분으로 인해 이스라엘에 어떤 변화가 오게 되었는가를 설명한다. 그 변화의 절정은 '하늘에 계신 아버지'와 그 아들 예수와 함께하는 가족, 곧 새로운 공동체이다(46-50절). 이렇게 예수는 새로운 공동체, 곧 종말의 하나님의 백성과 나라를 창조하신다. 그것이 그분의 사역의 궁극적인 결과이다. 예수의 사역 기간 중에도 예수께서 가장 심혈을 기울이신 것은 제자들, 곧 종말의 새로운 하나님의 공동체를 세우시는 일이었다. 천국은 떠들썩한 기적 속에 존재하지 않는다. 예수는 기적을 행하신 후에 자주 물러나셨다. 기도하시며 제자들을 세우셨다.

헤롯 왕은 성전과 많은 건물들을 짓는 데 혈안이 되어 있었지만, 새로운 왕이신 이 목자는 하나님의 사람들, 하나님 나라의 새로운 시민들을 세우는 데 가장 중요한 시간들을 보내셨다. 이들, 이 새로운 공동체, 하나님의 종말의 통치로 다스려지는 이 교회가 하나님 나라의 가장 강력한 증거요, 이 땅에 거하고 또 임하는 하나님 나라의 실재이기 때문이다. 이렇게 예수께서 그의 제자 사역을 통해 보여주신 것처럼, 하나님의 나라는 기적과 요란한 건축을 통해서가 아니라, 사람들 속에 쏟아붓는 말씀과 성령의 사역을 통해, 그들 공동체의 성장을 통해 조용히 성장해 간다.

예수와 안식일, 12:1-21

이렇게 종말의 하나님의 권속들을 창조하시는 예수는 어떤 분인가? 12장 1절에서 21절까지 안식일에 관한 이 일련의 사건들은 예수의 정체성과 그분의 사역의 비전에 대해 간접적이지만 매우 강렬한 암시들을 던진다. 마태가 기록한 12:1-8의 안식일 논쟁 역시 보통 랍비들이 안식일에 대해 논쟁하는 것과는 다른 초점을 갖고 있다. 본문에서도 바리새인들은 안식일을 지키는 세부 규정에 관심이 있다. 그들은 제자들이 배가 고파서 밀밭 사이로 지나가면서 이삭을 잘라 먹은 것이 규정상 합당한지를 묻는다(2절).

안식일 규정은 십계명에 기록된 긍정적인 두 계명들 가운데 하나이다. 무의식적으로 어긴 경우에는 속죄 제물을 드려야 하고(레 4:27-35), 의도적으로 어겼을 경우는 죽임을 당할 수 있었다(출 31:14; 35:2; 민 15:32-36). 신명기 23:25에 의하면 배가 고픈 경우 이삭을 손으로 딸 수는 있지만 낫을 대지는 못하도록 금하고 있다. 그것은 도적질이 되기 때문이다.

그렇다면 남의 밭에 들어가 손으로 이삭을 따되, 안식일에 그렇게 하는 것은 허용되는가? 후대 랍비들은 안식일에 이렇게 하는 것이 안식일을 범하는 것이라고 보았다. 더 나아가 안식일에 어떤 열매라도 따거나 혹은 그것에 손을 대는 것도 범죄라고 보았다(*Mishna Šabbat* 7:2; Philo *Moses* 2:22). 바리새인들이 예수에게 그 제자들이 "안식일에 하지 못할 일을 하나이다"(2절)라고 한 것도 같은 맥락일 것이다. 그러나 마태가 전하고자 하는 관심은 안식일 규정이 아니다. 오히려 예수가 누구신가를 드러내는 데 초점이 있다.

"내가 너희에게 이르노니 성전보다 더 큰 이가 여기 있느니라"(마 12:6)

마태의 초점은 기독론적이다. 그는 누구신가? 흥미롭게도 마태가 기록한 안식일 논쟁(1-8절)은 '다윗'을 언급한다(3-4절). 제자들과 함께 안식일에 밀밭에서 이삭을 먹은 사건을 두고 예수는 '다윗'의 경우를 들어 비교한다. 다윗은 제사장들이 안식일이라도 성전에서 누리는 예외적 특권을 누렸다. 예수는 자신이 '성전보다 더 크다'고 주장하신다(6절). 다윗보다 크다고 말하지 않았지만, 이는 충분히 암시되어 있다. 다윗이 성전보다 크지 않기 때문이다. 성전은 하나님께서 임재하여 계신 곳이다. 그분은 종말에 하나님께서 임재해 계신 처소(the eschatological locus of God's presence)이다.

독자들은 이미 마태복음 서두에서 예수가 '우리와 함께하시는 하나님, 임마누엘'(1:23)임을 알고 있다. 마태는 성전 안에서보다 예수 안에서 더욱 하나님의 임재가 충만함을 강조한다. 그 안에 율법을 성취하신 분으로 말미암은 안식이 있다. 그분이 율법의 완성이며 그분이 안식일의 완성이시다. 그분이 곧 안식이시다.

마태는 안식일 논쟁에서 '다윗' 에 대해 언급한 후 그 다음 이어지는 사건, 곧 안식일에 회당에서 병을 고치신 사건에서, 예수께서 '구덩이에 빠진 양 한 마리' 를 비유로 들어 말씀하신 것을 기록한다(11-12절/cf. 마가복음의 병행구절 3:1-6에는 '양' 에 대한 비유의 말씀이 기록되어 있지 않다). 즉, 안식일 사건들을 차례로 전하면서, 마태는 예수를 '다윗' 과 '양/목자' 이미지와 결부시키시고 있다. 예수는 긍휼의 목자이다. 그분의 신학과 사역의 특징은 긍휼이라는 사실이 여기서 한 번 더 강조된다.

더욱 흥미로운 것은, 여기서 마태는 예수를 '다윗' , '양/목자' 이미지와 결부시킨 후에, 마가와는 다르게 이를 바로 '이방들' 에 대한 그의 확대될 통치(14-21절)의 가능성과 연결시킨다는 점이다. 이는 종말에 이스라엘을 회복하고(겔 34장) 그의 통치를 '땅 끝까지' (미 5:1-4; cf. 마 2:6) 확장할 '종말의 다윗 같은 목자' (겔 34:23-24; 37:24-28) 예수의 모습을 시사하기에 적절한 배열이다.

이스라엘에 임한 이 종말의 목자는 원래 '여호와 하나님' 자신이었다(겔 34:6, 12). 마태는 예수 자신이 바로 그러한 권세를 가지신 분임을 간접적으로주장한다. 누가 '성전보다 큰 이' 인가?(6절) 예물이 큰가, 아니면 예물을 거룩하게 하는 제단이 큰가?(23:19) '성전으로 맹세하는 자' 와 '그 안에 계신 이' (23:21)가 구분된다면, 성전보다 크신 이는 '성전 안에 거하시는 이' 곧 하나님 자신일 수밖에 없다. 예수께서 '성전보다 크신 이' (6절)를 언급하신 후에, 곧바로 "나는 자비를 원하고 제사를 원치 아니하노라" (7절)라는 호세아 6:6의 말씀을 인용하신 것은 의미심장하다.

7절의 이 말씀의 무게는 '나는' 위에 떨어진다. 예수께서 '성전보다 더 큰 이'를 언급하신 후에, 바로 '내가 너희에게 이르노니'라 하시고, '나는' 하시며 호세아 6:6의 말씀을 인용하신 것은, 성전 안에 거하시는 하나님께서 제물보다 긍휼을 원하신다는 뜻을 하나님의 권위로 말씀하신 것이다. 마태복음에서 긍휼은 율법의 핵심적 사상이다. 그것은 언제나 규정들과 규례들보다 앞서는 율법의 요체이다. 안식일은 '인자'를 위해 만들어졌다(8절). 여기서 '인자'는 예수 자신이기도 하고 또한 피조된 인류 전체를 대표할 수도 있다. 만일 이 표현이 이렇게 기독론적이면서 동시에 인류를 대표하는 뜻도 있다면, 8절은 성전보다 크신 이가 성전 안에 있는 자들과 함께 하나로 묶여진 인상을 준다.

다윗과 그의 무리들이 하나로 묶여진 것처럼, 종말의 새로운 왕이신 예수께서 그분의 새로운 백성들과 하나로 묶여진다. 안식일은 원래 하나님 안에 있는 인류를 위해, 지금은 종말에 다시 창조되는 새로운 인류를 위해 존재하는 것이다. 결국 안식일, 다윗, 성전 등에 관한 이러한 일련의 말씀들을 통해, 마태는 예수께서 여호와 하나님 자신에게 속한 권세를 주장하고 있음을 드러낸다. 그분은 이스라엘의 그 유일한 목자 자신의 권세를 갖고 오셨으며 동시에 그분은 메시아로서 그의 나라를 이방들에게까지 확장할 것이다(8-21절).

그러나 마태는 예수와 안식일 사건을 설명하면서, 다윗 목자 전통에 의해 이미 종말의 다윗 목자의 사역이 열방까지 미칠 것이라는 암시와 더불어 이사야 42:1-4를 인용한다. 흥미롭게도 이 인용구는 예수 자신이 말씀하신 것이 아니라, 마태가 복음을 전달하는 자로서 이 사건을 설명하는 부분이다. 마태로 하여금 이사야를 꺼내게 한 직접적인 계기는 예수께서 안식일이라도 손 마른 사람을 치유하신 사건일 것이다. 이사야 42:7에는 종말에 여호와의 종이 '소경의 눈을 밝힐 것'이라고 되어 있기 때문이다. 사실 초대교회에서 치유사건은 이사야의 고난 받는 종(사 53장)과 자주 연관되었다.

물론 이사야 42:1은 일찍이 마태복음 3:17('내 기뻐하는 종')에서 시편 2:7('내 사랑하는 아들이요')과 함께 인용되기도 했다. 다만 이사야 42장에는 다윗 전통이라든가 목자 전통이 선명히 드러나 있지 않다. 따라서 마태복음 12:1-15에서 예수께서 안식일에 병자를 고치신 사건, 다윗이 언급되는 점, 목자/양의 이미지가 나오는 점 등은 자연스럽게 구약의 다윗 목자 전통과 교류한다고 말할 수 있다.

다만 마태는 이런 역사적 예수의 사건과 그 배경을 초대교회가 사랑했던 이사야의 '고난 받는 종'의 모습으로 확증하고 있다. 이사야 42장이나 53장은 이미 이방인들이 들어와 정식 멤버가 된 초대교회가 사랑했던 구약의 증거구절 모음집(Testimonia) 가운데 있던 구절들이었을 것이다. 이스라엘의 회복, 곧 옛 이스라엘에 대한 심판과 새 이스라엘의 구성 혹은 창조를 그분의 십자가와 부활로 완성하신 종말의 다윗 목자의 통치가 모든 열방 가운데로 확대되는 시점이다(cf. 마 28:19-20).

예수의 권세의 비밀, 12:22-37

이런 점에서 12:22-37은 매우 흥미로운 구성을 보여준다. 여기에서도 예수의 치유 사건, 곧 '눈 멀고 벙어리 된 자'를 고쳐 주시는 사건이 기록되고(22절), 또한 군중들의 입을 통해 '다윗의 아들'(23절)이 언급된다. 더욱 놀라운 것은 예수께서 축사의 권능(따라서 치유의 권능도 포함하여)을 '하나님의 성령을 힘입는' 것으로 명시하고 있다는 점이다(28절).

"내가 하나님의 성령을 힘입어 귀신을 쫓아내는 것이면 하나님의 나라가 이미 너희에게 임하였느니라"(마 12:28)

여기서 먼저 주목해야 할 점은, 치유 사건과 다윗의 아들 사이의 연관이다. 예수께서 눈 멀고 벙어리 된 자를 고쳐 주셨을 때, 군중들은 "이는 다윗의 자손이 아니냐"(23절)라고 물었다. 이것은 긍정인가, 부정인가? 여기서 '아니냐'(μήτι)라는 말은 우선(요한복음 4:29에서의 용례와 같이), 일어난 사실의 역사적 확실성을 증거한다. 그런 일이 일어났기 때문에 묻고 있는 것이다. 그 다음은 놀람의 요소이다. 정말 그런가 하는 의문이다. 그리고 마지막으로 수사학적이기는 하지만 질문이기 때문에 확답을 요구하는 형태이다.

마태복음의 기사는 이런 면모를 잘 보여주고 있다. 실제로 역사적 군중들은 예수께서 그 눈 멀고 벙어리 된 자를 고쳐 주셨을 때, '다윗의 아들'을 떠올렸다. 놀람과 의문의 요소도 있었지만, 긍정의 요소, 어떻든 치유와 다윗의 아들을 연관지을 수 있었다는 사실도 포함되어 있는 것이다. 그리고 그들은 과연, 정말 그러하다는 사실에 놀랐다. 그리고 곧 그들의 '목자들'이었던 바리새인들에게 대답을 구한다. 물론 바리새인들은 군중들이 생각했던 바, '치유하는 종말의 목자의 도래'를 인정하지 않았다. 그것은 이스라엘이라는 양 무리의 주인이신 여호와 하나님께서 직접 오신 것이 되고, 그것은 곧 이스라엘의 목자들 노릇을 했던 그들 자신에 대한 심판을 의미할 것이기 때문이다(cf. 겔 36:1-16).

그러나 그들이 인정하든 그렇지 않든, 이제 종말이 왔다. 이스라엘의 목자가 그의 양 무리에게로 돌아오셨다. 종말에 와서 이스라엘을 회복할 것이라던 '다윗의 아들'은 구약에 예언되었던 대로, 그리고 '뜻밖에도' 다윗 같은 목자, 귀신을 쫓고 병자를 고치는 목자로 오셨다. 그가 양 무리를 회복하시는 바로 그 사역 자체가 이스라엘의 거짓 목자들에 대한 심판이다. 이제 하나님께서 직접 그분의 백성을 찾아오신 것이다. 그러므로 종말의 목자이신 예수께서 그분의 양을 치유하실 때, 그리고 그 양을 붙잡고 괴롭히던 들짐승들, 곧 귀신들을 쫓아내실 때, 군중들이 그를 향하여 '이는 다윗의 아들이 아니냐' 고 한 것은 전혀 빗나간 추측이 아니다. 이 종말의 다윗 목자는 하나님의 아들로서 그리고 하나님의 '종' 다윗으로서 종말에 하나님의 뜻을 행하신다. 놀랍게도, 군중들이 치유하시는 예수를 향하여 '다윗의 아들' 이 아닌가 하고 물었을 때, 예수께서는 하나님의 성령의 임하심을 언급하신다.

그렇다면 여기서 '하나님의 성령' 과 예수의 치유 사건, 그리고 '다윗의 아들' 이 서로 무슨 연관이 있는가? 마태복음은 이미 예수께서 성령으로 잉태된 하나님의 아들(1:20)이요, 다윗의 아들로 인정된 예수를 통해서(1:1-17), 예수께서 종말의 다윗 목자(2:6)이심을 선포했다. 그분의 권세는 그러므로 이스라엘 양 무리의 주인의 권세, 곧 여호와 하나님의 권세이다. 그리고 그 권세의 핵심은 성령이시다. 이미 마태복음 서두에서 예수께서 세례를 마치시고 물 위로 올라오실 때, 하늘이 열리고 성령이 그 위에 내려오셨다(3:16).

그것은 그대로 왕을 인치는 천상천하의 위대한 대관식이었다. 하늘이 열리고 거기서 들렸던 소리, 곧 '이는 내 사랑하는 아들이요' (3:17; 시 2:7)는 그대로 그 대관식의 절정이었다. 그가 이미 하나님께로부터 하나님 자신의 권세, 종말에 나타날 하나님의 권세이신 성령을 받은 것이다. 그리고 이제 세상의 군왕들과 관원들은 여호와 앞에서 떨며 그를 경외하고, '그 아들에게 입맞추' 어야 한다. 여기서 심판과 구원의 길이 갈라진다.

> "그 아들에게 입맞추라 그렇지 아니하면 진노하심으로 너희가 길에서 망하리니 그 진노가 급하심이라 여호와를 의지하는 자는 다 복이 있도다"(시 2:12)

마태복음의 문맥도 같다. 종말에 임한 성령 하나님의 권세와 그 사역을 훼방하는 것에는 다시 사함을 입을 기회를 주지 않는다. 마지막이기 때문이다. 지금 성령 하나님의 사역에 응답하는 그 응답이 곧 종말에 임하셔서 불로 심판하실 동일한 성령께 하는 응답이다. 심판과 구원이 여기서 갈린다. 흥미롭게도, 12:22부터 37까지의 흐름은 중앙부에 12:17-21에 나오는 이사야 42:1이하의 인용구를 중심으로 11:20에서 12:15과 전후대칭적(chiastic) 구조를 만들어 낸다. 아래는 마태복음 11:20-12:37의 구조이다.

a. 심판(11:22)
- b. '모든 것을 내게 주셨으니' (11:26)
  - c. 다윗(12:3)
    - d. 치유(12:13)
      - e. 열방에 미치는 여호와의 종의 사역(12:17–21)
    - d'. 치유(12:22)
  - c'. 다윗의 아들(12:23)
- b'. 하나님의 성령의 권세(12:24)

a.' 심판(12:36)

마태복음의 결말 부분이 부활하신 예수께서 제자들을 향해 '모든 민족에게 가라' 고 하신 명령으로 끝나듯이(28:19-20), 나중에 드러날 그 절정이 이 구조 속에서는 중심부에 자리 잡고 있다(12:17-21). 그리고 이 핵심적이고도 장차 펼쳐지게 될 비전을 둘러싸고 예수의 사역과 그분의 정체성에 관한 사건들이 이스라엘 안에서 일어난다. 결국 이방들이 그 이름을 간절히 바라게 될(21절), 이 '여호와의 종' 은 누구인가?

마태의 문맥이 답을 제공한다. 먼저 안식일과 관련된 사건들 속에서 예수는 옛 다윗에 견주게 되는 메시아적인 인물, 구덩이에 빠진 양을 구하고 치유하는 종말의 목자로 그려진다(12:11). 그리고 뒤에 다시 한 번 이와 대칭적인 위치에 있는 문맥에서 마태는 예수의 치유 사건을 목격한 군중들이 그를 '다윗의 아들' (12:23)과 연관시켰다고 기록한다. 더 나아가, 예수께서 '나와 함께 모으지 아니하는' (12:30)이라고 하셨을 때, 그 '모으는' (συνάγω) 사역은 종말의 목자의 특징적인 사역이다(겔 34:13; 36:22, 27; Ps. Sol 17:26).

그렇다면 이 '여호와의 종', 곧 '다윗의 아들' 또는 '종말의 다윗 목자' 는 누구인가? 이 질문은 그분의 권세의 출처나 본질을 묻는 것과 같은 질문이다. 그분의 권세는 누구의, 어떤 권세인가? 그래서 그분은 어떻게 종말의 하나님 나라를 가져왔는가? 그분은 어떻게 이 권세, 이 통치를 이룰 것인가? 마태의 문맥은 이런 질문을 예상하며, 이런 질문들에 대답하도록 정렬되었다. 즉, 마태는 예수의 비할 바 없는 이 권세, 이스라엘 양 무리를 치유하고 모으며(12:30), 결국 그분의 치유와 긍휼의 사역을 통해 이방들까지 통치할 그 권세의 내용은 이제 다름 아닌 예수를 통해 임하게 된 '성령' 임이 명확해진다.

그가 하나님께로부터 성령을 받은 자임은 이미 12:18에서 인용된 이사야 42:1 이하에 언급되어 있다.

"내가 내 성령을 줄 터이니"(마 12:18)

그러나 마태의 독자는 이것이 예수께서 단지 성령의 감동을 받았다든지 하는 언급이 아님을 안다. 마태의 독자들은 이미 3:16에서 예수께서 세례를 받으시고 물 위로 올라오셨을 때, 창세 이후로 그리고 노아 홍수 이후로, 또한 하나님의 임재가 이스라엘의 성전에서 떠난 이후로(겔 10장), 이전에도 이후에도 없는 사건이 일어났음을 알고 있기 때문이다.

하늘이 열리고 성령께서 친히 내려오셔서 예수 위에 머무르셨다. 이제 이 땅 위에 하나님의 임재가 거하는 유일한 처소는 예수 자신이 되었다. 돌로 지은 성전은 결국 없어질 것이었다. 예수 안에, 예수를 통해 종말의 하나님의 통치, 곧 생명의 거룩한 성령의 통치가 봇물 터지듯이 폭포수처럼 흘러나왔다. 병자들이 치유 받았고, 죄인들이 용서받았다.

어린아이처럼, 스스로 지혜롭지도 못하고 스스로 의롭지도 못하다고 여기며 예수에게로 나아왔던 이들은 모두 이 종말에 넘쳐 쏟아지는 생명의 폭포수에 젖었다. 그 폭포수 안에 들어가든지, 그 바깥에 있든지 둘 중 하나를 선택해야 하는 순간이 왔다. 예수를 만나는 모든 사람은 이것을 결정해야 한다.

이제 종말의 구원과 심판이 예수를 통해서 왔다. 그것은 종말의 결정적인 구원이며, 종말의 결정적인 심판과 다르지 않을 것이다. 그분과 그분의 복음 앞에서, 성령의 임재 앞에서 사람은 자기 속에 있는 것을 드러낼 수밖에 없다(35절). 예수는 그 앞에 서는 사람으로 하여금 그가 누구이며 그가 어디에 속해 있는지를 드러내신다. 숨길 수 없다. 열매에 따라 그 열매가 속해 있는 뿌리가 드러난다(33절). 이제 이 종말의 성령의 마지막 초청을 거절하거나 훼방하면, 더 얻을 수 있는 은혜란 남아 있지 않을 것이다(31절).

"성령을 훼방하는 것은 사하심을 얻지 못하겠고"(31절)라는 말씀은 종종 오해되고 또 오용된다. 자신이 믿는 일이 성령을 따르는 일이고, 그래서 그 일에 반대하는 것은 성령 훼방죄로 용서받지 못할 것이라고 주장하는 경우이다. 본문의 의도는 그런 것이 아니다. 오히려 강조점은 "사람의 모든 죄와 훼방은 사하심을 얻되"(31절)에 있다. 하나님께서는 용서하시기를 원하신다. 이제 그 아들 예수를 통해 성령의 역사하심으로 가장 큰 은혜와 용서를 제안하신다.

이것보다 더 큰 은혜, 이것보다 더 큰 용서는 없다. 이것을 모독하여 ('훼방'의 더 적절한 번역) 거절하면 남은 은혜는 없다는 의미이다. 최종적인 용서의 초청을 거절하면 스스로를 심판에 가두는 셈이 되기 때문이다.

> "네 말로 의롭다 함을 받고 네 말로 정죄함을 받으리라"(37절, cf. 요 3:18, "믿지 아니하는 자는 하나님의 독생자의 이름을 믿지 아니하므로 벌써 심판을 받은 것이니라")

천국 복음에 합당한 회개와 변화, 12:38-50

이제 종말의 구원의 복음과 최종적인 심판이 예수와 그분의 성령의 사역을 통해 임하게 되었다. 끝이 온 것이다. 예수 안에서 사람은 종말을 맞는다. 예수를 만난 사람은 종말을 만나는 것이다. 이 복음, 이 심판이 온 열방 가운데로 퍼져갈 것이다. 마태가 인용한 이사야 42:1이

하가 예고하듯이, 이제 예수 곧 하나님의 아들이요, 여호와의 종이요, 다윗의 아들 곧 종말의 다윗 목자이신 예수를 통해 임한 종말의 성령의 통치는 열방의 모든 사람들에게로 확대되어 간다. 이것이 예수께서 성령을 통해 가져오신 치유와 긍휼, 거룩과 생명의 복음이다.

예수께서 '눈멀고 벙어리 된 자를 고치신' (12:22) 것과 또 '성령을 힘입어 귀신을 쫓아내는' (12:28) 것을 보고도 서기관과 바리새인들이 표적을 구한 것은 그들의 완악함의 표시일 뿐이다(12:38). 표적 또는 기적이 반드시 믿음을 낳는 것은 아니다. 완악한 심령이 표적을 요구하는 것은 믿기 위해서가 아니라, 믿지 않을 구실을 찾기 위해서이다. 예수께서는 보여줄 표적이 요나의 기적밖에 없다고 응수하셨다(39절). '인자가 밤낮 사흘을 땅 속에 있을 것' (12:40)은 후에 있을 예수의 죽으심과 부활을 가리킨다.

> "주여 저 유혹하던 자(예수)가 살았을 때에 말하되 … 그가 죽은 자 가운데서 살아났다 하면 후의 유혹이 전보다 더 될까 하나이다 하니"(마 27:63-64)

마태만이 기록하는 대제사장들과 바리새인들의 궤계와 완악함은, 예수께서 부활하셨다는 사실을 직접 듣고도 그것을 은폐하는 데 급급했던 그들의 모습에서 숨김없이 드러난다(28:11-15). 예수께서 죽으신 후, 대제사장들과 바리새인들은 무덤을 인봉하고 파수꾼을 시켜 굳게 지켰음에도 예수께서 부활하시자, 이를 사실대로 알고도 군병들에게 돈을 주어 제자들이 시체를 훔쳐갔다는 소문을 퍼뜨리게 했던 것이다(28:11-15). 그들은 예수의 무덤에서 천사를 대면했던 파수꾼들이 직접 목격한 바를 생생하게 들었다.

그러나 사실은 중요하지 않았다. 요나가 물고기 뱃속에서 사흘을 있다가 나왔다 해도, 예수께서 죽은 지 사흘 만에 무덤에서 나왔다 해도, 그들은 그런 사실에는 원래 관심이 없다. 그들의 완악함이 그들에게 부활의 첫 증인이 될 기회도 빼앗아갔다. 죽음에서 부활하신 예수, 그 생명의 복음을 거짓으로 가려 보려던 그들과 그들에게 속한 옛 이스라엘은 그렇게 스스로를 무덤 속에 가두어 버린 셈이 된 것이다.

니느웨 성 사람들은 요나의 기적이 아니라, 요나의 설교와 경고의 메시지를 듣고 돌이켰다(12:41). 그러나 지금 '요나보다 더 큰 이' 가 왔는데도 그들은 반응이 없다. 솔로몬 때에 남방 여왕이 그의 지혜를 사모하여 왔다가 그 지혜를 듣고 이스라엘의 하나님에게 나아왔다(42절). 하지만 지금은 그 지혜 자체이신 분이 오셨다. 그들이 듣고 읽고 행하려 했던 그 율법이 요구한 바, 그 온전한 성취를 예수에게서 눈으로 보며 체험하고 있는데도 그분을 들으려고 하지 않는다.

마태는 이렇게 완악하고 부패한 대제사장들, 서기관들과 바리새인들로 대표되는 옛 이스라엘이 결국 그들의 완악함 속에서 심판 날까지 갇히게 될 것임을 경고한다. 심령의 완악함, 회개하지 않는 심령. 자신들의 참 목자가 와서 하늘의 성령의 능력으로 귀신들을 내어쫓고 양 무리를 치유하며 회복하는 이 긍휼과 권세를 보고도 아무 반응이 없는 심령. 도리어 이 모든 증거들을 속히 없애버려야 한다고 생각하는 완악함. 그것은 귀신이 나갔다가 다시 들어와 자리 잡은 사람의 심령과 같이 더욱 악화된 상황처럼 소망이 없는 상태이다(12:43-45).

예수께서 오심으로 율법에, 이스라엘에, 세상에 변화가 온다. 변화 없이 예수를 만날 수는 없다. 율법이 성취되었다. 성전보다 크신 이가 오셨다. 이스라엘은 그분 앞에서 하나님에 대하여, 언약에 대하여, 구원과 사명에 대하여 최종적인 결정을 해야 했다. 예수를 통해 종말이 왔기 때문이다. 썩은 뿌리 위에 이미 도끼가 놓였다. 이제 마침내 하늘이 열렸으며 거기 거하셨던 성령이 친히 내려오셔서 그분의 위에 머무셨다. 하늘의 통치가 예수를 통해 직접 이 땅 위에 임하는 새 시대가 열렸다. 대제사장들과 서기관과 바리새인들로 대표되는 옛 이스라엘은 그분에게 완악함으로 반응했다. 누구든, 예수와 그분이 가져온 복음에 대하여 완악함으로 응답하는 것은 스스로를 더 이상 기회가 없는 마지막 심판의 감옥에 가두는 셈이다. 이제 예수께서는 종말의 새로운 하나님의 공동체, 하나님의 권속들을 창조하신다(12:46-50).

누가 하나님의 가족인가? 누가 이스라엘인가? 누가 이스라엘에 속하는 사람인가? "누구든지 하늘에 계신 내 아버지의 뜻대로 하는 자" 이다(50절). 하나님의 뜻은 지금, 예수 그분 자신으로 나타났고 선포되었다. 율법대로 행하는 자가 아니다. 구약의 율법, 바리새인과 서기관들이 해석해 왔던 율법은, 예수께서 그것을 성취하시고, 새로 밝히시고, 새로 명하시고, 그분 안에서 행할 수 있는 능력을 주시는 그 종말의 새로운 실재 없이는 더 이상 의미를 갖지 못한다. 예수를 믿고 아는 것, 그것이 지금 하나님의 뜻이다.

예수를 통해 밝혀진 율법의 핵심, 곧 '하나님의 긍휼' 을 받고 그것을 그대로 이웃에게 행하는 것, 이것이 하나님의 뜻대로 하는 사람이다. 이들은 하늘의 가족들이다. 변화 없이 예수를 믿을 수는 없다. 이스라엘의 민족적 혈연뿐 아니라 가족적 혈연도 이 예수로 말미암아 새롭게 정의되고 형성되는 종말의 하나님의 새로운 공동체보다 앞서지 않는다. 더 결정적이지 않다. 예수는 그만큼 종말론적이고, 그만큼 최종적이다. 그분 자신이 하나님의 마지막 뜻이다.

"예수 안에서 쉬는 삶"

예수께서 이스라엘에 나타나셨을 때, 모든 것이 달라졌다. 안식일이 성취되었다. 그분이 안식이 되셨다. 그분을 믿는 믿음은 믿는 자에게 안식을 의미한다. 비로소 쉬는 삶이 된다. 죄책과 죄의 결과인 사망에서 자유해진다. 두려워하지 않으므로 쉬게 된다. 자기 의와 공로를 쌓고 자랑하고 증명하는 일에서도 자유해진다. 쉬게 된다. 입신양명(立身揚名), 몸을 세우고 이름을 떨쳐야 한다는 강박에서부터 벗어나 쉰다. 삶을 더 이상 자신을 증명하기 위한 전쟁터로 여기지 않아도 된다. 얼마나 큰 쉼인가? 무엇을 먹을까, 무엇을 입을까 하는 걱정에서도 쉬게 된다. 걱정과 염려에서 쉬게 되는 것은 또 얼마마한 쉼인가?

예수 안에서 쉬는 사람은 근본적으로 혈연과 학연과 지연, 온갖 세상적 끈으로부터도 자유하다. 그는 예수 안에서 오직 하나님의 은혜 아래서 하나님의 뜻만을 순종하고 실천하는 새로운 공동체, 하나님의 가족의 일원이다. 그리스도 안에서 함께 성전으로 지어져 가며 하나님의 영광을 구하고 즐거워하면 그뿐이기 때문이다. 그리스도의 보배로운 이름을 높이며 그 이름 뒤에 숨어 살아도 충분히 가득 차고, 의미 있고, 행복하다. 예수를 따른다는 것은 예수 안에서 쉬면서 산다는 뜻이다.

하지만 예수 안에서 쉬면서 사는 삶이 게으른 삶은 아니다. 예수 안에서 24시간, 365일 안식을 누리지만 결코 게으른 삶은 아니다. 그 반대이다. 열정적인 삶이다. 자유롭기 때문에 드디어 마음껏 헌신할 수 있는 삶이다. 예수 안에서 모든 것을 가졌고 누리기 때문에, 하나님의 이름 때문에 자신의 생명까지도 내줄 수 있는 삶이다. 세상에서 자유하고 예수 안에서 쉬기 때문에 비로소, 세상에 속한 모든 것을 하나님의 뜻대로 사용할 수 있는 사람이다. 무엇보다, 그 선한 판단과 결단을 위해 치열하게 기도하고 고민하는 삶이다. 무릇 예수 안에서 쉬지 않으면 하늘의 역사를 이 땅에 가져올 수 없다. 예수 안에서 안식을 누리는가?

2. 하나님 나라의 비밀

13장

예수와 더불어, 그리고 예수를 통해 종말, 곧 역사의 끝이 왔다. 이스라엘에게 주어졌던 언약들이 성취되었다. 새로운 이스라엘이 태어났다. 그렇다면 이렇게 종말의 하나님 백성이 창조된다면, 그들과 함께 오는 하나님의 통치는 어떤 것인가? 이제 어떤 하나님의 나라, 하나님의 통치가 펼쳐지는가? 사실 구약과 중간기 문헌들에 나타난 '여호와의 날', 곧 심판의 때는 전격적인 역사의 최종적인 전복(reversal)을 의미했다. 불의한 세상과 악인들은 모두 심판을 받아, 옛 세상은 끝나고 의인들은 이제 새로운 시대(new ages)를 살도록 되어 있었다. 그러나 뜻밖에도 예수께서 선포한 하나님의 나라는 이렇게 우주적이고 전격적인 심판과 구원의 극적인 전환으로서의 역사의 총체적인 종말은 아니었다.

씨 뿌리는 자의 비유, 13:1-23

'씨 뿌리는 자의 비유' (13:1-23)처럼, 예수를 통한 하나님의 통치는 하나의 씨앗이 땅에 떨어지는 것처럼 영원한 생명의 '시작' 이다. 그것은 하나님의 나라가 작지만 강력하게 지속되고 성장하는 하늘의 생명력으로 시작한다는 메시지였다. 예수 자신의 사역과 가르침 자체가 이러한 운명에 놓여 있다. 그의 사역과 가르침은 마치 가시밭에 떨어지고 또 길가와 돌짝밭에 떨어지는 것처럼, 때로 거절당하고 잃어버려지고 무시당한다. 예수를 통해 임한 하나님의 통치는 세상적인 통치 방식과 같지 않다.

정복하고 제압하고 강제하는 식의 통치가 아니다. 그 통치의 초청을 받는 사람의 믿음과 부합하여, 그들 안에서 성장하는 하늘의 생명과 그 생명이 펼쳐지는 방식을 요구한다. 이것이 예수께서 종종 기적과 치유로 말미암은 대중들의 뜨거운 반응과 그 현장에서 자주 물러나셔서 제자들과 머무시며, 그들을 가르치고 세우신 이유였다(8:18; 9:9; 11:1; 14:13; 15:29). 하나님의 나라는 이렇듯 사람들 속에 하늘의 말씀, 생명의 씨앗을 심고 기르는 점진적인 사역을 통해서 편만하도록 되어 있다.

하나님 나라의 도래가 모든 역사의 끝이요, 새로운 시대의 전격적인 시작이 아니라, 이렇게 예수의 복음과 사역을 통해서 들어오는 작은 씨앗과 같은 생명의 성장이요 완성이라는 사실은, 전통적인 유대교의 종말을 기대했던 이들에게는 쉽게 이해되지 않는 이야기였다. 하나님 나라가 왔다면 이제 곧 역사의 끝이 온 것이고, 악인과 의인의 심판이 있어야 한다. 그러나 사실 예수의 사역을 통해서 전우주적인 사건, 역사의 종말과 새 시대의 시작을 알리는 결정적인 사건이 일어나기는 했다. 단지 그 사건이 오직 예수 자신에게만 일어났다는 점이 새로운 것이다. 복음서의 마지막 부분은 이 우주적인 종말의 사건, 곧 예수께서 고난 받으시고 죽으시고 부활하시는 사건에 대해 말하기 시작한다(16:21). 결정적인 '그 하나' 의 씨앗이 땅에 떨어졌고, 부활 생명으로 피어나 첫 열매를 맺은 것이다. 하지만 단지 첫 씨앗, 첫 열매였을 뿐이었다.

확실히 13장에 기록된 이 천국 비유들(그리고 25장에 기록된 종말론적인 삶에 대한 비유들)은 오히려, 예수의 죽으심과 부활의 소식을 듣고도 자꾸 뒤로 미루어지는 것 같은 그분의 재림을 초조하게 기다려야 했던 초대교회 성도들에게 더욱 큰 의미로 다가왔을 것이다. 그것은 예수께서 말씀하셨을 당시 역사적 청중들에게도 마찬가지다. 하나님의 나라는 예수 자신과 그분의 사역을 통해서 결정적으로 임했다. 그러나 예수 안에서 성취된 이 종말 곧 심판과 부활의 사건이, 그분을 통해 창조된 종말의 새로운 공동체에게는 언제 최종적인 역사의 결말이 올지 모르는 기약 없는 점진적인 과정을 의미했다. 따라서 이 천국 비유들은 우선적으로 확고한 종말론적 시각에서 들려지도록 되어 있다. 이 비유들은 이미 예수를 통해 임한 이 종말의 시작과 과정이, 그 종말의 최종적인 결말을 향해 진행되고 있음을 염두에 둔 이야기들이다.

비유는 비밀에 관한 것이다. 하지만 드러난 비밀이다(13:35). 드러났지만 비밀로 남아 있다. 씨앗으로 남아 있어서 그것을 받는 사람 안에서만 생명을 틔운다. 그런 의미에서 지금 예수를 통해 임한 하나님의 나라는 씨앗처럼 작다고 말할 수 있다. 그것을 받는 사람 속에서는 하늘의 생명을 틔우지만, 그것을 받지 않는 사람에게는 '보아도 보지 못하고 들어도 듣지 못하는' , 그래서 '돌이켜 치유 받지 못하는' 심판을 가져온다(13:12-17). 가진 사람은 더 갖게 되고, 없는 사람은 있는 것도 빼앗기게 된다(13:12). 그 생명을 받은 사람에게 그 복음은 생명을 더욱 풍성케 하는 신비한 능력이다. 그러나 그 생명을 받지 않은 사람에게 그 복음은 그의 완고함을 더욱 완고하게 하는 심판의 말씀일 뿐이다. 생명이 있고 없음의 차이가 이렇게 달라진다.

그래서 씨 뿌리는 자의 비유는 '듣는 일' 곧 '깨닫는 일'과 관계가 깊다.

"아무나 천국 말씀을 듣고 깨닫지 못할 때는"(마 13:19)

천국 복음을 듣고 받아들이는 사람은 원래 자기 속에는 없었던 말씀의 생명의 열매를 맺는다. 그렇다면, 그 씨앗을 받아들인다는 것은 무엇인가? 천국 복음의 말씀을 '깨닫는다'는 것은 무엇인가? 무엇보다 그 말씀이 듣는 그 사람의 심령과 화합(化合)하는 것이다. 그 말씀이 자신을 위한 말씀이라는 것을 알고 회개하며, 그 말씀을 믿고 소망을 거기에 두는 것이다.

악한 자, 곧 사단은 사람이 그 말씀을 깨닫기도 전에 그 말씀을 훔쳐가는 것이 아니다. 그 말씀을 자신을 위한 말씀으로 겸허하고 반가이 받아들이지 않은 채로 둘 때 길가에 떨어진 씨앗을 공중의 새가 물어가듯이 가져가 버린다(19절). 사람의 마음이 길가와 같다면 그것은 분별이 없는 마음이다. 집으로 치자면, 창도 없고 문도 없고 담장도 없이 아무나 들어오는 집이다. 누구나 지나가고 아무나 밟을 수 있는 마음이라면, 그것은 이미 단단하고 완악해진 마음이다. 오늘날과 같은 다원주의(多元主義)가 판치는 세상에서, 이 세상의 어떤 소리, 어떤 철학, 어떤 신, 어떤 종교라도 좋다고 말하는 마음과도 같다. 이런 마음 위에는 복음이 떨어져 뿌리를 내릴 수 없다. 마음에는 분별의 창문과 지혜라는 담장이 필요하다.

복음을 받아들인다는 것, '듣는다' 는 것은 또한 인내를 포함한다(20-21절). 말씀을 듣고 즉시 그 말씀이 자신을 위한 것인 줄 알고 기쁨으로 받는 경우도 있다. 그러나 곧 환난이나 핍박에 부딪힌다. 그러면 자신이 받은 말씀을 쉽게 포기한다. 뿌리가 내려가다가 만다. 뿌리가 깊고 넓게 뻗어내려가려면 받은 말씀을 붙들고 견디어 내야 한다. 그 말씀에 의지하여 인내하고 견디어내야 한다. 생명의 열매를 바라보면서 견디는 마음, 그 말씀 속에서 살아있는 소망을 발견하는 심령이라야 열매를 맺는다. 사람은 쉽게 변하지 않는다. 사람 속에 있는 깊은 상처나 죄와 허물로 왜곡된 성품도 하루아침에 고쳐지지 않는다. 그것은 뿌리를 막는 깊고 큰 돌과 같다. 말씀이 그 돌을 깨뜨리거나 뚫고 지나가려면 오랜 시간과 인내를 필요로 한다. 외부적인 위협도 있다. 그 말씀 속에 있는 '살았고 영원한' 생명이 보배라는 것을 알아, 그 보배를 품는 것이 곧 자신의 생명을 살리는 길임을 알지 못하면, 그 마음은 환난이나 핍박에 굴복할 것이다.

환난과 핍박도 장애물이지만 이보다 더 위협적인 것이 안락과 유혹이다. 말씀이 막힌다는 것은, 말씀 속에 있는 영적 생명이 그의 속에서 질식하는 것이다(22절). 이 부분은 누가복음에서 더 선명하게 묘사되었다. 복음의 말씀을 기쁨으로 받아들이고, 뿌리가 깊이 내리도록 인내하여 이런저런 세상적인 복들도 많이 받은 경우를 생각해 볼 수 있다. 그런데 그가 받은 복들이 도리어 그의 영적 생명을 질식시키는 가시떨기로 작용할 수 있다. 사람이 세상에서 얻는 부요함, 편안함, 안락함이 도리어 그의 속에 있는 영적 생명을 질식시킬 수 있다.

그 마음에 심긴 말씀의 생명이 풍성하게 자라도록 집중하지 않으면, 그가 말씀과 더불어 받은 복이 화(禍)가 된다. 화분에 물을 너무 많이 주었다든지, 거름을 너무 부었다든지, 감당할 수 없는 햇빛에 너무 많이 노출시켰다면 문제가 생긴다. 비유적이지만, 이처럼 돈이나 건강이나 명예가 무조건 좋은 것은 아니다. 돈 때문에 망하고, 건강 때문에 넘어지고, 명예 때문에 엎드러지는 경우도 많다. 이스라엘이 가나안 땅에서 그러했다. 풍요해서 망했다. 반대로 부족한 데서 오는 염려도 마찬가지다. 물질이 없어서 염려하거나, 얻을 기회가 많아서 유혹에 빠지거나 결과는 같다. 영적 생명이 질식하는 것이다. 말씀의 영적 생명을 열매로 맺는 심령은, 이런 가시떨기도 쳐낼 수 있는 마음이다.

백 배, 육십 배, 삼십 배는 그렇게 기적적인 수확은 아니다(23절). 보통 수확하는 비율이다. 하지만 최소한 삼십 배이다. 최소한이라도 삼십 배이다. 비교의 중점은 생명의 열매가 없는 다른 심령, 다른 삶에 비해 최소한 삼십 배라도 생명의 열매를 맺는 심령과 삶에 있다. 작은 생명의 씨앗, 복음의 말씀을 받은 사람은 결국 더 갖게 된 것이다.

그 말씀을 받을 수 없었거나 지킬 수 없었던 심령은 결국 스스로 길가와 같은, 돌짝밭과 같은, 그리고 또한 가시덤불과 같은 심령이 되어 버린 셈이다. 씨앗은 결국 그 씨앗이 떨어진 마음밭이 어떤 종류인지를 드러낸다. 복음의 말씀이 그것을 받아들이는 좋은 심령을 만나면 영원한 생명의 열매를 맺는다. 복음의 말씀은 결국, 그 사람의 본질을 드러낸다.

알곡과 가라지의 비유, 13:24-30

비유는 알려진 비밀에 관한 것이다. 지금 임한 하나님 나라는 완성되지 않았다. 그것은 놀랄 만한 일이 아니다. 예수의 천국 복음에 반응하지 않는 것도 그렇게 놀라운 일이 아니다. 하나님 나라 안에는 알곡 뿐 아니라 가라지들까지도 함께 자란다. 악한 자는 천국 복음의 말씀을 듣고도 깨닫지 못하며 받아들이지 않는 자들에게서 그 말씀을 빼앗아갈 뿐 아니라, 그 밭에다 가라지까지 심는다. 그들은 추수 때까지 그 정체가 완전히 밝혀져 드러나지 않는다. 지금 임한 하나님 나라에서는 알곡들과 함께 가라지들도 자란다는 것을 명심해야 한다(24-30절). 이들은 사람들로 실족하게 하는 자들이요, 불법을 행하는 자들로서(41절), 좋은 씨를 뿌리는 인자의 일을 받아들이지 않고 훼방할 것이다(37절).

이런 현실적인 통찰력을 갖춘 채, 천국의 제자들은 스스로 심판을 내리고 싶은 유혹을 견디어야 한다. 당장 가라지처럼 보이는 것들을 모두 뽑고 싶을 것이다. 하지만 최종적인 심판은 아직 임하지 않았고, 그것은 심판주이신 하나님의 몫이다. 설상가상, 밭의 가라지를 뽑다가 알곡들이 뽑힐 수도 있다. 지금 하나님의 공동체는 이런 불확정성을 견뎌야 한다. 하나님의 교회는 지금 완전할 수 없다. 알곡과 가라지가 함께 섞여 있음을 아는 것은, 그러므로 지혜이다.

그러나 종말에 그 나라에 거치는 자들, 불법을 행하는 그들은 세상 끝에 불의 심판을 받을 것임을 확신해야 한다(36-43절). 그 때에는 그물 속에 걸린 것들을 걸러내어 좋은 것과 나쁜 것을 분리하여 낼 것이다(47-48절). 그 때까지 성도들은 불의하고 불법한 자들의 활동을 아주 없앨 수는 없다. 하지만 최종적인 심판에 대한 확신 속에서, 하나님의 섭리

속에서 알곡들을 보호하고 기대하며, 선을 행하다가 낙심치 말고, '의로운 고난' 도 감수하며 끝까지 인내하며 수고하여야 한다.

겨자씨와 누룩의 비유, 13:31-43

비유는 알려진 비밀에 관한 것이다. 지금 임한 천국은 무시해도 좋을 만큼 작아 보일 수 있다. 누가 겨자씨 한 알에 관심을 갖겠는가?(31-32절) 예수께서 가져오신 천국 복음은 겨자씨만큼 작아 보인다. 이것이 천국 복음이 거절당하는 이유이다. 예수께서는 치유와 죄 사함, 그리고 진리의 말씀으로 천국을 전달하신다. 그것은 성령의 나타나심과 능력이다. 그것은 폭력이 아니며 강제도 아니다. 정치적 힘으로 나타나지 않았다. 그것은 무엇보다 말씀으로 드러났다. 천국은 지금 복음의 말씀, 치유와 죄 사함과 생명을 주시는 복음의 말씀이라는 씨앗으로 침투한다. 그래서 무시당하기도 한다. 전도자도 선교사도 그들의 가장 큰 무기는 말씀이다. 말씀과 더불어 나타나시는 성령의 능력이다.

말씀은 쉽게 거절당할 수 있다. 그러나 은혜와 치유, 용서와 거룩케 하시는 성령의 역사를 거절하는 것은 스스로를 심판에 가두는 선택이다. 지금은 말씀으로 침투하는 하나님의 나라가 무시해도 좋을 만큼 위력적으로 보이지 않는다. 그러나 교회만이 갖는 하늘의 강력(强力)은 그 선포되는 말씀에 있다. 성도들이 듣고 순종하여 성령의 열매를 맺는 그 천국 복음의 말씀에 있다. 교회의 권능은 건물도 설교자도 어떤 정치적 · 경제적 · 사회적 힘도 아니다. 교회의 권능은 선포되고 또 순종되는 말씀의 능력에 있다. 그것은 작아 보이고, 무시해도 좋을 만큼 무력해 보이기도 한다.

하지만 그 생명의 말씀의 결과는 상상할 수 없을 만큼 크고 위대할 것이다. 거기에는 하나님의 은혜의 통치, 곧 하나님의 생명의 성령의 역사가 작용하기 때문이다. 거기에는 인간의 노력이나 믿음으로 좌우되지 않는 하나님의 간섭과 섭리가 있다. 그것은 하나님께서 주시고, 하나님께서 보호하시며, 하나님께서 기르시는 영적 생명의 성장이다. 그 생명은 죄나 악, 죽음보다 강하다. 아무도 막을 수 없는 하나님의 생명. 어떤 영적 권세도 그 성장을 막을 수 없는 생명. 예수께서 가져오신 이런 영적 생명의 복음을 가진 하나님의 교회는, 아무리 작고 아무리 초라해 보여도 마귀와 죽음의 권세에 결코 결정적으로 압도당하지 않는다. 때가 이르면, 끝내 그 생명의 열매를 맺는다.

하지만 지금 예수의 천국 복음을 통해서 임한 하나님 나라의 모습은 마지막 순간까지 그 승리의 모습을 상상하기 어려울 만큼 의심스럽게 보일 것이다. 겨자씨의 비유는 바로 이런 점을 극대화한다. 겨자씨가 자라 나무가 되어도, 사실 '공중의 새들이 와서 그 가지에 깃들일' 만큼(32절) 높고 크지 않다. 구약에서 익숙한 표현대로라면, 강력한 왕국은 레바논의 백향목처럼 크고 강한 나무로 비유되어야 자연스럽다(겔 31장; 단 4:9-12, 22-32). 또한 공중의 새들이 나무에 깃든다는 이미지는 이방 열국들이 승리한 이스라엘의 품에 깃들어 안식을 찾는 이스라엘의 오래된 비전을 일깨운다.

이런 점에서 볼 때, 예수께서 말씀하신 겨자나무에 공중의 새가 깃든다는 표현은 실로 과장처럼 들린다. 하나님의 나라의 모습은 끝까지 어쩌면 이렇듯 '그럴듯하지 않은' 모양새로 계속될 것이다. 그것이 많은 이들에게 걸림돌이 될 것도 경고되고 있다. 예수께서 가져오시는 천국

복음을 통한 하나님의 나라의 처음과 나중이 크게 대조되기도 하지만, 하나님 나라의 모습이 그 결말에 이르기 직전까지도 사람들이 통상 기대하는 승리와 성공, 번영과 자랑의 모습과는 다른 모습으로 계속될 것이다. 열방들이 아브라함의 품으로 돌아오는 그 일(8:11), 열방들이 새 이스라엘에게 달려와서 거기서 안식과 진리와 평강을 얻는 일은 그 새 이스라엘이 세상의 식으로 승리하고 번영함으로 이루어지지 않을 것이다.

열방들이 바라는 그 이름, 그분의 택한 종 그분의 마음에 기뻐하는 그 아들은 성령의 판단을 알게 하는데, 그는 "다투지도 아니하며 들레지도 아니하리니 아무도 길에서 그 소리를 듣지 못하는" 식으로 사역하시며, "상한 갈대를 꺾지 아니하며 꺼져가는 심지를 끄지 아니하기를 심판하여 이길 때까지" 하시는 분이다(12:17-21). 그분을 통해 임한 하나님의 나라도 이와 같을 것이다. 하나님의 나라는 철저하게 예수의 방식으로 진행되고 끝까지 그분의 모습처럼 남을 것이다. 그것은 처음에도 겨자씨처럼 작고, 나중에도 겨자나무 같지만, 거기에 공중의 새들이 깃드는 하나님 나라다운 '큼' (greatness)이 있는 나라이다.

비유는 알려진 비밀에 관한 것이다. 누룩의 비유 역시 하나님의 비밀에 대해 가르친다(33절). 누룩도 겨자씨의 비유처럼 처음과 나중이 대조된다. 매우 적은 양으로 서 말이나 되는 가루를 전부 부풀린다. 적지만 그 영향력이 대단하다. 적다고 우습게 볼 일이 아니다. 역으로, 그 영향력을 전체에 끼치기 위해 서 말이나 되는 가루에 서 말이나 되는 누룩을 부어 넣을 필요가 없다. 매우 적은 양이면 족하다. 하나님의 나라는 그런 식으로 평가되지 않을 것이다.

하지만 누룩 비유의 이런 강조점은 또 한 가지의 사실에 의해서 더욱 증폭된다. 구약에서 누룩은 통상 부패의 이미지를 대표한다(출 12:17-20; 23:18; 레 2:11; 6:17; 호 7:4). 또한 마태복음에서도 그러하고(16:6, 11), 신약의 다른 부분들에서도 마찬가지다(고전 5:6-13; 갈 5:9). 누룩은 이런 식으로 때로는 전염성이 강한 악의 영향력을 상징하기도 했다. 그런데 예수께서는 이렇게 매우 부정적인 이미지를 하나님 나라를 비유하는 데 사용하고 계신다. 이렇게 보면, 누룩 비유는 단지 '적은' 양에만 초점이 있지 않다. 그것은 적은 양이기도 하지만, 매우 다른, 혹은 부정적이고 더 나아가 '부정하게' 까지 보이는 것에 대한 긍정이다. 즉, 하나님 나라를 누룩에 비한다는 것은, 통상 거룩한 것과 부정한 것에 대한 이미지를 뒤엎은 효과를 낸다.

그래서 천국은 누룩이 온 덩어리에 퍼지는 것과 같다. 우리가 '부정한 것' 이라고 생각하여 멀리하고 걸려 넘어질 만한 것들이 하나님 나라의 중요한 내용이 된다. 예수께서 말씀하신 대로, 세리와 창기들이 대제사장들과 장로들보다 먼저 천국에 들어간다(21:32). 천국은 세례를 받으실 필요가 없으신 하나님의 아들 예수가 세례를 받는 그 일을 통해 온다(3:15-16). 역설적이지만 창기와 세리가 하나님의 나라를 대표한다. 그분은 세리와 죄인들과 함께하는 식탁교제를 베푸심으로 부정한 누룩처럼 보이는 방식으로 하나님 나라를 전개하신다.

무엇보다, 하나님의 통치, 그분의 은혜와 생명의 통치는 십자가에서 죽으신 하나님의 아들을 받아들임으로써 그 사람에게 임한다. 역설이다. 십자가에서 죽으신 하나님의 아들이 하나님 나라를 대표한다. 고난이 하나님 나라를 대표한다. 심령이 가난한 자가 복이 있다. 애통하는 자가 위로를 얻을 것이다. 이런 식이다. 이렇게 예수께서 가져오신 천국은 '누룩' 처럼 보이는 것, 부정하거나 부정적으로 보이는 것, 이런 의미에서 하찮고 이런 의미에서 적은 것들을 통해 온 덩어리를 변화시킨다.

비유는 드러난 비밀이다. 예수께서는 무리들에게 천국에 관한 비밀들을 말씀하셨다(13:34; cf. 13:2). 그리고 마태는 이제 예수께서 이 모든 것들을 비유로 말씀하시는 까닭과 그 의미에 대해 언급하고자 한다. 마태에 의하면 예수께서 이 모든 것들을 비유로 말씀하신 것은 시편 78:2에 기록된 말씀, "내가 입을 열어 비유로 말하고 창세부터 감추인 것들을 드러내리라"(마태의 인용, 13:35)의 성취이다.

여기서 '이루려 하심이니라' 는 말씀은 예언과 성취라기보다는, 시편에 기록된 그 말씀의 충만, 즉 시편의 그런 말씀의 절정이요, 그런 식의 말씀으로서는 과연 충만히 차고 넘치는 경우라는 뜻에 가깝다. 즉, 예수께서 지금 그분을 통해 임한 하나님 나라에 대해서 비유로 말씀하시는 것은, 그동안 예부터 감추인 것을 비유로 말해 온 것의 절정이다. 예컨대, 시편 78편은 이 예부터 감추인 비밀의 내용이 "여호와의 영예와 그 능력과 기이한 사적"이라고 말한다(4절). 더 나아가 이것은 그들이 "들은 바요 아는 바요 우리 열조가 우리에게 전한 바"이며(3절), "그 자손에게 숨기지 아니하는" 내용이다(4절).

마태에 의하면 지금 예수께서는 그 '여호와의 영예와 능력과 기이한 사적' 의 절정을 선포하고 계신다. 그것은 사실 이미 전해진 바이다. 미리 전해진 것이고, 구약이 바라보았던 사실이다. 이미 알려진 것이다. 그럼에도 그 실체가 예수를 통해서 왔기 때문에 새로 드러내고 전해져야 할 필요가 있다. 또한 이렇게 드러난 '여호와의 영예와 그 능력과 기이한 사적' 은 시편 78편에서처럼, 어떤 사람들에게는 구원의 소식으로도 나타나지만 어떤 이들에게는 심판의 소식으로 임한다.

시편 78편은 출애굽에서부터 다윗 왕국에 이르기까지 이스라엘의 역사를 요약하면서 듣고 순종하는 것의 중요성을 강조한다(시 78:8, 37). 언약을 지키지 않으며(10, 37절), 여호와의 행하신 일과 보이신 기사들을 잊고(11-16절), 그분의 기이한 사적들을 믿지 않은 것(32절)에 대해 말한다. 그들은 하나님의 능력을 믿지 않았고 그분의 구원을 의지하지 않았다(22절).

마태복음이 13:35에서 시편 78:2를 인용한 맥락도 이와 같다. 관건은 사람이 하나님께서 드러내신 비밀, 곧 그분의 능력과 기사, 구원의 역사에 응답하는 방식이다. 어떻게 듣느냐, 어떻게 듣고 믿고 순종하느냐이다. 예수께서 비유로 드러내시는 비밀, 감추어져 왔지만 이제 드러난 이 비밀은 그래서 여전히 비밀이다. 듣는 사람의 속에 있는 것을 드러내는 비밀이다. 들을 귀, 마음이 없는 사람에게는 여전히 비밀로 남는 드러난 비밀이다.

보화와 진주, 13:44-46

비유는 알려진 비밀에 관한 것이다. 이 비밀의 가치는 쉽게 설명되지 않는다. 그것은 그것을 가진 사람에게 있어서 숨겨진 보화와 같다(44-46절). 44절 이하의 비유들은 특별히 '제자들' 에게 말씀하신 것으로 보인다(36절). 예수께서는 무리들에게 들려 주신 '씨 뿌리는 자의 비유' 를 특별히 제자들에게 풀어 말씀해 주신 후에 계속해서 밭에 감추인 보화와 값비싼 진주의 비유를 들려 주신다. 이 비유들은 제자들에게 마땅히 있어야 하는 헌신이 과연 어떤 식으로 가능한지를 가르치시는 것으로 보인다.

우선, 밭에서 보화를 발견한 비유는 우연성을 강조한다(44절). 그는 기대한 바가 없었다. 그는 하루 품삯을 위해 그저 그런 하루를 밭에서 일하고 있었을 뿐이다. 그가 밭을 갈다가 그런 보화를 발견하리라고는 전혀 생각지 않았다. 많은 사람들이 천국 복음을 이런 식으로 만난다. 전혀 기대치 않은 은혜, 그런 것이다. 나중에 다메섹 도상을 가던 사울도 그러했다. 뜻밖의 은혜이다. 뜻밖의 만남이다. 하나님의 나라는 이렇게 기대하지 않았던 자들에게 은혜로 다가온다. 하나님께서 주권적으로 베푸신 은혜이다. 그의 반응은 '넘치는 기쁨' 이다. 그는 곧 자기의 모든 소유를 팔아 그 밭을 산다. 조금도 아쉬울 것이 없는 교환이다.

보화처럼 천국을 발견해 소유한 사람은 남에게 보여줄 수 없는 영적 비밀을 갖고 있다. 거기서 성령, 곧 하나님 나라에 속한 모든 생명이 솟아난다. 말할 수 없는 비밀, 이 비밀의 가치는 이 비밀을 소유한 사람의 선택에 의해 드러난다. 지금 그에게 들어와 있는 이 하나님의 나라는 그것을 가진 이에게는 밭에 감춰진 보화 같아서 자신의 가진 모든 것을 주고 살만큼 귀하다. 천국의 삶은 일방적인 희생의 삶이 아니다. 그가 자신의 가진 모든 소유를 내려놓는 이유는, 그가 가진 이 보화의 가치를 그만이 잘 알기 때문이다.

밭에서 우연히 보화를 발견한 사람이 자기의 소유를 다 팔아 그 밭을 사는 것은, 다른 사람들의 눈에는 매우 어리석어 보이는 일일 수 있다. 그러나 그 비밀은 그 사람만이 알고 있다. 그에게는 그것이 하나도 손해 보는 일이 아니다. 제자도(梯子道)는 이렇게 쉬운 것이다. 제자도의 비밀은 그가 받은 천국의 비밀, 곧 예수 그리스도를 아는 지식에 있다. 그가 보고 깨닫는 천국의 가치에 따라 그의 헌신이 결정되는 것이다. 문제는 밭에 감추인 보화를 발견하고도 그 보화의 가치를 알아보지 못하는 데 있다.

값비싼 진주를 발견한 상인의 비유 역시 하나님 나라의 가치를 이해하고 아는 것이 천국 복음에 대한 그 사람의 반응을 결정한다는 사실을 말해 준다(45-46절). 하지만 이 비유에서 진주 상인은 좋은 진주를 찾아다닌다. 밭에서 보화를 발견한 사람의 비유와는 다르다. 이번엔 순전히 우연이라고만은 할 수 없다. 그는 찾고 있었다. 그가 가지고 있던 진주들보다, 그가 보았던 진주들보다 더 귀한 진주를 찾아다녔다. 그런 끝에 그는 마침내 이 '극히 귀한 진주'를 만난다. 그리고 그 진주가 '극히 귀한' 진주임을 알아본다. 밭에 감추인 보화의 비유와는 그 과정이 다르지만, 그의 반응은 똑같다. 그도 '자신의 소유를 다 팔아' 그 극히 귀한 진주를 산다. 그가 이 극히 귀한 진주를 발견한 것도 은혜이다. 그것은 자신의 모든 소유를 팔아 살 만큼의 가치가 있는 진주였기 때문이다. 그렇게 하지 않으면 언제 다시 그런 진주를 만날지 기약이 없기 때문이다. 그것은 놓칠 수 없었고, 놓쳐서는 안 되는 기회였다. 그런 점에서 그것은 은혜였다.

천국 복음은 그것을 우연히 듣게 된 사람에게나, 아니면 오래도록 그런 소식을 기다리고 찾았던 사람에게나, 다른 무엇과도 바꿀 수 없이 귀한 보화와 같은 것이다. 자신의 병을 고치고자 예수를 찾아갔다가 천국 복음을 듣게 된 사람이나, 니고데모처럼 율법을 알고 하나님의 뜻을 구하다가 예수를 만나게 된 사람, 혹은 사마리아 여인처럼 장차 메시아가 올 줄 알고 기다리다가 참으로 그분을 만나게 된 경우 모두, 천국 복음은 그 가치를 알아보는 사람에게 있어서 기대치 않았던 은혜로 다가온다. 그리고 그들이 보이는 반응은 다른 사람들이 보기에 이해하기 어려울 만큼 결정적이고 헌신적이다.

역으로, 천국 복음을 듣고도 이에 반응하지 않는 사람들은 그 천국 복음의 가치를 발견하지 못한 것이다. 그 복음은 밭에 '감추인' 보화와 같고, 그 가치를 알아보지 못하면 발견할 수 없는 극히 귀한 진주와도 같다. 은혜는 헌신을 낳는다. 헌신은 은혜 안에서 당연한 반응이 된다. 그들은 그 어느 것과도 바꿀 수 없는 값진 보화를 발견했기 때문이다.

그물과 가라지의 비유, 13:47-52

제자들은 비록 환난이 있고 핍박과 고난이 있는 기간을 살아가더라도 천국의 기쁨을 누리며 살게 되어 있다. 그리고 이 천국의 기쁨은 '세상 끝' 에서도 결정적으로 확인될 것이다. '그물의 비유' (47-50절)는 36-43절에서 '알곡과 가라지의 비유' 를 제자들에게 설명한 내용을 다시 한 번 강조한다. 이로써, 천국 복음을 마치 밭에 감춰었던 보화를 발견한 사람처럼 받아들이고 기쁨과 헌신으로 살아가는 제자들의 모습은, 그들로 하여금 앞과 뒤에서 제시된 세상 끝날 있게 될 심판의 확실성 안에서 살아가도록 할 것이다. 그들은 결국 "자기 아버지의 나라에서 해와 같이 빛날" 것이고(43절), 결국 어부가 물고기를 거두어들이듯이 버려지지 않을 것이다(48절).

그러므로 자기 속에 천국의 보화를 가진 제자, 극히 귀한 진주와 같은 복음을 위하여 자신의 모든 것을 맞바꾼 사람, 이들의 삶의 결국은 세상 끝에 가서야 판가름이 난다. 그들이 세상에서 살아갈 때, 세상 끝에 있게 될 일을 기억해야 한다. 마치 갈릴리 호숫가에서 저녁마다 어부들이 그물에 걸려 올라온 것들을 널어놓고 쓸 만한 고기들과 그렇지 않은 것들을 갈라놓는 것을 보듯이, 세상 끝에도 그러할 줄을 기억해야 한다. 세상에서는 아직 그들이 자신의 모든 것을 팔아 밭을 사고 그 작은 진주 하나를 사는 이유를 이해하지 못하는 사람들이 있을 것이다. 그들은 오해를 받기도 하고, 세상 사람들의 가치관과 판단을 따르고 싶은 유혹에 흔들리기도 할 것이다. 그러나 이 모든 선택과 헌신에 대한 결론은 오직 세상 끝에 가야 날 것이다. 결국, '나중' 이 '처음' 을 결정하는 셈이다.

지금은 알곡과 가라지가 함께 자란다. 지금은 천국 복음이 거부되기도 하고 멸시되기도 한다. 지금은 예수를 따르는 제자들의 선택과 헌신이 어리석어 보이며 핍박과 조롱을 받기도 할 것이다. 제자들은 이것을 기억해야 한다. 신앙은 지금 여기서 그 결국이 결정되지 않는다. 현세주의는 신앙의 적이다(cf. 6:1-5). 지금 여기서 보이는 것이 전부라고 믿는 사상과 싸워야 한다. 제자들의 삶의 결국, 아니 모든 인생들의 결국은 세상 끝날에 결정된다. 그리고 그 결국은 지금 여기서 예수를 대하여 선택하고 결정하는 것들에 의해 좌우된다.

'깨닫는다' 는 것은 제자들에게 있어 매우 중요하다(51-52절). 이것이 단순한 지적 이해를 가리키는 것이 아님은 명백하다. 그것은 천국 복음을 마음에 화합하여 받아들이는 상태이다. 좋은 밭이 씨를 받아들이는 것처럼 받아들여 그 씨앗의 생명을 틔우고 열매를 맺기까지 받아들이는 태도이다.

이렇게 있는 자는 더 받고, 없는 자는 있는 것까지 빼앗긴다(13:12). '제자된 서기관들' 곧 예수의 천국 복음을 깨달은 제자들은 구약의 율법이나 선지자의 말씀도 이해한다. 그것도 다 복이 된다. 그것을 어떻게 사용해야 할지 알게 된다. 그 율법이 원래 무엇을 말하고 있었는지 알게 된다(cf. 5:17-48). 그 율법의 요구가 어떻게 예수 안에서 성취되었는지 알게 된다. 옛 선지자들이 내다보고 기다렸던 것들이 어떻게 성취되었고 이루어져 그들에게 주어졌는지 알게 된다(cf. 1:23; 2:15, 18; 3:15-17; 4:1-11; 11:2-14; 12:17-21).

그러나 예수 안에서 이제 임하게 된 하나님의 나라, 그 나라의 종말론적인 새로움(newness), 그 생명을 받아들이고 또 경험하지 못하면 옛것 속에 갇히고 만다. 바리새인들은 이제 옛것밖에 갖지 못한 자들이 되었고, 그 옛것을 성취하신 예수의 새것을 받지 못했기 때문에 그 옛것마저 빼앗길 처지에 놓여 있다. 그들은 그 '쌓은 악' 에서 악을 내는 사람, 나쁜 열매를 맺는 나쁜 나무이다(12:35). 그들은 모세의 자리에 앉아 있지만(23:35), 결국 그 뿌리가 뽑힐 것이다(15:13; 13:29).

천국의 제자된 서기관들에게 있어서, 새것은 옛것에 덧붙여진 정도가 아니다. 예수로 말미암아 도래한 하나님 나라의 종말론적인 새것(eschatological newness)은 옛것을 채우고도 남는 새것이다. 이제 중심이 옮겨졌다. 새것 속에 옛것이 담겨 있고, 새것을 통해 옛것을 보아야 그 의미가 보이게 된다. 새것이 없이 옛것은 그 방향도 목적도 잃은 것이 되었다. 새것을 받은 제자들이야말로 이제 옛것도 자유롭게 사용할 수 있는 집 주인이 된 셈이다(52절).

하나님 나라의 비밀이신 예수, 13:53-58

예수 자신이 비유이다(53-58절). 이 모든 비유의 말씀을 다 마치신 후에, 예수께서 고향으로 돌아가셨다(54절). 고향 사람들은 회당에서 가르치시는 예수와 그분의 가르침을 듣고서 놀랐다. 그들은 하나님 나라의 종말론적인 새로움에 부딪혔지만 그것을 깨닫지 못했다. 천국 복음과 예수는 같은 운명이다. 둘 다 땅에 떨어진 '한 알의 씨앗' 이다. 그분이 말씀하신 비유와 예수는 같은 운명에 놓인다. 예수 자신이 비유이다.

고향 사람들은 예수의 혈연(血緣)과 지연(地緣)을 보았다. 그들의 보기에 예수는 자신들이 늘 보아 온 목수의 아들이었고, 그 모친과 형제들 가운데 하나였다. 그들은 예수에게 무엇인가 있다는 사실을 느꼈다.

"이 모든 것이 어디서 났느뇨"(마 13:56)

그들이 예수를 받아들였다면, 예수의 비유들을 깨달았다면, 그들의 궁금증을 해결했을 것이다. 그러나 예수를 아는 그들의 '지식' , 혈연과 지연적인 지식, 육체를 따른 지식, 단지 역사만을 아는 역사적 지식이 그들의 깨달음을 가로막았다.

그들은 놀람과 동시에 예수를 배척했다. 예수를 아는 그들의 지식이 그들로 하여금 예수를 알아보지 못하게 했다. 비유를 들었지만, 그 때문에 오히려 심판을 받는 사람들과 같다. 예수께서는 그들의 '믿지 않음'을 보았다(58절). 그들에게 믿음이 없었기 때문에 예수는 거기서 많은 능력을 행치 않았다. 없는 자는 있는 것마저도 빼앗긴다. 가르치는 예수를 받아들이지 못한 그들에게 능력을 행하는 예수가 머물 수 없었다. 예수는 자신의 말씀과 같은 운명을 가지신다. 말씀이 거부되는 곳에서는 그분도 거부된다.

그분의 비유의 말씀을 깨닫고 받아들이는 그에게 예수는 가서 생명의 역사를 일으키신다. 예수 자신이 비유이다. 예수가 드러난 비밀이며, 그분이 드러났을 때 받아들이는 자는 구원을 얻고 그분을 거부하는 자는 스스로 심판을 택한 셈이 된다. 영원이 여기서 결정된다. 세상 끝에서 있을 그 결국이 예수를 어떻게 대하느냐에 따라 결정된다. 그분의 비유를 깨닫고 받아들이느냐에 따라 결정된다. 13장이 예수께서 고향에서 배척받으시는 이야기로 끝나는 것은 매우 자연스럽다. 예수에게 있어서, 그분이 전한 메시지(message)와 그 메시지를 전한 메신저(messenger)는 분리되지 않는다. 예수 자신이 천국 복음이다. 그분이 비유이다.

"끝까지 눈에 보이지 않는다"

보이는 것에 집착하지 말자. 만일 믿음이 있다면, 만일 하나님 나라에 대한 소망이 있다면, 무릇 보이는 것에 집착하지 말아야 한다. 예수께서 가르쳐 주신 하나님 나라의 비밀은, 그 나라가 우리의 눈에 끝까지 실망스럽게 비칠 수 있다는 사실이다. 기독교는 결코 눈에 보이지 않는다. 기독교는 끝까지 손에 잡히지 않는다. 우리가 고정해서 붙들어 놓을 수 없다. 하나님 나라는 이 세상 나라가 아니며, 말할 수 없이 역동적이다.

힘이나 세력에 집착하지 말자. 만일 믿음이 있다면, 만일 하나님 나라에 대한 소망이 있다면 힘이나 세력에 집착하지 말아야 한다. 하나님 나라는 수(數)의 많음이나 정치 · 경제적 강력에 있지 않다. 기독교는 눈에 보이지 않는다. 끝까지 손에 잡히지 않는다. 화려한 건물만 남은 서구(西歐)의 기독교를 보라. 기독교는 사람들이다. 사람들 속에 있는 예수께 대한 믿음, 그분의 사랑과 그분께 대한 사랑, 그리고 그 믿음의 삶을 통해 그들 안에 거하시는 삼위 하나님이시다. 그것이 기독교이다.

보이지 '않는' 기독교에 주목해야 한다. 믿는 사람, 바로 믿고 바로 행하는 신자들 속에 하나님 나라가 있다. 말씀 속에 기독교가 있다. 선포된 말씀, 믿음으로 받아들여지고 삶으로 살아지는 말씀 속에 '살았고 영원히 있는' 기독교가 있다. 말씀은 약해 보인다. 귀를 막으면 그만인 말씀, 믿지 않으면 그만인 그 말씀, 그러나 지금 하나님의 나라는 이 말씀으로 이 세상에 침투하고 있다. '살았고 영원한' 이 말씀 속에 영원한 생명이 있고, 오직 그 말씀만이 승리하며 영영히 선다. 이 말씀이 곧 종말에 모두를 심판하실 바로 그분의 말씀이다. 어디를 바라보며 무엇을 붙들고 있는가? 어디에 집착하고 있는가? 어디에 투자하며, 어디에 정열을 쏟아 붓고 있는가? 천국은 갑자기 완성될 것이다. 그리고 그 뒤에는 '뜻밖의' 심판이 있을 것이다.

3. 참 목자 예수

14:1-16:12

마태복음 14:1-12에 기록된 헤롯의 이야기는, 이렇게 예수의 가르침과 사역의 놀라운 역사를 들어서 알고도 그것을 믿음으로 받지 못하는 자의 대표적인 한 예이다. 예수는 고향 땅에서 배척을 받았다. 이들은 물론 천국 비밀을 듣고도 깨닫지 못한 사람들의 전형이다. 이스라엘의 지도자들은 어떠한가? 헤롯이 그 전형을 보여준다. 선지자가 고향 땅에서 배척을 받았듯이, 이스라엘의 지도자로서 헤롯은 선지자 그 이상이신 분을 박해한다.

헤롯은 우선 예수의 이런 놀라운 사역을 두고 자신이 죽인 세례 요한의 부활이라고 생각한다. 그것은 그의 죄책감의 투영(projection)이기도 할 테지만, 동시에 예수의 운명에 대한 역설적인 힌트이기도 하다.

"저가 죽은 자 가운데서 살아났으니"(마 14:2)

헤롯은 세례 요한을 죽인 죄책감에 시달려 내뱉은 말이지만, 역설적으로 이런 죄인의 입술을 통해서도 예수에 관한 진리가 암시된다. 예수의 복음, 천국의 비밀을 받지 못하는 자들은 단지 예수를 믿지 못하는 데서 그치는 것이 아니라, 이제 그분을 적극적으로 해하는 데까지 나아간다.

그러나 헤롯이 자기도 모르는 말을 한 것처럼, 그들의 그런 악의(惡意)는 역설적으로 하나님 은혜의 역사, 그 구원의 섭리를 이루어간다. 따라서 심판과 구원은 동시적으로 일어난다. 악은 악한 일을 계속하지만, 하나님의 은혜는 그분의 섭리를 따라 계속된다.

천국 복음의 비유를 알아듣지 못한 사람들의 악은 그 절정으로 치닫지만, '창세부터 감추인 것들' 을 비유로 드러내시는 하나님의 역사는 그 악을 극복한다. 마태는 13:35에서 시편 78:2를 인용하여 이러한 상황을 예견하게 한다. '여호와의 영예와 그의 능력과 기이한 사적들' (시 78:4)이 비유로 전해졌고, 이스라엘 가운데 이를 믿지 않고 순종하지 않았던 자들에게는 심판이 임했지만, 그 '비유' 의 말씀은 단지 거기서 그치지 않는다. 시편 78편은 그들이 "하나님을 믿지 아니하며 그 구원을 의지하지 않은 연고" (22절)로 그들에게 진노하셨으나(21절), "저가 오히려 위의 궁창을 명하시며 하늘 문을 여시고 저희에게 만나를 비같이 내려 먹이시며 하늘 양식으로 주셨" 던 출애굽을 회상한다(23-24절).

그는 과연 "자기 백성을 양같이 인도하여 내시고 광야에서 양떼같이 지도" (52절) 하셨고, 바다를 다스리셔서 그들의 원수를 바다에서 제압하셨다(53절). 시편 78편은 흥미롭게도, 이렇게 진노 후에도 이스라엘을 구원하고 인도했던 여호와께서 그분의 양 떼인 이스라엘 위에 세우셨던 다윗을 추억한다.

> "또 그 종 다윗을 택하시되 양의 우리에서 취하시며 젖 양을 지키는 중에서 저희를 이끄사 그 백성인 야곱, 그 기업인 이스라엘을 기르게 하셨더니 이에 저가 그 마음의 성실함으로 기르고 그 손의 공교함으로 지도하였도다"(시 78:70-72)

시편 78편은 이렇게 패역한 이스라엘이라도 구원하시고, 광야에서 만나로 먹이시며 저들을 바다(홍해)의 위협에서 건져내신 목자 여호와 하나님을 추억한다. 그리고 그 하나님께서 이스라엘 위에 세우셨던 목자 다윗을 기린다. 그들의 추억은 명확히 종말에 대한 기대, 곧 제2의 출애굽과 종말의 목자 다윗을 명시하고 있지는 않다. 하지만 마태가 13:35에서 시편 78:2를 인용할 때, 시편 78편 전편의 문맥은 그대로 마태복음 14:13 이후의 문맥의 흐름과 잘 맞아 들어간다. 이제 예수는 종말의 다윗 목자로서 오천 명을 먹이시며, 물 위를 걸으신다. 이스라엘 양 떼에 대하여 그 옛날 여호와 하나님께서 하셨던 그대로, 그 성취와 충만을 보여주신다. 그분이 택하신 그 종말의 목자가 온 것이다. 그 때에도 '옛 비밀한 일들' 을 비유로 선포했지만(시 78:2), 지금 예수는 그 하나님의 영예와 능력과 기이한 사적들의 절정, 곧 말세에 그 아들을 보내심으로 말씀하신 것이다. 그것은 비유의 충만, 곧 비유의 절정이다.

양 무리를 먹이시는 목자 예수, 14:13-21

이러한 맥락에서 오병이어의 사건(14:13-21)은 또한 예수께서 헤롯과 어떻게 다른 왕이며 목자인가를 대조적으로 보여준다. 헤롯과 예수의 대조는 이미 마태복음 서두, 곧 2장에 잘 기록되어 있다. 왕궁에서 불안해하는 헤롯, 들판에서 쫓겨다니는 메시아. 그러나 마태는 이미 예수가 이스라엘의 '목자'로서 열방들을 통치할 메시아임을 담대히 선포한 바 있다(2:6). 마찬가지로 14장에서도 이 두 왕은 서로 다른 모습을 하고 있다. 이 둘은 어떻게 다른 목자이며 지도자인가?

먼저 헤롯의 궁전에서는 환락의 잔치가 벌어진다. 정치가 행해지는 그곳이 곧 의인을 무고히 죽이는 불의의 현장이다. 반면 예수는 광야에 계시다. 당시 백성들은 모든 면에서 공급이 부족했다. 탈굼(Targum, '히브리 성경의 아람어 번역판') 에스겔이 34장의 '목자'를 '공급하는 자(provider)'로 번역하는 것이 그 예증이다. 로마가 부과하는 세금뿐 아니라, 성전의 제사장들과 레위인들까지 백성을 수탈하는 데 전력을 기울였다. 대중들의 지도자들이었던 바리새인들은 그 속에 과부의 적은 돈도 갈취하는 탐욕으로 가득했다.

이런 상황에서 헤롯은 궁전에서 환락의 잔치를 벌였고, 예수는 광야에서 굶주린 백성들과 함께 서 있다. 누가 참 목자인가? 누가 저들을 향한 하나님의 심정을 대변하는가? 마태는 예수께서 무리를 "보시고 불쌍히 여기"셨다고 기록한다. 그분이 풀밭에 백성들을 앉히고 그들을 먹이시는 모습은, 있는 그대로 에스겔 34:11-16의 실현이다. 이스라엘의 진정한 왕, 곧 그들의 하나님 여호와께서 그들에게 돌아오신 것이다. 그분이 돌아오신다면, 이스라엘은 마치 양 무리가 참 목자를 만난 것 같을 것이라고 기대했다. 그들 가운데 치유와 긍휼, 공평과 정의가 바로 세워질 것이었다.

광야에서 예수로 말미암아 주린 배를 채우는 백성들의 모습은 이제 곧 세워질 참 이스라엘, 회복된 이스라엘, 긍휼과 공의가 차고 넘치는 샬롬(shalom)의 사회를 보여준다. 헤롯은 어디 있는가? 여느 독재자처럼 그도 건축에 열을 올렸지만, 하나님께서 그분의 권세를 맡기신 위정자들에게 요구하시는 참된 정치는 없었다. 이제 이스라엘의 참 목자, 아니 온 세상의 참된 왕이신 여호와의 권세로 예수가 오셨다. 헤롯의 권세는 설 자리가 없다.

물 위를 걸으시는 하나님의 아들, 14:22-33

예수의 권세에 대한 마태의 증언은 계속된다. 그분의 권세는 저 불의하고 불경한 헤롯과는 비할 바도 아니다. 그분의 권세는 위정자의 그것과만 대조되는 것이 아니다. 제자들이 탄 배가 풍랑에 시달리던 새벽 3시에서 6시 사이, 저들을 먼저 보내시고 홀로 산에서 기도하시던 예수께서 그들에게 오신다. 풍랑을 잠잠케 하시며 바다 위를 밟고 걸어오시는 그분의 모습에 제자들은 놀라고 무서워했다. 이런 반응은 하나님께서 현현하셨을 때의 묘사와 같고(cf. 출 14:24; 시 46:5), 구약에서 바다를 밟으시는 분은 하나님뿐이시다(cf. 욥 9:8; 합 3:15; 사 43:16; 시 77:19; 특히, 시 78:53). 고대 문명에서 바다는 종종 악이나 귀신들의 집합 처소처럼 여겨졌다(cf. 계 13:1). 예수께서 밤에 바다 위를 걸어 제자들에게 오신 사건은, 예수의 권세가 곧 바다도 밟으시는, 자연과 보이지 않는 영적 권세들도 제압하시는 하나님 자신의 권세임을 증거한다.

비교할 바 없는 그분의 권세는, 헤롯이 세우는 모든 건축물들이 서 있는 그 땅과 그것을 두른 바다까지 다스리는 창조주 하나님의 권세이다. 이 권세는 보이고 보이지 않는 모든 권세, 정치적이고 또한 영적인 모든 권세 위에 있다. 놀라운 소식은, 이 새로운 종말의 다윗 왕, 곧 다윗 목자를 받아들이는 자는, 바로 하나님 자신의 권세를 가진 분을 받아들인 것이라는 사실이다(14:34-36). 그들이 서 있는 광야가 헤롯의 궁전보다 낫고, 그들의 배가 떠 있는 광풍 몰아치는 바다가 마른 땅보다 안전한 이유는, 오직 그들 가운데 오신 예수 때문이다. 이 예수의 권세가 곧 만물 위에 있는 하나님의 권세라는 사실 때문이다.

또한 마태는(그리고 오직 마태만이) 베드로가 물 위를 걸어오시는 예수를 보고 자신도 물 위를 걸으려 했다는 사실을 기록한다(14:28-33). 왜 그랬을까? 무슨 이유로 베드로는 물 위를 걸으려 했을까? 마태는 어떤 이유로 이 이야기를 기록하여 보존했을까? 이 기사는 베드로의 이런 시도를 긍정적이고 따라 해야 할 만한 믿음의 본보기로 보느냐, 아니면 놀라운 기적을 구하는 믿음의 부정적인 예로 보아야 할 것인가에 따라 해석이 달라진다.

우선, 이 기사의 초점은 33절에 놓여 있다. 배에 있는 사람들이 예수께 절하며 "진실로 하나님의 아들이로소이다"라고 고백하는 광경이다. 이 기사는 예수께서 진실로 하나님의 아들이심, 곧 그분이 바다의 광풍과 보이지 않는 영적 권세도 제압하시는 하나님 자신의 권세를 받으신 분임을 드러낸다(cf. 11:27, "내 아버지께서 모든 것을 내게 주셨으니"). 제자들은 예수의 권세가 드러남을 목격한다. 바다에 일던 풍랑, 그 바람은 예수께서 물에 빠져 가던 베드로를 건져 구해내신 후 함께 배에 들어와서야 멈춘다(32절). 그제야 상황이 종료되는 것이다. 이를테면, 예수께서 바다 위를 걸어오시는 것만으로는 그분의 권세가 충분히 드러나는 것이 아니다.

8장 23-27절에서도 이와 비슷한 기사가 있다. 그 기사와 14:22-33의 기사는 구조상 매우 유사하다. 다만, 8장에서보다 14장에서 제자들의 상황이 다르게 묘사될 뿐이다. 8장에서는 제자들이 배에 갇힌 채, "주여 구원하소서 우리가 죽겠나이다"라고 부르짖는다(25절). 14장의 경우, 제자들은 풍랑이 이는 배에서 고난을 당한다. 그들이 특별히 예수의 구원을 경험하는 것은 베드로를 통해서이다. 14장의 기사에서는 제자들이 단지 배 안에 머물러 있지 않는다. 베드로가 그 대표적인 경우이다. 베드로는 이제 물 위를 걸어오시는 예수를 보고, 자신도 물 위를 걷겠다고 뛰어든다. 베드로가 예수의 능력과 권세를 믿고자 했다는 사실에 무게를 두어야 할까, 아니면 베드로가 예수처럼 기적적인 일을 해보고자 시도했다는 데에 무게를 두어야 할까? 베드로의 시도가 긍정적이든 부정적이든 그것은 그리 중요하지 않다. 예수의 반응도 이와 같다. 예수께서는 베드로의 시도에 대해 칭찬도 꾸짖음도 하지 않으셨다. 그의 시도를 허락하셨고, 다만 그가 '무서워' 하여 물에 빠져 가며 "나를 구원하소서"(30절) 할 때, '즉시' (31절) '손을 내밀어 저를 붙잡으시며' 물에서 끌어내셨다. 그리고 저의 '적은 믿음' 을 꾸짖으셨다(31절). 베드로의 시도를 꾸짖으신 것이 아니라, 그의 믿음이 적은 것을 꾸짖으신 것이다.

14장의 이 사건은 8장에 기록된 예수께서 풍랑을 잔잔케 하신 사건보다 더 진전된 모습을 보여준다. 제자들도, 제자들이 탄 배도, 예수의 구원하심도 훨씬 더 진전된 모습을 보여준다고 할 수 있다. 예수께서는 풍랑 가운데서 배를 안전케 하실 뿐 아니라, 제자들이 예수를 따라 바다를 제압하며, 곧 교회를 대적하는 보이지 않는 영적 권세들을 제압하며 나아갈 때도 그들을 구원하신다. 그들이 설혹 바다에 빠져들 때에라도 예수는 그들을 건지시며, 함께 배에 돌아오사 모두를 보호하신다.

그분은 이를테면 바다의 풍랑, 곧 교회를 대적하는 영적 권세들을 제압하실 뿐 아니라, 예수의 권세를 따라 그것들을 제압하려는 제자들을 보호하시고 구원하신다. 그들은 예수 때문에 안전하게, 그리고 담대하게 예수의 권세를 대행할 수 있다는 보장을 얻는다. 초대교회의 상황에 비추어 이 기사를 생각해 볼 때 배를 교회라고 한다면, 예수께서는 교회를 안전하게 보호하실 능력이 있으실 뿐 아니라, 제자들이 예수를 따라 그 권세와 능력을 행하는 일에 있어서도 보호와 구원을 베푸신다.

그러므로 적은 믿음이란, 예수께서 모든 영적 권세에서 교회를 보호하실 것을 믿지 못하는 믿음일 뿐 아니라, 그들이 예수를 따라 이 세상, 곧 그 영적 권세들을 제압하며 나아갈 때에 예수의 권세와 능력의 보호하심을 의심하는 것이다. 예수께서는 교회를 보호하실 뿐 아니라, 제자들이 그분을 따라 권세를 행하며 세상을 제압하며 나아갈 때도 그들과 함께하시며, 그들을 보호하시고 구원하신다(cf. 마 1:21, 23).

그분은 실로 하나님의 아들이시다(33절). 형언할 수 없는 권세, 비교할 수 없는 권세를 가지신 분이 곧 그들의 구원자이다. 예수는 권세자이며 구원자이시다. 이보다 더 좋은 조합이 없다. 예수 안에 있는 권세와 능력, 특별히 구원하는 그 능력은 마치 샘에서 물이 솟듯이, 저수지에서 수문(水門)이 열려 저장되어 있던 엄청난 물이 폭포수처럼 쏟아져 나오듯이, 그것이 필요한 자들을 향해 침노해 들어온다. 14:34-36에 기록된 병자들이 치유를 얻는 모습은, 마치 거대한 찬송 소리를 듣는 것과도 같다. 예수의 구원은 거의 무차별적으로 베풀어진다.

예수께서는 바다를 건너 이제 게네사렛 땅에 이르셨다(34절). 이제 예수의 권세는 바로 하나님의 아들의 권세임이 드러났다. 그뿐 아니라, 예수는 이러한 권세를 가지고 제자들, 곧 그의 교회를 구원하신다. 아무도 그분의 권세에 대적할 수 없고(물론 헤롯조차도), 그분의 구원하심에도 제한이 없다. 마태는 게네사렛 지역과 그 근방에 있던 '모든 병자들' 이 다 예수께 나아왔다고 기록한다(35절). 그리고 예수를 통해 베풀어지는 권세와 긍휼, 은혜와 치유는 거의 무차별적이고 무조건적이다. 한마디로 쏟아진다.

긍휼과 거룩이신 예수, 14:34-15:20

예수께 간구하는 자들, 예수에게 손 대기만이라도 원하는 자들에게 치유의 능력이 달려나간다. "손을 대는 자는 다 나음을 얻으니라"(36절). 마치 집 나가 타향에서 자신의 받은 유산을 다 탕진한 둘째아들이 돌아오고 있을 때, 멀리서 이를 보던 아버지, 그를 애타게 기다려왔던 아버지가 '달려가 그의 목을 끌어안으며, 입을 맞추듯이' 예수 안에 거하시던 생명의 성령, 치유하시는 영께서 예수께 구하는 모든 병자들에게 달려가 맞으신다. 그들은 모두 나음을 입는다. 할렐루야! 그들은 예수 안에 있는 하나님의 권세와 하나님의 긍휼, 그분의 은혜와 생명의 영, 곧 치유를 경험한다.

예수를 통해 하나님은 그분의 다윗과 같은 목자, 곧 종말에 그분을 기쁘시게 할 종을 얻으셨다. 그 다윗과 같은 종이 곧 그분의 아들이시다(3:17). 한편, 유대의 지도자들, 이스라엘의 오래된 목자들의 권세는 어떠한가?(15:1-20). 그들의 권세와 예수의 권세는 어떻게 다른가?바리새인들의 권세는 그들이 가졌던 정치적 힘 외에도 그들이 가르쳤던 율법해석이 대중들에게 상당한 영향력을 끼쳤다는 데 있었다. 그들의 최대의 무기는 '할라카' 를 비롯한 그들의 율법 해석, 곧 가르침이었다. '장로들의 유전' (15:2)은 에스라 학사 시대 이후부터 서서히 회당을 중심으로 발전되어 온 구전 율법 해석 모음집이다. 흔히 랍비들은 율법 해석을 '울타리' 치는 것(fencing)에 비유했다. 율법의 어떤 말씀에 의하면 어디까지 허용되는가 하고 그 율법을 준수하기 위한 최소한의 테두리를 찾아 주는 것이다.

하지만 율법을 해석하는 데 중요한 것은 그 해석자의 중심이다. 해석자의 중심이 말씀으로 인하여 조명되고 변화될 때, 말씀이 요구하는 바의 진의가 드러난다. 따라서 해석자의 중심이 어둡고, 그 어두움으로 율법의 요구를 이해하고 해석하게 되면, 결국 그 중심의 어두움만 정당화하는 해석을 하게 된다. 바리새인들과 서기관들이 그러했다. 그들은 할례 받지 못한 마음으로 율법을 해석하여, 그 중심의 어두움을 피하지 못한 것이다.

그래서 예수는 저들이 '소경이 되어 소경을 인도하는 자' 들이라고 쏘아붙이신다(15:14). 그 중심이 하나님의 말씀을 신령과 진정으로 경험한 적도, 그리고 그 중심이 말씀대로 살려고 해본 적도 없기 때문이다. 말씀의 길은 그 사람이 그의 모든 영과 혼과 인격으로 직접 가보지 않으면 알 수 없다. 그 말씀의 길은 예수께서 가르치신 대로 하늘의 아버지의 온전하심과 같이 온전함에 이르게 한다(5:48; cf. 19:21). 저들은 '조상들의 유전' 으로 기록된 모세의 율법, 곧 '하나님의 계명' 을 곡해했다(15:3). 5절에 언급된 '조상들의 유전' 가운데 하나인 '고르반' 의 경우는, 어떤 사람이 자기의 재산이 성전에 헌납된 것이라고 맹세하기만 하면 그의 부모가 그 재산으로부터 어떤 혜택도 받지 못하게 한 것이다. 부모를 공경하라는 것이 율법의 명령이지만(출 20:12; 신 5:16; 잠 28:24),

이런 책임을 다하고 싶지 않은 사람들을 위해, 이보다는 더 중한 명령으로 이해된 '맹세' 에 관한 율법의 명령(신 23:21-23)을 더 앞세워 부모 공경의 책임을 피하도록 길을 열어 준 것이다.

실제로, '조상들의 유전' 의 집대성인 미쉬나(Mishna)에서는 이렇게 '맹세' 를 악용하여 이웃 사랑의 책임을 피하는 정교한 예들을 거론한다(Mishna Nedarim 5:6; cf. 마 5:33-37). 예수께서는 겉으로는 하나님께 대한 맹세, 성전이나 하늘에 대고 한 맹세를 더 중히 여기기 때문에 부모를 포함한 이웃에 대한 책임을 회피할 수 있다고 생각한 이들의 율법 해석을 정죄하셨다. 그들은 율법을 지키는 것 같았지만, 그들의 속은 변화되지 않았음을 드러낸다.

> "이 백성이 입술로는 나를 존경하되 마음은 내게서 멀도다"
> (마 15:8; cf. 사 29:13)

하나님을 경배하고 이를 사람들과의 관계보다 더 중히 여기는 것 같으나, 이웃 사랑의 책임을 회피하는 그들의 심령은 곧바로 하나님을 헛되이 섬기는 것이며, 사실은 하나님께로부터 멀어지고 굳어진 마음인 것을 스스로 증명한다. 그것은 결국 사람들이 자기 자신들을 위해 부러 곡해한 계명들이다. 심령의 어두움이 빛 되신 말씀을 우겨서 부러 그 어둠을 정당화한 것이다. 그 어둠 속에서 그들은 소경이 되어 소경을 인도하는 목자들이 된 것이다.

예수께서는 계속해서 바리새인과 서기관들의 가르침의 본질을 폭로하신다. 율법을 사람의 죄성(罪性)을 정당화시켜 주는 식으로 해석한 그들의 어둠을 폭로하신다. 그들의 율법 해석은 이웃 사랑의 책임을 회피하는 구실이었을 뿐 아니라, 그들의 음식규례처럼 그것을 지키는 이들을 진정으로 거룩하게 하지 못하는 무용(無用)한 것이었다. 사람의 죄를 가리는 데 핑곗거리로 사용되는 율법 해석, 사람을 거룩하게 하지 못하는 무능력한 율법 해석, 이런 것들은 하나님의 마음과 율법, 곧 그분의 뜻의 본질을 꿰뚫는 예수의 밝은 가르침 앞에서 여지없이 폭로되었다. 촛불 앞에 해가 비치는 것과 같다. 예수께서는 사람을 참으로 더럽게 하는 것은 입으로 들어가는 음식이 아니라, 입에서 나오는 것들(15:11)이라고 밝히 말씀하신다.

'더럽다' 혹은 '부정(不淨, unclean)하다' 는 것은 우선적으로 종교적 구분이다. 바리새인들은 거룩에 집착했다. 그들은 성전에서 제사장들이 지키던 거룩에 관한 법들을 일반 백성들이 지킬 수 있도록 대중화하려고 노력한 자들이다. 그들에게 있어서 '부정하다' 는 판단은 그들이 곧 죄인이 되었다는 것과도 같은 선언이다. 그리고 그들이 조심해서 가려먹는 음식에 관한 법들로도 그들이 정결해지지 못한다는 것은, 그들이 가르쳐 왔던 '조상들의 유전' 의 무용성을 폭로한 것이다. 그들 자신을 더럽게 하는 것은 그들 속에 있는 탐심이다.

'악한 생각들' 이 이미 사람의 마음속에 있다(18절). 그 '악한 생각들' 에서부터 온갖 악한 행실들이 나온다. 살인, 간음, 음란, 도적질, 거짓 증거와 훼방은 모세의 십계명을 통해 그어 놓은 하나님의 백성의 행하여야 할 바 최소한의 기준선들이다(출 20:13-17; 신 5:17-21). 예수께서는 바리새인들이 발전시켜 온 '조상들의 율법' 만이 아니라, 모세를 통해 주어진 구약 율법의 한계도 지적하시는 셈이다.

구약 율법이 부패한 사람의 마음을 어떻게 하지는 못한다. 그들의 행실을 교훈하고 가르칠 수는 있어도, 부패한 속사람은 바꾸지 못한다. 그것은 후에나 주어진 새 언약을 따른 종말의 약속, 곧 하나님께서 사람의 속에 새 영을 부어 주셔서 그들의 마음을 부드러운 살 같은 마음으로 바꾸어 주시고, 그의 신(神)을 그들 속에 두어 그들로 하나님의 법을 따르게 하실 그 때에 비로소 근본적 문제의 해결을 보게 된다(겔 36:24-27; 렘 31:33). 그리고 지금이 그 때이다. 다윗의 아들이 왔다(1:1). 하나님의 아들이 오셨다(1:21, 23). 그분이 백성을 위해 세례를 받았을 때 하늘이 열렸고 성령이 그분의 위에 임하셨다(3:15-17). 그리고 그분은 새로운 이스라엘로서 광야에서 모든 율법의 요구를 순종하셨다(4:1-11). 이것이 복음이다.

이제 바로 그 예수께서 이스라엘의 율법 선생들로 하여금 그들 자신의 심령을 직면하게 하신다. 심령의 문제이다. 율법은 심령(心靈)에 먼저 관계해야 한다. 이것이 예수의 논지이다. 예수께서 구약의 율법을 새롭게 해석하고 교훈하신 산상수훈(5-7장) 전체도 모두 우선적으로 심령의 문제를 말씀하신다. 세례 시에 하늘이 열리고 예수 위에 임하신 성령의 임재하심이 아니면 알 수도 행할 수도 없는 가르침이다. 하나님 나라가 임하여 그 임재를 경험한 자들이 받은 팔복이 아니면 행하여 온전함에 이르기 어려운 가르침이다. 바리새인들은 이제 막다른 골목에 봉착한 것이다. 그들의 심령이 새롭게 되지 않으면, 그들의 율법 해석의 체계로는 도무지 예수께서 가져오신 새로운 시대, 하나님 나라 안으로 들어갈 방법이 없다.

예수께서는 그들을 염두에 두시고, "내 천부께서 심으시지 않은 것"이라고 암시하신다(13절; cf. 마 13:24-30, '가라지의 비유'). 이것은 심판이다. 이것은 그들의 본질이 이제 예수께서 가져오시는 하나님의 나라와 같은 본질에 속하지 않았음을, 같은 뿌리에 속하지 않았음을 드러내시는 말씀이다. 그들이 그들의 속을 온전하게 새롭게 하는 길은, 예수를 받아들임으로 하나님의 통치, 곧 성령의 새로운 통치를 받아들이는 길뿐이다. 그들은 사람의 죄성을 정당화하는 율법 해석, 하나님 앞에서 진정으로 사람을 새롭게 하지 못하는 쓸모없는 그들의 율법 해석과 함께 하나님의 세계에서 뽑혀나갈 것이다. 하늘의 하나님께서 그들을 심지 않으셨고, 그것이 곧 드러날 것이다. 예수께서는 단지 그들의 율법과 조금 다른 해석을 하고 계신 것이 아니다. 예수께서는 그들에게 하늘 아버지의 심판을 선고하신 것이다.

바리새인들에 대한 심판은 예수께서 그들의 음식법(dietary law)을 인정하지 않으신 것과 그 맥락을 같이한다. 동시에, 예수의 제자들이 장차 열방들 가운데로 나아가서 수행할 선교와도 밀접한 관련을 갖는다. 예수께서는 모세의 율법을 뿌리째 뒤흔드셨다. 살인, 간음, 음란, 도적질, 거짓 증거와 훼방처럼, 행동으로 드러나는 죄들은 모두 사람 마음의 '악한 생각들' 에서 나온다. 초점이 행동보다 인간 중심에 가 있어야 한다. 마음에 할례를 받아야 한다. 그 마음이 세례를 받아야 한다. 예수께서 세례를 받으셨을 때 하늘이 열리고 성령이 그 위에 임하셨듯이, 성령이 그 마음에 거해야 한다. 거기서 솟아나오는 행동들은 율법이 쳐 놓은 울타리를 뛰어넘는다.

살인이 아니라 미워하는 것부터 걸린다. 기준이 심령이기 때문이다. 예수께서 가르치신 산상수훈의 내용들은 성령이 함께하시는 심령이 어떻게 작용하고 드러나게 되는지를 보여주었다. 간음이 아니라 음란한 생각을 품는 것도 걸린다. 거짓 증거가 아니라 아예 거짓 맹세, 아니 맹세도 하지 못한다. 훼방이 아니라 화해하지 않고는 하나님 앞에 나올 염치도 느끼지 못한다. 모세가 명한 율법들 가운데 도덕법도 예수께서 가져오신 하나님 나라의 실재로 말미암아 근본적으로 혁신되고 질적으로 절정에 이르렀다.

한편, 예수에 의해 의례적(ritual)인 법에 해당하는 음식법은 폐지된 것이나 다름없다. 음식법을 통해 거룩해지지 못하기 때문이다. 사람을 더럽게 하는 것은 사람의 속에서 나오는 죄의 뿌리 때문이다. 그 속에 다른 뿌리가 심겨지고, 그 다른 뿌리에서 다른 것이 나오지 않는 한 그는 거룩해지지 않는다. 음식법은 하나님께서 이스라엘을 열방들 가운데서 분리해 내시고 그분에게 속하게 하신 것을 깨닫고 지키게 하기 위하여, 음식들 가운데 부정(不淨)한 것과 정(淨)한 것을 구별하도록 훈련하는 목적으로 주어진 법이었다. 이제 그러한 구분은 사라진다.

사도행전 식으로 하면, 이제 누구든지 예수를 통해 하나님의 종말의 통치, 곧 그분의 죄 사함과 성령을 받는 자들이 하나님의 백성, 곧 거룩한 자들이 된다. 거룩한 분께서 그의 안에 거하시기 때문이다. 거룩은 우선적으로 소속(belonging)에서 온다. 분리와 소속을 통해 온다. 세상에서 분리되어 하나님께 속하는 것, 그것이 거룩이다. 이제 그 거룩은 예수를 통해서 온다. 마태가 기록한 이 짧은 이야기 속에 이 모든 것들이 함축되어 들어 있다. 나중에 이 모든 것들이 펼쳐져 보일 것이다. 지금은 성령이 그 위에 머무시는 예수께서 행하고 계시다. 그분이 음식법을 폐지하시고, 담대히 '조상들의 유전' 을 폐하시며, 모세의 율법보다 더 근본적인 영역을 건드리신다. 사람은 그 심령이 거룩해져야 한다. 그 거룩은 예수에게 있다. 예수를 통해서 온다. 이것이 복음이다.

다윗 목자의 긍휼, 이방 여인의 믿음, 15:21-28

예수께서 바리새인들의 인본주의적이고 무용한 율법 해석들을 비난하시고, 그들의 음식법마저 실제적으로 폐기하신 이야기를 기록한 후에, 마태는 이방 여인인 가나안 여인이 예수에게 와서 긍휼을 얻는 이야기를 기록한다. 그리 이해하기 어렵지 않은 순서이다.

이스라엘뿐 아니라 온 이방이 모두 참 목자를 기다린다. 그것은 참된 지도자, 참된 왕, 하나님 자신의 통치를 기다리는 자연스런 열망이다. 예수께서 이방인의 지역에서 가나안 여자에게 "나는 이스라엘 집의 잃어버린 양 외에는 다른 데로 보내심을 받지 아니하였노라"(15:24)고 하신 것은, 그 자신이 종말에 오시겠다던 이스라엘의 목자 하나님의 역할을 짊어지신 하나님의 종임을 의미한다. 특별히, 이 가나안 여인이 예수에게 청하며 '주 다윗의 자손이여' 라고 한 것은 중대한 의미가 있다. '이스라엘의 잃어버린 양' 에게 보내어졌다는 것은 그분이 이스라엘의 잃어버린 양을 찾으러 오시겠다던 종말의 목자이기 때문이고, 그분을 '다윗의 자손' 으로 부르는 것은 그분이 장차 '종말의 다윗 같은 목자' 로 세워질 자임을 확인해 준다(마 2:6).

마찬가지로, 예수께서 이 가나안 여인에게 "자녀의 떡을 취하여 개들에게 던짐이 마땅치 아니하니라" 하신 것은 이방인이나 여인에 대한 모독이 아니다. '다윗의 아들' 예수의 우선되는 사명은, 종말에 이스라엘의 목자인 여호와 하나님께서 이스라엘을 위하여 하실 일을 행하는 것이기 때문이었다. "다윗의 자손이여 나를 불쌍히 여기소서"(22)라는 외침은, 이 예수가 바로 이스라엘의 새로운 왕으로서 그 긍휼과 의의 통치를 먼저 이스라엘에게, 그리고 결국 열방까지 확대할 왕이심을 고백하는 것이다(cf. 마 2:6/ 미 5:4, '땅 끝까지').

물론 이 가나안 여인이 그 의미를 충분히 알았을 리는 없다. 하지만 예수께 대한 그녀의 믿음만큼은 확실한 응답을 받는다. 그래서 그녀가 이스라엘에게 보내어진 목자에게서 그 청원의 응답을 받은 사실은, 이 종말의 다윗 목자의 통치가 열방으로 확장될 것에 대한 선취적(proleptic) 예표가 된다. 그녀가 이스라엘과 이방 사이에 세워진 벽을 허물어 버린 것은 아니다. 다만 그녀는 예수의 긍휼에 대한 흔들리지 않는 믿음으로 그 벽을 넘었다. 믿음은 미래의 일도 현재로 만든다.

더욱 흥미로운 것은, 지금 마땅히 자녀들이 먹어야 할 떡을 유대인들이 '개'라고 부르던 이방 '죄인들'이 먹고 있다는 점이다. 그 가나안 여인이 자녀의 권리를 취한 셈이다. 더불어 마태의 내러티브는 예수의 능력도 구원도 맛보지 못하는 바리새인들과 서기관들이야말로, 자기들에게 베풀어진 상의 떡도 먹지 못하는, 실로 '개' 처지만도 못한 자리에 떨어졌음을 경고한다. 심판이 임한 것이다. 역전이 일어났다. 그러나 아직은 아니다. 예수께서는 계속해서 이스라엘로 향하신다. 이스라엘을 향한 사역은 끝나지 않았다.

이처럼 예수께서 "나는 이스라엘 집의 잃어버린 양 외에는 다른 데로 보내심을 받지 아니하였노라"(15:24)라고 하신 대로, 마태는 예수께서 이스라엘에게 그 종말의 목자의 사역, 치유하시고 먹이시며 강건케 하시는 사역들, 곧 이스라엘의 회복을 알리시는 사역을 계속하심을 기록한다. 실로 이스라엘의 잃어버린 양들에게 그들의 목자가 돌아오신 것이다! 이 사역의 결과로 군중들은 '이스라엘의' 하나님께 영광을 돌린다(31절). 그것은 이스라엘과 언약을 맺으신 '이스라엘의' 하나님의 신실함에 대한 찬사이다. 그분이 언약을 기억하셨고, 그분의 긍휼로 인해 온 열방들 가운데 거룩하고 높아지실 그분의 이름의 영광을 위해, 지금 그의 양 무리들 가운데로 돌아오사 함께하고 계신다(cf. 1:23).

이처럼 예수께서는 그분의 언약적 양 무리, 잃어버려진 이스라엘을 끊임없이 '불쌍히 여기심' (15:32)으로 그들을 치유하고 먹이시는 '종말의 목자' 된 사역을 계속하신다(32-39절). 긍휼은 이 종말론적인 다윗 목자 예수의 특징이다. 그분의 인격과 사역의 특징이다. 예수께서는 '산에 올라가' 거기에 앉으셔서(29절) 병든 자들을 고치시고, 또한 굶주린 무리들을 그 땅에 '앉게 하시고' (35절) 저들을 먹이신다. 예수의 이런 모습은 영락없이 선지자들이 바라본 종말에 있을 이스라엘의 회복의 모습과 일치한다. 그들은 '이스라엘의' 신실하신 하나님께 영광을 돌리며, 이런 약속을 성취하신 하나님을 찬양했을 것이다(31절).

> "나 주 여호와가 말하노라 나 곧 내가 내 양을 찾고 찾되 … 내가 그것들을 만민 중에서 끌어내며 열방 중에서 모아 그 본토로 데리고 가서 이스라엘 산 위에와 시냇가에와 그 땅 모든 거주지에서 먹이되 좋은 꼴로 먹이고 그 우리를 이스라엘 높은 산 위에 두리니 그것들이 거기서 좋은 우리에 누워 있으며 이스라엘 산 위에서 살진 꼴을 먹으리라 나 주 여호와가 말하노라 내가 친히 내 양의 목자가 되어 그것들로 누워 있게 할지라"(겔 34:11-15)

마태복음의 기록대로, 여자와 아이 이외에 사천 명이 먹고도 일곱 광주리에 차게 남았으니, 이것은 가장 풍요롭고 만족스런 상태의 표시이다. 잃어버린 양 무리가 드디어 자신들의 참 목자를 만난 것이다. 누가 이스라엘 백성들을 이렇게 먹일 수 있는가? 당시에 이스라엘에는 먹는 것조차 힘겨운 농노의 신분을 가진 이들이 대부분이었을 것이다. 일부

사두개인들이나 바리새인들, 그러니까 율법이나 성전을 주변으로 많은 권한과 부를 가지고 있었던 자들에 비하면, 많은 세금에 짓눌려 있던 대부분의 '그 땅의 사람들' 에게는 먹을 것이 충분히 공급되지 않았다. 이제 물질적인 차원에서도 현격하게 그들을 배부르게 하시는 분이 그들 가운데 있었다. 예수는 여러 면에서 그들에게 목자가 되셨다. 군중들은 이스라엘의 하나님을 찬송하면서, 종말에 그분이 친히 와서 자기 양 무리를 좋은 꼴로 먹이시며 풍요하고 안연하게 거하게 하실 것이라는 약속을 기억했을 것이다. 그 약속을 기억할 수 있었다면, 그들은 또한 이스라엘 회복에 관한 에스겔의 비전의 나머지 부분들도 생소하지 않았을 것이다.

> "그 잃어버린 자를 내가 찾으며 쫓긴 자를 내가 돌아오게 하며 상한 자를 내가 싸매어 주며 병든 자를 내가 강하게 하려니와 살찐 자와 강한 자는 내가 멸하고 공의대로 그것들을 먹이리라 나 주 여호와가 말하노라 나의 양 떼 너희여 내가 양과 양의 사이와 수양과 수 염소의 사이에 심판하노라 … 나의 양은 너희 발로 밟은 것을 먹으며 너희 발로 더럽힌 것을 마시는도다 하셨느니라 그러므로 주 여호와께서 그들에게 대하여 말씀하시기를 나 곧 내가 살찐 양과 파리한 양 사이에 심판하리라 … 그러므로 내가 내 양 떼를 구원하여 그들로 다시는 노략거리가 되지 않게 하고 양과 양 사이에 심판하리라 내가 한 목자를 그들의 위에 세워 먹이게 하리니 그는 내 종 다윗이라 그가 그들을 먹이고 그들의 목자가 될지라 나 여호와는 그들의 하나님이 되고 내 종 다윗은 그들 중에 왕이 되리라 나 여호와의 말이니라"(겔 34:16-24)

에스겔의 비전에 따르면, 이스라엘의 양 무리를 회복하시는 종말의 목자는 양 무리 사이의 공의, 곧 자신의 언약 공동체 안에서의 공의를 회복하신다. 그것은 양 무리를 헤친 자들에 대한 심판을 의미한다. 결국 여호와께서는 종말에 자신이 회복한 양 무리 위에 새로운 목자, 곧 자신의 종 다윗을 세우신다.

거짓 목자들을 주의하라, 16:1-12

다시 마태복음에서, 예수는 산에서 무리들을 만나 그들을 고치시며 먹이시고 배불리 누이신다. 그리고 이렇게 자기 백성에게 '긍휼'을 보이신 다윗 목자 예수는 그들의 거짓된 지도자들, 곧 '소경이 되어 소경을 인도하려는' 자들을 꾸짖으신다. 이번에는 사두개인들도 나타난다(16:1). 사두개인들은 그 유래가 제사장 출신들로, 정치적으로 유력한 권세와 부를 누리던 현세주의자들이었다. 율법 해석을 바탕으로 대중들에게 지도력과 영향력을 끼쳤던 바리새인들이 그들과 한통속이 되어 나타난다.

그들은 이미 그 마음이 완악한 자들이다. 그들이 표적을 구하는 까닭은 믿기 위해서가 아니다. 사단이 광야에서 그랬던 것처럼, 예수를 시험하기 위해서이다(1절; 4:1-11). 예수께서는 그들을 심판하신다. 그들은 '악하고 음란한 세대' 이다. 하나님께 대하여, 하나님의 백성들에 대하여, 하나님의 뜻에 대하여 마음이 온전치 못하고 순결치 않은 자들이다. 그래서 완악한 심령으로 악을 도모하고, 방탕과 탐욕에 빠져 외식적 종교생활을 하는 자들이다. 그들은 '시대의 표적' 을 분별할 수 없었다. '시대의 표적' (τὰ δὲ σημεῖα τῶν καιρῶν)이란 '때' 의 분별을 의미한다. 지금이 어떤 때인가? 지금은 예수께서 "회개하라 천국이 가까이 왔다" 고 선포하신 때이다(4:17). 지금은 '혼인집 손님들이 신랑과 함께 있는' 때이다(9:15). 낡은 가죽 부대 속에 새 포도주가 부어져 낡은 가죽 부대가 터지게 된 때이다(9:17). 지금은 소경이 보며 앉은뱅이가 걸으며 문둥이가 깨끗함을 받고 죽은 자가 살아나며 가난한 자에게 복음이 전파되는 때이다(11:5). 지금은 선지자와 율법이 예언하던 때가 요한에게서 끝나고, 요한 이후로 하나님의 나라가 강력으로 밀려들어 오고 있는 때이다(11:12).

그런데 사두개인들과 바리새인들은 곡하지도 않고 춤추지도 않고 있다. 회개함도 없고, 기뻐 찬송함도 없다. 지금은 이렇듯 예수께서 하나님의 성령을 힘입어 귀신을 쫓아내는 때이다. 지금은 하나님의 나라가 이미 그들 가운데 임한 때이다(12:28). 지금은 하나님의 통치가, 그분의 권세를 가지고 임하신 예수를 통해 임한 때이다. 경배하고 회개하고 부복해야 마땅치 않은가! 예수께서는 자신을 시험하려고 기이한 표적을 구하는 그들에게 요나의 표적밖에는 보여줄 것이 없다고 잘라 말하셨다(16:4). 요나는 물고기 뱃속에서 사흘을 있다가 나와 니느웨 백성들에게 회개를 선포했고, 그 백성들은 돌이켜 구원을 받았다. 그러나 이들은 예수께서 장차 고난 받아 죽으시고, 사흘 만에 부활해도 돌이키지 않을 사람들이었다. 심판 날에 이방 백성들이었던 니느웨 사람들이 이 유대의 목자들을 판단할 것이다.

그래서 예수께서는 바리새인들과 사두개인들의 가르침이 '누룩'과 같은 것이라고 경고하신다. 여기서 '누룩'은 당연히 부정적으로 쓰였다. 그것은 부패한 것이다. 또 그것과 접촉하는 것들에 크게 영향을 끼친다. 더 구체적으로는 그들의 '악하고 음란한' 심령의 태도이다(16:4). 그들로 하여금 시대를 분변치 못하게 하고, 하나님의 역사를 알아보지 못하게 하는 그 심령의 상태이다. 그들 스스로의 어둠을 정당화하는 식으로 율법을 해석해서 스스로 그 어둠에 아주 눈이 멀고, 그렇게 소경된 자로서 그들에게 맡겨진 사람들을 다시 어둠 가운데로 이끌어가는 멸망의 가르침이다. 예수께서는 이런 누룩과 같은, 하나님 나라와 적대적 자리에 서는 그런 부패하고 파괴력 있는 가르침과 행태를 주의하라고 말씀하신다(6절).

제자들은 처음에는 이를 알아듣지 못한다(7절). 예수께서 누룩에 대해 언급하실 때, 그들은 떡을 가져오지 않은 것에 대해 걱정하기 시작했고, 예수께서는 그를 따르는 제자들에게 있어 먹을 것을 걱정하는 것은 그들의 적은 믿음 때문이라고 꾸짖으신다(8-10절). 그들은 이미 두 번이나 예수께서 그들의 굶주림을 채우실 수 있는 '부족함이 없는 목자' 임을 경험했다. 걱정하지 않아도 좋을 것을 걱정하는 것이 적은 믿음이다. 정작 걱정해야 할 것을 걱정하지 않는 것이 적은 믿음이다. 예수를 알 때, 그분을 믿는 바른 믿음은 걱정하지 않아도 좋을 것과 반드시 괘념하고 조심해야 할 것을 분별할 수 있는 자리로 이끈다.

예수께서는 바리새인들과 사두개인들의 가르치는 바를 삼가라고 말씀하신다(12절). 그들의 가르침은 그들 속에 있는 어둠, 그것을 듣는 사람들 속에 있는 죄성을 정당화하는 식으로 가르쳐지며('고르반' 의 경우처럼, 15:3-9), 그들의 음식법처럼(15:10-20) 잘해야 무익해서, 사람의 심령을 하나님을 향해 진실하게 만들지도 못하는 공허한 가르침이기 때문이다. 그들의 가르침으로는 하나님의 뜻을 따르지도 못하고 하나님을 기쁘시게 하는 예배도 드릴 수 없으며, 하나님과 진실한 교제를 통해 새롭게 하심을 입을 수도 없기 때문이다. 그것은 이제 임한 하늘의 다스림 안에 들어갈 수 없는, 그 천국의 실재(reality)와 함께 어울릴 수 없는 가르침이다. 새 포도주를 담을 수 없는 헌 부대인 것이다.

새 포도주는 새 부대에 담아야 한다. 이스라엘의 옛 지도자들, 거짓 목자들의 정체가 드러났다. 그들은 율법을 오해했고, 잘못 가르쳤으며, 하나님의 양 무리를 실족하게 하고, 저들을 배불리 먹이지 못하고 안연히 눕지 못하게 했다. 먹이라고 맡긴 양들을 먹어 버린 목자들이다. 살찌우라고 보낸 양들로 자신을 살찌운 목자들이다. 그들은 실패한 목자들이다. 이제 하나님께서 그분의 종(3:17), 종말의 다윗 목자(2:6; 9:36) 예수를 통해 그들을 직면하신다. 이제 그들은 그들을 이스라엘의 목자들로 세우셨던 이스라엘의 목자장 앞에 선다. 하나님께서는 참 목자 예수를 통해 결국, 새로운 하나님의 백성과 그 위에 종말에 이스라엘과 땅끝까지 확대될 전혀 새로운 지도력(leadership)을 세울 것이다(cf. 28:19-20).

그리고 이 새로운 지도력은 '바리새인과 사두개인들의 누룩' 을 제거한 새로운 떡으로 될 공동체 위에 세워진다. 새 옷 조각을 낡은 옷에 기울 수 없다. 새 포도주는 새 부대에 담아야 한다. 이 새 포도주를 가져오신 이는 누구신가? 이 종말의 새로운 하나님의 공동체의 진정한 목자는 누구인가? 누가 새 이스라엘을 다스릴 목자가 될 것인가? 사람들은 예수를 누구라 하는가? 제자들은 예수를 누구라 하는가?(16:13)

"누구나 목자(牧者)이다"

공동체에 지도자만큼 중요한 것이 없다. 지도자가 잘못되면 전체 공동체가 큰 해악을 입는다. 메시아 사상은 하나님의 뜻에 합한 이상적인 지도자를 기다렸던 사상이라고 할 수도 있다. 좋은 지도자 한 사람 나오는 것이, 일시적으로 나라가 흥왕(興旺)하는 것보다 더 바람직한 일이다. 나라는 기울 수 있지만, 좋은 지도자는 그 기우는 나라도 다시 세울 것이기 때문이다.

훌륭한 지도자는 그 지도자를 배출한 공동체의 성적표와 다름없다. 그 나라에 어떤 지도자가 나오느냐 하는 것은, 그 나라 국민들의 어떠함을 반영한다. 그러니까 기독교가 내놓는 지도자적 인물의 어떠함은 곧 그 시대의 기독교, 그 시대의 교회가 하나님과 역사 앞에 내어 놓는 성적표이다. 그들의 지도자가 그들의 자화상(自畵像)인 것이다. 이 시대의 기독교, 우리들의 교회는 과연 어떤 얼굴인가?

이스라엘의 기나긴 성공과 실패, 침잠과 반성, 그리고 인내와 기다림의 끝에서 그들의 참 목자가 오셨다. 인류의 실패와 절망, 그 긴 부르짖음과 기다림의 끝에서 참되신 왕이 오셨다. 그분은 권위가 무엇인지 보여주셨다. 무릇 모든 권위, 모든 지도자들은 이 하나님의 아들, 참된 목자의 모습을 따라야 한다. 왜냐하면, 그들이 가졌던 모든 권위는 참된 권위자이신 그분의 모습을 기준으로 심판받을 것이기 때문이다.

살찌우라고 보낸 양들로 자신을 살찌운 목자들은 심판받을 것이다. 자신에게 주어진 권세를, 최고의 권세자이시며 그 권세를 양들을 위해 사용하신 그분의 뜻에 따라 사용하지 않은 자들은, 모두 그 응분의 대가를 치를 것이다. 모든 권세는 그분에게서 나온다. 무릇 어떤 권세이든, 그것을 받은 이들은 그 권세를 주신 분의 뜻과 그분의 방식에 따라 그 권세를 사용해야 한다. 긍휼에 따라, 공의에 따라, 정직하게, 그리고 그 권세가 존재하는 목적인 그 권세 아래 있는 자들에게 생명을 주고 그 생명을 풍성하게 하는 일 이외의 목적으로 사용할 수 없다.

예수를 보라. 최고의 권세를 가지신 하나님의 아들이 그분의 권세를 무엇을 위해 어떻게 사용했는가? 그가 참 목자이다. 주어진 권세를 누구를 위해 어떻게 사용하는가? 세상은 그 때 예수님을 통해서 참 목자를 보았듯이, 오늘날 우리들 속에서도 그 참 목자의 긍휼 가득한 권세를 보는가? 우리는 누구나, 또 다른 사람에게 목자가 된다. 어떤 목자인가?

4. 새 이스라엘, '나의 교회'를 세우심

16:13-20

이스라엘의 잃어버린 양들을 모으시는(9:36; 12:30) 예수는 이제 그분의 종말론적인 하나님의 양 무리를 창조하신다(16:13-20). 가이사랴 빌립보는 예루살렘에서 아주 멀리 떨어진 이스라엘의 변방 끝자락에 위치해 있다. 여기서 예수께서는 새 이스라엘을 형성하신다. 곧, 베드로 위에 세우시겠다고 말씀하신 '나의 교회'(μου τὴν ἐκκλησίαν)이다(18절).

구약에서 '교회' 곧 '불러냄을 받은 자들'이 '하나님의' 백성이었다는 것을 생각하면, 예수께서 '나의' 교회, 곧 '나의 불러냄을 받은 자들'이라고 하신 것은 매우 의미심장하다. '나의'라는 말은 '나로 인해, 나로 말미암은'의 의미이기도 하고, '내가 소유한, 나와 언약한' 그리고 '나를 위한'의 뜻도 담겨 있다.

이제 새 이스라엘은 그들의 중보자 되신 예수로 말미암아 새롭게 형성된다. 예수는 그 자신이 새 언약의 핵심이고 본질임을 시사한다. 즉, 이제는 그분으로 인해서만 죄사함이 있다. 그분을 통해 새 생명, 곧 성령이 주어진다. 그분이 곧 종말의 하나님의 임재하시는 처소이다. 예수께서 곧 하나님의 뜻, 그분의 명령의 살아 있는 기준이다. 그분은 그들과 함께 있고, 세상 끝날까지 함께하신다.

한편, 사람들은 이 예수, 곧 '그 사람의 아들' (τὸν υἱὸν τοῦ ἀνθρώπου)을 누구라 하는가? 예수께서 인정하신 시몬 베드로의 고백은 예수의 정체성에 대한 명확한 요약이다. "주는[개역한글; 원문, '당신은'] 그리스도시요 살아계신 하나님의 아들이시니이다"(16절). 여기에는 예수의 정체성에 관련된 세 가지 칭호가 모두 들어 있다. 곧, '사람의 아들' 과 '메시아, 다윗의 아들' , 그리고 '하나님의 아들' 이다.

예수는 '인자' 이다. 다니엘 7:13-14를 배경으로 한 '그 사람 같은 이' 시다. 세상 끝에서 '권세와 영광과 나라를 받아' 모든 백성들과 나라들과 각 방언하는 자로 그분을 섬기게 하신다는 그 인자이다. 그분의 권세는 영원한 권세라 옮기지 아니하며, 그 나라를 폐하지 않을 것이라 예언되었던 그 인자이다(cf. 제 1 에녹서 48:7; 62:7; 69:26). 그 천상적 존재인 '사람의 아들' 이 이 땅에서 '죄 사하는 권세' 를 갖는다(9:6). 그분이 아버지로부터 모든 권세를 받았다(마 11:27).

그러나 지금 이 인자는 "섬김을 받으려 함이 아니라 도리어 섬기려 하고 자기 목숨을 많은 사람의 대속물로 주려" 오셨다. 여기에, 전통적으로 기대되었던 '그 사람의 아들' 과는 다른 인자의 모습이 드러난다. 그것은 오직 예수께서 인자가 되심으로 드러나게 된 계시의 사실이다. 장차 영광 중에 오실 그 인자이신 예수는 또한 하나님께서 '기뻐하시는 종' (마 3:17; 사 42:1-2), 곧 그분의 사역을 대신 이룰 그분의 종이기도 하기 때문이다.

하나님의 계시에 의한 베드로의 고백에 의하면, 예수께서는 또한 종말에 와서 이스라엘을 회복하고 열방을 다스릴 하나님의 대리 통치자요, 왕인 메시아이다(삼하 7:13-14). '그 기름부음 받은 자' 곧 그리스도이다(시 2:7-9). 다윗에게 주어졌던 그 약속대로 예수는 '다윗의 아들'로 오셨다(마 1:1). 그러나 그는 보통의 '다윗의 아들' 이 아니었다. 마태에 의하면 예수는 종말에 오신 다윗 같은 목자이다(마 2:6). 그는 여호와 자신께서 종말에 자신의 양 무리인 이스라엘을 회복하실 그 사역을 스스로 담당하시며(cf. 마 8-10장), 또한 동시에 여호와께서 새 양 무리 위에 세우실 왕이요 목자이다(겔 34:23-24; 37:24-28; 마 26:31-32; 28:19-20). 그분의 권세는 하나님 자신의 권세였으며, 그분은 특별한 의미에서 하나님의 아들이었다(cf. 시 2:7-9).

마태는 예수께서 '다윗의 아들' 이면서 동시에 특별한 의미에서 '하나님의 아들' 이심을 증거한다. 예수는 성령으로 잉태된 하나님의 아들이다(마 1:20). 그분은 성령으로 잉태되신 하나님의 아들로서 '자기 백성을 저희 죄에서 구원하실 자' 이다(1:21). 예수께서는 자기의 백성들의 죄를 담당하시는 대속의 사역과 함께 하나님의 율법에 나타난 요구를 만족시키시고(3:15-17), 또한 그로 말미암아 임하게 된 하나님 나라의 실재 속에서 새로운 이스라엘을 탄생시키신다.

즉, 예수는 '하나님의 아들' (출 4:22)인 이스라엘을 대표하는 하나님의 아들로서, 옛 이스라엘의 실패를 친히 담당하시며, 그들에게 요구되던 순종과 율법의 의를 만족시키신다(4:1-11). 그는 실로 불순종한 하나님의 아들들을 위한 순종하신 하나님의 아들이다. 예수 안에서 구약에서 바라보았던 '인자', '다윗의 아들', 그리고 '하나님의 아들'

의 기대와 이상들이 모두 실현된다. 또한 여기에는 각각의 비전들을 통해서는 보이지 않았던 새롭고 기대하지 못했던 요소들이 드러났다. 예수 자신이 이 모든 기대들을 오직 그분의 인격과 사역, 정체성을 통해 드러내셨다.

베드로의 고백을 통해서 드러난 예수의 정체는 만족스러운 것이었다. 예수께서는 베드로의 고백이 '하늘에 계신 내 아버지' 에게서 온 것이라고 확증하셨다(16:17). '아버지 외에는 아들을 아는 자가 없기' (11:27) 때문이다. 예수께서 '내 교회' 를 '이 반석' 위에 세우시겠다고 하셨을 때(16:18), 그 '반석' 은 무엇인가? 그것은 베드로가 아니라 베드로의 고백, 곧 "주는 그리스도시요 살아계신 하나님의 아들" 이라는 신앙고백 위에 교회를 세우신다는 뜻이다.

교회가 흔들리지 않는 것은, 그 위에 교회를 세운 반석이 흔들리지 않기 때문이다(cf. 마 7:23-27). 마태는 베드로가 흔들림이 없는 반석이라고 제시한 적이 없다. 복음서는 공통적으로 베드로의 배신을 기록한다. 흔들림이 없었던 분은 예수 자신이었다. 그분은 이스라엘의 배신에도, 유대와 이방 지도자들의 멸시와 살의(殺意)에도, 그리고 죽음에도 흔들리지 않았다. 음부의 권세도 그분을 흔들거나 무덤에 가두어 둘 수 없었다. 교회는 오직 예수 그리스도라는 반석 위에 설 때에만 흔들리지 않는다.

그러므로 음부의 권세가 교회를 이길 수 없다는 뜻은 이 교회가 세워진 신앙고백의 내용, 곧 그리스도의 죽으심과 부활 때문임을 의미한다(18절). 교회의 본질은 예수 자신이다. 이제 새로운 하나님의 백성, 곧 하나님의 교회는 예수의 교회이다. 예수께서 자신의 불러내신 자들, 새로운 종말의 공동체를 자기 자신 위에 세우신다. 자신이 그 기초 돌이 되시고, 반석이 되신다. 그분의 대속적인 죽으심과 부활, 그분의 은혜로우신 긍휼과 비할 바 없는 권세, 그것이 교회의 흔들리지 않는 기초이다.

설사 베드로가 교회의 흔들리지 않는 기초라 말한다 해도, 그것 역시 베드로 자신이 흔들리지 않는 반석이기 때문이 아니라, 그를 결국 흔들리지 않는 반석으로 세우신 예수 그리스도의 긍휼과 능력 때문일 것이다. 전혀 반석답지 않은 모습의 대표적인 예로, 베드로는 예수를 세 번이나 부인한다. 그러나 나중에 예수께서는 그에게 용서와 긍휼을 베푸시고, 성령을 주시며, 사역을 맡기신다(요 21장; 행 2장). 베드로가 반석이라고 말하는 경우에도 그가 상징하는 것은, 예수 그리스도를 아는 그의 지식과 체험 속에 구체화 된 그리스도의 은혜와 능력이다. 어떤 경우에도, 즉 그것이 베드로의 고백이거나, 베드로를 통해 상징화된 그리스도의 긍휼과 능력이거나, 교회의 기초는 여전히 예수 그리스도뿐이다.

그러므로 예수께서 베드로가 대표하는 교회에게 주시는 '천국 열쇠'(19절)는 베드로가 예수의 정체성에 관해 했던 고백의 내용과 밀접한 관련이 있다. 열쇠를 준다는 것은 권세를 부여한다는 의미이다. 베드로만이 아니라, 베드로가 했던 예수에 관한 신앙고백을 하는 자들에게 부여되는 권세이다. 그들은 예수의 정체성을 올바르게 믿고 고백하는 자들이다. 그들은 이 땅에서 예수의 정체성 안에서 그분의 사역을 대행할 수 있는 권세를 받는다.

특별히 '매고 푸는 것'은 유대교적 전통에서 가르침과 관련된다. 예수를 알고 그분을 믿는 신앙고백을 하는 자들이, 하나님께 대하여, 예수 그리스도에 대하여, 성령에 대하여, 천국과 종말과 심판과 구원에 대하여 어떻게 가르치는가, 구원받은 자의 삶이 어떠해야 하는가를 가르치는 것이 사람들을 천국으로 들어가게 하는 데에 결정적인 역할을 하게 된다. 예수는 가르침의 이 권세를 그분의 교회에 맡기신다.

"가르쳐 지키게 하라"(마 28:20)

나중에 예수께서는 외식하는 서기관들과 바리새인들을 향하여 "너희는 천국 문을 사람들 앞에서 닫고 너희도 들어가지 않고 들어가려 하는 자도 들어가지 못하게 하는도다" 라고 힐난하신다(23:13). 그것은 그들의 가르침이 잘못되었기 때문이다. 그들은 율법도 모르고, 율법과 선지자들이 바라보았던 그 성취, 그 성취의 절정이신 '그 사람의 아들, 그리스도요 하나님의 아들' 이신 그들의 목자도 알아보지 못했다. 그들은 이제 천국의 서기관이 될 수 없는 자들이다(14:52).

천국의 서기관의 자리는 예수의 교회, 그분의 제자들에게 맡겨졌다. 예수께서는 이미 이 점을 예상하시고 경고하셨다. 누구든지 그의 가르치신 바, 그 계명들 가운데 '지극히 작은 것 하나라도 버리고 또 그같이 사람을 가르치는 자는 천국에서 지극히 작다 일컬음을 받을' 것이다(5:19).

이제 마태는 바로 이런 공동체, 베드로가 고백한 올바른 신앙고백에 기초한 예수 그리스도의 교회가 천국의 열쇠를 가졌음을 보여준다.

"진실로 너희에게 이르노니 무엇이든지 너희가 땅에서 매면 하늘에서도 매일 것이요 무엇이든지 땅에서 풀면 하늘에서도 풀리리라"(마 18:18)

예수께서 자기 자신 위에 세우신 그분의 교회, 천국의 열쇠를 가진 그분의 교회는 어떤 공동체인가? 이 종말의 새로운 하나님의 백성은 어떤 공동체를 이루어야 하는가? 마태는 이제 이 새로운 공동체의 본질을 설명하려 한다.

"바다로 나간 교회"

교회의 참된 기초는 예수 그리스도뿐이다. 세상이 아무리 이를 갈고 달려들어도 예수 그리스도의 교회는 무너지지 않는다. 그분의 은혜는 온 세상의 비난보다 강하다. 교회는 그리스도의 은혜를 선포한다. 그분이 의롭다 하신 자들을 누가 정죄하랴.

그래서 하나님의 은혜는 '놀라우신'(scandalous) 은혜이다. 그 어떤 비난도 예수께서 흘리신 보혈을 무효화시키지 못한다. 우리는 세상의 비난에 대해 어떠한 태도를 취하는가? 우리 자신의 부족함을 느끼는 것과 예수 그리스도의 교회임을 선포하는 것은 별개의 문제이다. 세상이 온갖 비난을 쏟아 부어도, 예수 그리스도의 교회는 그 보혈의 은혜 속에서 여전히 맑고, 여전히 깨끗해진다.

교회의 참된 기초는 예수 그리스도뿐이다. 사망의 권세도 교회를 흔들지 못한다. 재난도 전쟁도 국가도 민족도, 궁극적으로 예수 그리스도의 교회를 흔들지 못한다. 교회가 안정적으로 신앙을 유지하기 위해서, 정치와 경제가 평안한 것은 좋지만, 교회가 마치 정치적 안정이나 경제적 풍요나 민족적 합의 위에 서 있는 것처럼 의존적이어서는 안 된다. 교회는 오직 예수 그리스도 위에 서 있기 때문이다. 정치적 위협이나 경제적 불안에도 상관없이, 교회는 오직 예수 그리스도에 의해 앉고 설 뿐이다. 오직 그분을 따라서만 가고 멈출 뿐이다.

교회의 기초가 흔들린다. 바다 위에 떠 있는 파편처럼, 시류(時流)와 거짓의 파도에 부표처럼 떠다닌다. 부활하신 예수와 승리하신 예수를, 십자가의 길을 가심으로 악을 정복하신 고난의 예수와 편리하게 분리한다. 그래서 악(惡)에 무방비 상태로 노출된다. '응답으로 받은' 풍요와, 그 풍요를 간구하는 가난 속에서 스스로 비참해진다. 세상과 함께 춤추는 교회인 양, 세상이 웃을 때 같이 웃고, 세상이 울 때 같이 운다. 예수께서 우실 일에 같이 울고, 예수께서 기뻐하실 일에 같이 기뻐하는 교회가 아니라, 세상이 흔들릴 때 같이 흔들리고 세상의 안녕을 위해 몸 바쳐 충성하는 '세상의' 교회는 아닌가?

교회의 유일한 기초는 예수 그리스도뿐이다. 유일한 기초를 버리고 바다로 떠나는 교회들. 유일한 기초 되신 예수의 길, 부활하시고 하늘에 오르신 그분이 이 땅에서 걸어가셨던 그 길 위에 서 있어야 한다. 어디에 발을 딛고 서 있는가, 무너지지 않을 반석 위에 서 있는가? 파도 위에 떠 있는가?

Chapter 05

하나도 업신여기지 말라

긍휼의 공동체(16:21-20:34)

마태복음 16:21에 처음으로 명확하게 등장하는 예수의 수난고지는 예수께서 그가 '그리스도시요 살아계신 하나님의 아들'이라는 신앙고백 위에 그분의 교회를 세우시겠다(16:18)고 말씀하신 직후에 나온다(cf. 16:21; 19:20; 20:16, 28). 즉, 그분의 교회, 곧 '음부의 권세가 이길 수 없는' 공동체는 그 공동체의 목자 되신 예수 자신의 고난과 죽음, 그리고 부활이라는 사실 위에 세워진다.

1. 교회의 유일한 기초

16:21-23

예수께서 '나의 교회', 곧 예수께서 불러내셔서 거룩하게 하시고 소유된 백성 삼으실 것(16:16-20)을 말씀하신 직후에, 비로소 예루살렘에 올라가 장로들과 대제사장들과 서기관들에게 많은 고난을 받고 죽임을 당하고 제 삼일에 살아나야 할 것에 대해 말씀하신다(16:21). 교회론은 기독론에 기초한다.

역으로, 마태복음에서 기독론은 교회론을 위해 존재한다. 적어도 내러티브의 순차가 그것을 역설한다. 예수께서 고난을 받고 죽임을 당하고 제 삼일에 살아나시는 그 길을 가시는 이유는, 음부의 권세가 '나의 교회' 를 이기지 못하게 하시기 위함이다. 여기가 '다윗의 아들' 로서 그분이 받으실 영원한 나라의 터가 될 것이다(삼하 7:13-14).

그리고 그 터는 예수 자신의 죽으심과 부활 위에 정초해 있어서, 그 어느 것도, 곧 죽음의 권세도 흔들 수 없다. 물론 그분의 교회는 세상에서 보이고 보이지 않는 권세에 흔들리며 고난을 받을 것이다(8:23-27;

14:22-33). 하지만 죽음의 권세조차 그분의 교회를 흔들 수 없다. 왜냐하면, 그 교회의 기초가 되는 그분 자신이 죽음을 이기고 부활하실 것이기 때문이다. 여기에 예수 그리스도 교회의 기초가 있고, 교회의 소망과 능력이 있다.

마태의 내러티브는, 예수께서 베드로 위에 그분의 교회를 세우리라고 말씀하신 것이, 베드로 자신을 가리키는 것이 아님을 바로 뒤이어 오는 단락에서 설명한다. 베드로는 예수께서 그분의 죽으심과 부활을 말씀하시자마자, 우선 그분의 고난과 죽으심에 대한 말을 듣고 예수를 막아선다(16:22). 충정(忠情)이고 충성이다. 아프지 않고 사고 나지 않고 탈 없이 사는 것이 복이라고 믿는 대다수의 사람들과 같은 정서에서 나온 충정이다.

그러나 예수께서는 이를 '사람의 일' 이라고 꾸짖으신다(23절). 베드로를 가리켜 '사단' 이라고까지 하신다. 방금 전까지 하나님의 계시를 따라 예수의 정체에 관해 누구도 할 수 없었던 정확한 사실을 고백했던 베드로가 이제 순식간에 사단이 주는 생각에 휘둘린다. 인간 베드로는 결코 반석이 아니다. 그가 했던 신앙고백, 더 정확히는 그의 신앙고백이 확증하는 예수 그리스도의 정체성, 그것이 반석이었음이 문맥을 통해 더욱 선명해진다.

베드로가 했던 생각, 이제 곧 고난 받고 죽으실 예수께 대해 가졌던 사랑과 충정은 나무랄 데가 없다. 그것은 도리어 칭찬할 만한 것이었다. 그는 충성스런 제자였다. 무엇이 잘못된 것일까? 예수께서는 베드로가 '사람의 일' 을 생각한 것이었다고 꼭 집어내어 말씀하셨다. 여기서 '사람(들)의 것들을 생각, 궁리한다' 는 것은 '하나님의 것들에 관해 생각하고 궁리하는 것' 과 대조되어 있다. 이 상황은 이 대조 속에서만 제대로 이해될 수 있다.

인간적인 생각들이 언제나 다 나쁜 것은 아니다. 하지만 지금 이 경우 예수의 고난과 죽으심은 그분의 부활과 연결되어 있고(16:21), 더 나아가 '나의 교회'를 세우는 일과 연관되어 있다(16:18-19). 베드로의 충정은 인간적으로 배려하는 것 같았지만, 예수께서 명백히 말씀하신 하나님의 뜻과 계획으로 볼 때 사단의 교묘한 방해 공작들 가운데 하나였음이 드러난다. 너무도 '인간적'인 것이 뜻밖에 '사단적(Satanic)'이 되는 경우이다.

예수의 정체성에 대해 그 누구도 하지 못했던 정확한 신앙고백을 했던 베드로가 바로 그 다음 장면에서 '사단'의 궤계에 손쉽게 넘어갔다는 사실은 제자도를 생각할 때에 매우 충격적인 모습이다. 예수께서는 일찍이 "나더러 주여 주여 하는 자마다 천국에 다 들어갈 것이 아니요 다만 하늘에 계신 내 아버지의 뜻대로 행하는 자라야 들어가리라"(마 7:21)고 하셨다. 예수의 제자란 예수의 뒤를 좇는 사람이다. 예수의 길, 예수의 방식대로 예수를 섬기는 사람이다.

베드로가 '사단'의 생각이라고 꾸짖음을 받은 것은, 그가 그의 방식대로 예수를 따르고, 하나님을 섬기고 있었기 때문이다. 예수를 향한 가장 적절한 사랑은 그분에게 순종하는 것이다. 그분의 뜻을 자신의 뜻으로 삼는 것, 그것이 제자도이다. 베드로는 자기의 뜻으로 예수를 섬기고 있었기 때문에 예수께 꾸지람을 들었다. 제자도의 갈림길은 그것이 좋은 것이라도 '내 방식대로' 예수를 따르는 것이 아니라, '예수께서 요구하신 방식대로' 예수를 따르는 것이다. 그렇게 해야 하나님의 뜻이 하나님의 방식대로 이루어지기 때문이다. 그래서 하나님께 대한 가장 큰 사랑은 제사가 아니라 순종이다.

이런 맥락에서 예수께서는 베드로에게 '자기를 부인하고 십자가를 지는 것' 에 대해 가르치신다(16:24-28). 예수께서는 이 말씀을 자기 자신에게 적용하고 계시다. 그분 자신이 자신의 목숨을 구원코자 하지 않으시며, 다른 사람들을 위하여 자신의 목숨을 잃고 계시다(16:21). 그것이 '인자' 가 가는 길이다. 그분은 장차 왕권을 가지고 영광 중에 천사들과 함께 다시 올 것이다(16:27). 그래서 예수를 따라가는 이 길, 십자가의 길은 곧 영광의 길이 된다. 오직 그분이 가신 방식대로 가야 한다. 제자는 스승보다 크지 않다. 예수께서는 그것이 자기 부인의 길, 십자가를 지고 가는 길이라고 가르치신다.

삶으로 내리는 뿌리

"사명인가, 생존인가?"

아주 단순한 사실이 있다. 믿지 않는 사람이든 믿는 사람이든, 세상이 '생존'(生存)에 부여하는 가치는 어마어마하다. '먹고 사는 것' 혹은 '잘 먹고 사는 것' 혹은 '건강하게 다치지 않고 잘 사는 것' 처럼 자연스러운 기대는 없어 보인다. '잘 살아보세' 가 구호였던 때부터 지금껏, 아무도 이 가치에 토를 달 사람이 없다. 교회도 마찬가지이다. 교회에서도 '생존' 은 '복' 혹은 '성공' 이라는 이름으로, 예수 잘 믿는 가장 중요한 표시로 통용된다. 죄가 가져온 비참에는 가난도 있다. 하지만 더 근본적인 문제는 우리가 생명의 하나님을 떠났고, 그분이 보내신 생명의 주를 죽인 그 어둠 속에 있다는 사실이다.

사실 생존은 진실하기도 하고 절대적으로 보이기까지 하는 가치이다. 베드로도 물론 이런 '따뜻한 온정' 으로 예수를 섬겼다. 하지만 예수께서는 아주 결정적인 계기에, 베드로의 이 '따뜻한 온정' 을 거부하셨다. 메시지는 간단하다. 제자의 삶에 있어서 '생존' 은 최고의 가치도 절대의 가치도 아니다. 만일 오늘날처럼, '보다 잘 생존' 하게 하는 '복' 이 예수 잘 믿은 표시처럼 여겨지는 것이 전부였다면, 초대교회에서 순교할 사람들은 거의 없었을 것이다.

예수님의 삶의 목적은 '단순히 살아남기 위한' 것이 아니었다. 자신의 생명을 교회의 기초로 내어 놓는 맞바꿈의 사명이었다. 그분은 처음부터 죽음을 계획하고, 계획된 죽음을 향해 발을 내딛고 있다. '생존' 이 결국 가장 큰 가치였던 베드로는 따라갈 수 없는 길이었다. 결국, 그리고 실제로 역사하는 가장 큰 가치는 무엇인가? 사명인가, 생존인가?

물론 오늘날 교회가 추구하는 바처럼, 풍성하게 생존하며 사명을 이룰 수 있다면 제일 좋을 것처럼 생각된다. 하지만 이 둘이 서로 충돌하는 그 자리에 예수께서 서 계신다. 사실 그 둘은 언제나 충돌한다. 그리고 거기에 십자가가 서 있다. 그 십자가가 곧 하늘로 열린 문(門)이다. 베드로의 생각에는 얼마나 '효과적일지'는 모르나, 그가 '메시아'로 고백했던 그분은 그 결정적인 선택의 순간에 생존이 아니라 사명을 향해 그의 힘찬 발을 내디디신다. 질문은 베드로뿐 아니라, 우리 자신 위에도 떨어진다. 어디로 갈 것인가?

2. 제자의 자기 부인

16:24-28

'자기를 부인하고 십자가를 지고' 예수를 '좇는' (16:24) 것은 무엇일까?[12] 자기를 부인한다는 것은 단순한 금욕주의(禁慾主義)가 아니다. 리빙 바이블(Living Bible)이 "자기를 부인하라"는 명령을 "너는 너 자신의 즐거움을 제쳐 두어야 한다"는 식으로 번역하는 것은 이 명령을 금욕주의적으로 해석했기 때문이다. 이 명령에서 부인해야 하는 대상은 '자기' 이다. 특별히 위의 문단에서 베드로의 경우처럼 '하나님의 뜻' 과 정면 배치되는 '사람의 뜻' 이다. 인간적으로 볼 때는 너무도 인간적이지만 하나님의 뜻과 관점에서 볼 때는 정반대되는 경우이다. 그럴 때, 자기의 뜻으로 대변되는 자기가 부인되어야 한다.

그래서 자기 부인은 사순절 기간에 자신을 즐겁게 할 맛있는 고기 음식을 먹지 않겠다고 결심하는 그런 종류의 것이 아니다. 자기 부인은 목

12) 보다 자세히는, 채영삼, "신약의 자기 부인의 영성과 칼빈의 이해," 〈칼빈의 영성〉 개혁주의 신학과 신앙 총서 4, 고신대 개혁주의학술원(2010), 37-71을 보라.

적이 없이 그저 경건한 생활을 위해 유익한 것을 행한다는 의미라기보다, 더 구체적으로 기독론적인 초점을 가지고 있는 명령이다. 특별히 사람들 앞에서 예수를 시인하는 것(10:32), 예수와 그분의 뜻을 선택하는 것과 관련되어 있다. 아비나 어미, 자식보다 예수를 더 사랑하는 것(10:37)이다. 가족이나 집단의 가치보다 예수와 예수의 뜻을 앞세우고 그것을 선택하는 것이다. 예수를 위하여 자신의 목숨을 소진해도 좋은 것이다(16:25).

즉, 예수의 '자기를 부인' 하라는 말씀은 단순히 어떤 금욕적인 자세를 배우라는 것이 아니라, 공개적으로 예수를 인정하고 고백함으로써 당하는 불이익이나 핍박의 결과를 역시 공개적으로 받아들이라는 명령이다. 그러므로 예수께서 부인하라고 하신 것은, '자신의 개성' 이나 '자신의 의견' 이나 '자신의 취향' 같은 것이 아니다. 자기 부인은 개인성의 부인이 아니다.

또한 자기 부인은 개인적인 결단이지만 공동체 전체, 집단에 영향을 미치는 차원도 있다. 1세기 유대사회와 같은 집단 사회에서 제자들이 예수를 따르기로 했을 때, 가장 두드러진 일은 그들이 직업과 가족을 버리는 것이었다(4:18-21; 19:27-30).

흥미롭게도 '자기를 부인' 한다 할 때 '부인하다' (ἀπαρνέομαι)라는 단어는 베드로가 예수를 부인하는 장면에서도 사용되었고(마 26:34, '네[베드로]가 나를 부인하리라'), 비슷한 용어(ἀρνέομαι)가 마태복음 10:33, 26:70이하에도 사용되었다. 이런 본문들을 통해서 보면, 이 단어는 '어떤 사람을 버리는 것' 혹은 '어떤 사람과 어떠한 연관성도 거부하는 것' 을 의미한다. 그러므로 제자도의 조건은 사람이 예수 때문에 그 자신과 연결된 '그 어떤 연관성도 끊어버리는 것' 이 된다. 즉, 자기 부인의 의미는—십자가를 지는 것이 세상과의 관계의 결정적인 해체를 의미하는 것처럼–우선적으로 관계에 대한 부인이며, 궁극적으로는 마치 관계가 존재하지 않았던 것과 같은 완전한 해체를 뜻한다고 볼 수 있다.

이런 점에서 또한 자기 부인은 종말론적인 문맥에서 주어지는 명령이다. 왜냐하면 예수께서 명하신 자기 부인은 일면 자기의 죽음이고, 예수로 말미암은 자기 부인은 십자가, 곧 공개적 모욕이나 핍박, 고난을 지고 예수의 길에 서게 하기 때문이다. 분명 예수께서 말씀하신 자기 부인은 그러므로 종말론적인 문맥에서 주어진다. 자기 부인은 예수의 길을 따르는 시작이다. 예수께서는 이 길의 끝이 이미 부활이며(16:21), 인자가 아버지의 영광으로 그 천사들과 함께 오는 그 날이라고 말씀하신다(16:27). 자기 부인은 이렇게 종말론적이고 긍정적인 전망 속에서 주어진다. 현재는 영원의 관점에서 선택되고 결정되어야 한다. 종말에 '인자'의 권세로 오시는 예수가 지금은 자기를 부인하시고 십자가의 길을 가신다. 따라서 제자도란 철저히 예수 때문에 예수의 길을 따라가는 종말론적인 순종이다.

당연히 이런 순종에는 애통함이 따를 수 있다. 자기를 부인하는데 어찌 슬픔이 따르지 않으랴. 예수께서 말씀하신 자기 부인은 이런 슬픔, 이런 억울함, 이런 애통을 부인하지 않는다. 주님이 아신다. 그래서 애통한 자가 복이 있고, 그들이 위로를 받을 것이라고 말씀하셨다. 그래서 의에 주리고 목마른 자들이 배부를 것이라고 약속하시고 위로해 주셨다. 지금 애통하고, 지금 주리고 목마르지 않는다면, 지금 그분을 저버리고, 그분의 말씀을 저버리고 원하는 모든 것을 다 해버린다면, 그분을 기다릴 이유도, 그 종말을 간절히 바라볼 일도 없지 않은가? 예수는 권세 있으신 분이다. 우리가 그분의 나라와 의를 위해 부인한 모든 것들을 넘치게 갚아 주시고 위로해 주신다.

사실 지금 많은 고난을 받고 죽임을 당하시는 이 목자는, 장차 각 사람의 행한 대로 갚으실 심판주이다. 예수의 권세는 과연 어떤 특징들을 갖는가? 아마도 이 질문이야말로 16:21-20:34를 관통하는 주제일 것이다. 마태복음 25:31-46은 바로 이 '장차 영광 중에 오실' 그 인자와 그분이 내릴 심판에 대해 보여준다. 특별히 그 인자는 양과 염소를 분리해 내는 종말의 양 무리의 주인, 곧 그들의 목자 자신이다. 예수께서는 장차 심판주로 오실 그 목자가 지금 자신의 목숨을 내어주는 그 목자라고 말씀하신다.

예수의 권세는 과연 어떤 권세인가? 그 권세는 심판주로서, 그가 심판할 대상을 위해 자기 목숨을 내어주시는 권세이다. 예수의 신분과 인격, 그분의 사역과 가르침은, 그러므로 과연 '권세' 라는 것이 무엇인가를 하나님의 관점에서 그분의 계시를 통해 다시 정의(定意)하는 것과 같다. 종말의 목자로서 오신 이 왕은, '권세' 의 본질을 그분의 인격과 사역을 통해 다시 정의하고 있는 셈이다.

삶으로 내리는 뿌리

"성경적 자기 부인"

예수님을 따르기 위해 자기를 부인한다는 것은 무엇인가? 분명하게 자기 부인이 아닌 것도 있다. 자기를 잃어버리는 것은 자기 부인이 아니다. 자기의 개성(個性)이나, 인격으로서의 자존감(自尊感)을 잃어버리는 것은 자기 부인이 아니라 자기 학대, 자기모멸에 가깝다. 집단주의 사회에서는 종종 자기 학대를 강요하고 이를 자기 부인이라고 선전하며 강요하는 수가 많다. 하지만 예수를 따라가며 자신을 부인하면 할수록, 즉 그분의 말씀과 뜻 아래 나의 모든 욕망들이 제자리를 찾도록 하면, 그는 더욱더 그만의 개성 있는 사람으로 꽃피우게 되어 있다.

사람이 자기가 원하는 바 자체를 없앨 수는 없다. 욕구는 그 자체로서 선한 것도 악한 것도 아니다. 식욕, 성욕, 명예욕부터 시작해서 소속되고 싶은 욕구, 인정받고 싶은 욕구, 의미 있는 삶에 대한 욕구 등등이 없다면 우리는 인간으로 살 수 없다. 인간이라는 조건이 그런 욕구들을 본질상 포함한다. 하지만 그것들을 그분의 말씀보다 앞서지 않게는 할 수 있다. 그래서 성경적인 자기 부인은, 무엇보다 나의 원하는 바가 그분의 말씀과 배치(排置)될 때, 나의 원하는 바를 그분의 말씀에 앞세우지 않는 것이다. 나의 원하는 바를, 그분의 말씀 아래에 두는 것이다.

그래서 자기 부인은 때로 채워지지 않는 갈망을 접어 두고, 오직 그 날에 그분께 위로받고 영광을 얻을 소망으로 인내하고 희생해야 하는 기다림인 경우가 많다. 이 세상은 병든 세상이다. 완전하지 않다. 그래서 애통함과 의에 주리고 목마름이 있다. 그렇지 않다면, 지금 모든 것을 내 뜻대로 할 것이라면, 장차 그분을 기다릴 이유도 없다. 무릇 자기 부인은 그분의 말씀을 버리지 않는 것이다. 그분의 뜻에 내 뜻을 내려놓는 것이다. 말씀을 지키면, 그 말씀이 그 말씀을 지킨 사람을 지켜 주신다. 그분의 뜻 아래서 사는가?

3. 미리 보는 영광, 변화산 상의 예수

17:1-13

예수의 권세는 변화산 상에서도 뚜렷하게 증거된다. 그분은 하나님께서 인정하신 하나님의 아들이다. 동시에 미래에 영광으로 오실 '그 사람의 아들' (단 7:7-14)이시다. 16장 28절에서 마태는 "여기 섰는 사람 중에 죽기 전에 인자가 그 왕권을 가지고 오는 것을 볼 자들도 있느니라" 하신 예수의 말씀을 기록하고, 바로 이어서 17:1-13에서 '변화산 상에 나타나신 예수' 의 영광에 대해 기록한다.

인자가 아버지의 영광으로 그 천사들과 함께 와서 각 사람의 행한 대로 심판하는 모습(16:27)은 마태복음 25:21-46에 나타난 심판주로서의 목자의 모습에 가깝다. 하지만 16:28에서 "여기 섰는 사람 중에 죽기 전에 인자가 그 왕권을 가지고 오는 것을 볼 자가 있다"는 말씀은 27절의 경우보다는 훨씬 앞서 올 수 있는 사건을 가리킨다. 그것은 마태복음의 마지막 장면인 부활하신 예수께서 '하늘과 땅의 권세를 가지신' 왕으로서 제자들에게 온 열방으로 나아갈 것을 명하시는 장면에서도 실현됨을 볼 수 있다(28:16-20).

그러나 마태는 16:28의 말씀이 바로 이어지는 17:1-13에서 실현되고 있다는 인상을 준다. 베드로와 야고보와 그의 형제 요한이 변화산 상에서 본 것은 실상 매우 종말론적인 광경이다. 모세는 장차 하나님께서 종말에 그와 같은 선지자를 일으키실 것인데, 이스라엘은 그의 말을 들어야 한다고 예언했다(신 18:15-19). 엘리야는 종말의 크고 두려운 날이 이르기 전에 와서 회복의 메시지를 전할 선지자로 예견되었다(말 4:4-6). 이제 그들을 대동하고 그 중앙에 변화하신 예수의 모습이 드러났다. 종말의 비밀이 드러난 셈이다. 예수는 모세가 증거한 바 그 선지자이며, 그는 그에 앞서 엘리야가 와서 증거하는 그 종말의 실체인 셈이다.

하지만 이렇게 제자들이 눈으로 목격한 놀라운 광경보다 더 확실한 증거는 그 때에 하늘에서 난 소리였다. 변화산 상에서 드러난 예수의 비할 바 없는 권세는, 17:1-8의 구조상 가장 중앙에 위치한, '하늘에서 나는 소리' 로 확인되는 것이다.

> "이는 내 사랑하는 아들이요 내 기뻐하는 자니 너희는 저의 말을 들으라"(마 17:5; cf. 3:17)

제자들은 그들의 본 것보다 더 확실한 증거, 곧 하늘로부터 난 소리를 들었다. 그는 하나님의 택하신 왕일 뿐 아니라, 그분의 뜻을 행할 그분의 종이다. 즉, 하나님의 뜻을 행하는 종으로서 아들 됨을 드러내신다. 그리고 예수는 무엇보다 그들 가운데 거하시는 '의의 교사', 곧 하나님의 권세로 그들을 가르치시는 목자로서의 교사이다(28:16-20). 제자들은 그분의 선포와 명령을 따라야 한다.

이렇게 변화산 상에서 드러난 예수의 정체(17:1-13)는 예수께서 예고하신 그분의 고난과 죽음(16:21)의 의미에 대해 중대한 메시지를 갖는다. 이제 예루살렘에 올라가 핍박을 받고 죽으실 그 예수는 실제로는 바로 변화산 상의 그 예수이다. 이것이 예루살렘으로 예수를 따라 올라가는 제자들이 가졌어야 할 예수를 아는 지식이요, 그 지식에 근거한 믿음이다.

변화산 상의 예수와 십자가 상의 예수는 동전의 양면과 같다. 동일한 예수이다. 겉모습은 대조적이다. 변화산 상에서 예수는 모세와 엘리야, 구약을 통해 가장 존경받는 두 선지자에게 둘러싸여 있다. 십자가에서의 예수는 다른 두 죄인들과 함께 못박히신다. 변화산 상에서 예수는 그 옷이 빛과 같이 희어졌다. 골고다에서 예수의 옷은 벗겨졌다(27:35). 두 경우 모두 엘리야가 언급되고, 큰 두려움의 신적 사건들이 일어난다(27:47-49, 54).

두 경우 모두, 한 번은 하늘에서 그리고 골고다에서는 로마 군인의 입을 통해 예수께서 하나님의 아들이심이 확증된다(27:54). 예수의 고난 바로 그 뒷면에는 그분의 비할 바 없는 영광이 숨어 있다. 죄인으로 낙인찍혀 십자가에서 죽으시는 그 예수의 정체는 바로 모세와 엘리야가 증거한 바로 그 메시아, 부활의 광채로 빛나는 영광의 하나님의 아들이다. 이것을 알고 믿는 것, 그것이 믿음이다.

삶으로 내리는 뿌리

"아직, 가야 할 길이 있다"

미리 맛보는 영광, 미리 맛보는 천국의 기쁨, 미리 맛보는 하나님의 사랑, 미리 맛보는 장차 받을 구원의 영광스러움, 그리고 누군가 노래했듯이, '말할 수 없는 내 마음의 비밀' 이신 예수, 이 기쁨이 없다면, 고된 나그네 길을 걷기 힘들 것이다.

그러나 더 중요한 사실은, 이 기쁨, 이 비밀, 이 사랑, 이 축복 속에서 그냥 주저앉게 되는 위험이다. 십자가에서 처절하게 무너지는 그 광경에 앞서, 예수께서는 그 동전의 뒷면을 보여주신다. 그 빛나는 형상을 보고 기억해야 하는 이유, 그 황홀했던 순간을 가슴에 깊이 간직해야 하는 이유는, 우리에게 아직 가야 할 길이 남아 있기 때문이다. 무엇을 위한 축복인가? 무엇을 위한 성장인가? 무엇을 위한 자유요, 무엇을 위한 은혜인가?

목적을 잃은 풍요, 목적을 잃은 자유, 목적을 잃은 승리의 기쁨은, 그 풍요와 그 자유와 그 승리로 다만 그들의 죄악을 덮을 뿐이다. 애굽을 나온 이스라엘은 가나안에 들어갔어야 했다. 그들이 얻은 자유는 하나님의 통치를 드러내기 위해 주어진 것이었지, 광야에서 방황하다가 죽으라고 주신 것이 아니었다. 가나안에 들어가서 승리했던 이스라엘의 풍요와 그들이 '거저 얻었던' 은혜는, 그 땅에서 그 주변 이방인들처럼 살며 그들의 죄악을 덮으라고 주신 것이 아니었다. 거기서 하나님의 법대로 사는 하나님의 나라가 어떤 것인지 그들의 삶으로, 그들의 공동체로 그들 자신으로 드러내 보이라는 것이었다.

변화산 상에서 주저앉은 교회들, 거기다가 화려한 '움막' 을 짓고 그 주변에 주저앉는 성도들은 되지 말아야 한다. 참된 성전은 그 아래, 골고다 위에 서 있다.

기독교는, 신앙은, 끝까지 보이지 않는다. 하나님은 보이지 않는다. 보이는 것은 바알이고, 우상들이다. 믿음은 보이지 않는 것의 증거이다. 우리에게 주어진 축복, 은혜, 자유는 십자가의 길, 선을 행하며 의로운 고난을 감내하는 인내의 길, 예수 자신이 가셨던 바로 그 길을 가라고 '나그네와 행인' 된 교회에게 주신 선물이요 약속이다. 무엇을 위한 자유인가? 무엇을 위한 축복인가?

4. 적은 믿음, 크신 이

17:14-27

이렇게 예수를 아는 믿음이 중요한 것은, 특별히 '예수가 없을 때' 를 위함이다(17:14-20). 예수께서 베드로와 야고보와 요한과 변화산에 올라갔을 동안, 귀신들려 불에도 넘어지고 물에도 넘어지는 아들을 가진 사람이 그 아들을 '주의 제자들' 에게 데려갔지만 고침을 얻지 못했다. 예수가 없었을 때에 그들은 '적은 믿음' 을 가졌다. 베드로와 야고보와 요한처럼 예수의 실체를 보지 못한 제자들이다. 예수가 과연 누구인지 아직 알지 못한 제자들이었다. 예수께서는 그들의 믿음을 꾸짖으셨다.

그러나 제자들은 그분의 이러한 권세를 쉽게 알아보지도 못하고 견고하게 믿지도 못했다. 그들의 믿음은 '적은 믿음' (17:19)이었다. 적은 믿음은 믿음이 없는 것과는 다르다. 적은 믿음은 믿기는 믿지만, 위기의 때에 역사하지 못하는 믿음이다. 믿음이 적은 것은 그 믿는 바 믿음의 대상에 대한 지식, 곧 예수께 대한 지식이 적기 때문이다. 예수가 누구신

줄 알고 믿으며 행하는 것, 그것이 산을 옮기는 믿음이다(17:20).

예수의 권세는 어떤 권세인가? 마태는 다시 한 번 예수의 수난 고지(告知)를 기록함으로써 이에 답한다(17:22-23). 예수께서는 갈릴리에서 제자들이 모두 모였을 때, 다시 한 번 그가 고난을 받으시고 삼일 만에 다시 사실 것을 말씀하셨다(17:22; cf. 16:21; 호 6:2). 이 말을 듣고 제자들은 근심했다(17:23). 그들은 아직 적은 믿음의 상태에 머물러 있다. 그들이 예수께서 죽으시고 부활하신 후, 다시 한 번 갈릴리에 모일 그 때에 그들의 믿음은 더욱 확고해질 것이다(28:16-20).

이제 그분의 교회는 그분의 죽음과 부활 위에 세워질 것이다. 그리고 그것은 그들이 '성전보다 크신 이' (12:6)인 예수 자신의 권세를 함께 누리는 자들, 곧 '아들들' 이 될 것을 의미한다. 성전세, 곧 '속죄전' (atonement money)은 유대인으로서 20세가 넘은 성인 남자들에게 요구되었던 것으로, '그들의 생명 대신' 희생당할 제물을 위한 것이었다. 그러나 이제 그 세금은 필요 없게 되었다. 예수께서 죽고 부활하셔서, 다시는 희생제물이 필요 없는 성전이 세워질 것이기 때문이다.

그러나 하나님 나라의 '아들들' 은 불필요한 싸움을 일으키기보다 사랑과 화목을 따라 행해야 하는 원리를 받는다. 특별히, 불필요하게 사람들을 '실족' 시켜서는 안 된다(26-27절). 권세를 사용하는 방식도, 그 나라의 아들들은 철저히 예수 그리스도의 본을 따라 행해야 한다.

"늘 새로운 믿음"

신앙에 있어서 '과거의 영광' 은 종종 믿음의 초점을 잃게 만든다. 믿음은 항상 살아 있어야 한다. 과거에 이루었던 믿음의 업적과 승리는 오늘 나의 믿음의 초점을 엉뚱한 곳으로 바꾸어 놓기 십상이다. 한 번 시험에 승리했다고 해서, 다음 번에 그와 같은 시험을 극복한다는 보장이 없다. 믿음의 대상은 언제나 예수뿐이어야 한다.

적은 믿음이란, 믿음은 믿음이지만 위기 때에 힘을 발휘하지 못하는 믿음이다. 초점을 잃었기 때문이다. 처음엔 예수께 대한 신실한 믿음으로 역사를 이루지만, 시간이 지나면서 이루어 놓은 업적을 자랑하고 선물을 주신 이가 아니라, 그분이 주신 선물에 온 맘을 둔다. 그러면 그 믿음으로는 어떤 능력도 행하지 못하게 된다. 무엇을 의지하는가? 무엇을 자랑하는가?

5. ‘하나도 업신여기지 말라’

18:1-14

‘천국에서는 누가 크니이까?’ (18:1) 이 질문은 18장뿐 아니라, 20장 마지막 부분(20:26-28)까지 포괄하는 중심 주제를 이끌어 낸다.

> “인자가 온 것은 섬김을 받으려 함이 아니라 도리어 섬기려 하고 자기 목숨을 많은 사람의 대속물로 주려 함이니라”(마 20:28)

교회의 문제는, 예수 그리스도로 말미암아 자신들이 가진 권세를 정확히 아는 것이고, 동시에 그 권세를 철저하게 예수 그리스도의 본을 좇아 그분의 뜻을 따라 사용하는 데에 있다.

예수께서 말씀하시는 ‘섬김’ 이란 공중에 뜬 추상적인 단어가 아니다. 그것은 공동체 밖으로 밀려난 한 사람, 잃어버린 양, 우물에 빠진 양, 중풍병자, 나병환자, 절름발이, 오랫동안 침상에 누워 있던 자, 이미 죽어버린 소녀 등 예수께 다가왔던, 그리고 예수께서 만났던 구체적인 사람들에 관한 구체적인 섬김이다. 특별히 마태는 '작은 자' '소자' 혹은 '지극히 작은 자' 에 대한 예수의 관심을 집중적으로 부각시킨다. 심지어 당시엔 사회 속에서 존재도 없던 '어린아이' 를 영접하는 것이 곧 자신을 영접하는 것이라고까지 말씀하신 것은 매우 파격적이다(18:5).

마태는 이 '작은 자' 하나를 실족하게 하는 것은 영생을 얻거나 지옥 불에 들어가는 일과 관련된다는 예수의 가르침을 여과 없이 전한다(18:7-9). 마태복음에서 예수를 믿는 '작은 자' 들은 결코 작은 자들이 아니다. 그것은 그 작은 자들을 향한 하나님의 지극히 큰 관심 때문이다. 그 관심 때문에, 그들은 결코 작지 않다(18:10). "저희 천사들이 하늘에서 하늘에 계신 내 아버지의 얼굴을 항상 뵈옵느니라" (cf. Tob 12:15; 1QSb 4:25-26). 그 하늘에 계신 '내 아버지' 의 관심은 이스라엘에 오신 목자 예수의 관심이었다.

한편, 마태복음에 기록된 '잃은 양을 찾는 비유' 는 예수 자신의 사역보다는, 새로 창조된 공동체 내에서 그 구성원들을 향한 강조점을 갖고 있다(비교, 눅 15:3-7). 하나님 나라의 공동체는 그 공동체의 목자이신 예수 그리스도 자신의 사역의 강조점을 그대로 반영해야 한다(9:9-13). 어떤 교회가 예수 그리스도에 충실한 교회인가? 마태는 종말의 목자이신 예수 그리스도의 사역의 강조점을 그대로 반영하는 교회라고 답한다.

그 공동체 안에서 '길을 잃은 양', 곧 지극히 작은 자가 대접받는 그 방식이 예수께서 그들을 대접하는 방식과 동일할 때 그 공동체의 건강함이 증명된다. 종말의 목자가 와서 회복하는 공동체의 가장 큰 특징은, 그 공동체에서 밀려난 지극히 작은 자들에 대한 목자 자신의 관심에 있었다. 이 관심을 반영하는 것은 새로운 하나님의 공동체에게 있어서 매우 중요했다.

종말의 목자가 그 잃어버려진 자들, 병든 자들에 대해 관심을 갖기 시작했을 때, 그들을 잃어버려진 자들로, 또한 병든 자들로 만들고 쫓아낸 그 집단, 곧 그 본질과 사명을 잃은 언약 공동체는 마침내 하나님의 심판에 직면했다. 하나님 자신이 오셔서 그들이 했던 일들을 뒤집으신다는 것은, 언약 공동체로서 그들의 가치 기준과 그들의 종교-사회적 체제를 인정하지 않으신 셈이다.

하나님 자신이 우리들 중 지극히 작은 자들에 대해 큰 관심을 갖고 있다면, 그리고 하나님께서 계속 그렇게 하셔야 한다면, 지극히 작은 자를 외면하거나 무시하는 공동체는 이미 심판에 직면한 것과 다름없다. 이스라엘에 대한 심판은 곧 장차 세워질 교회에 대한 경고이다. 예루살렘을 중심으로 한 부패하고 말라버린 유대교가 그렇게 무너졌듯이, 하나님의 교회도 그와 같이 하지 아니하면 여지없이 심판에 직면할 것이다.

> "소자 중에 하나라도 잃어지는 것은 하늘에 계신 너희 아버지의 뜻이 아니니라" (마 18:14)

예수의 사역과 가르침을 통해 드러난 '하늘 아버지의 뜻'의 중심에는 '긍휼'이 있다. 교회는 회복된 이스라엘이고, 그 회복된 새 이스라엘에는 그 공동체를 회복했던 예수 그리스도의 정신이 뿌리가 되고 기초가 되어, 그 정신이 반복적으로 그리고 생명력 있게 살아 있어야 한다. 마태복음이 전달하는 종말의 목자 메시아, 곧 예수에게 속한 공동체의 가장 근본적인 기초는 긍휼(compassion), 곧 '용서'(forgiveness)와 이로 인한 개인과 공동체의 회복이다. 중심으로 형제를 용서하는 것, 중심으로 상대방을 긍휼히 여기는 것, 이것이 예수의 사역의 결과로 생긴 공동체의 기초이고, 또한 당시 지도자들의 탐욕과 부패의 숨은 동기로 왜곡된 율법 해석을 바로잡으신 원리이다.

"하늘 아버지의 눈으로"

세상의 자랑거리들은 사람과 사람 사이에 차별을 만들어 낸다. 그 차별 속에서 사람들은 상처받고 좌절한다. 예수께서는 사람을 차별하지 않으셨다. 예수께서는 그가 부한 자이든지 가난한 자이든지, 애국자이든지 매국노이든지, 죄인이든지 의인이든지, 좌파이든지 우파이든지, 진보당이든지 보수당이든지, 한 민족이든지 외국 사람이든지, 많이 배운 사람이든지 적게 배운 사람이든지, 결코 사람을 차별하지 않으셨다.

예수께서는 누구든지 죄의 사슬과 죄책감에서 벗어나고자 하는 갈망을 가진 한 인격, 하나님께 대한 갈망을 가진 한 인격으로 대하실 뿐이었다. 사람들이 그분의 주변에 모였을 때, 유명한 정치가나 유력한 재산가를 가운데 불러내어 소개하지 않으셨다. 도리어 밖으로 밀려나 그에게로 올 길이 막혔던 어린아이들을 가운데 불러 소개하신 적은 있었다. 예수께서는 사람을 차별하지 않으셨다.

교회가, 세상이 그렇게 하는 것처럼 사람을 차별하기 시작하면, 단연코 예수에게서 멀어질 것이다. 예수님은 불치병을 안고 공동체에서 쫓겨나 살아가는 병자들, 손가락질 당하는 죄인들, 무시당하는 어린아이들과 과부들이 맘 편히 다가와 곁에 앉을 수 있었던 그런 분이셨다. 오늘날 교회 안에는 어떤 사람들이 맘 편히 몰려들고 있는가? 어떤 사람들을 환영하는가? 예수님에게 몰려왔던 그런 보잘것없는 사람들, 실패한 사람들, 오갈 곳 없는 사람들이 몰려오면 그들을 환영하고, 그들이 맘 편하게 예배를 드릴 수 있는 곳은 얼마나 될까?

예수님은 사람을 차별하지 않으셨다. 사람의 눈에는 어떻게 보이든, 하나님께는 각자가 동일하게 귀한 사람이기 때문이다. 특별히 지극히 작은 소자라도, 비록 그는 무시될 만큼 작지만 그를 돌보고 계시는 하나님은 지극히 크고 귀한 분이시기 때문에, 그는 귀한 사람일 수밖에 없다. 이런 믿음의 시각으로 사람을 보고 또 그렇게 대접하는가? 그분은 누구도 차별하지 않으셨다.

6. 용서, 공동체의 기초

18:15-35

교회 안에서 다른 형제에게 잘못을 행한 자가 생기면 어떻게 하는가? 예수의 교회는 이를 어떻게 해결하도록 가르침을 받고 있는가? 18:15-17은 잘못을 범한 자의 회복에 강조점을 둔 조치이다. 15-17절에는 이러한 경우들을 단계별로 상정한다.

> "네 형제가 죄를 범하거든"(15절), "만일 듣지 않거든"(16절), "만일 그들[증인들]의 말도 듣지 않거든"(17절), "교회의 말도 듣지 않거든"(17절)

이러한 단계마다 교회가 해야 할 과정을 제시한다. 첫째, 피해를 당한 당사자가 그 사람을 상대하여 권고해야 한다. 둘째, 그 권고를 듣지 않을 때는, 두세 증인들을 데리고 가서 말을 확증하고 권고해야 한다. 셋째, 죄를 범한 자가 그것도 무시할 경우, 공개적으로 교회에 알리고 교회가 판단하도록 한다(18-19절). 마지막으로, 교회의 권고도 듣지 않은 경우, 교회에서 축출하며 이방인과 세리를 대하듯이 대하여야 한다.

회복적 정의를 추구하는 교회 공동체, 18:15-17

마태복음에서 제시되는 교회 안의 문제 해결 방식은 당시 쿰란 공동체에서 그런 경우를 다루는 방식과 유사하다(1QS 5:25-6:1; CD 7:2-3, 9:2-8, 9:16-22). 하지만 차이점도 명확하다. 쿰란 공동체가 제시한 방식은 레위기 19:17이나 신명기 19:15를 따라 죄를 범한 자를 판단하기 위한 법적 절차를 제시하는 것이었다. 즉, 그 죄인을 공개적으로 고소하려면 두 증인이 필요한데, 증인이 한 사람밖에 없을 경우 어떻게 해야 하는가 등의 문제를 다룬다. 하지만 마태복음의 경우, "너와 그 사람과만 상대하여 권고하라"(15절)는 조치는 다분히 고소 절차를 위해서가 아니라 그 죄인을 설복하여 회개하고 돌이키도록 하기 위함이다. 마찬가지로, "두세 증인의 입으로 말마다 증참케 하라"(16절)는 조치도 고소를 위한 증거를 확보하라는 의도가 아니라, 그의 수치감을 최소화하면서 그가 죄를 인정하고 돌이킬 수 있도록 돕는 조치로 제시된 것이다.

따라서 마태복음에 기록된 예수의 가르침은, 스스로 피해를 당했다고 생각하는 사람이 화해를 주도하고 깨어진 관계를 회복하는 과정을 밟도록 되어 있다(cf. 5:23-25). 피해를 당한 쪽이 가만히 앉아 기다리지 않고, 먼저 죄를 범한 쪽을 찾아가 돌이키게 하는 역할을 감당하게 되어 있고, 또 그 결과도 그 죄인을 재판에 회부하는 것이 아니라 용서받아 돌이키도록 하는 회복에 초점이 있다.

마지막 단계로서 교회가 개입하는 것도, 죄를 범한 자로 하여금 교회의 권고를 듣고 죄를 고백하게 하기 위함이다. 쿰란 공동체의 경우 공동체 전체가 모이는 경우는 사례를 심의하고 재판을 하기 위함이지만, 마태복음의 경우 '교회의 말을 듣도록'(17절) 하는 교회의 권고는 법적인 재판이라기보다, 그 죄인을 돌이키는 것을 목적으로 하는 도덕적 권고에 가깝다. 이렇게 보면, 쿰란 공동체의 경우 주된 관심은 고소하는 쪽, 그러니까 피해자에게 있다. 쿰란의 규율들은 피해자가 자신의 분노나 보복심을 개인적으로 폭발시켜 공동체를 혼란스럽게 하지 않도록 이를 공개적으로 그리고 법적으로 다룸으로써 분규를 해소하려는 의도에서 고안되었다.

하지만 마태복음의 경우, 피해자의 분노나 보복심에 대한 언급이 없다. 마태복음이 제시한 예수의 교회의 경우 주된 관심은, 어떻게 하면 그 잘못을 범한 형제를 다시 돌이키게 하며 그를 죄에서 회복시킬 것인가에 있다. 마치 목자가 길을 잃은 양을 되찾듯이, 어떻게 그를 찾으며, 치유하고 무리 가운데로 다시 회복시킬 것인가에 대한 회복적 정의(restorative justice)에 초점을 맞추고 있는 것이다. 이것이 종말의 목자가 창조한 새로운 종말의 양 무리 안에 있어야 할 정의이며, 죄인을 다루는 방식이다.

심판하고 정죄하여 처리하는 것이 궁극적 목적이 아니라, 그 죄인을 어떻게 다시 언약적 공동체 안으로 회복시킬 것인가가 궁극적 목적이 되는 정의(正義)이다. 옳고 틀린 것을 따지는 것은 해야 할 일이다. 법은 공의를 세운다. 옳고 그른 것을 분별한다. 그러나 기독교 신앙은 옳은 자들이 틀린 자를 옳은 자로 회복하고 세우는 데까지이다. 그것이 복음이다. 그것이 교회이다.

만일 그 죄를 범한 자가 교회의 최종적 권고도 듣지 않는다면 어떻게 할 것인가? 마태복음은 그를 '이방인과 세리' 처럼 대하여야 한다고 가르친다(17절). 이런 표현에는 엄연히 교회 공동체의 순결과 그 교제의 건강함을 보호하려는 의도가 들어 있다. 하지만 '이방인과 세리' 처럼 대하라는 표현이 그들을 멸시하고 정죄하라는 식으로 이해되기는 어렵다. 이 공동체의 인도자이신 목자 자신이 '이방인과 세리' 들을 대하신 방식이 기준이 되기 때문이다.

양 무리의 목자가 되신 예수께서는 죄인들과 세리들과 더불어 식사하시며 교제하셨다(9:10-11). 일찍이 동방박사들이나, 로마의 백부장, 그리고 가나안 여인과 같은 이방인들도 그에게 나아와 믿음을 보였으며, 소망을 찾았다. 교회는 범죄하여 교회를 떠나게 된 이들에 대하여, 예수께서 '이방인과 세리' 들에게 보여주셨던 긍휼의 사역을 계속해야 한다. 그들을 찾아가며, 그들에게 복음을 전하며, 죄 사함과 회개를 권고해야 한다.

교회의 문제, 세상의 법정, 18:18-20

마태복음 18:18-20은 교회 안에서 일어난 문제들이 세상 법정에서 판단 받는 일이 있어서는 안 된다는 교훈을 준다. 교회 자신이 이 문제의 해결을 위한 권한을 가지고 교회의 권위 안에서 해결해야 한다. 18절에서 말하는 '매고 푸는' 교회의 권세는, 죄인들에 대한 재판이나 심판이 아니라, 무엇이 죄이고 무엇이 죄가 되지 않는지에 대한 판단을 내릴 권세에 관한 것이다. 성도 개인에 대한 최종적인 심판은 교회에 있지 않고 종말의 목자 자신에게 있다(25:31-46).

이러한 공동체의 모습은, 그 공동체의 일원이 공동체 전체 앞에서 책임을 느끼며, 공동체 전체도 그 일원을 보호하고 책임지는 연대감에 기초해 있다. 하지만 그 공동체 각자에 대한 최종적 심판은 그 공동체의 목자이신 예수 자신에게 있다. 교회는 목자되신 예수의 본을 따라, 죄를 범하여 길을 잃은 자를 찾아가며 치유하고 돌이켜 회복시키는 사역을 감당하여야 한다. 다만, 교회가 죄의 문제에 대해 명확하게 판단하는 그 판단은 공개적이며, 교회의 권세에 따라 행해져야 한다.

19-20절은 교회가 바로 그런 판단을 내릴 수 있는, 이 땅에서 그들의 목자되신 예수의 권세를 대변하는 기관임을 뒷받침한다. 이 구절들은 단지 기도에 관한 가르침이 아니다. 랍비들의 전통에 있어서, 신적 현존은 그들의 재판이나 율법에 관한 법적 판단에 있어 기대사항이었다. 지금 마태복음에서 예수께서는 그분의 제자들이 모인 곳에 계시는 하나님의 현존이 되신다(20절).

'그의 이름으로 모였다' (20절)라든지 '두 사람이 땅에서 합심' (19절) 한다는 표현들은 교회가 내리는 판단과 구하는 바가 그리스도의 뜻하시는 바와 합치하는 경우를 가리킨다. 교회가 내리는 판단의 거룩성과 온전함은, 교회 공동체가 예수 그리스도를 중심으로 마음과 뜻을 합할 때 오는 성령 가운데서의 일치로 보장된다. 그것은 끊임없이 자신의 뜻과 생각을 부인하고 교회 안에 임재하시는 예수 그리스도, 곧 그분의 성령과 그분의 성령 안에 거하는 다른 형제들의 마음과 일치하려는 노력 가운데서 얻어지는 거룩한 판단이다. 그들의 목자가 그들 가운데 있어 그들의 판단을 인도하는 것이다.

은혜와 용서에 기초한 공동체, 18:21-25

그러므로 베드로의 말, 곧 "몇 번이나 용서하여 주리이까 일곱 번까지 하오리이까"(18:21)라는 물음은 베드로 자신의 인간적인 판단이다. 예수께서는 교회 공동체가 이런 문제에 있어서 가져야 하는 마음과 판단의 기준이 곧 예수 자신임을 깨우치려 하신다. 그것은 신적 기준이다. 두세 사람이 예수의 이름으로 모여 마음을 합해 기도한다는 것은, 곧 그들이 예수 자신의 뜻에 합하며, 예수 자신의 삶과 기준을 갖는다는 것을 의미한다.

베드로가 제시한 기준은 나름대로 관대한 기준이었다. '서너 가지' 의 죄도 아니고(암 2:4,6), 일곱 번씩 용서한다든지, 상대방이 용서를 구한다는 조건도 달지 않고 그만큼 용서할 수 있다는 것은 관대한 제안임이 분명하다. 하지만 예수께서 자신의 양 무리 안에서 요구하시는 기준은 전혀 다르다. 그 기준은 그들의 목자 자신의 기준이다. 예수께서 "일흔 번씩 일곱 번" 이라 하신 것은 거의 제한이 없는 용서의 노력을 가리키는 것이다. 거의 제한 없는 피의 보복을 노래한 라멕의 원리(창 4:24)와는 정반대되는 제한 없는 은혜와 긍휼의 원리가 이 새로운 종말의 공동체, 곧 '예수의 교회' 의 기초여야 한다. 라멕 아래서는 증오와 복수에 제한이 없었다. 모세 아래서는 눈에는 눈, 이에는 이의 응보만 허락되었다. 하지만 이제 예수 안에서는 용서와 긍휼만 제한 없이 허락된다.

'용서할 줄 모르는 종의 비유' (18:21-35)는 자신의 빚을 탕감 받은 사실이 그에게 빚진 자를 대하는 방식에 아무런 영향을 주지 못한 종에 대한 비유이다. 이 비유를 들으면, 듣는 자들은 그의 자가당착적인 행동에 실소(失笑)를 금할 수 없게 된다. 그것은 청중들이 그가 본질상 어떤 자인지를 기초로 하여 그의 행동을 판단하기 때문이다. 비유의 핵심은 바로 여기에 있다. 이 새로운 하나님 나라 공동체에 들어왔다는 사실은, 곧 그가 일만 달란트 빚진 자와 같이 예수 그리스도의 용서하심을 기초로 들어왔음을 의미한다.

하나님의 용서, 그것이 그가 하나님 나라 안에서 발 딛고 서 있는 근거이다. 따라서 그가 다른 형제들을 대하는 태도는 모두 이 사실에 기초해야 한다. 만일 그가 다른 형제를 중심으로부터 용서하고 긍휼히 여기지 않는다면, 그는 자신이 서 있는 기초를 허무는 자이다. 그리스도인이란 그런 것이고, 교회란 그런 것이다. 그러나 불행하게도 신자들은 자신이 서 있는 기초가 하나님의 용서라는 사실을 자주 잊는다. 이 비유는 이렇게 자가당착적인 생각에 대해 경고한다.

이 비유에서, 그러므로 가장 중요한 말은 "이와 같이"(35절)이다. 형제를 중심으로 용서하지 않는 이를 하나님께서도 '이와 같이' 용서하지 않으신다는 것은, 하나님의 완고한 의지에서 비롯한 것이라기보다, 형제를 중심으로 용서하지 않는 그가 스스로 택한 결과라는 편이 옳다. 그는 형제를 용서하지 않음으로 자신이 서 있는 하나님의 용서라는 기초를 깨어 부수는 셈이 되기 때문이다. 하나님은 이 두 차원을 서로 묶어 놓으시고, 그것을 붙들고 계신다. 아무도 "보는 바 그 형제를 사랑치 아니하는 자가 보지 못하는 바 하나님을 사랑할 수가 없느니라"(요일 4:20). 이렇게 하나님은 하나님과 사람 사이의 관계를 사람과 사람 사이의 관계로 꽁꽁 묶어 놓으셨고, 누구도 그것을 따로 떼어 놓을 수 없다. 따라서 한 신자가 하나님께로부터 받은 영적인 용서의 크기와 깊이와 넓이는, 실제로는 그가 형제를 용서하는 삶을 살면서 구체적으로 체험하게 되고 또한 그 안에서 온전하게 이루어진다.

종말의 목자로서 예수께서 이스라엘 가운데 행하신 사역의 핵심은 바로 이런 긍휼, 죄 사함, 그리고 치유와 회복의 사역이었다. 그것은 하나님의 율법을 따라 살아야 하는 언약 공동체를 회복하기 위한 의도적인 선택이었다. 하나님의 율법에 의해 지배되는 언약 공동체는 바로 이 죄 사함과 긍휼에 기초한다. 예수께서는 율법의 핵심을 사랑에서 찾으셨다(22:34-40; 9:13). 그리고 바로 이 시각으로 당대의 복잡해진 율법의 제 문제들을 해결하셨다. 마태는 예수께서 바로 이러한 시각으로 당대에 이기적인 탐욕의 동기를 숨긴 채 그럴듯한 율법 해석으로 자신과 하나님과 이웃을 속이던 관행들을 지적하시며, 이를 빛 가운데 밝혀 풀어내신다.

"교회 안에 들어올 때마다"

교회의 본질을 잃기가 너무도 쉽다. 교회 안에 들어올 때는, 사실 세상에서 내가 얻은 모든 자격들을 교회 문 밖에 벗어 두고 들어가는 것이다. 오직 예수 그리스도의 피, 그분의 대속 사역의 은혜만을 덧입어 교회 안에 들어온다. 그러므로 교회 안에 앉아 있는 모든 신자들은 다른 어떤 근거에서가 아니라, 오직 은혜, 오직 믿음으로만 그 자리에 들어오게 된 것이다. 이것을 잊지 말아야 한다. 교회 안에서 우리 각자가 서 있는 그 근거는 예수 그리스도의 피밖에 없다. 그리스도를 통한 하나님의 용서하심, 그 긍휼 위에 서 있는 것이다. 당신도 그렇고 나도 그렇다. 언제까지나 그렇다.

그러나 오랜 시간 동안 교회 안에서, 성도들 사이에서, 봉사를 하고 공적을 쌓고 직분을 얻고 가진 것을 쏟아 붓는 사이, 하나님의 일이 내 일이 되고, 기필코 내 뜻대로 되어야 하는 일이 된다. 그리고 그 '내 뜻' 에 못 미치는 사람들을 참지 못하게 된다. 더구나 무슨 잘못을 하게 되면, 그것을 용서하기가 그렇게 어렵다. 신앙을 가진 사람의 마음이 굳어져 버리면, 그리고 그 굳어진 마음이 오래 묵으면, 그 무엇으로도 풀지 못할 만큼 단단히 꼬인다.

그러면 이제 그는 선한 목자의 '양문(羊門)' 을 매일 드나들지만, 더 이상 순한 양이 되지 못한다. 교회 안에 들어오면서, 모든 자기 의(義)를 벗어버리고 오직 예수의 보혈, 하나님의 은혜만을 입고 있음을, 그리고 자신이 저주하는 바로 그 사람과 하나도 다르지 않은 근거에 발 딛고 있음을 잊어버린다.

결코 잊지 말아야 한다. 하나님의 교회 안에서 무슨 공로를 세운들, 그것이 나를 남보다 낫게 만들지 못한다. 누가 무슨 허물이 있든지, 그를 나보다 못하게 볼 수도 없다. 모두가 그 끝없는 하나님의 긍휼과 용서하심 위에만 서 있기 때문이다. 예수 그리스도의 용서하심을 덧입은 사람들이 그분의 용서와 긍휼을 행하는 곳, 그곳이 교회이다. 화목이 원칙상 언제나 가능하도록 되어 있는 곳, 그곳이 교회이다. 이 용서, 이 긍휼이 단단한 심령을 부수도록 허락하고 있는가? 이 긍휼을 깨닫고, 그대로 살고 있는가?

7. 여자와 어린아이

19:1-15

이혼의 원리는 무엇인가?(19:1-12) 마태는 이혼에 대한 예수의 가르침이 모세의 허락처럼 남성 편의주의가 아니었음을 전한다(7-8절). 결혼에 있어서 남자와 여자는 동등하며, 남자의 편의대로 아내를 버려서는 안 된다. 당대에 남편이 아내를 버리는 것은 마치 찌그러진 밥그릇을 내다버리는 것처럼이나 쉬웠다. 아내의 작은 실수에도 남편은 아내를 내어보낼 수 있었다. 물론 이것이 남자와 여자를 창조하시고 둘이 하나 되게 하신 창조주 하나님의 뜻은 아니었다. 그런데도 그들의 율법 해석은 남편에게 유리하도록 해석되었다.

그러나 예수의 해석에 따르면, 남편이 아내를 자기 마음대로 처분할 수 없게 되어 있다. 그들은 창조주 하나님의 뜻을 존중해야 한다. 남편과 아내를 향한 하나님의 뜻을 찾아 남편이든 아내든 그 뜻에 따라야 한다. 즉, 아내를 어떻게 하는 문제에 있어서 남편은 그 자신이 최종적인 권위도 아니고, 바리새인들의 율법 해석을 최종적인 권위로 삼을 수도 없다. 그들은 이 문제를 자의적으로 처리할 수 없다. 예수는 하나님의 말씀을 회복하신다. 그들은 반드시 예수께서 해석하신 대로의 하나님 말씀에 따른 재가를 받아야 한다.

"음행한 연고 외에"(19:9)라는 말은 예외조항이다. 남편이 아내를 내어보낼 수 있는 경우이다. 육체적 관계는 마음과 인격 관계의 표현이고 드러남이다. 음행이 일어났다면 그것은 그 결혼의 연합 관계가 이미 깨어졌음을 반증한다. 이럴 경우, 선택권은 상대 배우자에게 있다. 물론 그렇지 않을 수도 있다. 흥미로운 것은, 이혼에 관한 말씀이 나오기 바로 전, '중심으로 형제를 용서' 하는 새로운 언약 공동체에 관한 교훈이 앞서 전제되고 있다는 점이다(18:21-35). 어떤 경우이든, 용서는 관계의 기초이다.

어쨌든 남편은 음행이라는 결정적인 이유 외에 다른 사소한 이유들로 아내를 자의로 내어보낼 수 없다. 산상수훈에서도 언급된 바처럼(5:32), 여기서 말하는 예외조항인 '음행'(πορνεία)이 단순히 음란한 행위나 간음의 경우가 아니라, 이스라엘 백성으로서 금지된 조항인 '근친상간'(incest, 레 18:6-18; 신 22:30, 27:20, 22-23)의 경우라면—고린도전서 5:1이나 사도행전 15:19-21에서처럼, 더욱 그러하다.[13]

하지만 어떤 경우라도, 예수의 가르침은 남편이 아내를 내어보내는 데에는 아내의 의사를 존중해야 한다는 의미가 함축되어 있다. 본문은 남편에게 말하는 것으로 기록되어 있지만, 같은 원리가 아내에게도 적용될 수 있다. 남편이 음행을 한 경우, 그리고 아내가 원하는 경우 남편은 아내를 떠나야 하지만, 이런 경우는 당시 고대사회의 구조를 보았을 때 흔치 않았을 것이다. 여성, 그것도 남편을 떠난 여성의 권리가 보장

13) 앞의 마태 5:31-32의 해석을 참조하라.

될 수 없는 사회였기 때문이다. '고아와 과부' 는 구약시대로부터 언제나 복지의 사각지대였다. 이런 상황에서 아내를 버릴 수 있는 조건을 극소화 한 것은, 아내를 남편과 동등한 한 인격체로서 대접하고 그를 보호하기 위한 율법 해석이다.

이처럼 여성과 아이들의 인간적이고 사회적인 권리가 보장되지 않은 고대사회에서, 이혼문제를 이처럼 성적으로 동등한, 그리고 약자인 여성을 보호하는 식으로 재천명한 것은 다름 아닌 예수의 긍휼의 원리에 따른 율법 해석 때문이다. 율법의 핵심은 인간의 숨은 죄악을 합법적으로 보장하기 위한 가식적 도구가 아니라, 언제나 영원한 법을 세우신 창조주 하나님의 사랑과 공평의 법에 따른 것이어야 한다.

어린아이는 또한 어떠한가?(19:13-15) 예수께서 자신의 사역을 통해 보여주셨던 '잃어버린 자를 찾아' 가는 사역은, 그분이 창조하신 공동체 내에서 '지극히 작은 자' 에 대한 배려와 관심으로 이어진다. 그리고 이는 그 공동체 구성원의 DNA에 새겨진 '용서' 를 그대로 행해야 하는 공동체의 원리로 그들 안에 새겨져 있다. 그뿐 아니라, 이 긍휼의 원리는 결혼과 이혼 관계에서 아내를 다루는 일반적인 율법의 문제(9절)나, 교회가 아이들에 대해서 세상과는 다르게 어떠한 자세를 취할 것인지에 대해서도 동일한 원리가 된다(13-15). 아이들이야말로 그 사회 안에서 약하고 의존적이며 가장 쉽게 다칠 수 있는 지극히 작은 자들이다.

강포한 사회에서 가장 먼저 상하고 다치는 이들은 가장 약한 자들이다. 그러므로 한 공동체가 하나님의 통치를 얼마나 반영하고 있는지를 보려면, 그 공동체 안에 있는 가장 약한 자, 특별히 어린아이들을 대하는 방식을 보면 알 수 있다. 하나님 나라 공동체, 곧 교회에 어린아이는 아직 '사람' 이 되지 않아서 사람 대접을 받을 수 없는 그런 존재가 아니다. 가부장적인 유교적 전통이 무려 500여 년을 지배한 한국 사회에서 어린아이는 쉽게 간과되는 존재이다. 어린아이는 아직 사람으로서 구실을 못하는 존재로 비쳐진다. 그들의 권익이 훼손되어도 그것이 큰 관심이 되지 못한다. 고아든 과부든 어린아이이든, 그들은 스스로 권익을 대변할 수 없는 자들이다. 하나님 나라의 특징을 반영해야 하는 교회 안에서 어린아이는 하나님 자신의 보호와 관심의 대상이다(18:1-5, 10).

"어린아이들을 용납하고 내게 오는 것을 금하지 말라"(19:14). 어린아이들을 하나님의 다스림을 따라 대접하는 것은, 단지 그들을 보호하고 그들에게 필요한 것들을 공급하는 데서 그치지 않는다. 그들 자신이 주께로 오는 것을 금하지 말라는 말씀처럼, 그들도 다른 어른들처럼 하나님 앞에서 동일한 권리를 가진다. 어린아이는 보호받아야 하고 가르침도 필요하다. 하지만 단지 그럴 필요가 있는 존재에 그치지 않는다. 어린아이를 한 사람으로서 존중하는 것, 그들의 의사를 한 인격의 의사로서 존중하는 것, 그들의 권리를 어른의 그것과 동등한 권리로 대접하는 것이 그들을 영접하는 것이다. 어린아이도 한 인격으로서 선택하고 행할 권리가 있음을 인정하고 존중하는 것, 그것이 어린아이를 바로 대하는 근본적인 자세이다.

"약자들이 행복한 공동체"

자아실현(自我實現), 곧 자신의 원하는 바를 이루는 것이 가장 큰 가치이고 목적인 시대에, 가장 불행한 사람들은 약자들이다. 가장 쉽게 상처받고 피해를 입는 자들은 스스로를 지킬 수 없는 자들이다. 한 가정이 깨어지면 그것은 곧 그 가정을 지붕삼아 깃들고 있는 어린 새 같은 아이들에게는 세계대전이 일어나는 것이다. 그를 보호하고 있는 세계가 둘로 쪼개어진다. 예수를 따른다는 것은, 피해에 속수무책인 사람들을 배려한다는 것을 뜻한다. 구약의 하나님은 과부와 고아의 아버지이셨다. 예수님은 쫓겨나고 잃어버린 자들의 목자이셨다.

참으로 강한 공동체는 약자들이 활개를 치고 다니는 공동체이다. 가정이 그렇다. 가장 약한 아이가 아빠의 등에 올라타고 뛰는 곳이다. 가장 의존적인 갓난아이가 울어 젖히면, 깊은 밤중이라도 다 큰 어른 두 사람이 벌떡 일어나 시중을 든다. 어린아이들, 청소년들이 불행한 사회는 정말 불행한 사회이다. 어린아이들이 멍이 들고 청소년들이 꿈을 잃으며 노인들이 좌절하는 사회는, 그 무엇으로 치장해도 국력이나 소득 수준에 상관없이 극히 허약한 나라이다.

신앙은 자아를 실현하는 데 그 궁극적 목적이 있지 않다. 신앙은 나와 하나님과의 관계, 이웃과의 관계를 실현하는 데에 목적이 있다. 그리고 그것이 진정한 자아실현이라고 가르친다. 여기에 자기를 부인하는 것과 십자가를 지는 일이 필연적으로 따라온다. 그것은 종종 만족스러운 삶일 수 없다. 그것은 자주 억울한 삶일 수도 있다.

그것은 언제나 종말과 그 후에 오실 그분과 그분의 나라를 기다릴 수밖에 없는 삶이다. 그래서 애통하는 자가 복이 있다. 더 이상 주님을 기다릴 필요가 없는 자기만족의 삶이 아니라, 그분이 오셔서 위로하시지 않으면 위로 받을 길 없는 삶, 동시에 그분이 소중하게 생각했던 것을 함께 소중히 보듬는 삶, 그런 삶이 예수를 따르는 사람들의 삶이다. 어느 길로 내달리고 있는가?

8. 가난한 자에 대한 긍휼

19:16-30

거듭, 예수께서 해석하시는 율법의 핵심 원리는 사랑, 곧 긍휼이다. 하나님을 사랑함으로, 이웃을 사랑하게 되는 삶이다. 또한 이웃 사랑으로 하나님의 사랑을 드러내는 삶이다. 그리고 그 '이웃'의 범주에는 우리 눈에 쉽게 간과될 수 있는 작은 자들, 여자와 어린아이와 가난한 자들이 있다. 하나님을 사랑하는 것은 이들을 어떻게 대하는가에 따라 거짓없이 드러난다.

재물이 많은 청년의 이야기(19:16-26)는 바로 이 점을 극명하게 보여준다. 그는 하나님의 율법을 지키며 하나님을 사랑한다고 믿었다. 그러나 그가 가진 재물이 그의 마음을 어둡게 하여, 비록 그가 다른 모든 율법의 조항들을 지켰어도 그는 예수께서 요청하신 단 한 가지를 할 수 없었다. 예수를 따르기 위해 제자들이 항상 모든 재산을 버려야 하는 것은 아니다. 예수의 요구는 하나님을 이 재물보다 사랑하는가(cf. 6:24)에 대한 도전이었다. 요컨대, 얼마나 가졌는가보다 가진 것에 얼마나 붙잡혀 있는가의 문제이다.

이 부자 청년이 자신의 재물에 붙들려 그것을 놓치 못하는 것은, 동시에 '가난한 자들을' 긍휼히 여길 수 없을 만큼 그의 마음이 굳어져 있음을 증명하는 셈이다. 경작할 땅 자체가 제한되어 있고, 그나마 외부 군대가 점령하고 있던 당시의 팔레스타인에서 한 사람이 큰 부를 갖는다는 것은 곧바로 다른 이들이 상대적으로 적게 가졌음을 의미할 수밖에 없다. 생산되는 부는 제한되어 있고, 그 부는 쉽게 소수에게 집중된다. 당시의 인구 중 가장 많은 비율을 차지했던 소작농들은 생활에 필요한 것들 이외의 물품들을 구매할 여력이 없었다. 그러나 이 부자 청년은 다른 이웃들보다 비교할 수 없이 많은 재산을 가졌다. 그것은 당연히 공동체 안에서 불화와 또 다른 이들의 고통을 의미했을 것이다.

한 공동체 안에서 자신은 필요 그 이상으로 많이 가지고 있고, 그 동일한 공동체 안에서 이웃들은 생활에 반드시 필요한 것들도 가지지 못했을 때, 그는 그 부에 대하여 그 부를 주신 하나님 자신의 심정을 헤아렸어야 했다. 그가 하나님을 사랑했다면 그는 또한 마태복음의 예수께서 누누이 강조하는 것처럼 그 하나님께서 지극히 작은 자들의 보호와 안녕에 쉬지 않고 관심을 기울이시는 분이심을 알았어야 했다.

그리고 예수께서 보여주신 것처럼, 그의 율법 준수는 이웃, 곧 지극히 작은 자들에 대한 관심과 배려로 나타났어야 했다. 그러나 그는 바리새인들처럼 율법의 조항들을 지켰음에도 불구하고, 예수께서 요약하신 율법의 핵심 원리인 하나님 사랑과 이웃 사랑에 실패한 자로 드러난다. 그는 재물을 아끼는 마음에 붙들려 그만 율법의 핵심을 버린 것이다. 그의 '의'는 서기관과 바리새인들의 그것과 같았고, 그것보다 더 낫지 못했다(cf. 5:20).

"아직도 무엇이 부족하니이까?"(19:20) 율법을 지킴에 있어서 '완전함' 이란 규칙들의 철저한 준수 그 이상을 의미한다. 하나님께 대한 온전한 헌신 그 이상이다. 그것은 하나님의 말씀을 순종하는 것과 이웃을 사랑하는 것의 결합 관계를 인정하는 데서 나온다. 그 안에 온전한 연결이 있다. 이웃 사랑, 특별히 지극히 작은 자들을 향한 사랑에서 그의 하나님 사랑은 비로소 '온전' 해진다. 한 바퀴를 다 돌아 그 하나님 사랑과 이웃 사랑이 서로 연결되는 것이다. 이 연결이 끊어지면, 거기에 율법 준수의 온전함은 없다.

'부' (富)에 대한 이야기가 계속된다(19:23-30). 복음서에 자주 의도된 것이지만, 유대인들에 대한 경고나, 예수께서 전하신 복음에 이르지 못하는 사람들에 대한 이야기들은 곧바로 예수를 따르는 자들에 대한 간접적인 경고의 역할을 한다. 마태는 과연 예수 그리스도의 교회가 '잃어버린 자', '지극히 작은 자' 를 향한 하나님과 그리스도의 관심을 반영하는 교회로 지속될 수 있을 것인지에 대한 의문을 다룬다.

모든 것을 버리고 주를 좇았다고 하면서, 그 대가로 무엇을 얻게 될 것인지를 묻는 베드로의 질문은 바로 그러한 위험을 노출한다(19:27). 탐욕을 버리고 주를 좇고, 주를 좇으며 그분이 추구하는 것들을 따르지만, 바로 그 때문에 다시 쌓아올리는 탐욕의 위험을 엿보게 한다. 부자가 하늘나라에 들어가는 것이 낙타가 바늘귀로 들어가는 것보다 어렵다는 말은, 부자 청년의 경우에서 보는 것처럼 재물에 대한 탐욕이 사람의 마음을 무디게 하여 천국 삶을 받아들일 수 없게 한다는 사실을 보여준다.

바늘귀는 열린 구멍치고는 가장 좁은 것의 대표이고, 낙타는 당시 팔레스타인에서 생각할 수 있는 몸집이 가장 큰 동물이다(19:24). 몸집이 비대한 짐승이 바늘귀로 들어가겠다고 생각하는 것이나, 재물에 온 마음을 두어 그 마음이 둔탁하고 세상에 온전히 잡혀 있는 사람이 하나님 나라에 들어가겠다고 생각하는 것이나 똑같이 허망한 생각일 뿐이다. 천국에 들어가는 것은 단순한 위치의 이동이 아니다. 그 나라는 외적이고 물리적인 세계가 새롭게 되는 위치적인 것이기도 하지만, 영적이고 내적인 영역이 더 크기 때문이다.

만일 천국에 들어가는 사람이 하나님 자신의 성품을 반영하는 그러한 통치를 받아들일 수 없다면, 그의 몸이 천국에 들어가도 그는 거기서 견딜 수 없을 것이다. 그래서 못 들어간다는 것이다. 안 들여보내 주는 것이 아니라, 그가 거기에 들어가서 살 수 없는 선택을 이미 해버린 것이다. 그가 재물에 마음이 잡혀 있다면, 그는 그 재물이 속한 세상이 가는 그 길을 함께 갈 수밖에 없을 것이다. 붙잡히지 말아야 한다.

그러나 천국에 들어가는 것은 사람의 자격이나 준비로 되는 것은 아니다. "사람으로는 할 수 없으되 하나님으로서는 다 할 수 있느니라"(19:26). 구원은 선물이다. 하나님의 전적인 주권과 그분의 선택에 따른 선물이다. 이것을 받아들이지 못하는 자는 재물에 대하여도 자기의 뜻대로 선택하고 행할 것이다. 그러나 이런 사실을 받아들이는 자라면, 그는 세상의 재물에 대해서도 하나님의 뜻을 좇을 것이다. 구원이 전적으로 하나님의 선물이라면, 그는 세상이나 재물에 대하여도 비로소 자유로워질 수 있다. 오직 구원을 받은 사람만이, 실제로는 세상에 대하여 자유로워질 수 있다. 그리고 세상의 재물을 비로소 그에게 구원을 선물로 주신 하나님의 뜻에 따라 마음껏 사용할 수 있다. 붙잡히지 말라. 오직 하나님의 주신 구원에 붙잡히는 사람, 그 사람만이 세상을 놓을 수 있다.

예수를 따르는 제자들이라고 이런 탐심의 유혹, 재물의 유혹에서 자동적으로 벗어날 수 있는 것은 아니다.

"보소서 우리가 모든 것을 버리고 주를 좇았사오니 그런즉 우리가 무엇을 얻으리이까"(마 19:27)

베드로는 자신이 주를 위하여 모든 것을 버렸다는 희생에 초점을 두고 있다. 예수를 따르면서 자신이 버리고 드린 희생에 초점을 맞추는 것은 그가 이 구원을 제대로 이해하지 못했음을 반증한다. 천국은 밭에 숨긴 보화의 가치를 알았기 때문에 모든 것을 팔 수 있게 되는 것이다(13:44). 예수를 따르면서 자신이 행한 희생의 대가를 요구하는 모습은 교회를 병들게 한다. 그것은 구원의 선물과 가치를 이해하지 못한 자의 모습이다. 예수께서는 이에 대해 그분이 '자기 영광의 보좌에 앉을 때에' 를 말씀하시며(28절), 간접적으로 이 보상이 종말론적인 것임을, 즉 이 땅에서는 실현되지 않을 수도 있음을 시사한다. 모든 것이 종말에 걸려 있다.

현세주의(現世主義)는 교회를 세상과 똑같이 만들어 버린다. 예수의 제자들을 그 부자 청년과 하나도 다를 것이 없는 사람으로 변질시킨다. 이 세상이 전부라고 생각하고 이 세상에서 받는 판단과 인정이 전부라고 생각한다면 신앙이 설 자리는 없다. 신앙의 결국은 지금 여기서 결정 나지 않는다. 예수께서는 자기가 '영광의 보좌에 앉을 때' 에 세상보다 자신을 택했던 자들이 그분과 함께 보좌에 앉을 것이고, 상급과 영생을 받을 것이라고 약속하신다(29절). 그 부자 청년이 빠졌던 '현세주의' 를 빠져나오는 길, 마치 낙타가 바늘귀를 빠져나오는 길이 만일 있다면, 그것은 종말의 신앙을 회복하는 길이다. 제자들은 예수를 따르는 그 길의 결국이 반드시 이 세상에서 판가름 나지는 않는다는 것을 알아야 했다. 그러나 이것은 향후 이 땅에서 뿌리 내리며 세워질 교회에게 분명 시험거리가 될 것이었다. 예수께서 경고하신다.

> "그러나 먼저 된 자로서 나중 되고 나중 된 자로서 먼저 될 자가 많으니라" (마 19:30)

부자 청년이 빠져 있던 그 현세주의 그리고 제자들 역시 빠질 수 있는 공로주의적(功勞主義的; "모든 것을 버리고 주를 좇았으니 그런즉 우리가 무엇을 얻으리이까," 19:27) 현세주의는 장차 이 땅에 세워질 예수 그리스도의 공동체의 특징과 정면으로 충돌한다. 예수를 통해 세워지는 하나님 나라 공동체의 특징은 이러한 세상의 원리와 판이하게 다르다. 예수께서 세우신 공동체는 그 안에서 하나님의 주권이 인정되며, 하나님의 은혜가 지배하는 공동체이다. 거기에 공로주의나 이에 근거한 현세주의는 설 자리가 없다. 이는 또한, 역사적 예수께서 친히 행하셨던 그 하나님의 주권적 긍휼에 따라 움직이는 공동체의 모습 그것이다. 이것이 마태가 두드러지게 그려내는 교회의 모습이다.

"긍휼이 흐르게 하라"

부(富)를 바라고, 부를 얻고, 부를 누리는 것이 무엇이 잘못이랴. 어느덧 '탐욕'이 칭찬받는 덕(德)이 되어 버린 시대를 사는 교회 역시, 부를 바라고 부를 얻고 부를 누리는 일에 뒤처지지 않으려 노력한다. 스스로도 노력하고, 힘써 권장한다. 무엇이 잘못이랴. 잘 사는 것이 국가의 이념이고, 부자가 되는 것이 믿음의 '축복' 인 시대에, 부에 취(醉)하는 것이 무엇이 잘못이랴.

하지만 이렇게 부에 취하는 일은 우리의 눈을 멀게 한다. 첫째는, 장차 오는 하나님 나라에 눈이 멀게 한다. 둘째는, 가난한 이웃을 보지 못하게 한다. 지금 여기서 잘 먹고 잘 사는 것이 전부인 현세주의(現世主義)는 신앙의 가장 큰 적들 가운데 하나이다. 나는 정말 종말을 기다리는 사람인가? 오늘도 주께서 이 땅에 임하셔서 모든 불의와 눈물, 애통과 기다림, 믿음과 불신앙에 대하여 결론을 내어 주실 것을 나는 애타게 간구하는 사람인가?

또한 나는 이웃의 불행에 눈 뜬 사람인가? 앞으로 얼마나 더 가질 수 있을까가 아니라, 최소한의 것도 갖지 못한 사람들에게 무엇을 할 수 있을까를 고민하고 실행하는 사람인가? 예수를 따르는 것은, 지금 여기서 받을 복을 다 받는 축복된 삶만은 아니다. '그 날' 에 눈을 뜨고, '이웃' 에 눈을 떠서, 열린 하늘로 이어지는 길, 그분을 따라 걷는 사람이다.

신자는 가난한 사람이었다. 너무 가난해서 하나님께서 긍휼로 자기 아들을 주지 않았으면 아무것도 없는 사람이었다. 그가 받은 모든 것은 하나님께로부터 받지 않은 것이 없다. 하나님의 긍휼은 강을 따라 바다로 흐르듯이 낮은 곳으로, 더 낮은 곳으로 흐른다. 하나님의 긍휼을 막는 사람, 막는 교회가 되지 말아야 한다. 과연, 그분의 긍휼을 흐르게 하는 인생인가?

9. 주권적 은혜의 비유

20:1-19

'품꾼에게 베푸신 주권적인 은혜' 에 관한 비유(20:1-16)는, 이렇게 하나님의 은혜의 역사를 잊어버린 공동체에게 주는 경고이다. 역사적 예수의 사역을 통해 나타난 하나님의 권세와 그분의 긍휼, 그것은 주권적 은혜를 강조하는 이 비유에서 혁혁하게 드러난다. 그 주권적 은혜의 나타남은 합리적이고 상식적인 공평의 원리를 일순간 깨뜨린다. 하나님이 없는 공평과 합리는 종종 공로주의적 현세주의를 만들어 낸다. 일한 만큼 삯을 받는다는 원리는 이 세상의 자연스런 법칙이다. 그러나 타락 이후의 세상을 떠받치는 것도 하나님의 은혜라는 것도 사실이다. 창조세계는 언제나 하나님의 주권적 은혜의 선물이기 때문이다. 구원도 그렇게 나타난다. 예수 그리스도로 말미암은 구원에서 드러난 것도 바로 이 동일한 원리, 곧 하나님의 주권적인 은혜의 통치원리이다.

이 비유의 이야기는 팔레스타인에서 흔히 볼 수 있는 포도원에서 일하는 일꾼들에 대한 것이지만, 예수께서는 이 이야기를 통해 매우 놀라운 천국 비유를 말씀하신다. 아침 9시경에 나가서 데려온 일꾼이나 정오, 또 오후 3시에 나가서 데려온 일꾼, 그리고 심지어 하루 일이 끝나기 한 시간 전에 데려온 일꾼들 모두에게 동일한 하루 삯을 주었다는 포도원 주인의 이야기는 청중들이 듣기에 아주 친근한 이야기이지만, 바로 그 익숙함이 그 주인의 기이한 판단을 더욱 극적으로 들리게 만든다. 어떻게 이럴 수 있는가? 누구도 그렇게 하지 않을 것이다!

그 주인은 왜 그렇게 했는가? 이 비유를 들으면서 자신을 마치 오후 5시에 포도원에 가서 일한 사람처럼 생각하는 사람, 이를테면 당시 바리새적 유대교에서 여지없이 죄인이라고 낙인찍혔던 자들은, 이런 자신들을 환대하시는 예수의 식탁교제를 생각하며 하나님께 감사하고 놀랄 수밖에 없었을 것이다. 반면, 스스로 아침 일찍부터 하루 종일 일했다고 생각하는 사람, 곧 그 부자 청년처럼 자신이 모든 율법을 지켜서 그 마땅한 결과를 받아야 한다고 믿었던 사람에게는 도무지 황당무계한 소리로밖에 들리지 않았을 것이다. 어찌해서 하나님이 그런 분이시란 말인가?

그러나 이 비유는, "내가 의인을 부르러 온 것이 아니요 죄인을 부르러 왔노라"(9:13)고 하신 종말의 목자 사역의 핵심적인 메시지를 그대로 보여준다. 예수를 통해 드러난 하나님의 주권적 긍휼은 '종교적 거룩, 혹은 율법적 의' 로 위장한 은혜 없는 종교의 체계를 여지없이 무너뜨렸다. 은혜 없는 종교처럼 무서운 것은 없다. 그것은 세상의 약육강식의 철저한 인과응보(因果應報)의 세계보다 더 무시무시한 것이다.

행위에는 마땅한 보응이 있다. 그러나 이 모든 것은 이 창조세계처럼 하나님의 주권적 은혜에 기초한다. 하나님께서 이스라엘에게 주신 율법도 실은 이 은혜의 세계를 회복하고 드러내며 유지하도록 하신 것이다. 율법의 핵심은 죄 사함과 생명의 회복이다. 그러나 그 본질이 빠지고 뼈만 앙상하게 남은 당시의 율법적 종교는 그것이 서 있던 그 기초, 곧 하나님의 주권적 은혜의 통치라는 근본을 잃어버렸다.

하나님께서 무슨 목적으로 이스라엘을 구원하셨으며, 무슨 목적으로 그들에게 율법을 주셨는가?

> "세계가 다 내게 속하였나니 너희가 내 말을 잘 듣고 내 언약을 지키면 너희는 열국 중에서 내 소유가 되겠고 너희가 내게 대하여 제사장 나라가 되며 거룩한 백성이 되리라"(출 19:5-6)

이것이 이스라엘을 부르신 목적이요 그들의 대헌장이다. 제사장 나라라는 것은, 그들을 통하여 열국이 하나님께로 나아올 수 있도록 중보의 역할을 하는 것이다. 그러나 그들은 그들이 받은 율법으로 그들과 이방인들을 나누고 차별했다. 그러나 이제 만일 하나님께서 이 포도원 비유의 주인처럼, 율법을 받은 유대인들과 할례나 안식일, 음식 규례도 지키지 않는 이방인들을 동일하게 대하신다면 유대인들은 이를 어떻게 받아들일까?

이스라엘의 종교는 하나님의 부르심과 그 의도를 모두 오해했다. 그들은 가장 중요한 것, 곧 그들에게 율법을 주시고 그들을 제사장 나라로 삼으신 하나님의 뜻, 그 원대하신 주권적 긍휼을 드러내야 한다는 사명을 잃어버렸다. 그들이 말하는 거룩과 공평, 의와 정의는 모래 위에 지은 집과 같다. 공평과 정의의 원리가 잘못된 것이 아니다. 사람은 행위로 심판을 받는다. 그러나 그 모든 바탕에 하나님의 주권과 하나님의 은혜가 놓여 있다. 무릇 하나님의 주권, 그분의 긍휼과 은혜의 원리에 기초하지 않은 합리와 정의는 언제든지 인간의 탐욕과 부패의 도구로 전락할 수 있다. 모든 것은 하나님의 긍휼과 은혜 위에 서 있기 때문이다.

이 포도원 주인의 비유의 핵심은 바로 여기에 있다. 그리고 예수의 제자들, 곧 그리스도의 교회 역시 이 비유가 경고하는 바를 들어야 한다. 하나님께서는 예수의 교회를 통해 이러한 긍휼과 은혜의 사역을 계속할 것이다. 그러나 그리스도의 교회 자신이 이 나라의 본질을 잊을 위험에 처할 수 있다. 오늘날 교회는 얼마나 공로주의적인가? 얼마나 현세적인가? 얼마나 경쟁적인가? 그들은 그들이 서 있는 기초가 하나님의 주권적 은혜뿐임을 기억해야 한다. 그것이 교회가 세상과 다른 원리 위에 서 있을 수 있는 유일한 방식이다.

이런 점에서 베드로와 같은 제자들 속에 움트는 공로주의적 현세주의에 대한 경고로 주어진 그 말씀, 곧 '처음 된 자가 나중 될 수 있다' 는 말씀이 이 비유 끝에 다시 나오는 것은 이러한 경고의 효과음을 크게 증폭시킨다(20:16; 19:30). 이는 또한 율법의 핵심 정신을 잃은 바리새적인 유대교가 어떻게 하나님의 언약 공동체가 되는 일에 실패했는지에 대한 경고가 동일하게 교회에도 적용될 수 있음을 보여준다(17:24-27; 19:1-22).

'품꾼에게 베푸신 주권적인 은혜' 의 나타남은 곧 메시아와 그분의 나라의 나타남을 특징적으로 드러내고, 이는 이 나라가 세상 나라와 어떻게 충돌하는지를 보여준다. 동시에 뒤이어 나오는 20:17-19는 마치 다윗 언약(삼하 7:14)의 해석이라 할 수 있는 시편 2:1-4에서 세상의 군왕과 관원들이 서로 꾀하여 여호와와 '그 기름부음 받은 자' (메시아), 곧 '내 아들' (cf. 마태 3:17; 17:5)을 대적하는 모습을 연상하게 한다. 이 은혜의 통치는 하나님의 주권적 은혜를 기억하지 못하고 그 위에 서 있지 못하는 인간의 모든 종교, 사회, 정치, 문화적 체계를 뒤흔드는 '은혜의 스캔들' (scandalous grace)을 만든다.

세상의 질서와 순서가 뒤집힌다. 세리와 창기가 서기관과 율법사들보다 먼저 하나님 나라에 들어간다. 죄인으로 낙인찍힌 자들, 쫓겨나고 잃어버려진 자들이 먼저 메시아의 잔칫상에 앉는다. 부자요 의인으로 자부했던 자가 영생을 얻지 못하고, 이방인 된 여자가 다윗의 아들에게 그 자녀를 위하여 하나님의 긍휼을 얻는다. 한 시간 전에 불려와 일한 품꾼이 하루 종일 일한 품꾼과 동일한 하루의 삯을 얻는다. 이처럼 후에 사도 바울은 이 주권적 은혜를 베푸시는 하나님을 "일을 아니할지라도 경건치 아니한 자를 의롭다 하시는 이"로 표현했다(롬 4:5). 이는 오래 전 다윗도 동일하게 표현한 바이다.

> "그 불법을 사하심을 받고 그 죄를 가리우심을 받는 자는 복이 있고 주께서 그 죄를 인정치 아니하실 사람은 복이 있도다"(롬 4:7-8; 시 32:1이하)

마태는, 예수를 통해서 이러한 하나님의 '은혜의 통치, 곧 그 은혜의 나라'가 나타났을 때 예루살렘의 지도자들과 이방인들 모두가 '그 기름부음 받은 자'를 어떻게 대적할지를 예고한다. 그것은 '품꾼에게 베푸신 주권적 은혜'의 비유에서 '먼저 와 하루 종일 일한 자들'(20:10-12)의 반응이 실제로는 과연 어떻게 나타날 것인지를 보여주는 셈이다. 그들은 결국 '그를 능욕하며 채찍질하여 십자가에 못 박게 할 것'이다(20:18-19).

후에 바울이 유대교로부터 핍박을 받은 것처럼, 세상의 모든 종교들과 사회의 체계가 바로 이 은혜의 통치의 복음과 그로 인해 생긴 종말의 공동체인 교회를 핍박했던 것처럼, 세상은 이 왕국과 그 왕국을 가져온 메시아를 그저 두고 볼 수 없다. 그것은 이 세상이 서 있는 하나님－적대적인 원리, 즉 하나님의 주권을 인정하지 않으며 그분의 주권적 은혜의 통치를 거부하는 원리 때문이다. 하나님의 나라는 그 본질에 있어 세상 나라와 다르다. 마태는 예수라는 인물을 축으로 하여 이 두 나라가 과연 어떻게 충돌하며, 그 결국이 어떠할지를 설명하려 한다.

"하나님의 마음으로"

그러므로 기도해야 한다. 기도할 때, 성령께서 나의 심령을 샅샅이 살피사, 어떤 거짓된 동기(動機), 악한 뜻이 숨어 있는지 밝히 드러내어 주시기를 간절히 간구해야 한다. 우리는 종종 겉으로 칭찬하면서 속으로 저주한다. 자주 '주님의 일을 한다' 고 외치면서 자기의 유익만을 이루어 가려 한다. 위로한다고 하면서도 자기 자랑을 늘어놓는다. 환영한다고 하면서 자리를 내어주진 않는다. 알면서도 그렇게 하지만, 스스로도 속는다.

자주 이치(理致)를 따진다. 그렇게 하는 것이 가장 합리적이라고 말하지만, 실은 그렇게 함으로써 누군가에 대한 미움을 쏟아버리고, 그에게 복수하고 싶은 동기를 숨긴다. 자주 공평을 외친다. 그렇게 하는 것이 정당하고 공평한 것이라고 외치면서도, 실은 벼랑에 선 사람의 등을 떠미는 일에 눈을 감는다. 성령께서 우리 심령의 동기를 낱낱이 드러내어 보여주지 않으시면, 우리는 스스로의 어둠 속에서 실족하고, 남을 넘어뜨리고 자신도 넘어진다.

합리보다, 공평이나 법보다 근본적인 하나님 나라의 토대는 은혜이다. 하나님은 사랑이시다. 그분의 은혜 없이는 아무것도 존재하지 않는다. 그 위에 정의와 공평, 합리와 법을 시행해야 한다. 질서를 바로잡아야 한다. 원칙대로 해야 한다. 하지만 그 이면에 하나님의 긍휼이 기초되어 있어야 한다. 진심으로 하나님께서 우리 마음의 동기를 살피사, 하나님의 마음으로 행하게 해달라고 간구해야 한다. 그것이 하나님의 주권을 우리의 삶 속으로 흘러 보내는 방법이다. 하나님은 아신다. 우리는 그분의 통치를 막는 자인가, 그분의 통치가 우리를 통해 흘러가게 하는 통로인가?

10. 하나님 나라와 권력

20:20-28

이런 점에서 마태복음 20:20-28에 기록된, 소위 '권력' 을 향한 제자들의 생각과 다툼에 대한 기록은 내러티브의 순차상 매우 적절한 자리에 놓여 있음을 알게 된다. 앞선 비유가 잘 드러내듯이 하나님은 전적인 주권자이시고 권력은 오직 하나님께 속해 있다. 그분만이 권력자이며, 또 여기서 '인자' 로 표현되는 그분의 기름 부으신 자(28절)만이 권력을 위임받은 자이다. 그러나 권력을 통해서 바로 권위가 생기는 것은 아니다. 권위나 신분적 영광은 '임의로 주관하는' 이방인 집권자들처럼 해서 주어지는 것이 아니다.

하나님 나라에서 권위는 철저하게 '섬김' 을 통해서 주어지고 인정된다. 권력이나 권위에 대한 제자들의 다툼에 대한 이야기는, 예수께서 어떻게 하나님의 나라 안에서 '권위' 를 재정의했는지를 보여준다. 예수는 권위에 대한 통상적인 생각을 다시 정의(定意)하신다.

> "너희 중에 누구든지 으뜸이 되고자 하는 자는 너희 종이 되어야 하리라"(마 20:27)

권력은 원래 섬김을 위해 주어진 것이다. 그 권력을 주신 분, 혹은 최고의 권력자, 그리고 장차 최고의 권력을 가지고 오실 인자(단 7, 12장) 자신이 지금 그 권력을 어떻게 사용하고 있는지를 보여주시기 때문이다.

> "인자가 온 것은 섬김을 받으려 함이 아니라 도리어 섬기려 하고 자기 목숨을 많은 사람의 대속물로 주려 함이라"(마 20:28)

'인자' 로 불리는 종말의 영광스런 존재, 모든 권세를 가지신 이가 지금 이 땅에 오신 것은 순전히 섬김 때문이다. 그리고 그 섬김이 그분이 참 권세자임을 입증한다. 장차 올 하나님 나라에서는 오직 이런 섬김으로 정의된 권세만이 통한다(cf. 'Two Son of Man' schema). 오직 섬김을 위해 사용되는 권력만이 참된 권위이다. 하나님 나라에서 이와 다른 권위는 결코 인정될 수 없다. 이 나라의 주께서 친히 그러한 '섬김' 의 권위자가 되시기 때문이고, 하나님 자신의 권세를 가지신 이가 종말의 목자로 오셔서 보여주시고 가르쳐 주신 바, 곧 그분의 사역과 죽으심을 통해 증거하신 내용이 바로 이것이다. 하나님의 통치 아래서 참 권세의 특징은 섬김에서 발견된다(cf. 요 13:16).

삶으로 내리는 뿌리

"예수보다 크지 않다면"

권위의 남용, 권력의 남용은 우리가 살아가는 이 '실낙원'(失樂園)에서 가장 오래 된 특징들 가운데 하나일 것이다. 사람이 하나님의 동산에서 쫓겨난 이후부터 권력과 권위는 부패하기 시작했고, 그 부패는 가장 광범위하고 심각한 피해를 불러일으키곤 했다.

역사를 돌아보라. 권위나 권력의 남용과 부패는 얼마나 많은 사람에게 얼마나 깊은 비참을 가져왔는가? 주위를 둘러보라. 사람들은 '권위'를 어떻게 사용하고 있는가? 소위, '권위자'들은 어떻게 행동하는가? 권세나 권력은 마약보다 중독성이 강한 매력이 있다고 한다. 그것은 너무나도 쉽게 그것을 가진 사람의 눈과 귀를 멀게 만든다. 다른 모든 것을 견디고 극복했어도, 권력과 권위의 유혹에는 간단하게 '벌거벗은 임금님'이 된다.

가정에서, 학교에서, 사회에서, 역사 속에서, 부패한 권위, 부패한 권력의 수없는 모델을 보아 온 사람들은, 과연 참된 권위, 참된 권력이 어떤 것인가에 대한 감각조차 없다. 아마도 이 모든 권위를 만드시고, 그 권위들에게 권력을 주신 최고의 권위자요 권세자인 하나님께서 그 권위와 힘을 어떻게 생각하며 어떻게 쓰시는지를 목격한다 해도, 그들은 그것을 우습게 여길지도 모른다. 아니, 실제로 그러했다.

예수께서 '권세'의 핵심을 '섬김'이라고 정의한 것은, 하나님 자신이 그러하신 분이기 때문이다. 예수께서는 최고의 권위자이신 하나님이 과연 '어떠한' 권위자이신지 보여주셨다. 예수께서는 자신에게 주어진 권세를 자기를 구하기 위해 쓰지 않으셨다. 성경적으로 정의(定意)된 권세란, 가장 권세 없는 자들을 살리고 풍성케 하기 위해 존재한다. 생명을 주고 더 풍성하게 하는 것이다.

그러므로 독재는 죄악이다. 권력을 이용해 자신의 배를 불리고 그것을 거짓으로 덮는 일도 죄악이다. 그리스도이신 예수께서 그분의 삶과 십자가로 세워 놓으신 권세에 대한 이런 엄격한 기준에 어긋나게 권세를 사용하면, 모든 권세를 주신 전능하신 하나님 앞에서 책임을 져야 한다. 남용(濫用)은 잠깐이지만, 책임의 결과는 영원하다. 우리에게 주어진 권세를 어떻게 사용하는가? 우리가 하나님보다 크며, 그의 아들, 다윗의 아들, 모든 열방의 목자이신 그 섬김의 종 예수보다 큰 자들인가? 아니라면, 어디서든 섬김을 위해 권위와 권세를 쓰신 그분의 길 뒤를 바짝 좇아가야만 한다.

11. '다윗의 아들', 소경의 눈을 뜨게 하다

20:29-34

예수께서 예루살렘에 입성하는 본격적인 장면을 기록하기 전에, 마태는 소경 두 사람이 예수를 좇은 사건을 기록하면서, 그 이전의 강화들과 이야기들을 통해 강조했던 내용들을 마무리한다(20:29-34). 지금 고난의 사역을 위해 오신 인자의 섬김의 권력, 종말의 목자이신 예수께서 그분의 사역과 가르침을 통해 친히 보여주신 하나님의 주권적 은혜의 통치를 알아본 사람들은 그리 많지 않다. 유대 지도자들도 알아보지 못했고, 그를 따라다니던 제자들도 알아보지 못했다. 마태는 이러한 예수를 좇은 사람들이 도리어 고침을 받았던 두 소경이었다는 역설적인 이야기를 전한다. 예루살렘의 대제사장들과 서기관들(20:18)은 결국, 이 두 소경처럼 예수를 '길에서 좇지' 못할 것이 분명하다(20:34). 그들이 결국은 '소경들'이다(cf. 15:14). 이미 유대교 안에서도 소경이라는 이미지는 영적 소경을 가리킬 수 있었다.

내러티브 상으로 볼 때 예수의 정체, 곧 그분의 권세와 그분의 섬김의 권위, 그분이 가져온 나라의 성격들을 충분히 깨닫고 예수를 믿으며 그분을 따른 자들은, 예루살렘의 지도자들도(20:17-19) 예수의 제자들도(20:20-28) 아니다. 여리고에서 예수를 만난 두 소경이 예수께 간청하는 방식이 매우 흥미롭다.

"주여 우리를 불쌍히 여기소서 다윗의 자손이여"(마 20:30)

'다윗의 아들' 이라는 메시아적 칭호나, '불쌍히 여기소서' 라고 하며 그 왕의 긍휼에 호소하는 방식이나, 모두 마태복음에서는 실제로 알았든 몰랐든, 이 두 소경이 호소하는 대상이 종말에 이스라엘에게로 돌아오신다고 약속하신 종말의 목자라는 사실을 암시한다. 그들은 이 종말의 목자가 와서 이스라엘을 치유하신다는 것을 들어서 알고 있다. '다윗의 아들' 은 단지 정치적 메시아의 칭호만이 아니다. 마태복음에서는 특별히 종말의 목자의 역할을 스스로 담당한 여호와의 종, 곧 다윗의 아들로서 목자이신 예수이다.

마태는 역전(reversal)의 복음이다. 처음 된 자가 나중 된다. 죄인들이 먼저 하나님 나라에 들어간다. 이스라엘의 지도자들도 예수의 제자들도 아닌 소경이, 예수의 정체와 사역의 본질을 더 정확히 알아본다. 예루살렘으로 가는 길에서 "예수를 좇은" 자들이 많았을 것이지만, 마태는 이 두 소경에게서 제자의 원형, 곧 종말의 양 무리의 원형을 소개하는 셈이다. 종말의 양 무리에 속하는 자는 예수를 경험한 자이다. 목자의 긍휼을 경험한 자이다. 하나님의 주권적 은혜를 경험한 자이다. 율법적 의나 재물이나 신분으로 되지 않는다. 그 주권적 긍휼에 호소할 만큼 깨어진 자들이다. 그래서 그들의 깨어짐과 비참함이 도리어 그들로 하여금 예수를 경험할 수 있게 하는 조건이 된다.

심령이 가난한 자가 복이 있는 이유이다(5:3). 어린아이 같지 않으면 천국에 들어갈 수 없다(18:3). 곧, 자신이 소경임을 아는 자, 다윗의 아들 곧 종말의 목자로부터 불쌍히 여김을 받은 자, 그분에게 치유의 은혜를 입은 자가 그분을 경험하고 그분을 따르는 자가 된다. 천국에 들어가기 위한 조건이 무엇인가? '상하고 통회하는 심령' 이다. 자기의 의와 집착들을 내려놓고, 하나님의 주권적 긍휼과 은혜에 호소하는 자들이다. 세상에서 전혀 조건이 되지 않는 것들이 기막힌 조건이 된다. 하나님 나라는 멀고도 가깝다.

"불쌍히 여기소서"

'주여, 나를 불쌍히 여기소서('Jesus, have mercy on me').' 이보다 아름다운 기도는 없다. 이보다 마땅한 기도도 없다. 하나님의 긍휼을 기대하는 마음, 하나님의 긍휼 이외에는 자신을 구원할 다른 아무것도 없다는 가난하고 절박한 자기 인식. 자신의 어두움과 보지 못함을 절절히 깨닫는 마음. 거기에 구원 받는 믿음이 깃든다. 거기에 빛이 스며들고, 그 빛 가운데서 새로운 세계를 본다.

우리 앞을 막아서는 것이 불행만은 아니다. 하나님과 우리 사이를 막아서는 것은 종종 '축복' 일 수도 있다. 바리새인들은 얼마나 복된 지위를 누렸는가? 서기관들과 대제사장들은 그야말로 성공한 사람들이었지 않은가? 그 복과 성공 때문에 그들은 스스로 어둠 속에 갇혔다. 하나님께 자신을 불쌍히 여겨 달라고 구걸할 이유가 없었기 때문이다.

하나님의 나라는 뜻밖의 장소에 있다. 낭패 속에 찾아오고, 버려진 사람들 속에, 실패한 처지 한가운데에도 깃든다. 하나님이 옳으시고 내가 틀렸다고 말할 수 있을 때 빛이 들어온다. 자신이 하나님 앞에서 틀렸을 수 있다고 인정하며 열려 있을 때, 그 사람은 빛 가운데 머물 수 있다. 의사는 병이 있음을 알고 그 의사 앞에서 자신의 모든 약함을 보여주는 데에서 쓸모가 생긴다. '불쌍히 여기소서.' 하나님의 긍휼은 낮은 곳으로 흐른다. 이렇게 낮은 데서 낮게 살아가고 있는가?

Chapter 06

그런즉 깨어 있으라

종말의 신적 역전(21-25장)

복음서의 드라마는 총제적인 역전극이다. 소경 아닌 자가 보지 못하게 되고, 보지 못하는 소경이 예수를 알아보고 따른다(20:34). 세상에서 전혀 조건으로 내세울 수 없는 것들이 하나님 나라에 들어가는 조건으로 작용한다. 그래서 하나님 나라는 공평하다. 있으면 버리면 되고, 없는 자는 구하면 된다. 의로운 자는 자신의 의를 버리면 되고, 죄인은 단지 나아가면 된다. 천국은 누구에게나 가까이 있다. 그러나 세상적인 조건들을 따라 강한 자들이 이 나라를 받아들이는 것은 낙타가 바늘구멍으로 들어가는 일만큼이나 희귀한 일이다. 그래서 역전극이 일어난다.

21장부터 25장까지 펼쳐지는 예수의 예루살렘 입성 기사와 예루살렘을 중심으로 던져지는 예수의 메시지들은 하나님의 주권에 따른 이러한 역전(reversal)에 대한 경각심을 강하게 불러일으킨다. 하나님과 그분의 그리스도에 주목하지 않으면, 또한 그분의 다시 오심에 주목하지 않으면, 누구라도 이 하나님의 역전극에 의해 뒤집혀질 수 있다.

예수께서 예루살렘에 입성하시는 장면을 그린 마태복음 21장에 오면, 예수 자신의 운명의 역전 드라마가 본격적으로 전개된다. 마태는 이미 예루살렘에 입성하는 이 예수가 종말의 다윗 목자임을 두 소경이 치유 받는 사건을 통해서 간접적으로 시사했다(20:29-34). 그분은 '치유하는 다윗의 아들(therapeutic Son of David)', 곧 종말에 이스라엘을 치유하고 회복하실 참 목자 여호와의 사명을 짊어진 하나님의 아들 다윗 목자이다. 이제 그분이 이스라엘의 목자이신 여호와 자신의 권세를 위임받아, 이스라엘 양 무리의 목자이신 하나님 자신이 하시기로 했던 사역을 감당하고 있다. 그분은 또한 이 종말의 목자의 권세를 가지고 이스라엘의 왕이요, 나아가 온 열방의 주가 될 것이다(마 2:6; 미 5:1-4). 이제 그분이 그의 성 예루살렘에 입성한다.

1. 다윗의 아들 예수와 예루살렘의 심판

21:1-22

마태는 종말의 목자 되신 이 왕의 입성을, 스가랴 9:9의 "겸손하여 나귀 곧 멍에 메는 짐승의 새끼"를 탄 모습으로 묘사한다(21:5). 그를 맞이하는 군중들은 예수를 '다윗의 아들'로 환호한다(21:9). 그 군중들은 충분히 알지 못했지만, 스가랴 9:9의 나귀를 탄 왕의 귀환은 스가랴 9-14장에 걸친 '종말의 다윗 목자 전승'에서 거절당하고 죽임을 당하는 목자의 모습(26:31/슥 13:7)으로 나타날 것이다. 이것은 스가랴 9-14장이 이 예수의 고난과 죽음을 해석하는 틀이 됨을 보여준다. 특별히 마태는 다른 복음서보다 이 스가랴에 나타난 버림당하는 목자의 모습을 더욱 활용한다(26:15, '은 삼십' /슥 11:11).

예수는 에스겔의 비전(34-37장)에 따라 이스라엘의 참된 목자 자신의 권세를 가지고 오셨다. 하지만 그분은 또한 스가랴가 바라본 것처럼, 자신의 양 무리에 의해 배척당하며 결국 의문의 죽음을 당하는 목자(슥

13:7)의 길을 간다. 에스겔 선지자는 종말의 목자가 와서 이스라엘을 회복하고 다윗 목자를 세울 것을 내다보았지만, 과연 그가 이 일을 어떻게 완성할지는 알지 못했다. 그것은 그에게가 아니라 스가랴 때에 와서 주어진 계시였다. 마치 강줄기가 따로 흐르다가 하나의 큰 저수지에 모이는 것처럼, 이렇게 부분적인 계시들이 예수에게 와서 하나로 모아지며 마침내 예수 안에서 모두 성취된다. 예수 자신과 마태는 이미 종말의 목자에 대한 구약의 예언들을 잘 알고 있고, 이를 통해 예수의 사역의 의미를 설명하고 있다(cf. 마 9:35; 겔 34장).

또한 예수는 자신의 운명의 역전에 대해 이미 여러 번 말씀하셨다(마 16:21; 20:17-19). 이제 이 역전극의 한 부분을 설명할 구약의 예언으로서 스가랴가 사용될 것이며, 그 처음 단서가 예루살렘에 입성하는 예수의 모습에 적용된 스가랴 9:9의 나귀를 타신 겸손한 왕의 모습이다. 그분의 겸손은 곧 고난을 의미할 것이지만(슥 13:7), 그 결국은 화평과 하나님 통치의 확대이다.

> "내가 에브라임의 병거와 예루살렘의 말을 끊겠고 전쟁하는 활도 끊으리니 그가 이방 사람에게 화평을 전할 것이요 그의 정권은 바다에서 바다까지 이르고 유브라데 강에서 땅 끝까지 이르리라"(슥 9:10)

지금 나귀를 타고 예루살렘에 입성하는 그 '다윗의 아들', 즉 이전에 종말의 치유하는 다윗 목자로 드러난 이 예수의 통치가 이방의 땅 끝까지 이를 것이다.

마태는 이러한 전망을 간접적으로 내비치며, 예수께서 마침내 성전에 들어가신 장면을 인상 깊게, 그리고 그만의 강조점들을 가지고 묘사한다. 예컨대, 요한복음은 예수께서 성전을 대치하시는 '새로운 성전' 임을 강하게 시사한다(요 2:13-22). 물론 마태의 묘사에도 이런 점이 암시된다. 성전에서 희생제사를 위해 사용될 짐승들을 내어쫓고 그 짐승들을 살 돈을 바꾸는 상을 뒤엎는 것(21:12)은 상징적으로, 이제는 자신으로 말미암아 그런 짐승 제사가 필요 없는 시대가 왔다는 사실을 알리는 셈이다. 예수께서는 이미 자신이 '자기 목숨을 많은 사람의 대속물로 주려' 오셨음을 말씀하셨다(20:28).

이제 그분은 예루살렘 성전에 오셔서 성전의 심판에 대한 예언을 하는 자로서가 아니라, 실제로 그 심판, 곧 겉은 다만 형식적이고 속은 부패로 가득 찬 예루살렘 성전 제사제도의 유효기간이 만료되었음을 선포한 것이다. 그 안에서 죄 사함과 생명의 회복이 이루어져야 하는 성전, '만민을 위한' 기도의 처소가 되어야 하는 성전(사 56:7; 마태가 '만민을 위한' 을 누락한 것은 이 성전이 이미 그렇게 될 수 없음을 뜻한다)이 '강도의 소굴' (렘 7:11)이 되었다. 그 안에서 강도짓을 할 뿐 아니라, 강도짓을 하는 유대의 지도자들이 함께 모여 둥우리를 틀고 있는 부패의 집산지라는 뜻이다. 이제 옛 성전의 유효기간은 만료되었다.

그러나 예수께서 성전에서 하신 일에 대한 마태의 묘사에는 그 이상의 강조점이 있다. 그 성전 한가운데에 '소경과 저는 자들' 이 등장하고(14절), '아이들' 마저 그 성전에서 예수를 향하여 "호산나 다윗의 자손이여" (15절; cf. 시 118)라고 외치며 마침내 기다리던 메시아가 왔음을 선포한다. 그러나 그분이 오신 방식은 놀랍기 그지없다. 그분은 종말의 목자로서 오셨다. 소경, 저는 자들, 그리고 아이들 혹은 작은 자들은 모두 당시 이스라엘 언약 공동체의 외부로 밀려난 자들이거나 잃어버려진 자들이었다.

하지만 그들은 하나님이 귀 기울이시는 작은 자들이다. 예수께서 찾으시는 죄인들이요 버려진 자들이다. 그리고 마침내 그들은 그들을 찾아오시고 치유하시고 회복하신 그 목자 예수와 함께 그들이 쫓겨났던 하나님의 언약 공동체의 중심부, 곧 성전 한가운데에 들어온다! 마태복음에서 대중들 가운데서 사역하신 예수의 모습을 그린 그 드라마에 절정이 있다면 바로 이 부분일 것이다. 이것은 당시 이스라엘 공동체의 회복이라는 시각에서 볼 때 매우 주목할 만한 광경이다. 바리새적 율법 종교의 중심인 그 성전 한가운데서, 종말의 목자 예수는 그 쫓겨난 자들, 잃어버려진 자들, 병든 자들, 지극히 작은 자들과 함께 계신다.

충격적인 왕의 귀환. 이 장면은 과연 마태복음이 그리는 역사적 예수의 사역, 특히 '잃은 양을 찾고 죄인들과 함께하는 사역' 의 절정이다. 이스라엘의 중심이 예루살렘이고, 예루살렘의 중심이 성전이라고 할 때, 예수께서 이렇게 작은 자들과 성전 안에서 그들을 치유하는 목자로서 아이들의 찬송을 받고 있다는 사실(21:9)은, 이제 굳어진 율법주의로 죄인들을 양산했던 유대교 집단으로서의 옛 이스라엘이 새롭게 회복되었음을 의미한다. 가장 변두리로 밀려났던 공동체의 구성원들이 그 공동체의 가장 중심부로 돌아왔고, 그들 한가운데에는 이 치유하는 다윗 목자가 있다.

그러나 다윗 목자로서 그분이 회복한 새로운 공동체의 출현은, 옛 이스라엘, 특별히 그들의 지도자들의 실패로 인해서 이제 굳을 대로 굳어져 더 이상 하나님의 나라를 드러낼 수 없는 옛 공동체의 심판과 해체를 의미할 수밖에 없었다. 새것으로 회복된다는 것은 옛것에 대한 심판이다. 예수의 말씀으로 말라버린 무화과나무에 관한 이야기(21:18-22)는 이제 더 이상 열매를 기대할 수 없는 것으로 드러나서 심판의 도끼가 그 위에 놓여 있는 나무의 상황이 되어버린 예루살렘 성전의 운명을 그대로 보여준다. 그것은 성전뿐 아니라, "좋은 열매를 맺지 아니하는 나무마다 찍혀 불에 던져지리라"(3:10)는 세례 요한의 설교처럼, 이제 열매 없는 이스라엘 백성 전체에 대한 심판이 임박했음을 알린다.

흥미로운 점은, 21-22절에서 나타난 제자들의 관심과 이에 예수께서 답하신 믿음과 기도의 능력에 관한 내용들이다. 표면적으로는 무화과 나무가 급작스럽게 말라버린 것에 대한 대답뿐인 것처럼 보이지만, 예수께서 하신 대답에는 보다 깊은 의미가 있어 보인다. 말라버린 무화과는 성전이나 이스라엘의 운명이다. 이제 그 성전을 대치할 것은 믿음, 곧 예수께 대한 믿음이다. 그 믿음을 가지고 모인 두세 사람들 가운데 예수께서 임재하신다(18:20). 그들이 합심하여 구하는 것을 들으신다(18:19). "이 산더러 들려"라고 하실 때(21:21) 그 산은 그들이 서 있던 산, 곧 성전이 서 있는 시온 산을 가리킨다고 보면, 예수께 대한 믿음과 그 믿음을 중심으로 한 공동체, 그리고 그들의 기도가 예루살렘 성전의 역할을 대치하는 것임을 알 수 있다. 이제 예수와 더불어 그를 믿고 따르는 작은 자들, 새로운 하나님의 백성, 곧 새로운 성전이 세워질 것이다.

삶으로 내리는 뿌리

"처절하게 일상적인 신앙"

예수님은 그의 백성들이 망가뜨려 도무지 바로잡기 어려운 역사, 혹은 일상사 한가운데 오셔서 그것을 뚫고 지나가신다. 신(神)이 하늘에 머물며 손가락 하나로 처리하지 않으시고, 직접 온 몸으로 고통을 안고, 자신을 떠나 스스로 엉겅퀴에 휘감겨 빠져나오지 못하는 양을 건져내신다.

신앙은 때로 처절하기까지 하다. 처절하게 일상적이다. 신앙은 구호가 아니다. 숫자로 환산하기도 어렵다. 어떤 절기나 의례 속에 있지 않다. 매일 매일 구차한 일상 속을 뚫고 가야 한다. 설명할 수 없는 고통이나 이해하기 어려운 고난, 당연하지 않은 억울한 현실 속으로도 지나간다. 신앙은 화려하지 않다. 아무도 피할 수 없는, 피해서는 안 되는 일상 속에 깃든 어둠과 절망, 악함과 고통 속을 뚫고 지나가게 되어 있다. 그렇지 않은 신앙, 진정성(眞情性)을 잃은 신앙은 아무것도 이루지 못하는 속 빈 깡통이다.

내가 겪는 고통이 곧 내 공동체의 아픔이고, 세상의 아픔이다. 내가 이 어둠을 뚫고 신앙으로 승리하는 것이 곧 교회의 승리이고, 하나님 백성의 승리이다. 욥의 승리는 곧 하나님의 승리였다. 아담의 패배, 이스라엘의 실패는 곧 하나님의 실패였다. 예수는 이런 심정으로 예루살렘에서 마지막 사역을 하셨다. 그분 한 사람의 순종으로 하나님이 승리하시도록 그분은 처절하게 온몸으로 부패한 예루살렘의 중심부를 뚫고 지나가셨다.

하나님의 뜻은 허공에 떠 있는 구호가 아니라, 오늘 내가 일상 속에서 부딪히는 어둠과 고통에 정직한 신앙으로 대결하는 바로 거기에 있다. 신앙은 처절하게 일상적이다. 일상적인 어둠, 일상적인 절망, 일상적인 유혹, 일상적인 고통, 일상적인 시험, 일상적인 인내, 거기가 하늘과 땅이 만나 싸우는 영적, 우주적 격전지이다. 전심으로 싸워야 한다.

2. 예수의 권세와 이스라엘 심판에 관한 세 가지 비유

21:23-22:14

성전 안에서 그리고 성전에 대한 예수의 이러한 행동과 말씀들은 성전을 주관하고 있던 대제사장들과 장로들에게는 매우 당혹스러운 것이었음에 틀림없었다(21:23-27). 그들은 그들에게 임박한 심판을 예감한다. 그런데 이 위협은 과연 어디에서 오는 것일까? 그들은 오만과 불안에 겹친 마음으로 예수의 권세에 대해 묻는다. '당신은 도대체 무슨 권세로 이런 일을 하는가?' (23절) '권세' 에 대한 질문은 사실, 예수의 정체성에 관한 한 매우 핵심적인 주제이다.

예수는 무슨 권세로 이런 일들을 하는가? 그분이 나타내신 '권세' 와 그분의 정체성, 그리고 그분의 사역의 목적과 가르침의 의미는 모두 하나로 연결되어 있기 때문이다. 예수께서 그들에게 요한이 받은 권세에 대해 되물으신 것은 이런 맥락에서 의미가 깊다. 요한은 이스라엘의 회개와 회복에 대해 부르짖었다.

예수와 요한의 사역의 공통점이 있다면, 둘 다 종말에 있을 이스라엘의 회복을 촉구했다는 점이다. 그것은 이스라엘의 종말과 갱신, 그를 통해 도래하는 이방인들을 위한 하나님 나라의 새로운 통치를 여는 것이었다. 이런 점에서 예수의 권세는 이미 그분의 사역을 통해 직간접적으로 드러나 있다. 그분이 드러내신 권세는, 종말에 오실 이스라엘의 목자이신 하나님 자신의 권세였다. 예수께서는 바로 이 권세로 잃은 자들을 찾으셨고, 죄인들을 부르셨다(9:9-10). 그분은 이미 아버지께로부터 모든 것을 받은 종말의 다윗 목자이며, 인자이며(11:27), 또한 성전보다 크신 이(12:6), 곧 종말에 하나님 자신이 그 백성들과 함께하실 처소, 임마누엘이시다(1:23; 28:19-20).

예수께서 성전의 안과 밖에서 하시는 말씀과 행동은 성전을 지배했던 지도자들에게는 위협이고 도전이었다. 그들은 이미 예수의 사역 처음부터 그들이 하나님의 심판에 직면해 있음을 직감했고, 회개하기보다는 예수를 없앨 궁리를 해온 자들이다. 21:28-32와 33-46에 나오는 연속적인 비유들은, 이제 저들에게 임한 심판이 돌이킬 수 없는 것이며, 왜 저들이 이 결정적인 기회를 놓치게 되었는지를 드러낸다.

순종한 둘째 아들의 비유, 21:28-32

'순종한 둘째아들' 의 비유(21:28-32)를 말씀하시며 예수께서는 성전의 지도자들이 스스로를 심판하는 자리에 이르게 한다. 누가 보아도 처음에는 못 가겠다고 하다가 후에 뉘우치고 갔던 둘째아들이 아버지의 뜻대로 한 자이다. 저들은 잘 대답함으로써 스스로 올무에 빠진다. 자신이 아버지의 입장에서 생각해 보면 진리는 자명하다. 그러나 그들은 이스라엘의 지도자들로서 그들의 율법 해석의 체계로 죄인으로 낙인찍은 세리나 창기들보다 못하다는 평가를 받았다.

> "세리와 창기는 믿었으며 너희는 이것을 보고도 종시 뉘우쳐 믿지 아니하였도다"(마 21:32)

이스라엘의 지도자들도 그 백성들과 함께 예수의 권세, 곧 그분의 비할 바 없는 권세를 목격한 바 있다. 예수의 권세는 이스라엘의 진정한 목자, 곧 그들의 유일한 지도자이신 여호와 하나님 자신의 권세였다. 예수의 선포와 초청을 받아들이고 그를 믿는 것은 곧 하나님 자신의 뜻에 순종하는 것이었다. 예수는 죄 사함과 치유와 바른 가르침을 주었지만, 세리나 창기에 비해 저들 지도자들은 예수께 나아오지 않았다. 왜 그랬는가?

예수께서는 부패한 지도자들의 완악하고 굳어진 마음, 곧 회개치 못한 마음을 폭로하신다. 저들은 예수께서 하나님 자신의 권세로 그렇게 했다고 하면 그를 믿고 돌이키는 것이 아니라, 예수를 신성모독으로 죽이려 들었을 것이다. 아무래도 저들이 돌아오지 않는 것은, 예수의 권세의 문제가 아니다. 그들의 완악한 마음 때문이다. 저들이 받는 심판은 저들의 잘못 때문이라기보다, 결국 저들의 회개치 않는 마음 때문이다(32절). 심판은 이처럼 돌이키지 않는 마음 때문에 이루어진다. 스스로에게서 회개의 기회를 제거하면 그것은 스스로 심판을 택하는 것이나 다름없다.

배은망덕한 포도원 농부들의 비유, 21:33-46

뒤이어 나오는 '배은망덕한 포도원 농부들의 비유' (21:33-46)는 성전 심판에 대한 원인을 단지 이스라엘의 지도자들에게서만 찾지 않고, 백성들 모두에게 확대 전개한다는 점에서 매우 흥미롭다. 성전에 대한 심판이 이미 선고되었다. 복음서의 앞부분에서는 예수와 이스라엘 지도자들의 충돌이 잦았다. 그러나 성전에 대한 심판이 선고된 이상(21:12, 18-19), 이제 심판은 옛 이스라엘 백성 전체에 대한 것임이 분명해진다. 부패한 지도자들에게 일차적 책임이 있지만, 그들은 결국 그 백성들의 작품이다. 이런 식의 심판의 전개 양상은, 이미 이스라엘이 포로로 잡혀 간 후 그 패망의 원인을 돌아보는 가운데 이미 선지자들, 특히 '종말의 목자 전승' 에 잘 나타나 있다(특히, 슥 9-14).

지도자들로부터 시작했지만, 그들의 목자이신 하나님을 싫어 버린 것은 결국 양들이었다(슥 11:8). 혹은, 그들이 하나님을 싫어 버렸기 때문에, 하나님께서 그들을 위해, 그들을 기르는 것이 아니라 그들을 잡아먹는 거짓 목자들을 세우셨다(슥 11:15-17). 이제 목자의 심판의 칼날은 더 나아가 백성들 자신에게로 향한다.

> "그러므로 내가 너희에게 이르노니 하나님의 나라를 너희는 빼앗기고 그 나라의 열매 맺는 백성이 받으리라"(마 21:43)

여기서 '나라' 는 이스라엘을 제외한 열방들이 아니다. 한 나라이다. 이스라엘 중 누구라도 그 나라의 열매를 맺는다면, 여전히 그 나라의 백성에 속할 가능성은 남아 있다.

포도원 주인은 농부들에게 그 포도원을 맡기면서 당연히 때가 이르러 거두게 되는 실과를 기대한다(33절). 그 실과를 기대하며 보낸 주인의 종들은 선지자들인 것이 명확하다. 농부들은 악하다. 이 비유는 하나님께서 악(evil)을 대면하고 계신다는 사실을 보여준다(41절). 사실 농부들은 단지 주인의 것을 맡은 청지기들에 불과하지만, 스스로 주인으로 착각하고 주인 노릇을 한다. 도적질이다. 그리고 돌이키지 않는다. 그러나 주인은 여러 번 그의 종들을 보낸다. 이 비유는 그 주인의 오래 참음에 대해 잘 보여준다(cf. 벧후 3:9).

주인은 마침내 '그 아들'을 보낸다(37절). 농부들의 반응은 상상 외이다. 과연 이번에는 그 아들을 공경하고 두려워했어야 했다. 그러나 그렇지 않았다. 그들은 이번에 온 자가 '상속자' 임을 모르지 않았다. 그들이 그 아들을 죽이려고 한 것은 몰랐기 때문이 아니라, 반대로 정확히 알았기 때문이다. 그들의 악은 어리석음과 짝을 이루어 그들의 눈을 멀게 한다.

"이는 상속자니 자 죽이고 그의 유업을 차지하자"(마 21:38)

죄란 악에서 자라나 어리석음으로 눈을 멀게 하고 결국은 죽음에 이르게 한다. 여기서 예수께서는 이 비유를 통해 듣는 이들의 중심을 그대로 폭로한다. 예수는 모르지 않는다.

이제 심판이 선고된다. 때가 되었다. 저들은 그 아들을 죽이고 포도원을 유업으로 삼을 수 있다고 생각하겠지만, 저들의 심판이 임박했다. '건축자들의 버린 돌' 에 관한 시편 118:22의 말씀은 44절의 성전에 대한 예수의 예언과 함께 예루살렘 성전의 멸망을 선고한다. 44절에 사용된 다니엘 2:34, 44절의 '우상을 파괴하는 뜨인 돌' 의 암시는 더욱 충격적이다. 다니엘의 비전에서 우상을 파괴하던 그 뜨인 돌은 이제 예루살렘 성을 무너뜨린다. 그렇다면, 지금 우상의 신상(신상)은 무엇이라는 뜻이 되는 셈인가?숨겨있는 의미는 명확하다. 이제 유대의 부패한 지도자들이 똬리를 틀고 모여 있던 그 '강도의 소굴' 이 무너질 것이다. 저들은 하나님의 것을 훔쳤다. 그것으로 자신들의 배를 불렸고, 하나님께 돌려드릴 것이 없었다. 악은 오래가지 않는다. 심판이 있다. 주인 되신 하나님이 살아계시기 때문이다.

예복을 입지 않은 자들에 관한 비유, 22:1-14

앞선 두 비유들이 이제 심판을 코앞에 둔 이스라엘을 향한 것이라면, 22:1-14의 비유는 오히려 교회를 향한 것이라 할 수 있다. 누가복음에서 이 비유는 바리새인들과 서기관들의 부패와 탐욕적인 생활이 결국 천국 잔치를 놓치는 결과를 초래할 것에 대한 경고에 강조점이 있다(눅 14:15-24). 하지만 마태의 강조점은 그들이 이 초청을 놓쳤다든지, 혹은 자격 없는 자들이 주인의 주권적인 청함을 받아 그 잔치에 참여했다든지 하는 것에 있지 않다. 도리어 '택함을 받은 자', 곧 그 은혜와 긍휼의 초청에 응답하여 잔치에 참석하였으나, 그 잔치에서 '예복' 을 입지 않은 것으로 드러난 자들에게 맞추어져 있다.

비유의 배열상, 이 '예복' 은 앞에 나온 비유에서의 '열매' (21:43)에 해당할 것이다. 회개치 않고, 예수께서 가져오신 긍휼과 은혜의 복음을 받지 않은 옛 이스라엘에게 임한 심판이 무서웠던 것처럼, 그 나라의 초청에 응했지만 열매 없는 자들, 그 나라의 특성들을 그대로 드러내지 못하는 교회에 떨어질 심판도 그 못지않게 무섭다.

"그 수족을 결박하여 바깥 어두움에 내어 던지라 거기서 슬피 울며 이를 갊이 있으리라"(마 22:13)

마태의 강조점은 하나님의 주권적 긍휼의 초청이 반드시 열매를 요구한다는 데 있다. 긍휼과 은혜는 값없이 오지만, 의의 열매를 위해서는 헌신의 값을 치러야 한다.

"돌이킬 수 없기 전에"

'현재'나 '오늘' 이라고 부르는 시간은 영원히 계속되지 않는다. 곧 끝이 온다. 주어진 기간 동안 마음대로 할 수 있다고 해서, 계속 영원히 그렇게 할 수 있는 것은 아니다. 잠시뿐이다. 만일 자신을 속이고 남을 속일 수 있다면 그 기간도 잠시뿐이다. 주어진 권력으로 힘이 없는 사람들을 섬기는 것이 아니라, 자신의 배만 불릴 수 있는 것도 잠시 잠깐뿐이다.

영적 치매는 하나님 백성의 고질병이다. 은혜로 그분의 나라에 들어왔지만, 그들은 그들이 서 있는 근거를 곧 잊어버린다. 하나님께서 주신 것에 취해 그것을 주신 하나님을 잊는다. 처음에는 수치를 느낀다. 스스로 잘못한 것을 부끄럽게 여긴다. 하지만 시간이 지나면, 자신의 죄를 숨기지 않는다. 도리어 변명한다. 죄를 변호한다. 더 악해지면, 죄를 죄 아니라고 우기기 시작한다. 선을 악이라고 몰아세운다. 악을 선이라고 변호하고 선전하고 믿게 만들려 애쓴다. 여기서 그치지 않는다. 그들은 악을 영구적으로 존속시키기 위해 선을 죽이려 든다. 죄인이 의인을 죽이려 든다. 거짓이 진리를 없애려 든다. 어둠이 빛을 삼키려 든다.

하지만, 하나님의 음성을 듣고도 그것을 무시하며 듣지 않고, 그렇다고 해서 아무런 조치도 취하지 않고 수수방관하는 것 같은 하나님 앞에서 제 소견에 옳은 대로 살 수 있는 것도 잠시 뿐이다. 끝이 없는 시작이 없듯이, 심판이 없는 특권도 없다. 사람이 심판을 피하지 못하는 이유는 죄 때문이 아니라, 그 죄에서 돌이키지 못하기 때문이다. 내가 말씀을 지키면 말씀이 나를 지켜 준다. 내가 말씀을 버리면 그 말씀이 나를 심판한다. 그 날, 그분 앞에 서는 그 때를 염두에 두고 판단하고 선택하며 사는가? 믿음으로 사는 것은 그런 것이다. 과연 믿음으로 사는가?

3. 시대정신과 맞서는 하나님의 아들, 예수

22:15-23:39

이제 마태는 예루살렘, 곧 유대를 지배하던 로마제국과 이스라엘을 다스리는 지도자들이 모여 있는 그 성전 주변에서, 소위 그 '시대의 정신' 들과 맞서 쟁론하시는 예수의 모습을 기록한다. 당시 예루살렘은 세상의 축소판이다. 세상을 지배하는 시대정신들이 운집한 사상의 중심지이다. 예수의 응답들은 그가 가져온 하나님의 통치가 이런 시대정신과 어떻게 대결하는지 보여준다. 먼저 헤롯당원들로 대변된 로마의 정신이고(22:15-22), 다음이 사두개인들의 세계관(22:23-31), 그리고 율법사들(22:34-40)이 차례로 도전한다.

예수와 로마, 22:15-22

물론 그 배후에는 바리새인들이 있지만, 그들은 헤롯당원들을 내세워 예수와 로마가 충돌하기를 원하고 있다(22:15-17). 그들이 파놓은 함정은 '가이사에게 바치는 세금' 이었고, 예수의 대답에는 실로 '기이한' (22절) 충격을 주는 놀라운 요소가 들어 있다. 헤롯당원들이 조장했던 함정은, 로마제국의 권력과 하나님 나라의 영역을 반립 관계로 보게 하려는 것이었다. 소위 이원론(二元論)적 태도이다.

로마에 세금을 바치는 일은 당시 매우 민감하고 고통스런 문제였다. 유대지방에는 주후 4년부터 부과되기 시작했는데, 그 이전에 인구조사를 한 사실이 기록되어 있다. 마리아와 요셉이 고향 베들레헴에 갔던 그 때이다(마 1:18-25). 로마제국이 유대인들에게 일종의 식민지세를 내게 한 것은, 이스라엘이 국권을 잃어버린 것과 같은 것으로 이스라엘 민족 세력의 저항에 부딪혔다. 예를 들어, 열심당원들의 반발이 가장 심했는데, 그들은 가이사의 얼굴이 새겨진 동전을 사용하지도 않으려 했고 아예 그것을 쳐다보려 하지도 않았다.

로마의 황제 가이사에게 세금을 바치는 것이 옳은가, 그렇지 않은가? 이 질문에 양단간에 대답을 하는 것은 로마와 예루살렘, 가이사와 하나님 둘 사이에 하나를 택하는 셈이 된다. 헤롯당의 생각에는 이렇게 예루살렘 곧 하나님의 통치 영역과 가이사 곧 로마제국의 통치가 반립(反立)한다. 어느 하나가 죽어야 한다. 이를테면 교회와 세상은 분리된 영역이고, 하나님 나라는 교회에만 속해 있다고 말하는 셈이다. 세상에 충성하면 교회를 배반하는 것이고, 교회에 충성하려면 세상을 버려야 한다.

"가이사에게 세를 바치는 것이 가하니이까 불가하니이까"(마 22:17)

예수는 어떻게 대답하셨는가? 만일 세금을 바치는 것을 옳다 하면 저들과 한편이 되어, 로마의 탄압 아래서 고통당하는 대중들에게 반발을 살 것이었다. 만일 바치지 말라 하면, 당장 로마의 법에 저촉되게 되어 있다. 예수의 대답은 가히 충격적이고 놀랍다.

"가이사의 것은 가이사에게, 하나님의 것은 하나님께"(마 22:21)

'가이사의 것은 가이사에게.' 가이사가 강제로 거두는 세금, 그것이 마땅하든 마땅하지 않든 세상에 속한 것, 혹은 스스로 권력을 남용하여 탐욕을 뿌리고 재앙을 거두는 일은 가이사에게 속해 있다. 설령 가이사에게 속한 것을 가이사에게 준다 한들 무슨 영향이 있겠는가.

하나님의 것은 무엇인가? 그 자리에 서서 예수에게 시험을 거는 헤롯 당원들과 그 뒤에 서 있는 바리새인들 모두, 그리고 그 동전에 새겨있는 가이사 자신까지 모두가 '하나님의 것' 이다. 저들은 모두 하나님의 것을 하나님께 돌려드려야 하는 책임 있는 존재들이다. 모두가 하나님 앞에 서서 책임지고 설명해야 할 존재, 절대 권세자이신 하나님의 심판 앞에 선 존재들이다. 지금 그들은 바로 그분 앞에 서 있다.

예수는 이 한 마디로, 이들 모두를 엄위하시고 전권을 가지신 창조주 심판주 앞에, 그리고 그 전권을 위임받은(11:27) 왕 앞에 세워 놓으신다. 놀랍도록 권세 있는 말씀이다. 놀랍도록 지혜로운 대답이다. 헤롯당원들도 바리새인들도, 대제사장들도 시이저도, 예루살렘도 로마도 지금 온 세계의 주(主)이신 하나님과 그의 아들 다윗 목자이신 메시아 앞에 서 있다(cf. 시 2편; 마 20:17-19).

예수와 현세주의, 22:23-33

예루살렘을 중심으로 똬리를 틀었던 또 하나의 시대정신이 예수와 맞선다. 그것은 사두개인들의 현세주의적(現世主義的) 세계관이다(22:23-31). 예수의 권세의 출처를 물었을 때는 성전의 권세 가진 자들이 나섰다. 세금 문제로 예수를 올무에 넣으려 했을 때는, 당대의 목회자들이었던 바리새인들과 정치인이었던 헤롯당원들이 등장한다. 이번에는 당대의 세속적이고 현세적인 문화를 대변하는 인물들이 등장한다. 소위 사두개인들이다. 이들은 오래 전에 제사장 계열에 속해 있었다. 그러나 이스라엘이 정치적 격변기에 휘말리면서 정치세력화 되었고, 나중에는 상류층으로서 부와 세속적인 삶을 주도하는 문화의 대변인 노릇을 했다. 이들이 내세웠던 가장 분명한 철학은 '부활이 없다' 는 것이었다(23절).

그냥 현세뿐이라는 것이다. 존재하는 것은 지금 이 세상뿐이고, 장차 '오는 세상' 이 없다는 생각이었다. 불의해도 이 세상이 전부이다. 불의가 심판을 받고, 의가 끝내 인정을 받는 내세, 곧 다음 세상은 없었다. 그들이 그런 세상을 희망할 이유가 없다. 이 세상은 그들의 것이었고, 그들이 불의하다 해도 내세가 없으니 심판도 없다. 그들은 자신들의 이런 사상을 그럴듯한 교리로 포장하고, 합리적인 듯한 논리로 자신들의 세계관을 포장했다. 그들이 예수께 나아온다.

그들이 가져온 칠 형제의 죽음과 맏형의 아내를 맞게 되는 나머지 형제들이 부딪힐 난관에 대한 논증(24-28절)은, 한 마디로 하면, 부활 이후의 세계가 존재하지 않는 것이 분명하다는 것이다. 그 이유는 만일 존재한다면 그것은 너무나 불합리하기 때문이라는 것이다. '부활이나 내세가 있는 편이 훨씬 더 골치 아프다' 는 식이다. 그들의 논증은 그들이 얼마나 현세에 빠져 있는지를 보여준다. 저들이 모세를 인용한 부분은 재혼에 해당하는 내용인데(신 25:5), 사람이 죽었을 때 자식은 없고 아내만 있을 경우, 동생이 그 아내를 취하여 형을 위해 자녀를 낳고, 그 형의 기업을 계속적으로 이어가도록 하는 제도였다.

이 제도는 그 시대로 말하면 일종의 사회보장제도였다고 할 수 있다. 자신의 기업, 곧 이스라엘 안에서 분배된 일정 부분의 토지를 갖고 있는 사람이 죽을 경우, 자식이 없이 아내만 남긴다면 그 아내는 사회적으로 보장받지 못하는 과부가 되고, 그 과부가 그 땅을 무를 수는 없기 때문에 그 땅은 누군가에게 팔리게 된다. 이런 경우에 대한 대처가 없으면, 결국 광대한 영토를 독식하는 거대 지주들이 생기는 데 일조하게 된다. 그렇게 되면 많은 불법과 이에 혹사당하는 소작농들이 양산되기 때문에, 모세의 율법은 이런 면에서 망자의 동생이 있다면 그로 하여금 보호받을 길 없는 미망인을 거두게 하여 기업을 무르도록 한 것이다.

물론, 예수께서 활동하시던 1세기 팔레스타인은, 이스라엘이 포로에서 돌아온 후 아직 아무런 영토의 회복이라든지 기업의 배분이라든지 하는 이스라엘의 회복의 문제가 해결되지 못했다. 정치적으로는 현격하게 로마의 분봉왕들의 통치 아래 있었기 때문이다. 사두개인들은 모세가 이러한 법을 준 의도 역시 몰랐거나 개의치 않았던 것이 분명하다. 그들의 질문을 통해서 알 수 있는 것은 그들이 부활을 두려워하지도 않고, 그것을 믿지 않았다는 사실이다. 그들의 논리는, 만일 부활이 있다면 그것은 상당히 합리적이지 않다는 주장에 근거한다.

예수께서는 유대인들이 날마다 반복하는 18개의 축원(the Eighteen Benedictions) 가운데 처음 두 부분을 들어 대답하신다. 그 첫째는 "나는 아브라함의 하나님이요 이삭의 하나님이요 야곱의 하나님이로라" (32절)이다. 하나님이 살아계시므로 그 앞에서 모두가 살아 있다. 그들이 강하고 살아 있을 때뿐 아니라, 약하고 죽어 있을 때에도 그들은 하나님 앞에서 살아 있다. 그러므로 사신 하나님은 산 자들의 하나님이시다.

두 번째 축원의 기도 내용이, '하나님은 죽은 자를 살리시는 분' 이다. 부활을 부인한다는 것은 그래서 곧 사신 하나님을 부인하는 것이다. 사두개인들은 하나님을 오해했다.

그뿐 아니라 예수께서는 부활의 질서가 세상의 질서와 다르다는 사실을 말씀하신다. 예수가 갖고 들어오신 하나님의 통치는 '지금 여기서 돌아가는 세상 원리와는 다른' 원리로 움직일 것이다. 더구나 '지금 여기서 모든 것이 결판나지 않는' 철저히 종말론적인 무엇이다. 그 '다른 뜻밖의' 질서 속에서 그들은 설 자리가 없을 것이다.

사두개인들의 태도는 실용적(實用的)이다. 현세에 도움이 되지 않는다면 내세가 무슨 소용이냐는 식이다. 그러나 하나님의 나라를 이 세상의 연장으로 생각할 수 없다. 교회가 이 세상의 방식대로 살고, 이 세상의 방식대로 살아서 하나님 나라에서도 인정받을 수 있다고 생각할 수 없다. 영원(永遠)은 현세(現世)의 문제들을 현세의 방식대로 풀기 위해 존재하지 않는다. 현세주의는 하나님의 나라를 축소시킨다. 영원을 배제시킨다. 하나님을 배제시킨다. 이 세상이 모든 것이라고 믿는 것처럼 교회를 하나님 나라로부터 분리시키는 해악은 없다.

예수와 율법주의, 22:34-40

헤롯당원들도 놀라고, 사두개인들도 예수와의 쟁론에서 패배한 후, 이 배후에 숨어 있던 바리새인들이 직접 나선다(22:34). 그들과의 쟁론은 이미 복음서 곳곳에 드러나 있다. 그러나 여기서 다시 한 번, 그리고 23장에서 결정적으로 대립한다. 그들의 율법 이해와 예수의 율법 이해가 정면으로 충돌한다. 바리새인들에게 구약의 613개 명령들 가운데 '어느 계명이 큰가' (22:36)의 문제는 매우 중요했다. 그 질문은 오늘날, 당신의 신학이 과연 정통인가를 묻는 것과 같고, 만일 이단적 요소가 있다면 그는 곧 대중적인 가르침에서 제외시켜야 할 대상으로 낙인찍히는 이유가 될 것이다. 이런 식으로 바리새인들에게 율법의 해석과 적용은 곧바로 대중적 지도력을 의미했다. 예수께서 잘못 대답하신다면, 그들은 곧바로 예수를 이단적 사상을 설파하는 자로 비난하여 그분이 가진 대중적 지지를 훼손할 수 있었을 것이다.

예수께서는 다시 한 번 유대인들이 일상적으로 하는 기도로 대답하신다. 이번에는 '쉐마' (Shema, 신 6:5)이다.

> "네 마음을 다하고 목숨을 다하고 뜻을 다하여 주 너의 하나님을 사랑하라"
> (마 22:37)

예수께서는 이것을 크고 첫째 되는 계명이라고 말씀하심으로써 기존의 율법에 대한 해석에 크게 동의하셨다. 하지만, 예수께서는 "둘째는 그와 같으니"라고 하시면서 덧붙이신다.

"네 이웃을 네 몸과 같이 사랑하라"(마 22:39; 레 19:18)

여기서 "그와 같으니" 라는 표현은 마찬가지로 중요해서 둘을 떼어 놓을 수 없다는 의미이다. 두 번째로 온다고 해서 덜 중요한 것이 아니라, 그만큼이나 결정적이라는 뜻이다.

물론 예수께서 율법의 내용을 요약하시면서 하나님의 언약적 사랑에 대한 언약적 응답으로서의 사랑을 첫째로 말씀하시고, 이웃 사랑을 두 번째로 언급하신 것에는 의미가 있다. 구약의 율법이라는 것은 하나님의 언약적 사랑을 그 출발과 근거로 한다. 출애굽 후에 모세를 통해 율법이 주어졌듯이, 모든 것이 하나님의 언약적 사랑에서 출발한다. 그리고 하나님의 백성은 그 언약적 사랑과 같은 사랑으로 그분에게 응답하도록 부름 받는다. 그러나 예수께서 두 번째 강령을 말씀하신 것처럼, 예수께서 해석하시고 강조하신 율법의 정신은 이보다 한 걸음 더 나아간다.

이웃을 내 몸처럼 사랑하는 것, 곧 후에 예수께서 "너희도 이와 같이 서로 사랑하라" 고 말씀하시며 이것을 '새 계명' 이라 하신 것(cf. 요 13:34; 요일 4:7-21)은, 예수의 율법 해석에 있어서 그리고 새로운 이스라엘인 하나님의 교회에 있어서 매우 중대한 의미를 갖는다. 율법의 요구도, 하나님의 사랑도, 예수의 삶과 죽음 그리고 그분의 사역과 가르침을 통해, 새로운 차원에 이르게 된다. 그것은 '온전한 사랑' 이다. 사랑은 하나님에게서 출발하지만, 그 사랑을 받은 자들이 그 사랑으로 하나님을 사랑할 뿐 아니라 이웃을 사랑할 때, 비로소 사랑은 '온전함' 에 이르게 된다. 신약의 저자들이 하나님의 사랑을 이렇게 이해하게 된 것은, 결정적으로 예수 그리스도의 사역과 삶 때문이다.

결론적으로 예수께서는 하나님 사랑과 함께 이웃을 사랑하는 것이, 온 율법이 거기에 달려 있는 중심적이고 기준이 되는 명령이라고 요약하셨다(22:34-40). '강령' (κρέμαται)이라는 표현은 문자적으로 율법의 다른 모든 계명들이 바로 이 두 가지 중심적 명령에 '매달려 있다' 는 뜻이다. 율법의 다른 계명들이 이 두 계명으로 요약될 수도 있고, 이 두 계명을 중심으로 이해되고 실천되어야 한다는 의미이다. 예컨대, 서로 충돌하는 것 같은 계명들이 있을 때, 바로 두 계명이 상위법이며 중심 되는 법이어서 그 정신에 의해 판단되고 결정되어야 한다고 말할 수 있다.

역으로, 이 두 계명을 철저하게 실천한다면, 율법의 다른 구차한 계명들은 다 성취되는 것이나 마찬가지가 될 것이다. 예수께서 요약하신 율법 해석의 강조점은 역시, 이웃 사랑이 하나님 사랑의 완성이라는 사실에 있다. 사랑은 하나님에게서 시작한다. 이웃 사랑으로부터 출발해서 하나님 사랑에 이를 수는 없다. 사랑은 언제나 하나님 자신에게서 시작한다. 그러나 하나님으로부터 시작한 그 사랑은 이웃 사랑에 이르러야만 비로소 그 온전함에 이른다.

이 예수는 과연 누구신가?, 22:41-46

이제 예루살렘과 로마, 종교와 세상의 대표자들로 나선 논객들이 나서서 예수께 도전했지만 모두 나가떨어졌다. 그들이 하나님을 잊은 것과, 세상에 취한 것과, 율법을 알지 못한 것이 마치 어둠이 빛에 드러나듯 모두 드러났다. 예수는 과연 누구신가? 특별히 율법에 대한 논쟁과 '다윗의 자손', 곧 메시아에 대한 논쟁이 연이어 기록되는 것은 흥미롭다. 종말에 메시아가 율법을 풀어 가르치며, 시온에서 하나님의 말씀이 나온다는 기대는 구약에 널리 퍼져 있는 생각이다(cf. 사 60-62). 특별히, 다윗은 하나님 앞에서 온전하게 '그의 규례와 법도를 따른' 왕으로 기억되고, 종말의 다윗 목자는 그분의 양 무리를 여호와의 율법으로 이끌 것임이 예고되었다.

> "내 종 다윗이 그들의 왕이 되리니 그들에게 다 한 목자가 있을 것이라 그들이 내 규례를 준행하고 내 율례를 지켜 행하며"(겔 37:24; cf. 36:26)

이제 예수께서 물으신다.

> "너희는 그리스도에 대하여 어떻게 생각하느냐? 뉘 자손이냐?"(마 22:42)

예수께서 과연 어떤 의미에서 다윗의 아들인지에 대한 논쟁이다(22:41-46). 바리새인들의 대답은 그리스도가 '다윗의 아들' 이라는 것이었다(42절). 마태복음에서 예수가 '다윗의 아들' 이라는 점은 이미 서두에 논증되었다(1:1-1, 18-25). 그분은 다윗의 아들이다. 그러나 그뿐인가? 예수께서는 자신이 다윗의 아들이지만 그 이상이라는 사실, 곧 그분의 정체와 권세에 대해 몇 가지 힌트를 던지신다. 예수께서는 다윗이 그리스도를 '주' (Lord)라 불렀다는 사실에 대해 시편 110편을 인용하신다.

예수께서 직접 인용한 이 시편 110편은 초대교회가 예수의 승천 이후 사건을 이해하는 데에도 중요한 열쇠가 되었다. 성령의 감동을 받은 다윗이 하나님의 보좌 우편에 앉으실 그분을 '주' 라 불렀으니, "어찌 그의 자손이 되겠는가?" (45절) 물론 이로써 예수께서 그 자신이 '다윗의 아들' 로 오셨음을 부인한 것은 아니다. 마태복음은 처음부터 예수가 '다윗의 아들' (1:1)이심을 선포하고, 그분이 성령으로 잉태되었지만 다윗의 족보에 '입양' 되어 합법적으로 다윗의 아들이 되었음을 공들여 설명하고 있다(1:17-25).

문제는 그분이 어떤 의미에서, 그리고 어떤 식으로 '다윗의 아들' 인가이다. 그것은 그분의 정체성과 신분, 그리고 그분의 권세에 대한 질문이다. 이 다윗의 아들 논쟁이 예루살렘 성전을 중심으로 한 이전의 논변들, 곧 당시의 시대정신들에 맞서 저들의 하나님 없음과 세상에 취함, 그리고 율법을 악용한 것을 폭로하신 사실 후에 나오는 이유가 있다. 이 모든 것을 맞서 밝히시고 저들을 하나님의 임재와 그 뜻 앞에 세우신 예수의 정체는 무엇인가?

마태는 이미 예수의 족보(1:1-17)와 탄생 기사(1:18-25)를 통해서 예수께서 성령으로 잉태되신 '하나님의 아들' 임을 기록한다. 그리고 그가 어떻게 요셉을 통해 다윗의 자손으로 편입되었는가를 설명한다. 즉, 마태는 이미 예수께서 성령으로 잉태되신 하나님의 아들로서 다윗의 자손임을 설명했다. 마태복음에서 예수는 '하나님의 아들' 로서 '다윗의 아들' 이다. 따라서 그분이 가져오신 '다윗의 아들' 로서의 사역과 통치는 하나님의 아들의 권세를 드러낼 것이었다. 분명, 그분은 종말의 다윗 목자로서 하나님의 권세를 갖고 그 사역을 하셨다. 하나님이 오신 것이다. 그분은 단순한 다윗의 아들이 아니다.

이미 구약에서 종말에 오실 '다윗의 아들' 에 대한 기대는, 단지 정치적 왕을 넘어서서 하나님에게서 권세를 위임받아 새로운 종말의 양 무리 위에 세워질 왕으로 기대되었다. 그분은 우선 여호와 하나님과 같은 목자이다. 오직 예수만이 하나님의 양 무리를 하나님의 권세와 뜻, 그분이 인도하시는 대로 이끄실 수 있는 목자로 기대되었다. 마태복음은 예수께서 바로 이 종말의 '다윗 목자' 이심을 전한다. 그뿐 아니다. 예수께서는 종말에 직접 오셔서 자기의 양 무리를 회복하시겠다던 그 여호와 하나님 자신의 권세와 사역을, 자신을 통해 행하시고 보여주셨다. 그분은 누구이신가?

예수께서는 시편 110편을 인용하시면서, 매우 간접적으로 이제 자신이 곧 승귀하여 땅과 하늘의 모든 권세들을 그 발 앞에 복종시킬 '주'(主)가 되실 것을 암시하신다. 그분은 다윗의 아들이며 그 이상이다.

> "이 아들로 말하면 육신으로는 다윗의 혈통에서 나셨고 성결의 영으로는 죽은 가운데서 부활하여 능력으로 하나님의 아들로 인정되셨으니 곧 우리 주 예수 그리스도시니라"(롬 1:3-4)

마태복음이 그리는 종말의 다윗 목자로서 예수의 모습에는 이미 이 두 가지 차원이 모두 함축되어 있다.

그분은 치유하시는 다윗의 아들, 종말의 목자이며(마 8-9장), 양 무리에게 싫어 버려져 죽임을 당하는 목자이나(26:31), 부활하여 성도들을 거룩한 성으로 인도하신 목자이며(27:53), 제자들보다 먼저 갈릴리로 가서 그들과 세상 끝날까지 함께하시며 가르치시며 인도하실 목자이고 (28:16-20), 장차 다시 와서 그의 양 무리를 심판하사 양과 염소를 가르실 심판의 주, 곧 종말의 목자이다(25:31-46).

예수와 이스라엘의 거짓 목자들, 23:1-39

종말의 다윗과 같은 목자로서 오신 다윗의 아들 예수. 장차 그분의 새로운 양 무리를 심판하실 심판주요 목자이신 그분은, 사역 기간에도 옛 이스라엘의 거짓 목자들을 정면으로 대면했다. 그동안 바리새인들은 예수를 공격하는 자들의 배후에 숨어 있었고(22:15-16, 34-35), 예수께서는 그들이 보낸 자들에게 답변하셨다. 그러나 이제는 바리새인들에게 하나님의 백성의 실패에 대한 책임을 물어 비판하신다(23장). 이제 마태의 이야기는 점차 더욱 분명한 심판(24장)과 다가오는 갱신, 그 새로운 미래로 나아간다.

먼저 예수께서는 바리새인들, 곧 '모세의 자리' 에 앉아 있는 이스라엘 지도자들의 '행위 없는' 가르침을 비판하신다(23:1-4). 그들의 마음은 높임을 받고자 하는 데 있었다(23:5-7). 스스로는 율법의 참된 정신을 지키려는 고민과 갈등을 외면한 채, 그것을 백성들에게만 부과하려했다. 율법을 해석하면서 그들은 더 자세하게, 더 정확하게, 더 많은 규율들을 만들어 하나님의 뜻을 행하고자 하는 대중들에게 더 많은 짐들을 지웠다. 그것은 백성들에게는 무거운 짐이 되었고, 죄인들을 양산했으며, 그들 자신에게는 외식으로 밖에는 지탱될 수 없는 속 빈 신앙을 낳았다. 그들은 더 나아가 단지 외식에 그치지 않고 그 빈자리를 헛된 영광으로 채웠다. 그들은 멍에를 지지 않고도 영광에 이르는 쉬운 길을 택한 것이다. 그들은 율법의 핵심적인 정신인 긍휼과 사랑, 인자와 진실을 버렸다.

옛 이스라엘의 '모세의 자리' 에 그렇게 속 빈 지도자들이 앉아 있는 것에 반해, 새 이스라엘, 곧 예수께서 만드시는 새로운 공동체('무리와 제자들' , 1절)는 오직 한 분의 교사만을 갖는다. 예수께서 이 새로운 공동체의 유일한 의의 교사이시다.

"너희 지도자는 하나이니 곧 그리스도니라"(마 23:10)

그들을 가르치는 교사는 하나님께서 그들 위에 세우사 그들을 '의의 길'로 인도하시는 종말의 다윗 목자이다.

"내 종 다윗이 그들의 왕이 되리니 그들에게 다 한 목자가 있을 것이라 그들이 내 규례를 준행하고 내 율례를 지켜 행하며"(겔 37:24)

그분의 가르침은 곧 그분의 사역과 분리되지 않는다. 11-12절은 예수의 사역과 인격이 곧 그의 가르침임을 보여주면서, 그분이 과연 어떻게 '다른' 교사인지를 드러낸다. 따라서 교회 안에서 다른 어느 누구도 의의 가르침, 곧 진리에 관한 한 그리스도의 말씀에 순종해야 한다. 이보다 앞서거나 높은 다른 권위는 없다. 새로운 공동체 안에서 인간의 권위가 그리스도의 권위보다 높아질 수 없다. 특별히 의의 가르침에 관한 한 모든 것이 그리스도의 가르침에 종속되어야 한다. 그분만이 길이고 진리이고 생명이다. 누구의 가르침이든지 그리스도의 가르침에 비추어져야 한다. 그리고 오직 그리스도의 가르침만이 최종적인 권위를 갖는다. 그것이 이 종말의 새로운 공동체 위에 목자 되신 그리스도를 세우신 하나님의 뜻이다.

예수께서 지적하시는 바리새인들의 부패는 점층적인 표현을 따라 더욱 심화된다. 우선 저들은 지위는 있으나, 그 지위에 합당하게 먼저 스스로 행하지 않는다(3절). 그리고 자신들도 할 수 없는 것을 백성들에게 부과한다(4절). 그것을 외식으로 덮고, 거기다가 헛된 영광을 추구한다(7절). 여기서 그치지 않는다. 그들은 백성들에게 바른 교사가 되지 못할 뿐 아니라 악한 지도자, 곧 그들을 실족하게 하고 지옥에 빠뜨리는 악한 지도자가 된다(13-15절).

그리고도 여기서 그치지 않는다. 그들은 성전을 남용하여 자신들의 탐욕을 채운다(19절). 하루 종일 율법을 논하고, 율법 해석으로 밥을 먹고, 율법 해석을 통해 자신들의 인기와 영향력을 유지하면서도, 그 율법의 중한 바를 알지 못하고 가르치지도 않는다. 하나님께서 주신 성전과 율법도 그렇게 오용한다(23절). 율법의 세세하고 구차한 규칙들에는 엄청난 관심을 보이고 그것들로 사람을 판단하지만, 율법의 더 중한 바, 의로움과 긍휼함과 신실함은 중요하게 생각지 않는다.

예수께서는 결국, 그들은 하나님의 양 무리를 치는 목자들이 아니라, 그 양 무리들을 잡아 자기들만 먹이는 목자들이라고 비난한다(cf. 겔 34:2). 그들 속은 비어 있을 뿐 아니라 도리어 외식과 불법이 가득하다(25-28절). 악은 언제나 멈추지 않으려는 속성을 갖고 있다. 처음에는 작게 시작하지만, 나중에는 진리를 뒤집고 죽음에 이른다. 처음에는 선을 버리고도 부끄러워하지 않지만, 나중에는 악을 선이라고 우긴다. 처음에는 죄를 변명하지만, 나중에는 죄를 죄가 아니라고 우기게 된다. 처음에는 의인을 피하지만, 나중에는 의인을 죽이려 든다. 그것이 악(惡)의 본질이다. 이스라엘의 선생 된 이들은 점차 자신들의 죄와 탐욕을 정당화하고 지속하면서 그들만의 세계를 지키기를 원한다. 그래서 그들의 허물을 지적하는 '선지자들과 지혜 있는 자들과 서기관들' 을 모두 죽이는 범죄에 이른다(34절). 결국 그들, '이 세대' [14]에게 남은 것, 혹은 그들

14) "이것이 다 이 세대에게 돌아가리라" (36절)라는 구절에서 '이 세대' (τὴν γενεὰν ταύτην)는 당시 예수와 동시대에 있던 유대인들을 가리킬 수도 있고, 시기와 상관없이 예수 이전부터 선지자들과 의인들을 핍박해 온 '악한 자들' 의 총칭일 수도 있다.

의 완악함이 선택한 결과는 심판뿐이다(33, 36절).

그러나 예수의 이런 강력한 유대교 비판, 옛 이스라엘에 대한 비판에는 절절한 긍휼과 호소가 담겨 있다. '암탉이 그 새끼를 날개 아래 모으려 함' 같은 통곡이요, 마지막 회개를 향한 호소이다(37절). 이스라엘에게 구원은 아직 완전히 닫히지 않았다. 하나님의 긍휼은 그렇게 끝나지 않는다.

"찬송하리로다 주의 이름으로 오시는 이여 할 때까지 나를 보지 못하리라"
(마 23:39)

이제 이스라엘에 구원을 가져오신 그 목자 예수를 보지 못할 것이지만, 그 때에는 다시 볼 것이다.

그 때에 이스라엘은 '주의 이름으로 오시는' 그분을 찬송으로 맞을 것이다. 그러나 지금 구원의 복음이 전해졌고, 이스라엘의 대부분은 그를 거절했다. 최종적인 심판이란 언제나 그 심판을 받게 되는 사람의 완악함에 따른 선택의 결과이다.

"너희가 원치 아니하였도다"(마 23:37; cf. 슥 11:8)

결국 38절에서, "보라 너희 집이 황폐하여 버린 바 되리라"는 말씀은 24장의 종말론적인 예언들과 25장의 종말론적인 교회의 삶에 대한 가르침의 서곡을 알리는 신호탄이다.

"시대정신과 맞서야 한다"

하나님의 나라는 단지 개인적 차원의 일만이 아니다. 혈과 육에 대한 것만이 아니다. 하늘의 정사와 권세, 보이지 않는 마귀의 세력과의 싸움이다. 하나님 나라의 복음을 전부 개인적인 일, 내 교회에만 관련된 일로 이해할 때, 우리는 연합하여 이 시대를 휩쓰는 공중권세 잡은 자의 철학과 사상, 사조(思潮)와 유행(流行)에 맞설 수 없다. 이 세상이 모두 나쁜 것이 아니다. 하나님께서 지으신 창조세계인데, 그리고 하나님께서 이 창조세계를 포기하지 않으셨는데, 이 창조세계 자체가 악할 수 없다. 그러나 보이고 또 보이지 않는 이 창조세계는 치명적으로 오염되고 병들어 있다.

악의 물결이 휩쓸어 결국 치명적인 피해를 받는 것은 개인의 삶이다. 하지만 악의 문제는 또한 진리의 영역과 윤리의 영역, 그리고 문화의 영역에서 대규모적으로 공세를 퍼붓기 때문에, 이 모든 영역에서 하나님 나라의 진리와 능력과 아름다움으로 맞서야 한다. '자유' 를 인정하고 증진하는 것은 좋지만, '돈' 이 근본이 되고 '탐욕' 이 덕이 되는 이 시대의 강력한 힘에 저항해야 한다. 어른을 공경하고 근면한 것은 성경도 지지하는 덕이지만, 속이 텅 빈 권위주의, 허례허식 가득한 형식주의, 그리고 미움과 교만을 힘으로 삼는 문화는 하나님께서 아름답게 만드신 사람과 공동체를 썩게 한다. 무엇이 진정으로 아름다운 것인가? 진실과 선함이 빠진 아름다움은 결국 회칠한 무덤이다.

하나님의 교회는 삶의 모든 영역에서 힘을 합해 전면전을 펼치는 군사들과 같다. 거짓과 싸워야 하고, 부패와 싸워야 하고, 그리고 문화 속의 추(醜)함과 맞서 싸워야 한다. 다양한 모습의 우리 모두가 필요하다. 전면전에 육(陸), 해(海), 공군

(空軍)이 다 필요하듯이, 성도들이 포진한 삶의 모든 영역에서 함께 협력해서 맞서야 한다. 하나님 나라의 통치를 거스르는 시대의 물결에 맞서 싸우신 예수님과 함께, 지금 어떤 전투를 치르고 있는가? 잘 싸우고 있는가? 여기에 세상 속에 처한 교회의 새로움과 다름, 그리고 놀라운 희망이 있다.

4. '그제야 끝이 오리라' 종말에 대하여

24-25장

24장은 흔히 '올리브 강화' 로 알려진 종말에 대한 예수의 말씀이다. 제자들은 예수에게 두 가지 질문을 한다.

> "우리에게 이르소서 어느 때에 이런 일이 있겠사오며, 또 주의 임하심과 세상 끝에는 무슨 징조가 있사오리이까"(마 24:3)

대체로 첫 번째 질문은 예루살렘 성전의 멸망에 대한 것이고, 두 번째 질문은 세상의 종말에 관한 것인데, 본문에서 주어진 예수의 대답에는 이 둘이 쉽게 나누어지지 않는다. 여기서 말하는 종말이 일관되게 주후 70년에 있을 예루살렘의 멸망인가, 아니면 세상 끝의 종말인가는 쉽게 구분할 수 없다.

1-2절은 예수께서 '성전 건물' 을 가리키며 하신 말씀임을 분명히 하

지만, 14절에서 '천국 복음이 모든 민족에게 증거되어야' 끝이 온다는 말씀은 사도행전 이후 지금까지의 복음전파 시대를 포함하며, 30-31절에 인자가 영광중에 오시는 장면은 현격히 세상의 종말에 관한 말씀임을 나타낸다. 다만, 24장의 예수께서 '그 날들에' (복수, 24:19, 22, 29)라고 하며 종말에 일어날 일들에 관해 이야기하다가 '그 날에' (단수, 24:36, 42, 50; cf. 25:13)라고 하며 보다 특정한 한 날, 곧 최후의 심판의 날로 집약되는 점이 주목할 만하다.

이런 점에서, 15-28절은 현격하게 예루살렘 성전 멸망에 초점을 맞추고 있는 것처럼 보인다. '멸망의 가증한 것이 거룩한 곳에 선 것' (15절; cf. 단 9:27)이라는 표현은, 우선 우상숭배와 성전파괴에 대한 상징적인 묘사이지만, 또한 역사적으로 반복되는 사건들을 염두에 둔 표현이다. 당시 유대인들이 이런 표현을 들으면, 대부분은 주전 168년, 셀류시드 왕조의 안티오커스 4세가 성전을 모독한 사건을 떠올렸을 것이다. 그는 헬라화 정책을 추진하다가 거부하는 유대인들의 세력을 짓밟기 위해서 성전 안에 있는 번제단 위에 그리스의 제우스(Zeus) 신을 위한 작은 제단을 쌓았고, 그 위에 유대인들로서는 상상할 수 없는 부정한 짐승인 돼지를 바쳤다.

예수께서 이런 사건을 상기시키는 이미지를 사용하신 것은, 그와 같은 일이 또 일어날 것임을 시사한 것인데, 유대인 역사가 요세푸스에 의하면, 주후 40년 경에 '멸망의 가증한 것' 이 거룩한 곳에 선다는 예언을 생각나게 하는 사건이 일어났다. 그것은 헤롯 아그립바(행 12:1) 시절의 로마 황제 칼리굴라(Caligula)가 거의 미친 상태로 예루살렘 성전 안에 자신의 흉상을 세우려는 계획을 세웠던 일이다. 그는 헤롯 아그립바가 이를 말리러 로마에 가는 동안 결국 로마에서 암살당했지만, 이후로 유대인들의 반발이 심해지고, 이는 주후 66년에 시작한 반란 전쟁을 통해 결국 70년, 로마의 예루살렘 진입으로 마무리되는 전쟁을 촉발시키는 계기였다. 그러나 실제로 성전을 더럽힌 것은 67년에서 68년 사이, 유대의 열심당원들이었다. 그들은 성전을 점령하고, 지성소에서 사람들이 범죄하며 그곳을 짓밟도록 놔두었고, 성전 안에서 살인하기를 일삼기도 했다. 성전을 모독한 자들이 오히려 유대인들 내부에서 나온 것이다.

또한, 괄호 안에 '읽는 자는 깨달을진저' 라고 한 언급은 묵시론적인 비밀을 언급하는 문맥에서 자주 사용되는 표현이다(cf. 단 1:17; 2:21-23; 9:25). 그것이 무엇이 될지는 정확히 알 수 없다. 그러나 미리 말씀하신 이런 일에 대한 경고를 읽은 자는, 그 때에 그것을 알아볼 것이다. 단지, 예수께서 '그 때에 유대에 있는 자들은' 이라고 하신 것을 보아 그 일은 머지않아 유대에서 일어날 일을 예언하신 것으로, 그것은 예루살렘 성전의 멸망에 관련되어 있다.

역사에 의하면 이 시기에 기독교인들은 예루살렘에서 흩어져 나왔고, 데가볼리 근처 벨라(Pella)라는 도시가 당시 그리스도인들의 주된 피난처로 알려져 있다. 예수께서는 그 날에 그리스도인들이 도망쳐 나올 때 하나님의 자비하심을 구하라고 말씀하신다. 임신한 자나 젖먹이를 가진 자들, 겨울이 되어 길이 비로 진흙탕이 되는 경우, 그리고 유대인들의 눈에 현격하게 띄게 되는 안식일(19-20절) 등에 그런 멸망의 두려운 전쟁이 일어나지 않도록 기도하라고 하신다.

그러나 바로 뒤이어 "이는 그 때에 큰 환난이 있겠음이라 창세로부터 지금까지 이런 환난이 없었고 후에도 없으리라"(21절)고 하신 말씀은 단지 예루살렘 멸망의 때만 언급하는 것처럼 보이지는 않는다. 예루살렘의 멸망은 곧 세상의 종말의 축소판이며, 뒤집어서 말하면 세상의 종말이 예루살렘의 멸망을 통해 투영되어 표현될 수 있음을 보여준다. 미래에 대한 예언이란 종종 이런 성격을 갖는다.

예루살렘의 성전시대의 마감은 하나님의 구속 역사뿐 아니라 인류 역사에 있어서도 새로운 전기를 의미한다. 그것은 하나님께서 과연 어떻게 그분의 택하신 백성 가운데, 그리고 인류에게 접근하실 것인가에 대한 새로운 방식이 시작됨을 의미하기 때문이다. 예루살렘의 역사는 인류 역사의 축소판이라고 해도 좋을 것이다. 올리브 강화는 이제 곧 새로운 세상이 열릴 것에 대한 충격과 기대로 가득 차 있다.

따라서 시기에 관해서는 서로 충돌하는 듯한 표현들이 있다. 34절에는 "이 세대가 다 지나가기 전에"라고 했는데, 이것은 예수의 십자가와 부활 사건의 결정성, 곧 그 사건이 성취하는 바('이루리라')의 결정성을 언급하는 것으로 보이고, 36절에서 "그러나 그 날과 그 때는 아무도 모르나니"라는 말씀이 종말의 때에 대한 정확한 표현이라 할 수 있다. 중요한 것은 그 때와 시를 맞추는 것이 아니라, 그 때가 언제가 되든 종말을 의식하며 종말론적인 신앙을 가지고 사는 것이다.

종말의 특징들은, 불경건의 극치(24:15), 급박하고 충격적인 환난(21절), 대대적인 미혹(24절), 우주적 재난(29절), 그리고 인자가 영광중에 오시는 것(30절)이다. 그 때에 종말의 참 목자 되신 주께서, 사방에서 그의 양 무리를 '모으실' 것이다(31절).

종말을 대비하는 결정적인 자세는 "깨어 있으라"이다(42절). 24:42부터 시작하는 "깨어 있으라"라는 경고의 말씀은 37-41절에 주어진 첫 번째 비유, 곧 '노아 홍수 때의 비유'를 서곡으로 해서, '게으른 종의 비유'(24:42-51), 25장의 '열 처녀의 비유'(1-13절), '달란트의 비유'(14-30절), 그리고 마지막으로 '양과 염소의 심판'(31-45절)에 이르기까지 반복해서 강조되고 있다.

'노아 홍수 때의 비유' (37-41절)는 종말, 곧 심판의 때의 특징이 '예상치 못함' 에 있다는 사실을 일깨운다. "홍수가 나서 저희를 다 멸하기까지 깨닫지 못하였으니" (39절). 인자가 임할 때도 이런 현상이 있을 것이다. 중요한 강조점은 "다 멸하기까지 깨닫지 못하였으니" 이다. 어떻게 다 멸하기까지 깨닫지 못할 수 있을까? 실제로 그렇다는 것이다. 나병 환자의 가장 무서운 특징은 손가락과 발가락이 떨어져나가도 그 고통을 느끼지 못한다는 데 있다. 만일 고통을 느낄 수 있다면, 손가락이나 발가락을 잃지 않도록 충격을 피할 수 있을 것이다. 문제는 이러한 고통을 깨닫는 자리에 이르지 못한다는 데 있다. 그래서 산상수훈에서는 '애통하는 자' 가 복이 있다고 하고, '의에 주리고 목마른 자' 가 복이 있다고 말한다(마 5:1-12). 그들은 하나님 나라를 바라보고 그 나라에 소망을 두기 때문에, 이 세상에서 고통을 안고 살아가며, 그 고통 중에 비로소 '깨어' 살아간다.

그러나 이 세상뿐인 사람들, 이 세상에 머리를 처박고 가슴을 세상으로 채우고 영혼을 팔아버린 사람들은 그런 고통을 더 이상 느끼지 않는다. 느껴도 그것이 그가 타고 달리는 브레이크 없는 차를 세울 만큼 강하지 못하다. 그래서 '다 멸하기까지 깨닫지 못하는' 것이다. 시간이 많아도 소용없다. 아무리 큰 소리로 말해도 소용없다. 이웃 나라에서 지진이 나서 수십만이 죽고 다쳐도 그 일은 자기가 살아가는 죄악된 삶과 아무런 상관없다고 느낀다. 그에게 있어 종말은 결국 '갑작스럽게' 오는 것이 된다. 깨어 있으려면, 그래서 종말이 자신에게 갑작스러운 것이 되지 않게 하려면, 언제나 신앙과 양심 때문에 애통해할 수 있고, 하나님의 뜻을 행하고자 의에 주리고 목마르며, 심령이 가난한 채로 하나님 나라를 품으며, 청결한 마음으로 하나님을 바라보며, 그 나라에 소망을 두고 살아야 한다.

깨어 있는 삶, 충실한 삶, 24:37-44

그렇다면 과연 어떻게 하는 것이 '깨어 있는 신앙의 삶' 인가? 마태는 예수의 비유들을 통해 이에 대답한다. 그것은 우선, 주어진 사명에 날마다 '충성' 하는 삶이요, '준비' 하는 삶이요, '열매' 를 거두는 삶이요, 더 나아가 예수의 삶을 따르는 것, 곧 그분의 사명과 가르침처럼 '지극히 작은 자들' 을 대접하는 긍휼과 은혜의 삶을 사는 것이다.

먼저, 깨어 있는 신앙생활은 오늘 맡겨진 사명에 충실한 삶이다 (24:42-51). 오늘 자신에게 맡겨진 사명, 특별히 그분의 백성들을 향한 섬김의 삶을 마치 내일 결산할 것처럼 여기며 충실하게 사는 삶이다. 그것이 마지막 날을 가장 잘 준비하는 길이다. '갑자기 들이닥치는 도둑의 비유' (24:42-44)는 바로 앞서 나오는 '노아 홍수 때의 비유' (37-41절)와 그 초점이 유사하다.

둘 다 제자들이 "어느 때에 이런 일이 있겠사오며" (24:3)라고 물은 질문에 대한 응답인 셈이다. 어느 때에 이런 일이 있겠는가? 답은 그 때와 시를 알 수 없다는 것이다. 징조들은 있겠지만 정확한 때는 알 수 없다. 그동안 교회는 세상 속으로 깊이 미끄러질 수 있다. 세상 속에 깊이 잠들 수 있다. 마치 집주인이 도적에 대한 아무런 생각 없이 잠들어 있는 것처럼. 두 비유 모두 '영적인 안이(spiritual laziness)함' 에 대한 경고이다. '괜찮다, 아무 일 없다' 라는 영적 태도에 대한 경고이다.

하지만 두 비유의 강조점이 서로 다른 바도 있다. '노아 홍수 때의 비유' 는 42절에서 결론이 주어진다.

"그러므로 깨어 있으라 어느 날에 너희 주가 임할는지 너희가 알지 못함이니라"

강조점이 결코 심령이 둔감해져서는 안 된다는 데에 있다. 성도의 심령이 세상에 붙잡혀 그것으로 휘말려 영적으로 둔감해지는 것에 저항해야 종말을 잘 맞을 수 있다. '갑자기 들이닥치는 도둑의 비유' 의 펀치라인은 44절에 있다.

"이러므로 너희도 예비하고 있으라 생각지 않은 때에 인자가 오리라"

'도둑의 비유' 는 여기서 한 걸음 더 나아간다. 주인이 집에서 잠을 자는 것은 당연하다. 노아의 홍수 때처럼 흥청망청하는 것이 아니다. 그렇다고 해서 안이하게 있어서는 안 된다. 세상에 빠져 있지 않더라도, 이를테면, 교회 안에서 잘 머물고 있더라도, 영적 안일함은 언제나 적이다. 한 단계 더 나아가 '예비해야' 한다. 여기서 '예비한다' 는 말은 문자적으로 모든 것이 제자리에 합당하게, 마땅하게 놓일 자리에 놓인 모습을 그려 준다. 뒤이어 나오는 비유는 더 구체적으로 어떻게 마땅한 자리에 서야 하는가를 보여준다.

깨어 있는 삶, 예비하는 삶, 24:45-51

그러므로 '악한 종의 비유' (45-51절)는, 44절에서 '예비하라' (혹은 의미적으로 '마땅한 자리에서 마땅한 일을 하고 있으라')라는 앞선 비유의 결론에 이어 나온다. 이 비유는 그 서두에 '예비하라' 는 것이 어떤 것인지에 대한 대답을 주고 있다.

"충성되고 지혜 있는 종이 되어"(마 24:45)

따라서 '예비하라' 는 말은 문자적으로 '마땅한 자리에 마땅한 일들이 있게 하는 것' 인데, 이 비유는 곧 그 의미를 '충성스럽고(믿을 만하고) 지혜 있는' 태도로 해석하는 셈이다. 그러므로 잘 깨어 있다는 것은 세상 속에 자기의 심령을 잃어버리지 않을 뿐 아니라('노아 홍수 때의 비유'), 집 안에서 곧 하나님과 그분의 공동체 안에서 자기 위치와 사명을 신실하게 지키는 것이다. 그것이 그 날을 '예비' 하는 길이고, 충성된 삶, 곧 신실하여 믿을 만한 삶이고, 또한 어리석음을 피하는 길이다.

당연히, 이 '악한 종의 비유' 에서 '악함' 에 대한 설명도 이런 의미들의 문맥 속에서 이해되어야 한다. 이 종은 왜 악하다는 평을 듣는가? 그가 '동무들을 때리며 술친구들로 먹고 마신' 것은 자신의 위치를 이미 벗어난 행위, 곧 신실하지 못하고 어리석은 행위이다. 악한 것이다. 그러나 그의 악함에는 그보다 깊은 원인이 있다. 그는 '마음에 생각하기를 주인이 더디 오리라' (48절)고 단정했다. 악한 종(48절)은 단지 잘못된 행위를 해서 악한 것이 아니라, 주인과 주인이 오시는 날을 염두에 두지 않은 무지(無知)와 오만(傲慢)에 의해 그 심령이 게을러졌기 때문에 악한 것이다. 그의 무지와 오만이 그로 하여금 게으른 자로, 불충한 자로, 포악한 자, 곧 어리석은 자로 만든 것이다. 그가 '외식하는 자의 받는 율' 에 처해진다는 것은, 바리새인들에게 떨어진 심판, 곧 교회 밖 옛 이스라엘의 지도자들에게 떨어진 그 심판에 그 자신도 예외가 될 수 없다는 엄중한 선고이다(51절).

깨어 있는 삶, 끝에서 시작하는 삶, 25:1-13

깨어 있는 신앙생활은 지혜로운 삶, 곧 준비하는 삶이다. '미련한' 처녀들은 신랑을 맞으러 가면서 등을 가져갔지만, '기름' 을 준비해 가지 않았다(25:3). 준비해 간 처녀들이 미처 준비해 가지 못한 처녀들에게 '좀 나누어 주면 안 되었을까' 라고 생각할 수 있지만, 그것은 비유를 읽는 방법이 아니다. 기름을 준비해 간 처녀들은 '슬기 있는(지혜 있는, 어리석지 않은) 처녀' 들이다. '지혜 있는' 이라는 표현은 앞선 비유에서 '지혜 있는 종' (24:45)에서 잠간 나오고, 이 비유에서는 중심적인 특징이 된다(25:2, 4, 8, 9). 무엇이 지혜로운 것인가?

지혜롭다는 것은 종종 미래의 관점에서 현재를 보고, 미래에 있을 일들을 예비함으로 현재의 선택을 하는 태도를 말한다. 미래의 관점에서 현재를 사는 것, 그것을 지혜롭다고 할 수 있다. 이 비유에서 뜻밖의 요소는 '신랑이 더디 온 것' 이다. 어리석은 처녀들은 필요한 만큼 준비했고, 슬기로운 처녀들은 '만약의 경우' 도 준비했다. 조금 더 버틸 수 있는 여력을 준비한 것이다. 마지못해 겨우겨우 한 것이 아니라, 만일의 경우도 대비해서 넉넉히 준비한 것이다.

'기름' 이라는 것은 상징적으로, 마치 '잔치에 초청한 주인의 비유' (22:2-14)에서 언급된 '예복' (22:11-12)처럼 성도의 '의로운 행위들' 을 의미할 수 있다. 하지만 만일 '기름' 이 상징하는 바가 단순히 '의로운 행위들' 이라면, 그 앞선 비유, 곧 앞선 '악한 종의 비유' 에서도 강조된 충성스럽고 의로운 행위들과 크게 다르지 않을 것이다. 그러나 '열 처녀의 비유' 는 그 이미지가 신랑과 그를 기다리는 처녀들이라는 정황이라는 점에서, 단순히 '의로운 행위들' 보다는 조금 더 깊은 의미를 던질 수도 있다.

신자가 주님을 기다리며 세속에 함몰되지 않고 자신을 지켜, 하나님과 교회와 사람 앞에서 자기 위치를 지키며 충성스럽게, 신실하게, 지혜롭게 살 수 있는 힘은 어디서 나오는가? 그는 자신이 들고 있는 그 등잔불을 어떻게 계속 밝게 타오르게 할 수 있는가? 신랑과 그를 기다리는 처녀들의 비유가 그려 주는 정황처럼, 그것은 그 신랑에 대한 사랑이 아닌가? 기대치 않았던 어둠, 끝날 것 같았는데 계속되는 그 어둠, 예상을 넘어서 계속되는 시련, 더 많은 인내를 요구하는 환난들, 끊이지 않는 삶의 역경들과 핍박, 계속되는 단조로움과 유혹들, 이런 것들을 견디어 내면서 세상에도 빠지지 않고 하나님 앞에서도 자신의 신분과 위치를 지켜내려면 그에게 필요한 것은 무엇인가?

결국 신랑 되신 주님의 사랑, 그 주님께 대한 사랑밖에 없다. 예수의 사랑, 예수께 대한 사랑, 그 신랑에 대한 불붙는 사랑뿐 아니라 그 사랑을 계속해서 불붙게 하고 더욱 뜨겁게 할 수 있는 무엇이 필요하지 않은가? 당장의 신앙생활만 겨우 하는 신자는, 예상을 뛰어넘어 다가오는 유혹과 계속되는 시련의 날들을 견디기 어려울 것이다. 열 처녀의 비유는 과연 인내의 시간이 올 때, 그것을 견딜 사랑이 얼마나 준비되어 있는가를 묻는다.

깨어 있는 삶, 중대한 기회, 25:14-30

더 나아가, 깨어 있는 기간은 단순한 기다림이 아니라 중대한 기회이다. 달란트의 비유(25:14-30)는 '깨어 있음' 에 대해 한 걸음 더 나아간 시각을 제공한다. 깨어 있다는 것은 세속에 함몰되지 않는 것 그 이상이다. 깨어서 그 날을 기다린다는 것은 자기 위치를 지키며 충성하는 것 그 이상이다. 깨어 있는 삶을 산다는 것은 예기치 않은 늦어짐, 생각 이상으로 계속되는 시련을 견딜 사랑을 지켜 가는 것 그 이상이다. 깨어 있는 삶을 산다는 것은, 늦어지는 종말의 날을 단순히 기다리는 시간이 아니라 투자하고 주인을 위해 이익을 내는 기회의 시간이어야 한다. '깨어 있음' 에 대한 연속적인 비유는 달란트 비유에 와서 적극적인 시간으로 바뀐다.

여기서 '악하다' 는 것(26절, '악하고 게으른 종아')은 앞서 나온 비유들에서 표현된 의미와 다소 다르다. 비유의 문맥이 그 단어에 새로운 의미를 부과한다. '갑작스럽게 닥친 도둑의 비유' 에서 '악하다' (48절)는 뜻은 신실하지 못함 그리고 무지함과 오만함을 뜻했다. 그러나 달란트 비유에서 '악하다' 는 뜻은 기회를 굳이 활용하지 않으려는 의도적인 악함을 뜻한다. 그것은 일부러 게으름을 택하는 변명에 기초한 기회의 악용(惡用)이다. 그는 분명히 나중에 주인이 와서 자신에게 맡긴 기회와 사명에 대한 책임을 물을 것을 알았다(24절).

종말의 그 날이 늦어지는 것은 이제 '뜻밖의 사건' 이 아니다. 그 기간은 이제 사명을 다하고 주인에게 무엇을 남겨 드릴 의미 있는 시간이다. 악함은 이것을 부러 잊는 것이다. 아무것도 하지 않고 기다리는 것, 그것은 깨어 있지 않는 것이다. 단순히 맡겨진 것들에 충성하는 것뿐 아니라 자신의 모든 것을 드려 적극적으로 주인의 뜻을 이루어야 한다. 이제 깨어 있는 기간, 기다리는 기간은 자기에게 주어진 은사와 사명, 곧 그의 사랑의 흔적들을 일깨워 그 사랑의 열매들을 맺는 기간이어야 한다. 기다림은 무미건조함이나 무력함이 아니다. 주인이 오신 후에 있을 교제와 기쁨의 삶은 이미 그들 안에 그들의 은사와 시간이라는 기회로 와 있다. 그들의 은사와 사명은, 이미 그 기다림 안에서도 그분과 교제하며 기쁨을 누릴 수 있는 기회로 주어져 있는 것이다.

자유하기 때문에 그 자유로 자기를 기쁘게 하는 삶이 아니라, 그 삶을 주인의 기쁨을 위해 드리는 것, 그것이 충성이다. 또한 '착하고 충성된' 것이 판단의 기준이라면 그 일이 크든 작든 문제되지 않는다. 직분에 상관없다. 사역의 종류에 상관없다. 그분은 우리가 '착하고' 또한 주어진 사명에 '충성된' 것으로 판단하신다. 이 얼마나 공평한 기준인가?

이렇게 보면, '깨어 있는 삶' 이란 끝에서 시작하는 삶이요 '하나님 앞에서' 사는 삶이다. 그 끝에서 오시는 주님을 바라보고, 바로 그 주님 앞에서 오늘의 선택을 만드는 지혜의 삶이다. 그 기간은 기다림으로 채워지지만, 그 기다림은 단순한 기다림이 아니다. 섬김의 기회이며, 사랑의 기회이며, 또한 열매 맺어야 하는 기간이다. 종말에 관한 이런 연속적인 비유들은 주께서 다시 오시는 그 알지 못하는 때, 그 때에 이르기까지 기다려야 할 교회들이 그 기다림의 기간을 어떻게 바라보아야 하는가에 대한 가르침을 준다. 이런 점에서 앞선 모든 비유들의 초점보다 한층 더 깊어지고 한층 더한 절정에 이르는 마지막 비유, 곧 '양과 염소의 심판' 의 비유는 놀랍기 그지없다.

깨어 있는 삶, 긍휼의 삶, 25:31-46

'양과 염소의 비유' (25:31-46)는 교회가 오늘을 살아갈 때 그 시각이 바뀌어야 함을 가르친다. 예수께서 오신 때와 다시 오실 그 사이의 기간, 그 중간의 때를 살아가면서 세상과 사람들을 보는 그들의 시각이 바뀌어야 한다. 어떤 시각으로 바뀌어야 하는가? 그들이 현재를 살아가는 시각은, 이미 오셨고 앞으로 오실 그분, 그 종말의 목자의 시각으로 바뀌어야 한다. 마지막 날에 다시 와서 자신의 양 무리를 심판하실 그 목자의 시각으로 바뀌어야 한다. 그분의 판단 기준에 따르는 삶, 그 기준에 합당한 삶을 살아야 한다. 더 구체적으로, 종말에 오실 주님을 바라본다는 것은, 그분이 이 땅에 계셨을 때 바라보셨던 것들, 곧 쫓겨난 자들, 잃어버렸던 자들, 지극히 작은 자들을 바라본다는 것을 의미한다.

이스라엘 가운데 오셨던 종말의 목자 예수는 율법을 통해 전해진 하나님의 뜻을 '긍휼' 로 재해석했다. 그분의 사역 역시 잃어버려진 자, 쫓겨난 자, 병든 자, 약한 자들을 치유하시고 회복하시며, 강한 자, 짓밟는 자, 사람들을 하나님의 언약 공동체에서 쫓아내는 자들을 공의로 판단하셨다. 그리고 그 모든 죄악의 짐을 그들의 목자로서 짊어지고 양 무리를 대신하여 죽으셨다. 그것은 자신의 양 무리를 향하여 가진 하나님 자신 속에 있던 긍휼의 드러남이요 완성이었다. '양과 염소의 비유' 가 가르치는 놀라운 사실은, 종말에 새로운 이스라엘을 심판하실 그 심판주 되신 목자의 판단 기준은 이미 그분이 이 땅에 오셔서 몸소 행하시고 가르치신 그 기준과 전혀 다르지 않다는 사실이다. 시험 문제가 이미 공개된 것이나 다름없다.

그 심판의 때에, 판단하시는 목자 앞에서 양으로 분류되는 자들과 염소로 분류되는 자들 모두가 놀란다. 놀람의 요소는 이 비유의 가장 큰 매력이다.

> "내가 주릴 때에 너희가 먹을 것을 주었고 목마를 때에 마시게 하였고 나그네 되었을 때에 영접하였고 벗었을 때에 옷을 입혔고 병들었을 때에 돌아보았고 옥에 갇혔을 때에 와서 보았느니라"(마 25:35-36)

선한 양 무리, 곧 의인들에 대한 그 목자의 선언이다. 양 무리의 대답이다.

> "주여 우리가 어느 때에 주의 주리신 것을 보고 공궤하였으며 목마르신 것을 보고 마시게 하였나이까"(마 25:37)

의인들은 자신들이 언제 그렇게 했는지 모른다. 악인들, 염소로 분류된 자들도 마찬가지이다.

> "주여 우리가 어느 때에 주의 주리신 것이나 목마르신 것이나 나그네 되신 것이나 벗으신 것이나 병드신 것이나 옥에 갇히신 것을 보고 공양치 아니하더이까"(마 25:44)

의인들과 악인들, 양들과 염소들, 하나님 나라를 유업으로 받는 자들과 예비된 영영한 불에 들어갈 자들, 모두가 놀라고 충격에 빠진다.

이런 충격적 판단의 열쇠는 마태복음에 이미 나와 있다.

"누구든지 내 이름으로 이런 어린아이 하나를 영접하면 곧 나를 영접함이니"(마 18:5)

"삼가 이 소자 중에 하나도 업신여기지 말라 너희에게 말하노니 저희 천사들이 하늘에서 하늘에 계신 내 아버지의 얼굴을 항상 뵈옵느니라"(마 18:10)

예수께서는 이 어린아이, 소자, 작은 자들, 죄인들과 같은 자리에 서셨다. 그것이 그분이 해석한 권력의 의미였다. 그것이 그분이 해석한 율법의 참 뜻이었다.

"둘째는 그와 같으니 네 이웃을 네 몸과 같이 사랑하라"(마 22:39)

여기서 '너희 가운데 이 지극히 작은 자들' 은 우선적으로 복음전도자들을 가리킨다. 특별히 순회전도자들이다. 그들은 대부분 주리고 헐벗고 가난한 자들이었다. 복음전도자라는 말 자체가 떠돌이요 주리고 헐벗은 가난함의 대명사였다. 예수의 공동체는 그들을 멸시해서는 안 되었다. 하지만 이 '지극히 작은 자들' 의 범주에 정말 헐벗고 대책 없는 고난에 놓여 있는 자들을 배제시킬 근거도 없다. 내 몸과 같이 사랑해야 할 이웃의 범주를 내가 결정할 수 없다. 사랑받을 필요가 있는 사람이 내 이웃이다.

하나님을 사랑하는 것이 이웃 사랑에서 온전하게 된다는 것을 몸소 증거하고 그 원칙을 확고하게 세우신 이는, 권세 있는 긍휼의 목자로 오신 예수 자신이다. 그분의 삶과 가르침이 '양과 염소의 비유' 에서 놀람을 일으키는 그 원칙, '그들에게 한 것이 곧 내게 한 것' 이라는 원칙의 근거이다. 이 사실은 예수께서 부활하시고 하늘 보좌 우편에 앉으신 후에도(시 110; 마 22:44), 그리고 그분이 다시 오셔서 온 민족을 그 앞에 모으고 심판하실 때에도 변치 않는 원칙이요 기준이다. 그 기준은 예수의 지상의 삶과 죽음으로 확고하게 뿌리내렸다.

깨어 있는 삶을 산다는 것이 무엇인가? 그것은 예수 자신의 기준, 하나님의 기준, 그분의 뜻에 자신의 판단과 선택, 삶의 방향과 내용을 맞추는 삶을 의미한다. 그렇지 않다면 의미가 없다. '양과 염소의 비유' 는 읽는 독자들로 하여금, 다시 세리와 창기, 죄인과 병든 자들과 함께 식탁 교제를 베푸시던 역사적 예수에게로 눈을 돌리게 만든다. 거기가 예수의 계셨던 자리이다. 거기가 참된 권력의 의미, 곧 섬김의 자리이다. 지금 지극히 작은 자들을 돌보고 대접하는 그 자리, 역사적 예수께서 계셨던 그 자리에 있다면, 그는 마지막 심판의 때에도 예수와 함께 있게 될 것이다. 그분은 어제나 오늘이나 영원토록 동일하신 목자이시다.

이런 점에서, 24-25장의 종말에 관한 비유들은 모두 그 종말의 결과들을 미리 보여준다. 그 종말의 결과가 때로는 의외이고 혹독하거나 놀라운 것들이기 때문에, 미리 그러한 결국을 알고 오늘을 살라는 뜻이다. '게으르다' 는 것은 마땅히 생각해야 할 사실들, 직면해야 하는 진리들을 직면하지 않고 미루는 태도이다. 교회의 삶은 철저하게 종말론적이다. 종말에 근거해서, 영원에 근거해서, 마지막에서 출발하여 오늘의 선택을 만들면서 사는 삶이다. 그 마지막 날에 전혀 뜻밖의 역전이 되지 않도록 오늘 영원을 선택하며 사는 삶이다. 마지막 날의 정확한 시와 때는 알려지지 않았지만, 그 날에 주께서 판단하실 판단의 기준은 이미 나와 있다. 마치 시험 문제를 모두 공개하고, 곧 시험을 볼 것이라고 말하는 것과 다름없다. 시험 문제의 내용이 이미 공개되었다. 그 문제를 어떻게 풀어야 하는지, 그 문제를 내신 분이 직접 살아 보이심으로 답을 주셨다.

무엇이 깨어서 사는 삶인가? 마지막 날 치를 시험 문제를 정확히 아는 삶이다. 그리고 그 답을 주신 그분을 따라 자신도 그 답을 만들어 가는 삶이다. 그 삶은 세상에 자신의 마음과 영혼을 팔지 않는 삶이다. 그 삶은 편안한 종교적 틀에 안주하여 예수의 시각을 잃어버리는 위험을 직시하는 삶이다. 그 삶은 예수의 사랑, 예수에 대한 사랑이 여전히 뜨겁게 살아 있어 끝까지 그분과 동행하는 삶이다. 그 삶은 자신에게 주어진 모든 것을 던져 예수의 길, 그 종말의 목자의 길을 따라가는 착하고 진실한 양 무리의 삶이다.

요한계시록 7:9-17은, 후에 큰 환난에서 나와 어린양의 피에 그 옷을 씻어 희게 하고, 보좌 가운데 계신 어린양이 그들의 '목자'가 되어 생명수 샘으로 인도하시며, 하나님께서 그들의 눈에서 모든 눈물을 씻어 주시는 영광스럽고 감격적인 장면을 그린다. 종말의 다윗 목자가 되신 예수께서 새롭게 창조하신 종말의 양 무리는 오직 그 어린양, 곧 그들의 목자를 따라 생명수 보좌에까지 이른다. 그들은 예수와 함께했고, 함께하고, 또한 그 날 그 보좌 앞까지 함께할 자들이다.

"볼지어다 내가 세상 끝날까지 너희와 항상 함께 있으리라"(마 28:20)

"영원(永遠)의 관점에서"

노인(老人)들이 지혜로운 이유는 그들이 비로소 삶의 끝에 서 있기 때문이다. 이미 지나온 길을 돌아볼 때, 무엇이 잘못된 것이고 무엇이 의미 있는 일이었는지가 확연히 드러나기 때문이다. 단지, 그 잘못을 뒤집을 수 없고, 그 의미 있던 일에 더욱 몰입하기에는 너무 늦었을 뿐이다.

지혜란 끝에서부터 시작하는 생각과 마음가짐에서 나온다. 종말을 기준점으로 사는 것, 그것이 신앙이다. 그것이 예수님의 신앙이었고, 예수를 따르는 제자들과 또한 오래 전 이 땅에서 믿음 때문에 순교했던 순교자(殉教者)들의 신앙이었다. 예수님은 처음부터 끝을 생각하고 시작하셨다. 그분의 짧은 삶은 그분이 목표로 했던 십자가의 죽으심과 그 이후라는 관점에서 한 발짝씩 진행되었다. 사실 누구도 죽음을 기점으로 삶을 살지는 않는다. 대부분은 우물쭈물하다가, 혹은 끝까지 저항하다가 종말을 맞지 않는가.

끝에서 시작하는 삶, 영원의 관점에서 오늘을 선택하며 사는 삶, 그것이 신앙이다. 믿음으로 구원 받으면 그만이고, 현재는 악착같이 복을 받으며 사는 삶의 관심은 현재에 묶여 있다. 그 신앙의 중심축이 현재에 놓여 있다. 지금 여기에서 성공하는 것이 성공이고, 지금 여기에서 앞줄에 앉아 있는 것이 승리라고 믿는 것은 자기 확신에 불과하다.

예수께서 많은 비유로 가르치신 삶은, 끝에서 시작하는 종말의 신앙이다. 영원의 관점은 이미 우리에게 알려져 있다. 거기서부터 오신 분께서 가르치시고 삶으로 보여주셨기 때문이다. 지금, 여기서 해야 하는 선택이 영원의 관점에서 결정되고 있는가? 그만큼 지혜로운가?

Chapter 07

가르쳐 지키게 하라

함께 계신 목자, 의의 교사 예수(26-28장)

복음서 전체로 보면 마태는 이제 예수께서 모든 가르침을 다 마치시고, 그 가르침대로 자신의 길을 가시는 모습을 그리기 시작한다.

> "예수께서 이 말씀을 다 마치시고 … 인자가 십자가에 못 박히기 위하여 팔리우리라"(마 26:1-2)

'다(all) 마치시고' 라는 말은 단지 앞선 올리브 강화와 종말에 관한 비유들뿐 아니라 이전에 기록된 모든 강화들을 가리킬 수 있다. 의의 길을 가르치는 의의 교사로서 예수의 모습은 종종 모세(Moses)와 비교되지만, 그보다는 '종말의 다윗 목자' 안에서 그 통일성을 갖는다.

이 종말의 목자는 자신의 양 무리에게 의의 길을 가르치는 의의 교사(28:19-20; 겔 24:23-24, 37:24-28)이고, 또한 그들을 치유하는 다윗의 아들이요(8-9장; 겔 34장), 동시에 양 무리의 버림을 받아 죽임 당하고(26:31; 슥 13:7), 결국에는 하나님의 전권을 위임받아 새로운 양 무리 위에 세워지고 그들 가운데 함께할 다윗 목자와 같은 인도자요 왕이다(28:16-20; 겔 34:23-24, 37:24-28).

1. 누가 예수의 죽으심의 의미를 아는가?

26:1-27:26

이렇게 마태복음 24-25장과의 연관성 속에서 이제 시작되는 수난의 기록들(26-28장)은 서로 깊은 연관성을 갖는다. '양과 염소의 비유' 에서 종말에 온 민족을 모으고 그의 양 무리를 심판하실 그 목자, 이 모든 종말의 종말에 영광 가운데 인자로 오셔서 심판의 권세를 행하실 그 목자가, 이제 고난을 당하시고 그의 종말의 양 무리를 위하여 죽임 당하시는 길을 걷는다. 종말에 자신의 양 무리를 다시 모으실 그 영광을 아시면서(25:31), 오늘 자신의 양 무리를 위해 고난을 받으며 십자가를 지시는 길을 가시기로 한다(26:1-2).

마태는 그분이야말로 그분이 가르치는 그대로 '깨어 있는 삶' 을 산다는 사실을 보여준다. 그분 자신이 장차 있을 종말과 그 영원의 관점에 근거해서 오늘을 선택하는 지혜롭고 충성스런 길을 가신다. 26-28장은 이렇게 24-25장의 종말에 관한 강화를 배경으로 펼쳐진다. 종말에 될 일들이 먼저 주어지고, 그 종말에 자신의 양 무리를 심판하실 목자가 이제 양 무리를 위해 자신의 목숨을 내어주는 길을 가시기로 하신 것이다. 예수에게 있어서 그분의 말씀과 사역은 결단코 분리되지 않는다.

한 여자, 26:1-16

누가 이 죽음을 알아보는가? 누가 이 목자의 죽음의 수혜자인가? 이렇게 선택하신 고난과 죽음의 길은 누구를 위한 것인가? 25:31-45의 비유에서처럼, 예수의 이러한 죽음을 고귀하게 여기고 이를 기념하는 자는 베다니 '문둥이' 시몬의 집에 나타난 그 '여자' (26:6-7)이다. 옥합을 깨뜨려 예수의 머리 위에 향유를 부은 그 여인이다. 랍비들의 전통에 비추어 보면, 장사 지낼 육체에 기름을 붓는 것은 자선이나 병든 자를 방문하는 것보다 귀하고 선한 일로 간주되었다. 하지만 이야기의 초점은 보다 더 선한 일에 있지 않다. 가난한 자를 구제하는 일보다 예수의 죽음이 누구를 위함인지 아는 것이 더 중요하다.

> "가난한 자들은 항상 너희와 함께 있거니와 나는 항상 함께 있지 아니하리라" (마 26:11)

예수께서 자신의 죽음을 기념하는 행위로 간주하신 그 복된 행위를 한 이 여인은 누구인가? 누가복음에서 '그 여자' 는 그 마을에 잘 알려진 죄인으로 확인되는데, 만일 그녀가 요한복음의 '마리아' 와 동일인물이라면 더 분명하겠지만(요 12:1-9), 마태는 다만 '여자' 라고만 한다. 하지만 '문둥이 시몬' 처럼 '여자' 도 오히려 지극히 작은 자들의 대명사처럼 들린다(마 19:1-12, 13-15). 앞서 나오는 비유와 연결해서 읽으면 참 놀라운 사건이다. 마태복음에서 예수는 지극히 작은 자의 하나님이시다. 누가 이 예수를 받아들이는가? 예수는 누구를 위해 고난당하고 죽으시는가? 누가 종말의 양 무리에 들어가는 복을 얻는가?

이 여인, 그 지극히 작은 자들이 그 예수의 보배로움을 알고 받아들인다. 예수의 죽음은 그분의 죽음을 소중히 받아들이는 자들에게 주신 하나님의 은혜와 생명이다. 그것은 잃어버린 양을 찾고 그들을 치유할 뿐 아니라, 결국 그 양들을 위해 자신의 목숨을 내어주는 목자의 모습이다(마 26:31; 슥 13:7). 오직 병들었다는 것을 아는 자, 병으로 고통당하는 자, 쫓겨난 자, 잃어버려진 자들만 이 목자의 보배로움을 안다. 그들만 그분에게 나아온다. 그들만 그분의 죽음을 기억한다. 그들은 그분이 필요하기 때문이다.

유다, 26:17-30

마태가 예수의 수난과 부활의 기사를 기록하는 나름대로의 시각은, 이처럼 이스라엘과 예수의 관계, 곧 그분의 양 무리가 그들의 목자를 버리는 과정이고, 그 목자가 스스로 자기의 목숨을 내려놓는 과정이다. 그것은 마태가, 예수 자신이 그러했던 것처럼 이 수난 사건들을 스가랴의 예언들로 이해했다는 증거들은 도처에 펼쳐져 있다. 스가랴 9-14장은, 실로 마태가 예수의 죽으심을 해석하는 결정적인 틀을 제공한다.

먼저, 스가랴 9:9-10(마 21:1-11에서 인용)은 시온, 곧 예루살렘에 그들의 왕이 임하시는데 그는 공의로우시며, 구원을 베풀며, 겸손하여서 나귀를 타고 오시고, 예루살렘에서 전쟁을 그치게 하시고, 이방 사람에게 화평을 전할 것이요, 그의 통치는 땅 끝까지 이른다고 예언한다. 그리고 곧 이스라엘과 여호와 하나님과의 관계가 양 무리와 목자의 관계에 비유되면서, 양 무리가 목자를 싫어 버린다(11:8)는 내용, 여호와께서 은총(favor)과 연락(union)이라는 막대기, 곧 언약을 깨뜨리신다는 내용, 그리고 급기야는 '그들이 은 삼십을 달아서' 목자의 삯을 치고 준 값을 여호와의 전에서 토기장이에게 던지는 장면도 기록된다(마 27:3-7).

그리고 결국은, 여호와께서 그 배은망덕한 양 무리를 유기하시며(11:9), 더 나아가 여호와 하나님 이스라엘의 목자가 하시는 것과 정반대로 하는 악한 목자를 그 위에 세우신다(11:16-17). 문제는 스가랴 13:7에서 여호와께서 "칼아 깨어서 내 목자, 내 짝된 자를 치라 목자를 치면 양이 흩어지려니와" 할 때 여기서 '내 목자, 내 짝된 목자'의 정체가 누구인가 하는 점이다. 이것은 11:16에서 언급된 배은망덕한 양 무리 위에 세우신 악한 목자일 수도 있고, 정체를 알 수 없는 여호와의 짝된 목자일 수도 있다. 스가랴 문맥에서는 이것이 명확치 않다. 그렇다면 마태복음 26:31에서 예수께서 스가랴 13:7의 예언을 자신에게 적용하실 때, 그분은 어떤 목자로서 죽임을 당하시는 것인가? 악한 목자로서인가, 선한 목자로서인가?

이것도 명확지 않으나, 그분이 이스라엘의 악한 지도자들, 더 나아가 이스라엘의 포로기를 지배했던 모든 지상의 (cf. '심판의 역할을 맡은 천상의 영적 권세들', Animal Apocalypse[1 Enoch 85-90]) 대표자의 역할을 뒤집어쓰고 죽으셨을 가능성이 높다(cf. CD-B 19:9-11). 그분이 옛 이스라엘 백성들과 지도자들의 모든 허물을 스스로 자신에게 덮어씌우고 심판을 받으신 것이다. 흥미롭게도 이스라엘의 부패한 지도자들은 그들의 완악한 마음 때문에 심판을 선택한 셈이 되었지만, 예수 자신은 긍휼의 목자의 마음으로 그들에게 돌아갈 심판을 스스로 자신에게 부과하신 셈이다. 이스라엘의 회복과 하나님의 통치가 세워지는 하나님의 방식은, 제자들이 칼을 쓰는 방식이 아니라(26:51-52), 그들의 목자 자신이 칼을 맞는 방식이었다(26:31).

그 목자가 누구인가? 마태는 이미 그분이 종말에 와서 온 민족 앞에서 그의 양 무리를 심판하실 심판주임을 밝혔다(25:31-45). 오직 마태만이 예수께서 칼을 쓰지 않으시는 이유, 그분의 권세를 이런 식으로 사용하시는 이유는 그분이 그럴 만한 권력이 없기 때문이 아님을 명시한다.

"너는 내가 내 아버지께 구하여 지금 열두 영 더 되는 천사를 보내시게 할 수 없는 줄로 아느냐"(마 26:53)

이것이 하나님 나라의 권세이다. 예수는 '권세' 의 의미를 다시 정의하시되, 가르침만이 아니라 그분의 삶과 죽으심으로 하신다.

따라서, 마태가 서술하는 예수의 수난 이야기는, 자신의 양 무리에게 배신당하고 팔리는 그 양 무리의 주인인 목자의 이야기이다. 그것은 섬김의 권력이 택한 마지막 길이다. 마지막 만찬 기사(26:17-30)는 이런 배신의 무드로 가득 차 있다. 가룟 유다가 그 주인공이다. 바로 뒤이어서 예수는 가룟 유다뿐 아니라 "오늘 밤에 너희가 다 나를 버리리라"(26:31)고 하신 후, 스가랴 13:7을 인용하시며 그 자신의 양 무리에게 버림을 받는 이스라엘의 하나님의 심정을 토로하신다. 이스라엘은 그들의 행실과 마음, 삶과 신앙, 그리고 백성들과 지도자 모두 함께 총체적으로 하나님을 싫어 버린 바 되었다. 그것이 그들 역사의 결론이었다.

하나님은 그들에게 싫어 버린 바 되셨고, 결국은 그들에게 팔리셨다. 하나님의 양 무리, 그분의 옛 언약의 백성 자신들이 하나님을 마치 삯꾼처럼 노예에게 주는 삯이었던 은 30(cf. 출 21:32)에 팔아 '넘기는' 장면, 그것이 유다가 대표자로 한 일이었다('넘겨진다'는 특징적으로 반복되는 표현이다: 26:15-16, 21, 23-25, 45-46, 48). 유다이든 베드로이든, 이들은 옛 이스라엘의 실패한 삶, 그리고 결국 하나님 앞에서 실패하는 인간의 삶을, 예수의 수난 사건 속에서 반복 재현한다는 점에서는 마찬가지이다(26:31-25, 69-75).

그들은 마치 갑작스런 환난에 뿌리를 내리지 못하고 말라 버리는 돌짝 밭에 떨어진 씨앗들 같다(13:21). 유다는 예수를 팔 기회를 찾고(26:16), 제자들은 잠에 떨어진다(26:40). 예수는 세 번이나 '잠에 떨어지는 것' 에 대해 언급하고(26:40, 43, 35), 세 번이나 '기도' 에 대하여 언급하신다(26:36, 42, 44). 예수는 거듭해서 그들과 '함께' (26:18, 20, 23, 29, 38, 40, 51) 계시지만, 그들은 예수와 함께 가지 않는다. 이렇게 마태의 예수 수난 기사는, 이스라엘의 포로된 상황, 곧 옛 언약이 파기된 상황, 이스라엘이 완전히 실패한 상황의 절정을 표현한다. 그것은 양 무리가 그들의 목자를 버리고, 팔고, 죽음에 넘기는 장면이다. 그것은 스가랴 11, 13장에서 내다본 그대로였다.

스가랴의 비전은 여기서 그치지 않는다. 목자가 수난 당하고 죽임 당하는 장면들과 겹치면서, 스가랴는 구원의 비전들을 전하고 있다. 그 날에 애통이 있을 것인데, "그들이 그 찌른 바 그를 바라보고" 그를 위하여 애통할 것이다(슥 12:10). 또한 "그 날에 죄와 더러움을 씻는 샘이 다윗의 족속과 예루살렘 거민을 위하여 열리리라"(슥 13:1). 그리고 "그 날에 생수가 예루살렘에서 솟아"(슥 14:8)나고 "여호와께서 천하의 왕이 되실 것"이다(슥 14:9).

예수께서는 유다가 자신을 배신할 것을 말씀하시면서(마 26:25), 떡을 떼시고 잔을 주신다.

> "이것은 죄 사함을 얻게 하려고 많은 사람을 위하여 흘리는 바 나의 피 곧 언약의 피니라"(마 26:28)

예수는 상황에 떠밀려 어쩔 수 없이 죽임을 당하는 것이 아니다. 그분은 양 무리를 위해 스스로 자신의 목숨을 내어놓기로 하신다. 이것은 옛 언약의 끝이요 새 언약의 시작이다(슥 9:11). 이 새 언약의 핵심은 긍휼에 가득 찬 용서, 곧 죄인들을 위한 죄 사함이다(슥 13:1).

이후에 마태는 유다가 은 30을 성소에 던진 후, 대제사장들이 그 은으로 토기장이의 밭을 샀다는 기록을 남긴다(27:6-7). 그리고 예수께서 돌아가신 후, 성전 성소의 휘장이 위로부터 아래까지 찢어져 둘이 되고, 마태는 곧 '무덤들이 열리며 자던 성도의 몸이 많이 일어났다' 고 기록한다(27:51-52), 이렇게 마태는 예수의 수난의 장면들을 스가랴의 비전들에 비추어 이해되도록 전달한다. 그것은 마태의 눈으로 볼 때, 예수의 죽으심이 옛 이스라엘과 새 이스라엘에 참여할 양 무리, 그리고 옛 이스라엘의 거짓 목자들, 또한 옛 성전에 대한 총체적인 심판이기 때문이다. 동시에 그것은 하나님의 양 무리의 회복, 곧 새로운 이스라엘이 탄생하는 사건이다.

예수, 26:31-46

그 심판과 회복, 재창조의 무거운 사명을 예수는 홀로 지고 가셨다. 이스라엘의 영원한 목자이신 그분은 그 고독하고 무거운 사명을 모든 배신과 오해와 모독 속에서 홀로 지고 가신 것이다. 하나님의 뜻에 순종하는 일이요 양 무리를 위한 죽음이었지만, 죽음을 앞둔 그분의 고민은 처절하고 고독했다. 겟세마네에서의 기도(26:36-46)는 그 고독의 깊이를 보여준다. 예수께서는 이스라엘을 향한, 온 세상을 향한 하나님의 뜻이 어떻게 자신을 통해 이루어질지 아셨다. 그분은 다가오는 수난을 이미 여러 번 예고하셨다(16:21; 20:19; 26:2).

하지만 하나님의 뜻을 아는 것과, 그것을 자신의 것으로 받아들이며 그 속을 통과하는 것은 별개의 문제이다. 전자를 위해서는 계시의 말씀이 필요하지만, 후자를 위해서는 기도가 요청된다. 알고 있는 하나님의 뜻을 듣는 그 과정을 완성해야 하기 때문이다. 그것이 순종이고, 순종은 기도를 요청한다. 하나님의 뜻을 아는 것이 순종을 면하게 해주지 않는다. 하나님의 뜻이 저절로 이루어질 것이기 때문에 순종할 필요가 없는 것이 아니다. '하나님의 뜻이니 하나님께서 다 알아서 이루시겠지', 그렇게 생각하는 것은 성경적이 아니다. 예수의 가르침과 본은 오히려 그 반대이다. 하나님의 뜻대로 될 것이기 때문에, 바로 그 때문에 내가 순종해서 그 뜻을 이루어 드려야 한다. 이것이 고난의 잔을 앞둔 예수님의 마음이다. 하지만 수난을 예고하신 예수의 말씀을 듣고도 이해하지 못하던 제자들은 예수와 함께 기도하며 순종의 길을 가는 이 일에 실패한다.

마태가 예수께서 베드로와 세베대의 두 아들을 겟세마네 동산 그 기도의 장소로 데리고 가셨다고 기록한 것은 흥미롭다. 왜냐하면 이 셋은 모두 예수와 함께 고난의 잔을 마실 수 있다고 장담한 자들이기 때문이다(20:20-22; 26:35). 베드로의 경우는 이런 점에서 다른 모든 제자들을 대표한다고 할 수 있다(26:35). 실은 모든 제자들, 스스로 참된 이스라엘이며 하나님의 백성이라고 생각하며 단언하는 자들이 다 그와 함께 이 결연한 자리에 있게 된 것이다.

그리고 그들은 예수와 함께 '깨어 있지' 못했다(40, 43절). 예수께서 혼자 가신 것이다. 그들은 이 일에 참여한 바나 도운 바가 없다. 그들이 무지했을 때에, 자고 일어나지 못했을 때에, 예수께서 홀로 그들을 향한 하나님의 뜻에 자신을 쳐 복종하심으로 이 일이 이루어진 것이다.

만일 35절이 이 겟세마네 동산에서의 기도의 도입부로서 중요한 역할을 한다면, 이 예수의 기도는 제자들이 갖고 있던 믿음에 대한 중대한 교훈이 된다. 신앙이란 육으로만 할 수 없다. 육적인 결심이나 호언장담만으로 이루어지지 않는다. 영적인 싸움이며, 영적인 싸움을 통해 육이 굴복해야 끝나는 피나는 과정이기 때문이다. 제자들은 그것을 알지 못했다. 예수는 여기서 이미 십자가를 지신 것이다. 십자가를 통과하지 않은 신앙은 진정한 신앙이 아니다. 예수께 대한 제자들의 신앙은 아직 십자가를 통과하지 않은 신앙이다. 스스로 무엇을 말하며 그 말한 바가 무엇을 의미하는지도 제대로 알지 못하는 신앙이다.

예수의 기도는 결코 그럴듯하고 우아하지 않다. 그것은 비록 하나님의 뜻이지만, 그것을 받아들이지 못하는 마음의 번민과 갈등, 마침내 그것을 받아들이는 과정, 그리고 마음이 확정되는 단계까지를 적나라하게 드러낸다. 이처럼 인간적일 수 없다(cf. 히 5:7-10). 진정한 기도는 하나님 앞에 정직하게 자신을 드러냄으로 시작된다. 기도는 씨름이다. 그 씨름 후에 하나님의 뜻이 그를 정복한다. 기도는 내 뜻을 하나님께 관철

하는 과정이 아니라, 하나님의 뜻이 나를 설득하도록 나를 그분 앞에 내어놓는 과정이다. 참된 기도는 하나님이 아니라 기도하는 사람 자신을 바꾼다.

산헤드린 공회, 26:47-68

모두가 돌아선다. 유다가 배신하고, 제자들이 도망가고, 베드로도 부인한 후, '대제사장들도 서기관들과 장로들과 함께 (그를) 희롱' 했다.

> "저가 남은 구원하였으되 자기는 구원할 수 없도다 저가 이스라엘의 왕이로다" (마 27:41-42)

이 말처럼, 예수의 사역과 그분이 하시는 일을 정확하게 요약한 증언은 없다. 어리석고 무지한 자들의 입을 통해서도 하나님은 역설적으로 자신의 뜻을 이루신다. 정확히 이 구절처럼, 이스라엘의 어리석음의 극치와 하나님 그 목자의 뜨거운 긍휼이 한자리에서 만나는 구절은 없다. 모두의 배신과 무지 속에서 홀로 빛나는 하나님의 긍휼, 그것이다. 하나님과 그분의 메시아를 대적하는 이들은 그들의 악한 계획대로 움직이고 실행하지만, 그리고 자신들의 뜻을 이루는 것 같지만, 결국 하나님은 이 모든 악한 계획을 통해서도 자신의 긍휼과 은혜, 구원의 뜻을 성취하신다.

유대 지도자들의 악한 계획은 산헤드린 공회에 관한 기록에서 여실히 드러난다(26:57-68). 예수는 마땅한 죄명도 없이 체포되어 산헤드린 공의회 앞으로 끌려간다. 마태의 기록은 계속해서 예수께서 무고한 죄로, 또한 부당한 방식으로 재판을 받고 있음을 보여준다. 53절이 묘사하는 대로, "대제사장들과 장로들과 서기관들이" 모두 모였다. 이 시점에 대제사장은 가야바라는 성을 가진 요셉이라는 사람이었다. 그는 4년 임기의 대제사장직을 무려 19년이나 했을 만큼, 그의 장인 안나스와 함께 정치적 역량을 발휘했던 인물이다. '대제사장들' 이라 한 것은, 전임 대제사장들을 포함해서 성전수비대장이나 성전관리총책임자, 그리고 성전의 재정담당책임자들을 지칭한다. '장로들' 이란 예루살렘에서 영향력 있던 평민 가문의 사람들로, 대체로 많은 땅과 재산을 소유한 대지주들이었다. '서기관들' 은 바리새파와 가까운 중산층 법률가들이었다. 예수는 소위 이런 권력자들 앞에 불려간 것이다.

놀라운 대목은, 유대인들을 다스리던 이들 권력자들이 그 밤에 모두 한자리에 모였다는 사실이다. 사실 유대인의 법에 의하면, 설사 죄인이 밤에 체포되더라도, 그 죄인을 심문하고 재판하는 과정은 그 다음 날 대낮에 하는 것이 정상이었다. 물론 공정한 심판을 위해서였다. 그러나 예수를 체포한 즉시, 그 밤에 산헤드린 공의회 회원들이 모두 모였다는 것은 이 재판이 벌써 모의된 재판이고, 저들이 예수를 잡아들이기로 계획하고, 준비하고 있던 것임을 보여준다. 즉, 저들은 철저하게 예수의 혐의를 잡고자 모인 것이며, 공정한 절차를 처음부터 무시하고 속전속결로 심판하여 민요가 나기 전에 일을 처리해 버리고자 함이었다(26:5).

유대교의 법에 의하면, 어떤 사람을 사형에 해당하는 중범죄자로 구형하려면 구약 율법을 따라 두 사람 이상의 일치하는 증인들이 있어야 하고, 이들의 증언들이 사소한 부분에서라도 차이가 나면 형을 선고할 수 없게 되어 있다(신 17:6; 19:15; 민 35:30). 산헤드린이 먼저 집중적으로 예수의 죄목을 공략한 부분은 예수께서 성전에 대해 말씀하신 부분이다. 실제로, 성전에 대한 어떠한 공개적인 위협도 죄목이 될 수 있었다. 그러나 예수의 경우, 성전의 멸망에 대해 그가 한 말씀에 대해서도 증인들이 서로 엇갈렸다.

상황이 자신들에게 불리하게 돌아가는 것을 알아챈 대제사장이 마침내 직접 '가운데 일어서서' 예수를 심문하기 시작했다(60절). 미쉬나의 기록이 예수 당시의 산헤드린 공의회의 모습을 잘 보존하고 있다면, 그들이 모인 장소는 원형으로, 가운데 피고와 증인을 둘러싸고 앉은 모습이었을 것이다. 대제사장 가야바는 자신이 직접 그 원형 가운데 예수의 선 곳으로 나와 자신이 증인의 역할을 자처한다.

대제사장은 전혀 다른 질문, 곧 성전 파괴를 시도하는 죄와 연관된 죄목을 생각해 낸다. 그것은 신성모독죄였다. "네가 하나님의 아들 그리스도인지 우리에게 말하라" (63절). 하나님의 아들 그리스도라는 표현은 사무엘하 7:13-14에서 하나님께서 다윗의 후손에게 영원한 왕위를 약속하시면서 주신 약속에 근거한다.

> "저는 내 이름을 위하여 집을 건축할 것이요, 나는 그 나라 위를 영원히 견고케 하리라 나는 그 아비가 되고 그는 내 아들이 되리니"(삼하 7:13-14)

예수께 질문을 한 대제사장이, 성전의 건축과 '하나님의 아들' 의 연관성을 가진 이 구절을 염두에 두었을 수 있다. 그러나 사무엘하 7:13-14은 오랫동안 이스라엘에게 하나님께서 약속하신 영원한 나라와 그 아들, 곧 기름부음 받은 자의 오심을 기다리게 만들었다. 시편 2편은 이런 사상을 충실히 반영한다.

"내가 나의 왕을 내 거룩한 산 시온에 세웠다 하시리로다 내가 영을 전하노라 여호와께서 내게 이르시되 너는 내 아들이라 오늘날 내가 너를 낳았도다"(시 2:6-7)

대제사장의 질문에 대하여 예수께서는 그가 질문한 것 이상의 대답을 주신다(62절). "네가 말하였느니라"(64절, '내가 그니라', 막 14:62). 이런 표현은 마치 하나님께서 모세에게 자신을 드러내셨을 때 쓰셨던 신적인 자기계시의 표현을 생각나게 만든다. 게다가, '인자가 권능자의 우편에 앉은 것' 이라는 표현은 시편 110편의 말씀이 자신에게 성취될 것임을 보여준다. 이로써 예수는 산헤드린의 대제사장 앞에서 엄청난 권세를 주장한 셈이다. 예수는 자신이 하나님 보좌 우편에 앉을 분이심을 말씀하신 것이다. 하나님과 동등한 권세라는 것이다.

이것은 대제사장이 가진 권세와 비교할 수 없는 권세이다. 대제사장은 하나님을 섬기는 위임된 권세이지만, 예수는 지금 자신이 하나님 보좌 우편에 앉은 자의 권세를 주장하고 있는 것이다. 예수의 말씀대로라면, 대제사장은 그 자리에 엎드려져 머리를 땅에 대고 하나님께 하듯 예수께 경배를 올렸어야 한다. 놀랍게도 예수의 대답은 여기서 더 나아간다. "인자가…하늘 구름을 타고 오는 것을 너희가 보리라." 이 말씀은 다니엘 7:13의 말씀이다(참고. 막 13:26-27). 특별히, 그 때에 인자는 영광 중에 오셔서 자신을 부인하는 자를 심판하실 것이다(참고. 막 8:38).

대제사장이 얼마나 놀라고 또 충격을 받았을지 짐작할 수 있다. 예수의 말대로라면, 지금 자신은 종말에 자신을 심판할 심판주이신 인자 앞에 서 있는 것이다(cf. 마 25:31-45). 이제 주객이 완전히 전도된 것이다. 이제 대제사장이 예수를 심판하는 것이 아니라, 예수가 대제사장을 심판하는 형국이 되었다. 예수는 진리 앞에서 자신의 목숨을 아끼지 않았다. 그분의 권력은 진리 위에 세워진 권력이다. 예수가 자신을 이렇게 밝힌 이상, 대제사장은 둘 중에 하나를 선택해야 한다. 그 자리에 거꾸러져 예수를 하나님의 아들로 고백하고 그분을 시인하든지, 아니면 예수를 완전히 미친 자로, 신성모독자로 정죄하여 그를 없애든지. 65-68절은 대제사장의 선택이 간단했음을 보여준다. 유대의 법정에서 완전한 선고가 나기도 전에, 아니 그런 후라도 피고자를 함부로 때리고 모욕할 수 없었다. 이는 당시 이스라엘 종교의 최고회의가 얼마나 무법(無法)한 집단이었는지를 여실히 보여준다.

베드로, 26:69-75

예수는 자신이 모욕당하고 죽을 수도 있는 상황에서도 진리를 버리지 않았다. 도리어 그분은 진리 앞에서 자신의 목숨을 아끼지 않았다. 누구나 진리 앞에서 자신의 속에 있는 것이 드러난다. 예수께서 자신에 관한 진리를 과감하게 증거하시는 동안(26:57-68), 베드로는 그 진리 앞에서 자신을 아낀다(69-75절). 그러나 그도 결국 진리 앞에서 산산이 깨어진다. "생각나서 밖에 나가서 심히 통곡하니라"(75절). 자신이 따라다니던 예수. 수제자로서 충성을 맹세했던 그의 선생, 그의 주, 그의 그리스도. 예수에게 대한 충성심만큼은 다른 누구보다도 앞선다고 자부했던 베드로의 모습이었다.

베드로는 무엇을 생각했을까? 베드로는 예수께서 붙잡혀간 현장을 떠나지 못한다. 그러나 자신과 예수와의 관계를 누구에게도 밝히고 싶어 하지 않는다. 어린 하인들 앞에서 예수를 부인한다. 자신을 그런 무리로 보지 말라는 것이었다. 베드로는 예수 앞에서는 충성을 맹세했고,

지금 어린 하인들 앞에서는 그들에게 충성을 맹세한 셈이다. 그는 자기 자신을 믿었지만, 이제는 그럴 수 없다는 것을 알았다.

지켜야 할 진리 앞에서 자신을 드러내며 굳게 섰던 예수. 반대로 지켜야 할 진리가 없었던 베드로. 마태는 두 사람을 대조한다. 베드로는 무엇을 생각하고 울었을까? 무엇이 베드로를 그렇게 통곡하게 했을까? 베드로는 진리를 받았으나 그것을 지킬 수 없었다. 누구나 진리를 듣지만, 그 계시의 말씀을 받는 것은 아니다. 베드로는 자신에 대한 예수의 계시의 말씀을 기억했다. 그리고 그것을 '생각했다.'

계시의 말씀을 받은 모두가 그 말씀을 기억하고 생각하는 것은 아니다. 그러나 베드로는 거부할 수 없는 자신의 수치가 드러나자, 그 말씀을 기억하고 그 말씀을 생각했다. 그리고 울었다. 베드로는 그 말씀을 생각했고, 그 계시의 빛 앞에 꼬꾸라졌다. 그리고 울었다. 예수 그리스도를 아는 그의 신앙고백은 그 계시를 자신의 삶으로 경험하는 고백 안에서 온전해진다.

예수께서는 자신에 대한 베드로의 신앙고백 위에 그분의 교회를 세우시겠다고 말씀하셨다(16:16). 베드로가 아니라 그의 신앙고백이다. 그리고 그의 신앙고백에는 예수의 말씀을 생각하고 울었던 그의 눈물도 포함될 것이었다. 이것이 장차, 대제사장이 아니라 바로 베드로가 예수께서 세우실 교회의 기둥이 될 수 있었던 이유이다. 예수 그리스도의 교회는 '계시의 말씀을 생각하고 우는' 성도들 위에 세워진다(cf. 마 16:16-19).

빌라도, 27:1-26

로마의 총독 빌라도로 대표되는 이방의 법정 역시 무법(無法)하기는 마찬가지였다(27:11-26). 유월절 만찬이 있은 다음 날 새벽, 산헤드린 공의회를 거쳐 예수는 결국 로마의 법정으로 넘어간다. 빌라도는 로마인의 관점에서 예수를 심문한다. 대제사장들은 빌라도에게 예수가 바로 민란을 주도했던 인물이라고 고소했을 것이다. 단지 '유대인의 왕' 이라는 주장으로는 예수를 로마의 정치범으로 몰아갈 수 없었을 것이기 때문이다. 그러나 검과 몽치를 들고 잡으러 갔던 성전의 경찰대를 향해 폭력을 만류한 예수에 대해 들었을 빌라도는, 예수에게서 반란군 지도자의 모습을 찾을 수 없었다(26:47-55). 대제사장들이 추가적인 기소의 이유들을 말하지만 예수는 대답하지 않았고, 빌라도는 자신을 변명하지 않는 예수의 태도를 기이하게 여긴다(11-14절).

빌라도는 유월절과 무교절을 기념하여 죄수를 해방하는 전례를 따라 예수를 놓아 주려 한다. 하지만 대제사장들의 충동을 받은 무리들에 의해 좌절된다. 백성들의 이런 요구는 빌라도의 심기를 거스르는 것이었다. 바라바는 민란을 주도한 자이고, 빌라도의 주된 임무는 민란의 가능성을 봉쇄하는 것이었기 때문이다. 그러나 빌라도에게는 유대인들의 지지가 매우 중요했다. 억압적인 통치를 유지해 나가려 해도 어느 정도의 지지가 필요했기 때문이다. 빌라도는 예수가 무죄한 줄 알지만(23절), 결국 '민란이 일어날까 두려워' (24절) 예수를 십자가형에 처하도록 판결하고 만다. 빌라도가 두려워한 것은 대중들의 지지, 그들의 인기였다. 그의 권력은 인기에 기초한 권력이었다. 빌라도는 유대의 지도자들이 예수를 고소한 이유가, 그가 불법을 저질렀기 때문이 아니라

'시기로' 그렇게 한 것임을 알았다(18절). 예루살렘의 권력은 시기(猜忌)에 기초했고, 로마 총독 빌라도의 권력은 인기(人氣)에 기초했다. 예수의 권력은 진리(眞理)에 기초한다. 하나님 나라의 권력은 오직 진리에 기초한다.

그러나 마태는 마가복음과는 다소 다르게, 예수께서 십자가형에 넘겨지는 이유가 빌라도 때문이라기보다 이스라엘 백성 전체의 책임이라는 점을 강조한다. 빌라도의 아내가 와서 예수를 '옳은 사람'으로 증거하고(19절), 빌라도는 무리 앞에서 그 무고한 죄에 대한 책임이 없음을 확인하기 위해 물로 손을 씻는다(24절). 마태는 예수께서 스가랴의 예언대로, 이스라엘의 목자로서 그 양 무리에 버림받는다는 시각을 견지한다.

> "백성이 다 대답하여 가로되 그 피를 우리와 우리 자손에게 돌릴지어다 하거늘" (마 27:25)

마태가 이해하는 예수의 죽음은 확연히 하나님의 양 무리 자신이 하나님을 싫어 버린 결과로, 그분의 아들, 종말의 다윗 목자를 죽이는 사건이다. 하나님과 그분의 백성 사이의 진실이 그대로 드러난다. 그것이 목자 예수의 죽음이다. 사람들은 그를 싫어 버리고 죽였고, 그분은 그들의 죄 짐을 지고 자신을 내어주신다.

"십자가를 통과한 신앙"

베드로는 다른 것은 다 알았지만, 그가 따라다녔던 메시아 예수의 고난을 이해할 수 없었다. 왜 그분이 십자가에 처형되어야 하는가? 왜 하나님의 아들이 고난을 받고 수치를 당하며 죽어야 하는가? 베드로는 '살아계신 하나님의 아들이요 그리스도' 이신 그분이 바로 이것을 위해 오셨다는 사실을 받아들일 수 없었다. 베드로는 예수가 누구신지 고백했지만, 그분을 알지 못했다. 이것은 진정 베드로만의 이야기가 아니다.

십자가를 통과하지 못한 신앙. 그것은 예수가 누구신지, 자신이 누구인지를 아직 알지 못하는 신앙이다. 거기까지이다. 베드로는 예수의 십자가 앞에서 멈추어 섰고, 그리고 돌아섰다. 오늘날 신자들은 예수를 믿는데 왜 이렇게 안 되는 거냐고 불평한다. 구원받고 잘 되는 것, 그것이 신앙의 전부가 되었다. 그러나 구원받는다는 것은, 예수께서 나와 같은 불의한 자를 위해 십자가를 지셨다는 사실을 믿는 것이다. 동시에 구원받는다는 것은 마찬가지로 나도 불의한 자들로부터 받는 고난을 참는다는 것을 의미한다.

십자가의 길이 구원이다. 하나님께서 내게로 오신 길이고, 내가 하나님께로 가는 길이다. 베드로는 후에, '의로운 자의 고난' 에 대한 깊은 이해에 이른다.

"이를 위하여 너희가 부르심을 입었으니 그리스도도 너희를 위하여 고난을 받으사 너희에게 본을 끼쳐 그 자취를 따라오게 하려 하셨느니라" (벧전 2:21).

삶 속에서 이러한 의로운 고난을 받아들이는가? 나를 구원한 십자가가, 또한 참으로 내가 지나가야 할 길임을 받아들이는가?

베드로가 예수 그리스도의 고난을 이해하는 데에는 오랜 세월이 걸렸다. 그러나 그 단초는 그 새벽에서 찾을 수 있다. 베드로는 닭이 울자, 예수께서 하신 말씀을 '생각하고 울었다.' 하나님의 계시의 빛 아래 서지 않으면, 아무도 자신이 누구인지조차 알 수 없다. 자신의 어둠 속에서 아무리 자신을 쳐다보아야, 자신이 누구인지 알 수 없다.

말씀의 빛이 그를 통과해야 한다. 말씀의 빛, 계시의 빛이 그의 심장과 폐부를 모두 비추어 드러냈을 때, 베드로는 무너졌고 깨어져 나갔다. 그리고 거기에서 반석이신 그분을 다시 보게 되었다. 계시의 빛 아래서 '생각하고 우는 것' 이, 십자가를 통과하는 신앙의 시작이다.

2. 홀로 빛나는 하나님의 긍휼

27:27-44

누가 예수의 죽음의 의미를 알았는가? 마태의 수난 기사 가운데, 베다니 문둥이 시몬의 집에서 예수의 머리에 향유를 부은 그 여인(26:6-13) 외에 거의 모든 등장인물들은 철저한 무지(無知)로 일관한다. 그 무지 속에서도, 이스라엘의 참 목자 되신 하나님과 그분의 보내신 다윗 목자께서 그들의 양 무리를 위해 진행하시는 사역은 흔들림 없이 진행된다. 예수께서는 제자들에게 스가랴 13:7의 '내가 목자를 치리니 양의 떼가 흩어지리라' 는 말씀이 그 자신에게 이루어질 것을 말씀하신다(26:31).

이제 예수에 대한 유대인들의 산헤드린 공의회의 선고도, 그리고 로마의 총독 빌라도의 선고도 모두 끝났다. 예수께서 조롱받으시고 십자가에 못 박히시는 장면에서 가장 두드러지게 부각되는 것은, 유대인들과 이방인들 모두의 목자 되신 이가 그들의 철저한 무지와 오해 속에서도 그들을 구원하시는 그 길을 홀로 가고 계시다는 점, 곧 그분의 홀로 빛나는 긍휼에 관한 것이다.

마가가 '브라이도리온' (Preatorium, cf. 막 15:16)이라고 부르는, 헤롯의 궁정 안에 위치했을 빌라도 총독 관저의 뜰에서 '유대인의 왕' 예수는 조롱을 받으신다(마 27:27-31). 유대인의 왕, 곧 그들의 목자이신 예수를 데리고 로마의 군병들이 궁정에 있는 온 군대를 모으고 놀이판을 벌인 것이다. 예수에게 자색 옷을 입히고 가시로 면류관을 씌운 것(29절)은, 보통 헬라의 분봉왕들이 자신들을 치장하던 모습을 흉내낸 것이다. 군인들이 예수를 유대인의 왕이라 해놓고, 예수와 또 그분의 백성들인 유대인들, 곧 하나님의 백성들을 모독하는 광경이다.

갈대로 머리를 때리는 시늉은 모독 중의 모독이다(29-30절). 아마도 '갈대' 는 보통 왕이 손에 들게 되는 지팡이 모양의 '홀(scepter)' 을 흉내낸 것일 것이다. 그것이 왕의 손에 들려야 하는데 그것으로 왕의 머리를 친다는 것은, '당신의 왕권이 완전히 적의 손에 넘어갔다' 는 표현일 수밖에 없다. 왕이 손에 쥐고 다스려야 할 홀로 그가 머리를 맞고 있는 것이다. 게다가 얼굴에 침을 뱉는 행위 역시, 역설이다(30절). 아마도 왕에 대한 존경의 표시로 그의 발에 입 맞추는 행위를 모욕적으로 표현한 것임이 분명하다. 이 대목은 '다윗의 아들' 과 그분의 영원한 나라에 대한 언약(삼하 7:12-16)을 재해석한 시편 2편을 생각나게 한다.

시편 2편에서 '하늘의' (4절) 하나님 여호와는 그 아들을 온 세상의 왕으로 세우시며 말씀하신다. "너는 내 아들이라 오늘날 내가 너를 낳았도다" (시 2:7; cf. 마 3:17, '이는 내 아들이요'). 그리고 그의 손에는 '철장' (iron rod)이 주어져 있다. 그것은 목자의 지팡이와 같은 것이며 왕에게는 홀과 같은 것이다. 또한 시편 2편은 세상의 관원들을 향하여 '그 아들에게 입맞추라' 고 명령한다. 그렇지 않으면 그들에게 심판이 임할 것이다(12절).

그러나 지금 마태복음 27:27-31은 이 로마의 관원들이 시편 2편에서 명한 그 정반대로 하고 있음을 보여준다. 그들의 하는 일, 곧 '여호와와 그 기름부음 받은 자를 대적' 하는 것은 이미 시편 2편이 말한 대로 '허사' 이고(2-3절), 헛된 일로 드러날 것이다. 다만 그들은 지금 예수의 정체와 그분의 죽음의 의미에 대해 철저하게 무지할 뿐이다. 예수께서 골고다에서 처형되기 위하여 그곳까지 십자가를 지고 가야 하는데, 보통 이 과정에서 군인들은 채찍으로 매질을 한다.

하지만, 예수의 경우, 이미 관저 뜰에서 매질을 당했으므로 여기서는 이미 십자가를 지고 갈 수 없을 만큼 지쳐 있음을 알 수 있다. 예수께서 더 이상 십자가를 지고 갈 수 없게 되자, 군인들은 지나가던 시몬이라는 사람에게 대신 십자가를 지고 가게 한 것이다.

또한 성 밖 골고다라는 곳에 이르러 예수께 쓸개 탄('몰약을 탄', 막 15:23) 포도주를 주게 한 것은, 극한 고통에 시달리는 자에게 그 고통을 잠시라도 잊게 하기 위한 자비의 관행을 따른 것이었다. 물론 로마의 군인들이 자청해서 했을 리는 없고, 구약의 가르침을 따라 예루살렘에 거주하는 자들 가운데 이를 행하는 자들이 있었을 것이다(참고. 잠 31:6-7). 그러나 예수께서는 이를 받지 않으셨다. 아마도 그분에게 맡겨진 고통의 잔을 모두 마시고자 했기 때문일 것이다(cf. 마 26:42).

십자가형이란, 기본적으로 사람이 피와 체액을 흘리며 탈진과 몸이 찢어지는 고통을 통해서 기절하고 기진해서 죽게 하는 잔혹한 사형방식이다. 예수는 이미 채찍질을 통해서 살이 찢기고, 갈비뼈 등도 성치 않았을 것이다. 팔이 늘어지면서 몸이 처지면 어깨가 빠지고, 숨 쉬는 것 자체가 매 순간 고통일 수밖에 없는 형벌이다. 보통, 십자가에 처형할 때 옷을 모두 벗겨서 수치스럽게 만드는데, 유대인들의 경우 온 몸을 벗는 것은 극한 수치에 해당하므로 죄인이라도 최소한은 가릴 수 있게 했을 것으로 본다. 그러나 예수의 겉옷과 속옷은 이미 벗겨졌고, 군인들은 이를 차지하기 위해 제비를 뽑았다(35절). 이 상황은 시편 22:18의 말씀을 생각나게 하는데, 의인의 고난을 위한 탄식의 노래 가운데 한 부분이었다. 예수가 이스라엘 전체의 고난, 곧 하나님께 버림받은 사람의 고난을 체화(體化)한 이스라엘의 전체의 고난에 참여하고 있음을 암시한다 (또한, 바로 그 다음 시편이 23편인 목자에 관한 노래임은 매우 흥미롭다).

그러나 예수는 조롱에 조롱을, 모욕에 모욕을 뒤집어쓴다. 그렇게 조롱과 모욕을 예수께 퍼붓는 사람들은 자신들이 하고 있는 일의 의미조차 알지 못한다. 예수께서 성전에 대해 하신 말씀들은 매우 충격적으로 들렸을 것이고, 인구(人口)에 회자되었음이 분명하다. 저들은 산헤드린 법정 앞에서도 예수께 대하여 성전 모독이나 위협에 해당하는 죄목으로 이를 거론했었다. 이제 '지나가는 자들' (39절), 곧 이스라엘 백성들과 함께 '대제사장들과 서기관들 그리고 장로들' 까지, 이스라엘 전체가 예수를 오해하고 조롱한다. 이들은 오랫동안 모의해 왔던 일을 성취했으므로 이제 그들의 때를 만난 것이다.

이스라엘과 로마, 유대인들과 이방인들 모두 마음껏 십자가에 달리신 예수를 조롱했고, 그분은 온전히 무력하게 십자가에 매달려 계셨다. 함께 못 박힌 자들, 아마도 정치범들이었을 그들도 예수에게 이스라엘의 구원을 기대하는 것은 어처구니없는 일이라는 뜻의 조롱을 보냈다. 조롱하는 무리들은 달랐지만, 저들의 조롱의 핵심은 단 한가지였다. 십자가에서 내려오라는 것이다. 남은 구원했지만, 자신은 구원하지 못한다는 것이다.

"저가 남은 구원하였으되 자기는 구원할 수 없도다"(마 27:42)

그러나 이 조롱의 말 속에 마태가 하고자 하는 복음의 메시지가 모두 들어 있다. 그들이 무지와 악한 마음으로 내뱉은 그 조롱은 역설적으로, 하나님이 하고 계신 일, 예수께서 그분의 양 무리를 위해 스스로 택하여 하신 그 일의 핵심을 선포하고 있다. 이미 예수께서는 자신이 치심을 받을 것이고, 양 무리가 흩어질 것이며, 후에 그분이 다시 일어나 그들보다 먼저 갈릴리로 가서 그들을 다시 인도하실 것임을 말씀하셨다(26:31-32; 슥 13:7).

그것은 스가랴 11-14장에서 이스라엘 양 무리가 그들의 목자되신 여호와 하나님을 '싫어 버린 후' 에도, 그래서 그 목자가 은 삼십에 팔린 후에도, 한 목자의 기이한 죽음 후에 예루살렘에 죄를 씻는 샘을 터뜨리시며, 이스라엘을 거룩하게 하시겠다는 하나님의 구원의 의지와도 같은 맥락이다. 그것은 자기 양 무리의 극심한 죄악과 무지, 오해와 싫어 버림에도 불구하고, 그들을 그들의 무지와 죄악에서 건져내시는 참 목자의 긍휼, 다만 홀로 빛나는 그 긍휼 때문이다.

"무관심과 오해 속에서도"

주님께서 십자가를 지실 때, 우리가 도와드린 것이 없다. 그분 혼자 하셨다. 아버지 하나님과 예수 그리스도, 그리고 그분을 도우신 성령께서 홀로 그 길을 가셨다. 오히려 무지와 오해, 그것을 넘어서는 미움과 질시, 저주와 배신 속에서 홀로 가셨다. 긍휼이란 이런 것이다. 은혜란 이렇게 홀로 가는 것이다. 은혜를 받는 사람이 은혜 받을 만하지 않기 때문이다. 은혜란 '마땅히 받아야 하는 그 정반대의 대접을 받는 것' 이다. 하나님 편에서는 말할 수 없는 아픔이요, 위로받을 길 없는 사랑이다.

곧잘, 남이 이해해 주지 않거나, 이득이 없거나, 관심을 받지 못하면, 그 사람을 위해 무엇을 한다는 것이 지독한 고역이 된다. 내가 베푸는 호의에 관심도 없고 감사하지도 않는다면, 굳이 그런 사람에게 호의를 베풀 가치가 있다는 말인가? 좋은 일을 해주다가도 그것을 당연시 여기거나 감사하지 않는 태도를 보면 당장 그만두고 싶은 심정이 된다. '그럴 수가 있는가?' '그렇게 배은망덕하다니!' '그런 사람에게 무엇을 해줄 가치가 있나?' 종종 그런 생각에 빠져든다. 그래서 신앙을 가지고 하는 사역이라면, 하나님을 바라보고 하나님의 뜻에만 순종하며 나아가는 자세가 필요하다. 오직 하나님만이 그러한 긍휼을 베푸실 용의가 있으시다.

하나님의 긍휼은 하나님 자신 안에서 시작하고 거기서부터 불붙는다. 하나님 자신이 사랑이시다. 그분의 아들이 그러하셨던 것처럼, 그분의 긍휼의 뜻에 순종할 뿐이다. 그분의 긍휼이 빛날 수 있도록 그분의 뜻을 순종해 드리자. 사랑하기를 포기하는 것은 부족한 것보다 더 못한 것이다. 배은망덕한 우리 자신에게 홀로 긍휼을 베푸신 그분을 따라, 감사치 않는 자들에게라도 하나님의 긍휼을 베푸는 일에 순종해야 한다. 주께서 '이를 위하여' 우리를 부르셨기 때문이다.

3. 예수의 죽으심과 이스라엘의 회복

27:45-56

마태가 특별히 예수의 수난 부분에서 스가랴 9-14의 비전을 조명하고 있지만, 그것만으로는 마태가 그려내는 예수의 수난 기사의 나머지 부분들을 충분히 이해하기 어렵다. 마태는 구약의 종말의 다윗 목자 전승에 있어 또 하나의 중요한 본문인 에스겔 34-37장에서, 이스라엘 회복에 대한 비전으로 예수의 죽음과 부활의 의미를 재조명한다. 그것은 새로운 이스라엘, 곧 교회의 시작이기 때문이다.

이런 점에서, 마태복음 27:51-53은 매우 흥미로운 구절이다. 이 구절은 학자들에 의해 쉽게 풀리지 않는 수수께끼로 남아 있다.

> "예수의 부활 후에 저희가 무덤에서 나와서 거룩한 성에 들어가 많은 사람에게 보이니라"(마 27:53)

사실 마태가 이 구절들에 기록한 사건은 스가랴 14:4-5("그 날에 그의 발이 예루살렘 앞 곧 동편 감람산에 서실 것이요 감람산은 그 한가운데가 동서로 갈라져 매우 큰 골짜기가 되어서 산 절반은 북으로 절반은 남으로 옮기고")와 에스겔 37:12-14를 배경으로 하고 있다.

특별히 에스겔 37:12-14와 마태복음 27:51-53 사이에는 강한 연결이 발견된다. 이 두 본문 모두에서, (i) '무덤이 열리며[open]', (ii) '죽은 자가 일어나고[rise]', (iii) '이스라엘 땅/거룩한 성으로 들어가게[lead]' 함을 말하고 있다. 이를 도표로 그리면 아래와 같다.

	무덤을 열고		죽은 자를 일으키며		땅/도시로 인도
에스겔 37:12-14	내가 열 것이며 (ἀνοίγω)	➡	내가 일으키고 (ἀνάξω)	➡	내가 인도해 들일 것이다 (εἰσάξω)
마태복음 27:52-53	[무덤이] 열렸고 (ἀνεῴχθησαν)	➡	일으킴을 받았으며 (ἠγέρθησαν)	➡	나와서…들어가게 되었다 (ἐξελθόντες ...εἰσῆλθον)

종말에 이스라엘의 회복 때에 일어날 것으로 예견되었던 사건들에 사용된 세 동사가 두 본문에서 모두 일치한다. 에스겔의 능동태가 마태복음에서는 신적 수동태로 바뀌었을 뿐이다. 미리 말씀하신 하나님께서 그대로 행하셨음을 보여준다. 다만, '나와서 들어갔다'는 마태복음 27:53의 대목은 그 주어가 부활한 성도들과 예수 자신으로서, 마치 구약에 나타난 종말의 다윗 전통의 다른 본문인 미가 2:12-13에서 다윗 목자가 종말의 전쟁 후에 그 백성들과 무엇인가를 뚫고 나아가는(breakthrough) 모습을 연상케 한다. 이처럼 에스겔 37장과 마태복음 27장의 본문

간의 그리고 주제 간의 연관성은 지나칠 수 없을 만큼 또렷하다.

실로, 에스겔 37장은 포로기의 극한 어둠에 처한 이스라엘이 이제 골짜기에 쌓인 마른 뼈들처럼 죽어 있는 상태를 묘사한다(1-2절). 문제는 여호와께서 말씀하신 대로 '이 뼈들이 능히 살겠느냐' (3절)는 것이었다. 그리고 에스겔은 여호와께서 말씀으로 그들을 살리시고, 뼈에 살을 붙이시고 서로 연락하게 하여 큰 군대로 일으키시는 비전을 본다(7-10절). 에스겔은 '이 뼈들은 이스라엘 온 족속이라' (11절)고 명확히 해석한다.

그리고 이제 소망이 없고 다 멸절되었다고 느꼈을 때 여호와께서 그들을 살리시고자 말씀하신다.

> "내 백성들아 내가 너희 무덤을 열고[open], 너희로 거기서 나오게 하고[rise] 이스라엘 땅으로 들어가게 하리라[lead]"(겔 37:12)
>
> "내 백성들아 내가 너희 무덤을 열고 너희로 거기서 나오게 한즉 너희가 나를 여호와인 줄 알리라[acknowledge]"(겔 37:13)

놀라운 것은, 에스겔이 이 비전의 전후에서 이 회복의 비전을 성취할 종말의 다윗을 보게 된 것이다. 포로기 이스라엘의 실제적 영적 상태인 죽음을 알리고, 또한 여호와 하나님께서 그들을 다시 살리실 것을 알리는 에스겔 37장 끝부분에서, 에스겔 선지자는 이 일들이 종말의 다윗 목자가 그 회복의 역사에 중요한 임무를 담당할 것임을 내다본다.

> "내 종 다윗이 그들의 왕이 되리니 그들에게 다 한 목자가 있을 것이라 그들이 내 규례를 준행하고 내 율례를 지켜 행하며"(겔 37:24)

마태복음 27:51-54는 예수의 부활 사건을 이런 식으로, 이스라엘의 회복, 곧 하나님의 백성으로서 그들이 새로 태어나는 사건으로 해석하는 본문이다. 그것이 27:52-54의 내용이다. 예수께서 죽으실 때, '무덤들이 열리며[open]' (52절) '자던 성도의 몸이 많이 일어나되[rise]' (52절), 예수의 부활 후에 '저희가 무덤에서 나와서 거룩한 성에 들어가[lead]' (53절) 많은 사람들에게 보였다고 기록한다.

에스겔 37장과 마태복음 27장의 본문 간의 연관성은 여기에서 그치지 않는다. 앞의 도표에는 포함되지 않았지만 에스겔 37장과 마태복음 27장 모두에서, '열방들에 의해 하나님의 거룩한 이름이 인정되는[acknowledge]' 요소들까지 포함된다(겔 37:13; 마 27:53). 에스겔에서는, 여호와께서 그들의 무덤을 여시고 거기서 나오게 한즉 그들이 그분을 '여호와인 줄 알게 될 것이라' 고 말한다(37:12). 여기서 칠십인경(LXX)에는 '그들이' 라는 주어가 없다. 원래, 이스라엘과 열방 가운데서 여호와의 이름이 인정받는 것은 에스겔에서 매우 중대한 신학적 주제이다.

마찬가지로, 마태복음은 무덤이 열리고 자던 성도들의 몸이 많이 일어났다는 사실뿐 아니라, "예수의 부활 후에 저희가 무덤에서 나와서 거룩한 성에 들어" 갔다(53절)는 사실까지 기록한 후에, 54절에서 로마의 백부장과 및 함께 예수를 지키던 자들 모두가 이 되어지는 사건들을 보고, "이는 진실로 하나님의 아들이었도다" [acknowledge]라고 고백했음을 기록한다.

이것은 매우 의도적인 배열로서, 마태는 에스겔이 바라보았던 이스라엘 회복의 비전이 예수의 부활사건에서 공동체적으로, 그리고 결정적으로 성취되었다고 해석한 것이다. 결국, 종말의 다윗 목자는 그분이 창조하신 종말의 새 백성을 인도하시며(cf. 미가 2:12-13), 이러한 하나님의 긍휼과 능력의 결정적인 나타남으로 인해 열방들이 하나님의 거룩한 이름을 인정하기 시작함을 보여준다.

사실 구약에서부터 이스라엘을 회복하시는 하나님의 뜻 가운데 중요한 초점은, 열방들로 하여금 하나님의 거룩한 이름을 인정하게 하는 데 있다. 마태복음은 처음부터 하나님의 이 커다란 비전에 초점을 맞추고 있다. 다윗의 아들로 오신 예수는, 곧 아브라함의 자손이다. 그분은 새로운 이스라엘의 왕, 곧 하나님의 종말의 새 백성인 교회의 머리이시지만, 동시에 온 열방을 통치하시는 주이시다.

하나님의 진정한 관심은 사실 이스라엘이 아니다. 교회가 아니다. 아브라함을 부르신 이유가 그를 통해서 온 열방을 회복하시고자 한 것처럼, 옛 이스라엘을 통해서 하시고자 했던 그 일, 지금 교회를 통해서 하시고자 하는 그분의 일은, 그분의 백성을 통해서 그분을 떠났던 세상, 모든 민족, 온 세상을 그분의 품 안으로 회복하시고자 하는 것이다. 그래서 교회로 말미암아 그분이 이 세상에서 얻게 되는 평판이 너무나 중요하다. 이 세상에 있는 그분의 백성들로 인해서 세상 사람들이 과연 하나님께 대해 무어라고 말하게 되는지, 그것이 중요한 관건이다.

"그분의 이름 때문에"

예수께서 하나님께 순종하심으로 십자가에서 죽으심은, 로마제국의 한 백부장으로부터 '저가 참 하나님의 아들이었도다' 라는 고백을 받아낸다. 오늘날 교회는 세상 사람들의 입에서 무슨 증언을 받아내는가? 세상 속에 있는 교회로 인하여 하나님께서 받으시는 찬송이 무엇인가? 교회 안에서 성도들이 하나님을 찬송하고 경배하는 것만으로는 부족하다. 하나님께서 받으셔야 하는 찬양은 세상 사람들의 입에서 나와야 한다. 그들 가운데 있는 하나님의 백성들의 '선한 행실들'을 보고, 그들이 하나님을 칭송하는 자리에까지 가야 한다(마 5:16). 그것이 하나님께서 그분의 백성을 굳이 회복하시며, 그들을 이 땅에, 곧 세상 사람들의 한가운데 두시는 이유이다.

교회는 무슨 엄청난 봉사나 구제로서가 아니라, 세상 사람들도 지키는 법부터 잘 지키는 것으로 시작해서, 모든 일에 참으로 정직하고 믿을 만한 사람들로 소문이 나야 한다. 그래야 하나님의 이름이 이방인들 가운데서 거룩해지며 높아진다. 그리고 그 기초 위에 더 나아가, 불의한 자들의 불의한 일로 인해 받게 되는 '은혜로운' 고난도 참아낼 때, 그들로 인해 하나님의 이름이 비로소 높아진다. 오늘날 교회는 하나님의 이런 평판에 얼마나 관심이 있는가? 우리의 구원은 하나님의 이름을 높이는 데에 그 목적이 있다. 우리 때문에 세상 사람들이 하나님을 찬송케 되어야 한다. 소위, '하나님의 영광을 가릴까 봐, 그분의 이름을 위해' 조심조심 살아가야 한다. 세상 사람들 한가운데서 우리는 어떻게 살아가고 있는가?

4. 막을 수 없는 예수 부활의 복음

27:57-28:15

'백부장과 및 함께 예수를 지키던 자들' (54절)도 예수께서 십자가에서 죽으실 때 된 일들을 보고 심히 두려워하며 그분이 '진실로 하나님의 아들' 이었음을 인정했다. 이제 이 복음, 곧 이스라엘의 목자가 자신의 양 무리를 회복하셨으며, 속죄와 성령의 선물로 새로운 시대를 열방들 앞에 열어갈 것이라는 소식이 전해질 것이다. 이스라엘의 종교권력과 로마의 정치권력이 힘을 합쳐 대적했지만, 예수께서는 말씀하신 대로 음부의 권세가 이기지 못할 '그의 교회' 를 세우셨다.

예수께서 십자가에서 죽으실 때, 마태복음에서 그 사건은 동시에 성도들의 부활과 연관되었다(52절). 예수께서 말씀하신 대로 이제 '음부의 권세가 이기지 못할' 그분의 교회가 세워질 것이다(16:16-18). 안식일 후 첫날 새벽 예수의 무덤가에 '하늘로서 내려온' 천사의 나타남은, 예수의 부활 사건이 갖는 초자연적 의미, 곧 이 사건은 하늘의 통치가 예수로 말미암아 이 땅에 오게 된 결정적인 사건임을 시사한다.

또한 그것은 마태복음 초두에 예수께서 잉태되셨을 때 나타난 천사의 수태고지(1:20-21)와도 훌륭한 짝을 이룬다. 특별히 예수께서 태어나기 직전과 그분이 죽으신 후에 나타난 이 천사의 모습과 메시지는 예수의 탄생과 생애, 그리고 그분의 죽으심을 둘러싼 하늘의 통치의 계획과 섭리가 선명하게 전개되고 있음을 보여준다. 모든 것은 실제로, 하늘에서 그 뜻이 이루어진 대로 이 땅에서 이루어지고 있다(6:10). 이것을 아무도 막을 수 없다.

그럼에도 불구하고, 마태복음은 이스라엘의 대제사장과 서기관들이 빌라도와 또 로마의 군병들과 합작하여(27:62-66; 28:11-15) 예수께서 성취하신 이 십자가와 부활의 복음을 거짓으로 만들고자 했음을 기록한다. 시편 2편에 기록된 대로, “세상의 군왕들이 나서며 관원들이 서로 꾀하여 여호와와 그 기름 받은 자를 대적”하는 장면이다. 예수께서 마귀의 유혹을 이기시고 자기 양 무리를 위해 마침내 십자가를 지셨다. 그분의 죽음은 곧 죽음에 대한 그분의 승리였다. 성도들이 부활한 장면에 대한 마태의 묘사는 이것이 얼마나 충격적이고 놀라운 소식이었는지를 짐작하게 한다(27:51-53). 또한 천사가 나타났을 때 그에 대한 묘사는 다니엘 7:9와 10:6을 생각나게 한다. 그것은 죽음에 대한 하나님의 승리이다.

이제 악한 자, 곧 예수를 유혹하던 자는 실패했다. 하지만 그는 포기하지 않는다. 예수께서 죽으심으로 죽음을 이기신 그 사실을 막을 수 없었다 해도, 그 사실을 왜곡시키고 거짓으로 만들어 그 증거를 믿지 못하게 하려 한다. 그래서 대제사장과 바리새인들은 예수를 ‘저 유혹하던 자’로 부른다(27:63). 이것이 악의 정체이다. 자신의 모습을 의인에게 뒤집어씌운다. 사실을 바꿀 수 없다면, 사실을 왜곡하여 거짓으로 만들려고 한다. 마태가 기록한 예수 부활의 광경에 대한 묘사는, 이제 이스라엘과 열방을 향한 이 복음의 증언이 훼방을 받지만 그것조차 '허사' 임을 폭로하는 데 초점을 두고 있다. 사실도 증언도 막지 못한다. 예수 부활의 복음, 이스라엘의 회복과 속죄와 성령, 의의 복음이 이스라엘과 온 세상에 퍼지는 이것, 그로 말미암아 하나님께서 온 열방들 가운데 영광을 얻으시는 그 일에 유혹도 거짓도 막아설 수 없다.

증거는 모두의 것이 아니다. 십자가 주변에서 예수를 지키던 자들은 그 되어진 광경을 보고 예수께서 '하나님의 아들' 이심을 고백했다(27:54). 하지만 예수의 무덤을 지키던 자들은 떨며 '죽은 사람' 과 같이 되었다(28:4). 예수의 죽으심과 부활의 증거를 맡은 자들은 따로 있었다. 아리마대 요셉은 유대인으로서 잠정적으로 예수 십자가와 부활의 증인으로 암시된다(27:57). 그는 빌라도에게 예수의 시체를 청하고 그 시체를 받는다.

이 사실은, 예수의 시체를 명확하게 인수하고 장사지낸 당사자가 아리마대 요셉이고, 그가 무덤에 장사된 역사적 사실을 확고히 해준다. 그가 예수의 시체를 요구한 것은 매우 담대한 요청이었다. 요한복음에 의하면 니고데모가 이 일에 관여한다(19:38-42). '하나님의 나라' 를 기다려 왔던 그가 늦게나마 예수의 시체를 장사지내는 일에 참여한 것은, 아리마대 요셉과 함께 유대인들 가운데 남은 자들이 예수께서 가져오실 하나님의 나라에 참여할 것이라는 희망을 갖게 한다.

요셉은 유대인의 관례대로 예수의 시신을 깨끗이 씻었을 것으로 보인다. 왜냐하면 이것은 매우 중요한 절차라서 유대인들이 안식일에도 허용하는 부분이었기 때문이다. 그리고 세마포로 예수의 시신을 싸고, 준비된 무덤 속에 안치했다. 이 지역은 전통적으로 예수의 무덤이 있었던 곳으로 알려진 장소인데, 그 근방이 1세기경 공동묘지 구역이었음이 밝혀져 있다. 팔레스타인에서 자주 그러했던 것처럼, 이 묘지들은 몇 세기 전 로마시대 초기에 개발되었던 채석장 같은 곳이었는데, 나중에 묘지로 사용되었다. 이런 돌무덤은 그 안에 작은 방 같은 것들이 있고, 그 안에 시신을 올려놓도록 침상처럼 돌을 깎아 놓은 장소가 있었다.

또한, 아리마대 요셉이 문 앞에서 돌을 굴려 막았다고 했는데(60절), 대체로는 직사각형의 돌이었지만, 굴려서 닫을 수 있는 문을 가진 무덤들도 있었고, 대체로 이런 무덤들은 부자들의 것이었다. 팔레스타인에는 이렇게 문을 굴려서 닫을 수 있는 무덤들이 몇 되지 않았는데, 현재 발굴된 이런 무덤들은 모두 1세기에 만들어진 것으로 알려져 있다. 예수께서 이런 무덤에 안치된 것은, 이제 그분의 죽으심이 완결되었음을 알려 준다. 유대인들의 부활에 대한 신념에 따르면, 예수의 시신은 최후의 부활 때까지 그곳에 있도록 되어 있었던 셈이다.

하지만 예수께서는 최후의 부활 때까지 기다리지 않으셨다. 그분이 말씀하신대로 그분이 계셨던 그 무덤은 사흘 만에 빈 무덤이 되었다. 마태는 이 시간적 순차를 명확히 기록한다. 즉, 27:57에서 '저물었을 때'라고 하고, 27:62에서는 '그 이튿날 곧 예비일 다음 날', 그리고 28:1에서는 '안식 후 첫날' 이라고 명시함으로써, 예수께서 사흘 만에 부활하신다고 예언하신 그대로 이루어졌음을 시사한다.

그리고 놀랍게도 예수의 부활의 첫 증인들은 대제사장과 바리새인들이 아니라 두 명의 여인들이었다. 마태복음의 수난 기사가 본격적으로 시작하는 26장에서도 예수의 죽으심을 기념한 사람은 죄 많은 한 여인이었다(26:6-13). 안식 후 첫날 무덤에 달려왔던 여인들 중, 막달라 마리아는 예수께서 귀신들린 데서 고쳐 주셨던 여인이고, 야고보와 요셉의 어머니 마리아는 복음서에서는 잘 알려져 있지 않지만 초대교회에는 알려진 여인으로 보인다.

유대 사회에서 여성은 증인으로서의 가치를 인정받지 못했다. 그럼에도 불구하고, 복음서는 예수의 죽으심과 장사됨, 그리고 후에 부활하신 사건에서 가장 결정적인 증인들의 역할을 감당하는 자들로서 이런 여성들을 묘사한다. 예수께서 십자가에서 달리신 이후로, 이렇듯 전혀 새로운 일들이 하나둘씩 부각되기 시작한다. 하늘이 갑자기 어두워지는가 하면, 성전의 휘장이 찢어지고, 로마의 백부장이 예수를 인정하기도 하며, 또 무가치하게 여겨지던 여인들이 가장 중대한 역사와 초역사적 사실의 증인으로 대두된다. 무엇인가 근본적으로 전혀 새로운 시대가 열릴 것이라는 신호탄들이 쏘아 올려졌다.

하지만 그 누구도 예수께서 실제로 어떻게 부활하셨는지 그 장면을 목격하지는 못했다. 복음서는 감히 이런 사건을 기록하지 않는다. 다만 그 전후 사정만을 기록할 뿐이다. 그러므로 예수께서 죽음에서 부활하신 그 순간, 그 사건은 증언과 믿음의 영역에 맡겨진다. 그 순간은 하늘과 땅이 만났던 순간이다. 그 순간은 죽음과 생명이 만나 생명이 죽음을 삼키었던 순간이다. 그 순간은 초역사가 마침내 역사 안으로, 역사가 초역사 안으로 진입했던 순간이다.

예수께서 성령으로 잉태되셨던 순간처럼(1:20), 예수께서 세례를 받으시고 물 위로 올라올 때 하늘이 열리고 성령께서 내려오셔서 그의 위에 임하셨던 순간처럼(3:16). 예수께서 죽음에서 부활하셨던 순간은 하늘의 통치가 죄와 죽음의 권세를 제압하고 승리한 그 순간이었다. 하늘의 통치가 하늘에서 이루어진 것같이 이 땅에서 이루어진 순간이었다.

이제 하나님의 성소, 하나님의 임재는 그분의 죽으심과 부활의 복음을 믿는 그분의 새로운 양 무리들 가운데 거하신다. 이 땅에 거하셔서, 하늘의 통치를 편만하게 하신다. 하늘나라가 임하였다. 모든 민족과 열방들은 회개하고 그분에게 나아올 때가 되었다.

삶으로 내리는 뿌리

"무엇을 붙들고 있는가"

결국, 하나님의 뜻대로 된다. 힘과 강제로가 아니라 사랑의 힘으로, 긍휼과 은혜, 진리와 신실함의 힘으로, 또한 그분의 지혜와 섭리로 그 선한 뜻을 이루고야 마신다. 인간의 궤휼과 악한 꾀는 그들 스스로를 구렁텅이에 빠뜨릴 뿐이다. 그러므로 아무도, 그 어떤 인간의 계략이나 악한 공격도, 하나님의 교회를 무너뜨릴 수 없다. 그 어떤 거짓도 그리스도의 십자가의 구원과 부활의 사실을 취소시킬 수 없다. 예수 그리스도를 통하여 하나님의 나라가 이 땅에 결정적으로 임한 것과, 점점 더 풍성하게 실현될 미래를 막을 수도 없다. 주께서 기도하신 것처럼, '뜻이 하늘에서 이루어짐 같이, 땅에서도 이루어질' 것이다.

그러므로 그분의 뜻을 알면, 그분의 뜻에 순종하는 것이 지혜롭다. 승리하는 편에 서는 것이 지혜롭지 않은가? 그분의 말씀이 그 뜻을 이루는 것을 아무도 막을 수 없기 때문이다. 말씀대로 사는 것, 거기에 아무도 막을 수 없는 승리가 보장되어 있다. 우리는 이 꺾을 수 없는 희망 속에 항상 거할 수 있다. 죽은 자들 가운데서 예수를 일으키신 분이 우리 하나님이시다. 신자에게는 절망이 불가능하다. 예수께서 부활하셨다. 그분이 죽은 자들 가운데서 다시 살아나셨다! 죽음도 그분을 무덤에 가둘 수 없었다. 이제 신세계(新世界)가 바로 눈앞에 있다. 그래서 우리의 소망은 '살아' 있다.

부활의 기쁨은 지금 우리 안에도 차고 넘친다. 그 소망은 살아 있기 때문이다. 지금도 역사하고, 장차 더욱 온전하게 드러날 것이다. 하나님의 말씀은 그것을 품고, 그것에 의지하며 순종하는 사람에게 반드시 부활 생명의 열매를 맺게 한다. 말씀을 붙들어야 한다. 세상이 아니라 말씀을 붙들어야 한다. 지금, 무엇을 붙들고 있는가?

5. 부활하신 종말의 다윗 목자, 함께 계신 의의 교사

28:16-20

무엇보다 마태복음에서 이 하늘의 통치는, 다윗의 아들이요 하나님의 아들인 예수, 곧 이스라엘의 목자가 자기 양 무리를 회복하신 사건에 그 출발점을 둔다. 이스라엘의 회복이 먼저이다. 새 이스라엘의 탄생이 곧 새 인류의 탄생이기 때문이다. 그래서 예수는 '다윗의 아들' 이요 또 '아브라함의 자손' 이다(1:1). 하나님의 나라는 마태복음에서 이렇게, 말하자면 다윗적(davidic)이다.

마태복음이 이렇게 예수의 사역과 정체, 그리고 그분의 죽으심과 부활의 사건을 이스라엘의 종말의 목자 비전을 통해 풀어내는 이유는, 예수로 말미암아 새로운 이스라엘이 시작되었고, 그것이 바로 예수로 말미암아 시작된 교회의 정체성이기 때문이다. 그들은 열두 제자로서, 이스라엘에 파송되었고, 또한 부활하신 그리스도와 함께 지금도 열방 가운데로 나아가고 있다(마 28:16-20).

그들은 율법의 핵심이 바로 그 율법을 성취하고 살아내시고 새롭게 명령하신 예수 자신의 해석에 따라 하나님의 긍휼이라고 이해한다. 그것은 지극히 작은 자, 잃어버려진 자들을 찾아가며 치유하며 회복하여, 결국은 죄 사함과 치유, 생명을 주심으로 공동체에 회복적인 정의(restorative justice)를 바로 세우는 것이다. 그렇게 함으로써, 하나님의 긍휼과 공의의 통치를 통해 그분의 공동체에게 원래 주어진 사명, 곧 열방들 가운데에서 그분의 거룩한 이름을 높이며, 인정받게 하는 그 원래의 빛과 소금의 사명을 감당하게 하는 것이다.

마태복음의 마지막 구절들은 마태의 이런 시각을 극명하게 보여주고 있다. 마태복음의 마지막은 다른 복음서들과 완연히 다르다. 특별히, 부활하신 예수께서 하늘로 승천하시는 장면은 기록되어 있지 않다. 도리어, 내러티브 상으로 말하자면, 그분은 하늘로 올라가지 않으시고 그 열한 제자, 곧 배반하고 실패하고 심판받은 이스라엘을 대표하는 유다를 뺀 열한 제자, 즉 새로운 이스라엘과 함께 계시며 그들을 떠나지 않으신다. 특히, 28장 11-15절과 16-20절의 대조는 극명하다. 부활하신 주께서 임재하신 곳은 예루살렘 성전이 아니었다. 갈릴리의 언덕이다. 예루살렘 성전은 거짓과 모략의 소굴이 되었다. 임마누엘의 기쁨은 시골 언덕 11명의 조촐한 사람들 속에 넘친다. 이들이 새로운 성전인 셈이다.

예수는 마태복음에서 양 무리의 목자이시다. 그는 이미 버려진 양 무리, 이제는 실패와 심판 가운데 놓인 고통받는 양 무리, 백성들과 지도자들이 모두 부패하여 하나님을 등지고, 하나님께서 주신 택한 백성들의 사명에도 실패한 그 양 무리를 찾아 그들과 함께하신 종말의 목자이다(마 1:23; 2:6). 그렇게 그들을 찾아오셔서 그들을 회복하신 그들의 목자는, 영원토록 그들을 떠나지 않으신다.

마태복음의 특징적인 이 마지막 장면(28:16-20)을 두고, 그 사건을 해석한 구약의 배경이 무엇인가에 관해 많은 논란들이 있어 왔다. 다니엘 7:13-14라고 하기에는 이 본문의 기독론은 그렇게 화려하고 웅장하지 않다. 마태복음 결론 부분에 그려진 부활하신 예수의 모습은 종말의 종말에 있을 영광 가운데 오시는 인자의 모습은 아니다(cf. 마 26:64).

그 모습은 이미 양과 염소를 심판하시는 목자의 모습으로 그려졌다(25:31-45). 그렇다고 어떤 이들이 주장하는 것처럼 시편 109:5-6이 배경이라거나, 창세기 12:1-4나 출애굽기 3:1-10 같은 파송 기사가 그 배경이라 보기에는 근거가 부족하다. 또 역대하 36:23이 배경이라고 보기도 어렵다.

오히려 이제 부활하신 예수는 그의 양 무리 가운데 거하시며, 그들을 가르치시는 교사이고, 그들과 함께 열방으로 나아가 하나님의 이름을 거룩케 하시는 일을 하신다. 따라서 마태가 복음서 내내 예수를 '종말의 다윗 목자'로 보는 것처럼, 이 마지막 대목도 그러한 맥락에서 보면 매우 강력한 연결이 있음을 알게 된다. 특히 에스겔 34:23-31/37:24-28과 마태복음 28:18-20은 풍성하고 의미심장한 연결점들을 제시한다. 이를 도표로 제시하면 다음과 같다.

	에스겔 34:23-31/37:24-28	마태복음 28:18-20
(1) 권세	종말의 목자/왕을 임명함	예수께서 모든 권세를 받으심
	'내가 한 목자를 그들 위에 세워'	'모든 권세를 내게 주셨으니', v. 18
	(ἀναστήσω...ποιμένα ἕνα;' 34:23; 37:24, LXX)	(ἐδόθη μοι πᾶσα ἐξουσία)
(2) 열방	열방이 하나님의 이름을 인정함	삼위 하나님의 이름으로 세례를 줌
	'그들을 번성케 하며'	'모든 족속으로 제자를 삼아'
	(וְהִרְבֵּיתִי אוֹתָם; 37:26c, MT)	(μαθητεύσατε πάντα τὰ ἔθνη,)
	'내 초장의 양, 너희는 사람이요'	'세례를 주고'
	(וְאַתֵּן צֹאנִי צֹאן מַרְעִיתִי אָדָם; 34:30)	(βαπτίζοντες αὐτοὺς)
	'열국이…여호와인 줄 알리라' (37:28)	'그 이름으로…'
	(αἱ γνώσονται τὰ ἔθνη εἰς)	(τὸ ὄνομα; v. 19ab)
(3) 가르침	율법을 가르치고 행하게 함	예수의 가르친 바를 가르쳐 지키게 함
	'그들이 내 규례를 준행하고'	'그들을 가르쳐'
	(ἐν τοῖς προστάγμασίν μου πορεύσονται)	(διδάσκοντες αὐτοὺς)
	'내 율례를 지켜'	'지키게 하며'
	(καὶ τὰ κρίματά μου φυλάξονται)	(τηρεῖν)
	'그것을 행할 것이며'	'내가 너희에게 분부한 모든 것을'
	(καὶ ποιήσουσιν αὐτά; 37:24b)	(πάντα ὅσα ἐνετειλάμην ὑμῖν; v.20a)
(4) 임재	목자 다윗/ '내 처소' /성소의 임재	제자들 가운데 항상 함께하는 예수
	'내 종 다윗이 그들 중에 왕[נָשִׂיא]이 되리라', 34:24b; 37:25c	'보라, 내가 너희와 함께'
	(Δαυιδ ἐν μέσῳ αὐτῶν ἄρχων)	(καὶ ἰδοὺ ἐγὼ μεθ' ὑμῶν εἰμι)
		'언제나'
	'나의 성소를, 그들 가운데	(πάσας τὰς ἡμέρας)
	(θήσω τὰ ἅγιά μου ἐν μέσῳ αὐτῶν	'세상 끝날까지', 20b
	영원히 두리라', 37:26, 28	(ἕως τῆς συντελείας τοῦ αἰῶνος)
	εἰς τὸν αἰῶνα)	

'내 처소가 그들 가운데 있을 것이며', 37:27
(ἔσται ἡ κατασκήνωσίς μου ἐν αὐτοῖς)
'그들이 나 여호와 그들의 하나님이
내 백성과 함께 있는 줄을 알며'
(καὶ γνώσονται ὅτι ἐγώ εἰμι κύριος
ὁ θεὸς αὐτῶν καὶ αὐτοὶ λαός μου; 34:30)

두 본문에서 모두, (i) 권세(authority)가 강조된다. (ii) 열방들(nations)이 언급된다. (iii) 의의 가르침으로 인도(teaching & leading)하는 것이 중요한 내용으로 등장한다. (iv) 하나님의 임재(the perpetual presence of God and Davidic Shepherd)가 그 절정을 장식한다. 이런 사실은 마태가 복음서의 마지막에서 역시, 구약의 종말의 다윗 목자의 성취를 그려냈다는 사실을 확인하게 한다.

에스겔이 바라본 이스라엘 회복의 비전의 절정은, 여호와께서 그들의 목자로 오셔서 치유하시고 회복하시며 옛 이스라엘을 심판하신 후에(이 부분은 스가랴 9-13장에서 더 자세히 그려진다), 그 새로운 양 무리 위에 새로운 다윗 목자요 왕을 세우시는 장면이다(겔 34:23-24, 37:24-28). 그분은 여호와께서 '권세'를 주사 친히 세우실 목자요 왕이다(겔 34:23, "내가 한 목자를 그들의 위에 세워…그는 내 종 다윗이라," 37:24, "내 종 다윗은 그들 중에 왕이 되리라"). 이 새로운 목자요 왕의 통치는 '열방'들로 하여금 여호와의 이름을 인정하게 할 것이다(37:28, "열국이 나를 이스라엘을 거룩케 하는 여호와인 줄 알리라").

그분이 이 종말의 양 무리 가운데서 행하시는 주요한 사역은 그들을 '의의 도로 가르쳐' 의의 길로 인도하는 것이다(37:24, "그들이 내 규례를 준행하고 내 율례를 지켜 행하며"). 마지막으로 이 종말의 목자는 '그들 가운데 거하며' 그들의 성소와 하나님의 임재의 처소가 될 것이다(37:27, "내 처소가 그들의 가운데 있을 것이며," 28, "내 성소가 영원토록 그들의 가운데 있으리니").

마태복음의 결말 부분은 바로 이 에스겔이 바라보았던 이스라엘 회복의 절정이 성취되었음을 보여준다. 부활하신 예수는 자신이 하나님께로부터 '하늘과 땅의 모든 권세'를 받은 목자와 왕이심을 선포한다(마 28:18, "하늘과 땅의 모든 권세를 내게 주셨으니"). 이 종말의 목자 다윗의 통치를 통한 하나님의 나라는 항상 열방으로 나아가는, 그래서 열방으로부터 하나님의 이름을 인정케 하는 통치가 된다(28:19, "너희는 가서 모든 족속으로 제자를 삼아 아버지와 아들과 성령의 이름으로 세례를 주고").

그리고 이제 새로운 양 무리 위에 세워진 종말의 목자 다윗 예수의 주된 사역은 자신이 친히 가르치고 그렇게 살았던 '더 나은 의의 길'을 가르치는 의의 교사의 역할이다(28:20, "내가 너희에게 분부한 모든 것을 가르쳐 지키게 하라"). 마지막으로, 이 종말의 목자요 왕은 항상 그들 가운데 거하시는 하나님의 임재요 임마누엘이 되신다(28:20, "볼지어다 내가 세상 끝날까지 너희와 항상 함께 있으리라 하시니라").

이렇게 마태복음의 결말은 이스라엘이 그렇게 기다리던 하나님의 양 무리의 회복이 성취되었음을 선포한다. 이 회복은 구약에 이미 그려져 있던 '종말의 다윗 목자의 전통'(겔 34-37; 미 2-5; 슥 9-14)을 따른 것이다. 그러나 이러한 구약의 예언들이 미처 내다보지 못했던 계시의 사실들이 밝혀졌다. 그것은 예수 자신의 권세와 정체성에 관한 부분이다.

구약의 이런 비전들은 종말에 여호와 하나님 자신이 이스라엘 집의 잃어버린 양 무리를 치유하고 회복하기 위해서 오실 것이라고 보았고, 그 후에 회복된 새로운 양 무리 위에 그의 종 다윗 목자를 세우실 것이라고 내다보았다. 마태가 전하는 놀라운 소식은, 이 두 가지 목자의 두 가지 다른 역할, 즉 옛 이스라엘을 회복하는 사역과 새 이스라엘 위에 통치할 목자의 역할이 모두 이 한 분, 예수 그리스도에게 맡겨진다는 사실이다. 예수 자신이 곧 이 두 목자(Two Shepherds)의 역할을 짊어짐으로써, 그 분이 이스라엘의 목자 되신 하나님 자신이시며, 동시에 새 이스라엘 양 무리 위에 세워지는 다윗 목자도 되신다는 사실이다.

이렇게 '종말의 다윗 목자 기독론' (Christology of the Eschatological Davidic Shepherd)은 마태복음의 난제 가운데 하나인 '이스라엘과 이방을 향한 선교' 에 대한 충돌 문제를 해결할 실마리를 제공한다. 마태복음 10장에 나타난 이스라엘 선교에서 예수는 "이방인의 길로도 가지 말고 사마리아인의 고을에도 들어가지 말고 차라리 이스라엘 집의 잃어버린 양에게로 가라" (5-6절)고 명하신다. 반면, 부활하신 예수는 제자들에게 "너희는 가서 모든 족속으로 제자를 삼으라" (28:19)고 명하신다. 예수께서는 왜 10장에서는 그 선교 사역을 이스라엘로 제한하시고, 28장에서는 열방으로 확대하시는가? 둘 중 하나가 잘못된 것인가?

이를 설명하려는 시도들은 본문(특히, 28:16-20)의 진위성부터 시작해서 소위 '마태 공동체' 내의 내분과 갈등 등 여러 각도로 제시되어 왔다. 하지만, 구약의 '종말의 다윗 목자' 전통을 이해하고, 마태복음에서 증거된 바대로 예수의 이중적인 (곧, 그 자신이 여호와-목자이시고 또한 그의 종 다윗-목자이심) 목자 사역을 생각하면 쉽게 해석될 수 있다. 마태 10장에 기록된 이스라엘 선교는 예수께서 이스라엘을 회복하실 여호와-목자의 신분과 사역으로 명하신 것이다.

반면, 마태복음 28장에 기록된 '모든 족속' 으로 나아가는 선교 사역은 이제 그가 새로운 양 무리 위에 다윗-목자로 세워진 신분과 사역을 위해 선포된 것이다. 이로써, '두 목자 기독론' 은 마태복음의 서로 상이한 선교 대상과 방향의 충돌 문제를 해결한다. 마태복음의 선교론을 이해하는 열쇠가 마태의 목자 기독론인 것이다.

이렇듯 마태에게 있어서 예수의 죽음과 부활은 이스라엘의 갱신, 곧 새 이스라엘의 탄생과 새로운 목자의 탄생을 알린다. 이제 그들 가운데 그들을 거룩하게 하시며, 그들을 그분이 성취하신 율법으로 가르치시고 그를 행하게 하시는 의의 교사이신 그리스도가 함께 계신다. 이제 그분은 그의 긍휼의 사역을 통해 그들과 함께 계속해서 열방으로 나아가시는 선교적 양 무리의 목자이시다.

한편, 그분의 지상 사역이 기적과 치유와 능력의 사역이 우선되었다면, 부활 후에 그분의 양 무리 가운데 있는 예수의 사역은 진리의 사역, 곧 능력 대결(power-encounter)과 함께 진리 대결(truth-encounter)을 통해 세상 나라를 정복해 가는 공동체, 그 공동체를 인도하시는 의의 교사로서의 사역이 더욱 강조된다. 교회는 그러므로 진리의 기둥과 터가 될 것이다.

마태복음의 이야기는 '자신의 양 무리에게로 돌아오신 목자의 귀환'에 대한 이야기이다. 드디어 버려진 양 무리에게 그 주인이며 목자이신 하나님께서 돌아오셨다. 이 '임마누엘' (1:23, 28:20)의 소식이 마태복음의 가장 주요한 복음이다. 이제 그분이 오셨다. 특별히, 기다렸던 그 목자로 오셨다. 바로 이 목자가, 잃어버렸던 이스라엘의 양들을 찾으신 목자이고, 그들을 치유하사 그들을 회복하신 목자이다. 이제 그분이 이스라엘의 거짓 목자들을 심판하신다.

이제 그분이 그 백성들의 하나님 싫어함과 모든 실패와 죄악들을 담당하시고 죽으시는 목자가 되신다(26:31). 그리고 이제 그분은 다시 부활하여, 새 이스라엘을 대표하는 열한 제자들보다 '먼저 갈릴리에 가셔서' 그들을 인도하시기를 멈추지 않으시는 그들의 목자이다(26:32, 28:16). 죽임을 당하신 그 목자의 부활은 곧 새로운 양 무리의 탄생이다

(27:51-53, 28:16-20). 이제 그의 교회는 '음부의 권세가 이기지 못하는' (16:18) 종말의 목자의 양 무리가 되었다.

부활하신 새로운 목자는 자신의 양 무리 가운데 거하시며 그들을 거룩하게 하시는 분이시다. 그분을 통해 죄 사함의 샘이 열리고, 그분을 통해 의의 길로 인도함을 받는다. 또한 에스겔이 바라본 대로, 죽음을 이기신 이 목자는 그들 가운데 거하시는 성소, 곧 하나님 임재의 처소로서 그들과 함께 '언제나' 열방 가운데로 나아가시며, 그들에게 자신이 가르치고 행하셨던 그 긍휼의 사역을 계속하게 하시는 그 목자이다(8-9장; 28:20).

이제 그분이 성전이시다. 예수께서 그 안에 거하시는, 그들이 종말에 하나님께서 친히 거하시는 처소(the eschatological locus of God' s presence)이다. 이제 제자들은 예수 안에서 항상 성전에 거하는 셈이다. 그분 안에 하나님의 임재가 보장되어 있다. 그분 안에 성전의 가장 중요한 두 기능, 즉 속죄와 하나님의 임재가 보장된다. 그들은 그들 안에 거하시는 예수로 인해 거룩해졌고, 그로 말미암아 계속적으로 거룩함을 입는다. 그리고 하나님의 임재 가운데 의의 길로 인도하심을 받는다. 하지만 이 새로운 성전은 어떤 지역에 고정되어 있지 않다. 열방들 가운데로 계속해서 전진해 나아간다. 열방들 가운데서 '그의 이름으로' 세례를 받고 참여하는 제자들의 무리로, 더 크고 놀라운 종말의 하나님의 성전이 되어간다. 그분이 종말에 영광 중에 구름을 타고 오실 그 인자로서, 결국 하늘의 성전을 완성하실 자이다(계 21장).

마태복음은, 종말의 끝에 오시는 그 인자가 다름 아닌 바로 이 심판의 주, 곧 종말의 목자라고 선언한다(25:31-45). 그분이 그 때에 다시 오셔서, 그분을 따르는 양 무리들 가운데 양과 염소를 구별하실 것이다. 양은 영생으로, 염소는 영벌로 갚으실 것이다. 예수께서 그분의 교회를 놀라게 하실 그 심판의 목자이시다. 이 목자가 바로 그분의 양 무리를 하나님 보좌 앞 그 생명수 샘으로 인도하실 그 긍휼의 목자이시다.

> "이는 보좌 가운데 계신 어린양이 저희의 목자가 되사 생명수 샘으로 인도하시고 하나님께서 저희 눈에서 모든 눈물을 씻어 주실 것임이러라"(계 7:17)

"복음적인 삶"

예수님은 천국 복음을 전하셨지만, 그분 자신이 복음이셨고 복음적인 삶을 사셨다. 복음적인 사람이란 어떤 사람인가? 마태복음이 기록한 예수님의 가르침과 행적을 따르면, 복음적인 사람이란 하나님의 긍휼을 입고, 그 긍휼을 행하며 사는 사람이다. 불쌍히 여김을 받은 것처럼 불쌍히 여기는 것, 그것이 복음의 요체이다.

긍휼이 아니었으면, 하나님의 거룩한 이름을 열방들 가운데서 짓밟아 버리고, 그들의 목자 되신 하나님조차 팔아버린 배은망덕한 양 무리를 찾아오지 않으셨을 것이다. 긍휼이 아니었으면, 오해와 배신에도 불구하고 친히 그 양 무리의 죄악을 담당하지 않으셨을 것이다. 그분의 긍휼이 우리들의 어둠 그 한가운데를, 죄악과 죽음의 한가운데를 뚫고 지나가셨다. 복음적인 사람이란, 하나님의 긍휼 속에서 살며 그분의 긍휼의 강물을 흘려보내는 사람이다.

복음적인 삶이란 어떤 삶인가? 그것은 그러므로 온 세상 가운데서 '하나님의 이름이 거룩히 여김을 받게' 하는 삶이다. 세상 사람들로 하여금 우리의 착한 행실, 아름다운 행실, 진실한 행실, 그리고 은혜로운 행실을 보고 하늘의 하나님께 영광을 돌리게 하는 삶이다. 선을 행하다가 당하게 되는 불의하고 억울한 고난도 그 이름을 위하여 감내하는 것이다. 그리하여 드디어 십자가에서 죽으시고 부활하신 주와 함께 죄와 악, 사망을 정복하는 대열에 서는 것이다. 이미 열리기 시작한 새 하늘과 새 땅 안으로 행진해 들어가는 것이다.

예수님은 부활하신 후에도, 하늘과 땅의 그 모든 권세를 가지시고도, 지극히 작았던 한 무리의 제자들을 떠나지 않으셨다. 그들과 함께 계시면서, 그들과 함께 세상 속으로 나아가신다. "가르쳐 지키게 하라." 예수님 자신이 복음이다. 이 일을 위하여, 모든 족속들로 제자를 삼고, 그들에게 하나님의 거룩한 이름으로 세례를 주고, 예수께서 분부하신 모든 것들을 가르치고 지키게 하는 것이다. 이 복음을 삶으로 살아내는 것, 그것이 주께서 우리에게 주신 대명령(the Great Commission)이다.

예수, 마태가 전하는 기쁜 소식

결어

마태복음이 전하는 예수는 누구인가? 그분은 '다윗의 아들' 이요 '하나님의 아들' 이다. 그분은 이스라엘과 열방이 기다렸던 바로 그 지도자였고, 성령으로 잉태되셨으며 하늘이 열리고 그에게 임하신 성령으로 사역하신 하나님의 아들이셨다. 그리고 그분은 자신을 '긍휼의 목자'로 드러내셨다. 하나님께서 그분의 불붙는 긍휼로 친히 잃어버린 바 되었던 이스라엘과 열방을 찾으러 오신 것이다.

당신이 아주 길을 잃은 양이라고 생각해 보라. 영광도 사명(使命)도, 아니 생명까지 잃은 양이라고 생각해 보라. 우리가 길을 잃어 골짜기에 갇혀 거의 뼈만 남게 된 다 죽어버린 양들이라고 생각해 보라. 우리 공동체는 실패뿐이다. 절망뿐이다. 살아날 길이 없다. 그러나 마태가 전하는 소식은, 드디어 이제 이런 양 무리에게 '우리의 목자가 돌아왔다' (!)는 소식이다. 기쁘지 아니한가? 오랜 실망과 실패, 좌절과 절망 후에 그가 돌아오셨다. 자신의 양 무리를 향한 불붙는 긍휼이 그분을 돌이키시게 했다. 그것은 하나님께서 주신 모든 영광과 사명을 잃어버리고 비참하게 살았던 이스라엘에게는 놀라운 기쁨의 소식이었다. 이것은 우리에게도 놀라운 기쁨의 소식이다.

그래서 마태복음은 성취의 복음이다. "이루려 하심이라." 마태가 예수를 통해 하나님께서 이스라엘과 인류에게 행하신 계시를 해석하며 자주 고백한 말이다. 예수는 구약의 성취이다. 이스라엘이 이루어야 했을 그 모든 것의 성취이다. 그분이 새 이스라엘이다. 하나님의 이름을 짊어지고, 열방 가운데서 그 이름을 짓밟고 욕보였던 그들의 씻을 수 없는 수모를 씻어 주신 분이다. 이스라엘은 이제 오랜 좌절과 낭패와 무기력, 수치와 치욕에서, 그리고 죽음에서 일어난다.

"너희도 온전하라." 마태는 예수의 말씀, 그분의 복음, 그분의 초청에 흥분한다. 예수는 다윗의 아들로, 새 이스라엘로 오셔서 율법의 요구를 다 이루신다. 이제 그분을 영접하는 자는 그분 안에서 새 이스라엘이다. 하늘이 열렸고, 성령이 그분 안에 계셨다. 새 언약이 성취되었다. 성령을 통해 하나님의 법을 성취하는 시대가 열렸다. 그것이 마태에게는 그렇게도 흥분되는 복음이었다. 그래서 그는 예수 안에서 새 이스라엘의 탄생을 확신한 것이다. 이제 드디어, 열방 가운데서 그들의 선한 행실로 하나님의 이름을 거룩하게 할 새 백성이 탄생했다.

"다 내게로 오라." 예수의 권세는 가늠할 수 없는 권세이다. 그분은 하나님만이 하실 수 있는 치유와 기적과 자기주장을 하신다. 그분의 권세는 하나님의 권세이다. 그분은 종말에 하나님 자신이 하실 것이라고 예언되었던 목자의 사역을 하신다. 그분의 비할 바 없는 권세 앞에, 바다도 귀신들도 순종한다. 하늘도 땅도 모두 숨을 죽인다. 그분은 과연 누구신가? 이 권세 있는 종말의 목자는 또한 하나님의 중심에 불타오르는 긍휼을 그대로 쏟아내신다. 그분은 무엇보다 긍휼의 목자이다. 이 땅의 모든 권세들, 권위자들, 목자들, 지도자요 교사들은 그분에게서 참된 권세가 무엇인지를 배운다. 거기에 머리를 조아린다. 이스라엘의 거짓 목자들은 설 자리를 잃었다. 백성들은 그들을 푸른 초장으로, 쉴 만한 물가로 인도하시는 참 목자를 만났다.

마태복음에서 '다윗의 아들' 예수는 정치적 · 군사적 메시아가 아니다. 그런 개념은 이미 구약의 다윗 목자 전통(겔 34-37; 미 2-5; 슥 9-14)에서 수정되었다. 장차 오실 다윗의 아들은 목자의 이미지와 결부되어, 치유하시고 회복하시고 가르치시는 하나님의 목자-지명자(the Shepherd-Appointee)였다. 그래서 마태는 '다윗의 아들' 예수가 특별히 '치유하시는' 메시아임을 드러낸다. 그분이 종말에 오신다던 그 목자, 하나님이심을 증거한다.

예수는 이스라엘의 잃어버린 양들에게로 보내어진 목자이다. 그분의 우선적 사명은 이스라엘을 회복하는 것인데, 그 회복의 권능은 하늘이 열리고 그에게 내려오신 성령의 능력이다.

"천국은 이와 같으니." 예수 안에서 성령이 오셨다. 하늘이 이 땅으로 임했다. 그것은 심판이 아니라 구원으로, 폭력이 아니라 말씀으로, 파괴가 아니라 치유로 임하셨다. 생명으로 오셨다. 예수는 한 알의 씨앗으로 오셨다. 유대교에서 바라보았던 그 종말은 예수 안에서 시작되었다. 천국이 드러났지만, 오직 그 말씀을 받는 사람, 예수를 알고 믿는 사람, 그 생명을 가진 사람들에게 드러난다. 누가 그 나라를 받는가? 그 나라의 은혜와 진리, 생명에 굶주린 자들이다. 그들은 용서와 은혜로 그 나라에 들어간다.

“하나도 업신여기지 말라.” 예수께서는 자신의 교회, 자신의 양 무리를 ‘지극히 작은 자들의 무리’ 라고 부르신다. 마태는 그분의 양 무리가 오직 은혜와 용서에 기초해 있다고 단언한다. 하나님의 전적인 주권이 임한 사람들 안에서, 그들이 서 있는 근거는 오직 하나님의 용서뿐이다. 그것이 교회의 기초이다. 그런 공동체 안에서는 아무도 아무를 용서하지 않을 수 없다. 권력은 섬김을 위해 만들어진 것이다. 하나님 나라에서는 권력이 그렇게 정의되고 그렇게 사용된다. 예수는 율법의 요체인 긍휼의 길을 가신다. 바로 그 긍휼 때문에 하나님은 자기 양 무리를 찾아오셨다. 지금은 긍휼과 희생의 길을 가신 그분이, 장차 모든 권세로 심판하실 목자가 되신다.

“그런즉 깨어 있으라.” 종말은 예수 자신에게서 이루어졌다. 그것이 종말의 시작이다. 그 종말의 끝, 인자가 오시는 그 때를 기준으로 사는 것, 영원의 관점에서 오늘을 선택하는 것, 그것이 지혜로운 삶이고 깨어 있는 삶이다. 지금은 십자가이고, 영광은 나중이다. 현세주의는 그분의 복음 속에 설 자리가 없다. 종말론적인 삶, 예수 자신이 이 깨어 있는 삶의 길을 가신다.

“가르쳐 지키게 하라.” 자신의 양 무리가 당할 죽음을 스스로 짊어지신 목자 예수는, 그들보다 더 먼저 앞서 가셔서 새로운 문을 여신다. 마태는 이 신실한 목자가 부활하신 후에도 그분의 양 무리를 떠나지 않으시는 ‘임마누엘’ 이심을 보여준다. 참 목자되신 예수는 그분의 초라한 양 무리를 떠나지 않으신다. 그들 가운데 머무시고, 그들이 가는 곳으로 가시며, 그들과 함께 온 열방 가운데로 나아간다. 그분은 그들 가운데 있는 하나님의 성소이며, 하나님의 임재이시다.

특별히, 이 종말의 다윗 목자 예수는 그의 새로운 양 무리를 인도하시되 의(義)의 길로 인도하신다. 그 길은 오래 전 이스라엘 양 무리를 율법으로 인도하시던, 그 생명의 길로 인도하시던 여호와 '나의 목자' 그분의 지팡이요 막대기 그대로이다(시 23편). 마태에 의하면 의의 길, 율법이 가르치는 바 그 생명의 길은, 곧 긍휼의 길이다. 예수는 긍휼에 따라 움직이신 목자이다. 그분의 가르침도 사역도 긍휼의 길을 간 그분에 대한 기록이다.

그분의 인도를 따라 이 긍휼의 길을 가면, 거기서 잃어버려진 자들, 병든 자들, 죄인들, 지극히 작은 자들을 만난다. 그것이 그 목자의 관심이다. 그들이 우리의 양 무리에 새로 들어올 자들이다. 하나님의 새로운 양 무리, 부활하신 목자를 따라 음부의 권세도 흔들 수 없는 이 교회(16:16), 그 교회 안에서 그의 양 무리를 가르치시는 목자 예수의 가르침의 핵심은 긍휼이다(9:13).

불쌍히 여기라! 그것이 종말의 목자로 하여금 그분을 싫어 버린 자신의 양 무리에게로 돌아오게 한 거룩한 힘이다. 그것이 그분의 가슴 한복판에 있는 마음이고, 그분의 가르침 한복판에 있는 원리이다. 그것이 또한 마지막 날, 이 종말의 목자가 자기를 따라온 양들을 심판하는 잣대이다. 너희도 이와 같이 긍휼을 행했는가?

"긍휼히 여기는 자는 복이 있나니 저희가 긍휼히 여김을 받을 것임이요"(마 5:7)

심판의 기준은 이미 제시되었다(25:31-46). 이제 이 긍휼을 입고 긍휼을 행하는 새로운 양 무리, 곧 그분의 교회로 인해, 하나님의 이름이 열방 가운데서 널리 인정받으실 것이다.

"아버지여 이름이 거룩히 여김을 받으시오며"(마 6:9)

그리고 무엇보다 기쁜 소식은, 이 긍휼의 목자가 영원토록 우리를 떠나지 않으신다는 사실이다. 그분이 우리를 인도하시되, 하늘 보좌 그 생명수 앞에까지 인도하신다(계 7:17).

"내가 여호와의 집에 영원히 거하리로다"(시 23:6)

거기서 우리의 모든 눈물을 씻기실 이 긍휼의 목자 예수, 그분이 곧 복음(福音)이다. 마태가 전한 이 소식은 실로, '기쁜' 소식이 아닌가!

마태복음 관련 기초 문헌

권균한.「마태와 열매신학」 한들출판사, 2007.

김상훈.「숲의 해석 마태복음」 서울 : 총신대학교출판부, 2007.

나요섭.「천국의 서기관 마태」 서울 : 한국장로교출판사, 2001.

박수암.「산상보훈」 서울 : 대한기독교서회, 1990.

양용의.「마태복음 어떻게 읽을 것인가?」 성서유니온, 2005.

______. "구조를 통해 본 마태복음의 계보 이해" 「신약신학 저널」 6 (2001) : 237-262.

______. "신학적 선언서 - 마태복음 1-2장에 나타난 기독론적 관점 이해" 〈성경과 교회〉 3 (2005) : 118-149.

전경연.「마태의 신학」 한국성서학연구소, 2003.

정훈택.「열매로 알리라 : 마태복음에 나타나는 믿음과 행위의 관계 연구」 서울: 총신대학교출판부, 1993.

______.「쉬운 주석 마태복음」 그리심, 2007.

조경철.「마태복음」 대한기독교서회 창립 100주년 기념 성서주석, 서울 : 대한기독교서회, 1999.

조삼용.「임마누엘 : 마태복음의 중심주제」 한들출판사, 2006.

채영삼. "마태의 산상수훈(마 5-7장)에 대한 구원론적 해석과 마태의 기독론," 〈기독신학저널〉 13호(2007): 141-168.

______. "마태복음 2:6의 구약 인용과 마태의 목자-기독론," 〈신약연구〉 18/1 (2009): 5-37.

______. "마태복음에 나타난 '치유하는 다윗의 아들.'" 〈신약논단〉 18/1

(2011): 43-93.

______. “예수의 권세와 열방, 가르침과 임재: 마태복음 28:16의 배경 전승과 종말의 다윗 목자-교사” 〈신약연구〉 13/1 (2014): 32-74.

France, R. T. *Matthew : Evangelist and Teacher*. The Paternoster Press, 1989; 「마태복음의 신학」 이한수 옮김, 엠마오, 1995.

Kingsbury, J. Dean. *Matthew: Structure, Christology, Kingdom*. Philadelphia and London : Fortress and SPCK, 1975; 「마태복음서 연구」 김근수 역, 기독교문서선교회, 1990.

______. *Matthew as Story*. Philadelphia : Fortress, 1988; 「이야기 마태복음」 권종선 옮김, 요단, 2000.

Luz, Ulrich. *The Theology of the Gospel of Matthew*. Trans. J. Bradford Robinson. Cambridge : Cambridge University Press, 1993; 「마태공동체의 예수 이야기」 박정수 역, 대학기독교서회, 2002.

Chae, Young Sam. *Jesus as the Eschatological Davidic Shepherd: Studies in the Old Testament, Second Temple Judaism, and in the Gospel of Matthew*. WUNT 2/216 Tübingen: Mohr Siebeck, 2006.

Davies, W. D. and D. C. Allison. *A Critical and Exegetical Commentary on the Gospel According to Saint Matthew*. Vol. 1, *Matthew 1-7* vol. 2, *Matthew 8-18* vol. 3, *Matthew 19-28*. International Critical Commentary. Edinburgh : T. and T. Clark, 1988, 1991, 1997.

Garland, David. *Reading Matthew*. New York : Crossroad, 1995.

Gnilka, Joachim. *Das Matthäusevangelium*. 2 vols. Herders theologischer Kommentar zum Neuen Testament. Freiburg/ Basel/Wein : Herder, 1988-1992.

Keener, Craig S. *A Commentary on the Gospel of Matthew*. Grand Rapids : Eerdmans, 1999.

Kingsbury, J. D. “The Composition and Christology of Matt 28:16-20.” *Journal of Biblical Literature* 93 (1974): 573-584.

______. *Matthew : Structure, Christology, Kingdom*. Minneapolis : Fortress, 1975.

______. “The Title, ‘Son of David’ in Matthew’ s Gospel.” *Journal of Biblical*

Literature 95 (1976) : 591-602.

______. "Observations on the 'Miracle Chapters' of Matthew 8-9." *Catholic Biblical Quarterly* 40 (1978) : 559-573.

Kupp, David D. *Matthew's Emmanuel : Divine Presence and God's People in the First Gospel.* Cambridge : Cambridge University Press, 1996.

Luz, Ulrich. D*as Evangelum nach Matthäus.* Vol. 1, *Matt. 1-7* vol. 2, *Matt. 8-20* vol. 3, *Matt. 21-25* vol. 4, *Matt. 26-28*. EKKNT, Benziger/ Neukirchener : Düsseldorf/Zürich, 1987, 1990, 1997, 2002.

______. *Matthew 1-7 : A Commentary.* Minneapolis : Augsburg, 1989.

______. *Matthew 8-20 : A Commentary.* Minneapolis : Fortress, 2001.

______. *Matthew 21-28*. Minneapolis : Fortress, 2005.

______. "Eine thetische Skizze der matthäschen Christologie." Pages 221-235 in *Anfänge der Christologie.* Edited by C. Breytenbach, H. Paulsen and F. Hahn. Göttingen : Vandenhoeck & Ruprecht, 1991.

______. "The Son of Man in Matthew : Heavenly Judge or Human Christ?" *Journal for the Study of the New Testament* 48 (1992): 3-21.

______. "Has Matthew Abandoned the Jews? : A Response to Hans Kvalbein and Peter Stuhlmacher concerning Matt 28:16-20." Pages 63-68 in *Mission of the Early Church to Jews and Gentiles.* Edited by Jostein Ådna and Hans Kvalbein. Tübingen: Mohr Siebeck, 2000.

Meier, J. P. *Law and History in Matthew' s Gospel : A Redactional Study of Mt. 5:17-48*. Rome : Biblical Institute Press, 1976.

______. *Matthew.* Wilmington, Del. : Michael Glazier, 1980.

Stanton, Graham. "Origin and Purpose of Matthew' s Gospel." Pages 1889-1951 in *Aufstieg und Niedergang der römischen Welt II.* 25.3. Edited by W. Hasse. Berlin : De Gruyter, 1985.

______. "Matthew as Creative Interpreter of the Sayings of Jesus." Pages 273-287 in *Das Evangelium und die Evangelien : Vorträge vom Tübinger Symposium, 1982*. Edited by P. Stuhlmacher. Wissenschaftliche Untersuchungen zum Alten und Neuen Testament 28. Tübingen: Mohr Siebeck. 1983.

______. "Matthew' s Christology and the Parting of the Ways." Pages 99-116 in *Jews and Christians : The Parting of the Ways A.D. 70 to 135*. Edited by J. D. G. Dunn. Tübingen : Mohr Siebeck, 1992.

______. *A Gospel for a New People*. Louisville : Westminster, 1993.

______. " The Two Parousias of Christ : Justin Martyr and Matthew." Pages 183-195 in *From Jesus to John : Essays on Jesus and New Testament Christology*. Edited by Martinus C. De Boer. Journal for the Study of the New Testament : Supplement Series 84. Sheffield : JSOT, 1993.

Stendahl, K. *The School of St. Matthew and Its Use of the Old Testament*. Lund : Gleerup, 1968.

Verseput, Donald J. *The Rejection of the Humble Messianic King : A Study of the Composition of Matthew 11-12*. EHS.T 291. Frankfurt am Main : Peter Lang, 1986.

______. "The Role and Meaning of the 'Son of God' Title in Matthew's Gospel." *New Testament Studies* 33 (1987) : 532-556.

______. "Jesus' Pilgrimage to Jerusalem and Encounter in the Temple : A Geographical Motif in Matthew' s Gospel." *Novum Testamentum* 36 (1994) : 105-121.

______. "The Davidic Messiah and Matthew' s Jewish Christianity." *Society of Biblical Literature Seminar Papers* 34 (1995) : 102-116.

Yang, Yong-Eui. *Jesus and the Sabbath in Matthew's Gospel*. JSNTSup 139, Sheffield: Sheffield Academic Press, 1997.

Zimmermann, J. *Messianische Texte aus Qumran : Königliche, priesterliche und prophetische Messiasvorstellungen in den Schriftfunden von Qumran*. Wissenschaftliche Untersuchungen zum Alten und Neuen Testament 2/104. Tübingen : Mohr Siebeck, 1998.